铁道警察学院规划教材

铁路运输设备教程

左　琳／主编

法律出版社
LAW PRESS·CHINA

铁路运输设备教程
编 写 组

主　编：左　琳

副主编：邓克涛

撰稿人：（按姓氏笔画排列）

王会武　邓克涛　左　琳　杨树森　杨素亭

总 序

教材建设是公安教育训练的基础性工作，是提高人才培养质量的重要措施。当前，经济社会快速发展，执法环境和执法依据显著变化，公安理论和实践创新长足进步，公安科技成果不断涌现并在实战中广泛应用，尤其是公安招录培养制度改革的深入推进，要求公安院校的教材建设，不仅要立足公安研究和科技发展的前沿，还要着力培养学生的警务实战技能。学校升本以来，迫切需要编写一套既符合时代要求，又满足本科教育需求的规划教材。对此，学校党委高度重视，成立了教材编审委员会，多次召开会议部署推动编写工作，推动了本套教材编写的有序进行。

本套教材以习近平总书记系列讲话为指导，以公安招录培养制度改革精神为依据，坚持校局合作、协同育人，本校教师与公安实战部门专家紧密结合，着眼于强化实验实训教学，深入基层，贴近实战，贴近执法活动，充分吸纳了警务实践活动的成功经验和理论研究的最新成果。内容上，在阐述学科基本原理的基础上，注重培养实践运用能力，促进教学“精讲多练”。体例上，既要求规范统一，又为教师预留了发挥空间,鼓励学术探讨和争鸣,培养学生的科研意识和创新思维,提高学生的应用和实践能力。

本套教材分为理论教材、实训教程、实训指导等类型。理论教材指未列入国家或省部级规划教材建设的学校教育训练急需教材;实训教程指能同时满足理论和实验实训教学需要,理论精炼、突出实验实训内容的教材;实训指导指在已有的国家或省部级规划教材基础上,满足实验实训教学需要,培养学生实践能力的辅助教材。

本套教材在学校统一领导下,分工合作,集体编写。为保证内容与实战紧密结合,吸纳了公安一线专家参与教材编写工作。教材由各编写组精心组织、反复论证,并经相关领域的专家审核后定稿。相信经过组织者、编写者和出版者的共同努力,本套教材能够满足学校本科教学和在职民警培训的需要,为培养符合实战需要的高素质应用型公安专门人才发挥积极作用。

铁道警察学院

教材编审委员会

2016 年 9 月

编写说明

交通运输在人类社会生活中占有极为重要的作用,是国民经济活动和社会发展必不可少的重要组成部分。在交通运输各主要运输方式中,铁路运输占据着重要的地位,是国民经济大动脉、国家重要的基础设施。铁路运输的进步和发展,将促进我国大交通领域的协调发展,没有铁路的现代化就难以实现国家的现代化。

当前,我国铁路正处于飞速发展的黄金时期,既有铁路网在不断完善,高速铁路正在逐步形成网络,运输装备水平在不断提高。随着铁路的快速发展,如何确保铁路运输生产安全,确保铁路运输治安秩序的稳定,成为摆在铁路公安机关面前一项十分重要的任务。

铁路的站、车、线中的各种设备具有很强的动态性,没有铁路的基础知识在铁路中工作,就难以确保自身安全,甚至还可能造成事故和灾害。

铁路警察要履行维护国家安全和社会稳定,确保国民经济大动脉畅通和广大旅客生命财产安全,保证社会秩序有序运行的重要职责,不仅要具备各项警务技能,还要掌握铁路基本知识。

本教材是专门为铁路警察普通本科教学撰写,其内容实质是铁路技术及基本知识,也可适用于其他层次铁路警察教育教学,还能作为铁路警察的自学读物和工作手册。

本教材根据铁路警察实战需要,围绕最新各类铁路规范原文,在了解铁路运输发展状况的基础上,介绍了铁路线路、机车、车辆、车站、通信、高速铁路等基本知识。

本教材由左琳任主编,邓克涛任副主编,杨素亭、杨树森、王会武(天津铁路公安处)参编。左琳、杨素亭撰写了编写大纲并通审全书。具体分工如下:

杨素亭、王会武:第一章;

左　琳:第二章、第六章;

邓克涛:第三章、第七章;

杨树森:第四章、第五章。

教材在编写的过程中参考了国内外文献资料,参阅了许多专家的研究成果,在此表示衷心的感谢。本教材作为警用铁路基础理论教学与研究的探索,难免存在疏漏、不妥之处。作为教材的编写者,在此诚恳地敬请铁路公安的同行和读者提出批评和改正建议。

《铁路运输设备教程》编写组

2016 年 2 月

目录

第一章　铁路发展概述

【教学重点与难点】

1. 世界铁路发展；
2. 新旧中国铁路发展；
3. 铁路体制机构。

第一节　世界铁路发展概述

一、世界铁路起源

铁路在运输方式上属于有轨运输。铁路的兴起和发展与科学技术和社会的进步密不可分，同时也推动和促进了社会的发展。

人类最早的有轨运输工具和行为恐怕已无可考证。如距今三千多年前我国春秋战国时期兴盛的战车，其木制车轮在土路上自然辗压出的车辙，就已形成了自然的轨道，虽不是专门修建，但起到了轨道的导向作用，已可称得上是“准”有轨运输了。

但作为近代工业化运输工具，铁路则起源于工业革命的发源地欧洲，是伴随人类冶金业、采矿业、制造业技术的发展和蒸汽机的发明与应用，逐步产生和发展的产物。

16世纪中叶,英国开始兴起采矿业,为运输煤炭和矿石铺设了由两股平行的木梁构成的轨道,作为人力或畜力车行驶的道路。以后这种轨道得到了逐步的改良:先是在木梁上钉一层薄铁皮,来延长容易磨耗的木梁的使用寿命;接着是改用固定在十字形垫木上的角钢作为轨道,使车轮可靠地沿着轨道运行。

大概在1555年,一个德国煤矿铺用了实体钢轨,并且同时使用了带突缘的车轮。到18世纪末期,在英国许多矿区和泰纳河两岸,已经铺设了许多钢轨轨道,但由于没有能够牵引车辆行走的机械动力,只好仍然用人力和畜力来牵引车辆。可见,这时已经有了较成形的铁路线路和铁路车辆,并且两者相伴而生,只是还没有用机车牵引而已,这种运输方式已可算得上是"铁路"了。但由于这时的"铁路"缺少机车动力牵引,所以还称不上近现代意义的铁路。

近现代意义的铁路是泛指用机车牵引车辆,行驶于铺着钢轨的线路上的一种近代工业化机械动力运输工具,其产生和发展是一个人类智慧逐步积累的过程。近现代意义的铁路与蒸汽机的发明息息相关,是人类第二次技术革命的产物。

很早以前就有人设想把蒸汽作为动力来使用,但真正把蒸汽动力用于生产,则起始于17世纪末。英国人瓦特在18世纪中期,终于成功地发明制造出自己的蒸汽机,并取得多项专利。瓦特改进、发明成功的蒸汽机在蒸汽机技术上基本成熟,广泛应用于纺织厂、矿厂、冶金厂、面粉厂、抽水机、汽轮船等多个领域的动力驱动,被称为瓦特万能蒸汽机。瓦特万能蒸汽机在人类历史上具有划时代意义,被称为人类历史上的第二次技术革命——工业革命的标志。瓦特成为后人公认的"蒸汽机之父"。但在瓦特时代,蒸汽机并没有成功应用于车辆的动力驱动。

18世纪中叶,伴随蒸汽机的发明,大约在1763年,法国机工古诺,首先设想制造一台用蒸汽机为动力的大炮拉车,并于1770年制成了第一台道路用蒸汽机车。由于这台笨重的机车行驶在没有固定轨道的道路上缺乏方向控制，不幸在巴黎的一次公开表演中撞伤了一些看客，所以古诺中断了继续研究的兴趣。

约1786年，英国煤矿工程师毛独克制造了一台模型道路用蒸汽机车，也是在行车试验中遇到一些意外，从而中止了这方面的研究。

但毛独克的研究，却引起了他的学生和伙伴英国煤矿工程师理查德·特列维锡克的研究兴趣。1798年，特列维锡克开始制造蒸汽机车，于1804年2月29日制造出了世界上第一台行驶于轨道上的实物蒸汽机车，并用这台机车，拉着十几吨重物和几十名旅客，在一条矿区轨道线路上成功地进行了试运行，车速约为每小时8公里。但特列维锡克像他的老师毛独克一样，在这次成功的试验之后，就再也没有多大进展，此后改变了研究方向而没有继续研究下去。由于特列维锡克第一次把蒸汽机车和轨道线路拉到了一起，并制成了第一台能够在轨道线路上行驶的实物蒸汽机车，因此，在铁路史上人们把他称为“铁路蒸汽机车之父”。

真正使近代铁路能够飞跃发展的，却要归功于被称为“铁路之父”的英国工程师乔治·斯蒂文芬。

乔治·斯蒂文芬，1781年出生于英国一个矿工家庭，父亲是一名煤矿伙夫。31岁时，他当上了发动机工，并且得到雇主的允许开始制造一台“旅行机”。1814年他用粗劣的工具，创造了他的第一台蒸汽机车——勃吕丘号机车，并进行了初次运转。尽管斯蒂文芬创造的这台勃吕丘号机车还有很多缺点，受到一些人的反对，但却给他以后研究和建造铁路树立了信心并积累了经验。

1819年斯蒂文芬受聘修筑和装备从赫顿煤矿到威尔河岸的一条工程艰巨的铁路线。这项工程为他以后设计第一条由机车牵引的近代运营铁路打下了基础。

1823年斯蒂文芬受聘主持斯托克顿·达林顿铁路的设计和施工工作。斯蒂文芬设计制造了机车车辆，主持建造了这条由蒸汽机车牵引的铁路线。这条铁路线于1825年9月27日建成通车，成为世界上

第一条投入运营的铁路。这条铁路的出现标志着近代铁路运输业的开端,它的迅速、便利、经济等众多优点深受人们重视,在英国其他地方很快得到效仿,其他国家也相继开始修建铁路,并使铁路在全世界得到迅速发展。(具体见表 1 - 1)

表 1 - 1 世界主要国家铁路通车年份表

国名	通车年份	国名	通车年份	国名	通车年份
英国	1825	俄国	1837	巴西	1851
美国	1830	奥地利	1838	印度	1853
法国	1832	荷兰	1839	澳大利亚	1854
比利时	1835	意大利	1839	埃及	1855
德国	1835	瑞士	1844	日本	1872
加拿大	1836	西班牙	1848	中国	1876

二、世界铁路发展

在铁路发展的初期,英国铁路于 1841 年采用了一位法国高等学校学生早在 1794 年为通信而发明的臂板信号机;1868 年美国的詹尼和威斯汀豪斯分别发明了自动车钩和列车的空气制动系统。这三项设备的采用,提高了铁路的行车速度和可靠性,使铁路安全技术趋于成熟,促进了铁路运输业在全世界的普及和发展。

随着社会的发展和科学技术的进步,铁路的技术装备也日新月异。1878 年德国西门子公司制造了第一台直流电力机车。随后,西欧、日本相继兴建了电气化铁路。1902 年意大利修建了一条采用三相交流电制式的电气化铁路。1920 年美国制成了 220kw 电力传动调车内燃机车。从此,内燃机车同电力机车一起,展开了一场铁路牵引的革命。

到 20 世纪 40 年代中期,世界铁路开始大规模地现代化,内燃、电力机车也开始逐步取代蒸汽机车。至 20 世纪中期,世界上大部分发达国家已停止了蒸汽机车的使用。这时我国才开始能够自己生产蒸汽机车,并迅速发展成为世界上最大的蒸汽机车生产国。1979 年是我国铁路蒸汽机车保有辆最多的一年，仅投入使用的就达到7899台。到20世纪90年代，世界上只有中国、印度和南非三个国家使用蒸汽机车。至2005年年末，中国全面停止了蒸汽机车的应用，成为世界上最后一个停止使用蒸汽机车的国家。

到19世纪末，世界铁路总长约为65万公里；至第一次世界大战前夕世界铁路总长约达110万公里。从19世纪末到20世纪20年代，这30年是世界筑路高潮时期，是铁路的黄金时代。至20世纪20年代，世界铁路总长约有127万公里。那时，工业发达的国家都已基本形成了铁路网。此后，由于公路、航空运输的发展，铁路受到了冲击，世界铁路增加的速度开始放缓。虽然一些发展中国家一直在修建铁路，但由于以美国为代表的一些发达国家开始拆除铁路，反至使世界铁路总长度出现减少。（具体见表1－2）

表1－2　世界上拥有铁路长度前20名国家排名表

排名	国家	铁路总长度（公里）	数据年份	排名	国家	铁路总长度（公里）	数据年份
1	美国	224,792	2011	11	墨西哥	26,662	2005
2	欧盟整体	209,895	2007	12	南非	24,487	2007
3	中国	10,300	2013	13	乌克兰	21,891	2006
4	俄罗斯	87,517	2011	14	日本	20,050	2006
5	印度	63,974	2011	15	波兰	19,419	2007
6	加拿大	46,552	2011	16	意大利	16,668	2007
7	阿根廷	35,753	2005	17	英国	16,208	2007
8	德国	33,897	2007	18	西班牙	14,832	2007
9	法国	29,488	2007	19	哈萨克斯坦	14,205	2006
10	巴西	29,487	2005	20	罗马尼亚	10,646	2007

美国是继英国之后于1827年开始修建铁路的，1830年第一条铁路建成通车。到了1850年，美国铁路营业里程达到1.4万多公里。

在美国政府廉价“赠地”政策的推动下，出现了持续半个多世纪的筑路高潮。1920 年，其铁路里程达到了顶峰，总长约 42.6 万公里。由于美国铁路网是在盲目竞争下自发形成的，20 年代后期又遇到了新兴运输方式，特别是汽车的激烈竞争，再加上有的铁路地区资源枯竭、有些线路运量很小，所以从 1917 年开始，美国不断封闭和拆除铁路，路网逐年减缩，至 2006 年，美国铁路总长度仅约为 22.68 万公里。

随着人们对能源危急、环境污染等问题的重视和铁路技术的发展，以及铁路速度、铁路营销手段的提高，自 20 世纪 70 年代起，铁路以其环保、节能、快速、大运量和廉价等优点，整体上又重新受到了世界各国的重视。目前，世界上约有 133 个国家修建了铁路，世界铁路总长度约为 115 万公里。

至 2015 年年底，我国铁路营业里程已超过 12 万公里，铁路长度位居世界第二，成为世界铁路强国。

当前的世界铁路正在向着安全、舒适、方便、快捷、高速、重载、自动化、环保、节省资源的方向发展，特别是高速铁路的出现和应用，更给铁路带来了无限的光明和前景。

高速铁路技术是当代世界铁路的一项重大技术成就。它集中反映一个国家牵引动力、线路结构、列车运行控制、运输组织和经营管理等方面的技术进步，体现了一个国家的科技综合水平。

1964 年，日本修建了世界上第一条客运高速专线——东海道新干线，其“光号”列车以每小时 210 公里的速度行驶在东京和大阪之间。

法国后来居上，于 1981 年建成了它的第一条时速达 270 公里的高速铁路——TGV 东南线；1989 年 9 月，从巴黎到里昂的 TGV 高速铁路，以每小时 300 公里的速度正式投入运营；1990 年 5 月 13 日，创下了时速 515.3 公里的当时世界铁路最高试验速度的纪录；2007 年 4 月 3 日在行驶试验中，再次创下 574.8 公里时速的世界纪录。

中国京津城际高速铁路于 2008 年建成并投入运营，其最高运营速度达 350 公里时速，创下世界高速铁路运营速度之最。2008 年 6 月 24

日上午，国产“和谐号”CRH3 型动车组在京津城际铁路运行试验中，创出 394.3 公里时速的试验纪录。在试验过程中，动车组列车各系统运行正常，列车平稳舒适。这意味着京津城际铁路线桥质量、动车组性能、各系统间的配合已达到世界一流高速铁路标准。（具体见图 1－1）

截至 2015 年年底，中国高铁营业里程已突破 1.9 万公里，成为世界高速铁路第一大强国。

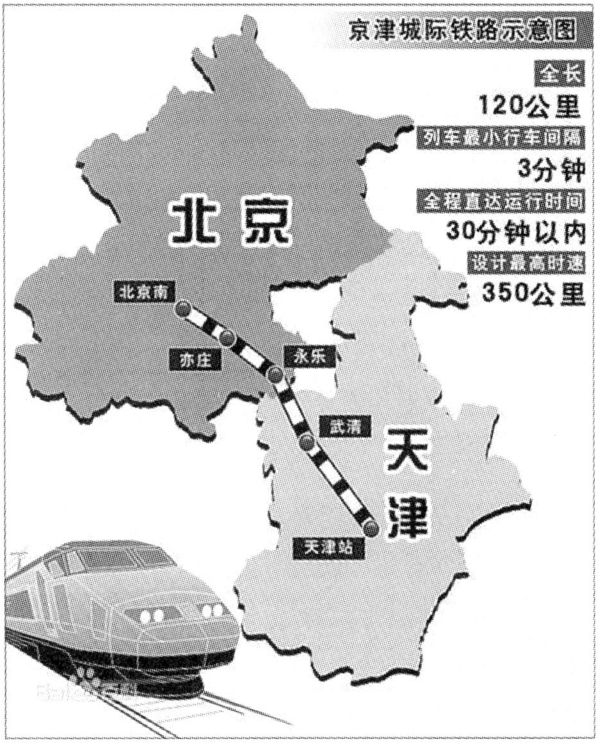

图 1－1　京津城际高速铁路

随着对高速铁路的研究和发展，人们发现，在传统铁路上运行的轮轨式列车，其速度的提高受到了轮轨粘着力的限制。为此，科学家们另辟蹊径，日本、德国、法国、美国等发达国家，于 20 世纪 60 年代率先展开了磁悬浮铁路实用性研究，但目前这些国家还仍处在实用性试验研究阶段。

1997 年日本创下了 517 公里时速的磁悬浮铁路试验世界纪录。2003 年 12 月 2 日，日本日铁东海公司和铁路综合技术研究所，在日本山梨县进行的磁悬浮列车载人运行试验中，再次创造了 581 公里时速的磁悬浮列车载人运行的新世界纪录。

在磁悬浮铁路实际运用方面，中国捷足先登。2001 年 3 月中德合作正式开工建设上海磁悬浮铁路，于 2002 年年底建成投入试运营，2004 年 5 月正式投入商业试运营，2006 年 4 月 26 日通过国家正式验收。

2002 年 12 月 30 日，中国总理朱镕基和德国总理施罗德专程前往上海，共同为这条世界上第一条投入商业化运营的磁悬浮铁路的试运行通车典礼剪了彩，并乘坐了首发列车。

上海磁悬浮铁路，这条集交通、观光于一体的磁悬浮列车商业示范运营线，西起上海地铁二号线龙阳路南侧，东到浦东国际机场一期航站楼东侧，正线长 29.863 公里，包括车站长度全长 33 公里；设计时速每小时 505 公里，运行时速为每小时 430 公里；每公里造价约为 3.1 亿元人民币，实际总造价约 90 亿元人民币。（具体见图 1－2）

图 1－2　运行中的上海磁悬浮列车

上海磁悬浮铁路的建成,开了世界上第一条投入运营磁悬浮铁路的先河,已成为世界铁路上的一条亮丽风景线。

随着我国《中长期铁路网规划》的实施,无论是传统的轮轨式铁路,还是新概念下的磁悬浮铁路,世界铁路已进入“中国速度”时代。

第二节　中国铁路发展概述

一、旧中国铁路发展概况

中国铁路起源于半封建半殖民地的旧中国,是帝国主义、殖民主义对中国进行侵略和掠夺的见证,也是旧中国封建保守、闭关锁国、落后挨打的见证。旧中国铁路的发展史是中国人民的屈辱史,也是中国人民自强不息的奋斗史。

(一)旧中国早期铁路

1840 年,英帝国主义发动了第一次鸦片战争,用大炮轰开了清政府闭关自守的大门。自此世界列强开始了对中国的瓜分和掠夺。

1. 在中国领土上出现的第一条通车运营铁路——吴淞铁路

1876 年在上海修建的吴淞(上海至吴淞镇)铁路,是中国领土上出现的第一条通车运营铁路。它是英国侵略者背着中国政府和人民,采用欺骗和蒙混的手段修筑的。第一次鸦片战争后,俄、英、美等国为加速对中国的瓜分和掠夺,均多次提出在中国修建铁路,但都遭到了拒绝。后来,美国以修筑一条“寻常马路”的名义,骗取了当时上海地方政府的允许,开始修建吴淞铁路,后又将权益让给英商,另行组成“吴淞铁路公司”,修建了这条全长 14.5 公里、轨距为 762 毫米的窄轨铁路。1876 年 7 月,该铁路从上海至江湾一段通车营业后,发生了火车压死行人的事故,激起群众愤慨,迫使英国侵略者同意,由清政府用 28.5 万两白银将铁路收买回来。然而腐败愚昧的清政府根本认识不到铁路这种新式运输工具的优越性,反而昏庸地把这条已经赎回的铁路拆毁,将机车推进了大海,将拆下的钢轨和其他器材运到了台湾,开了历史的倒车。

2. 中国自己创办的第一条铁路——唐胥铁路

1881 年的唐胥铁路(唐山至胥各庄)是中国自己创办的第一条铁路,它是当时清政府为了解决开平矿务公司的煤炭运输而修筑的。该铁路全长约 10 公里,1881 年竣工通车,是由清政府聘请英国工程师金达主持建造的,后逐步发展成为现在的京沈(北京至沈阳)铁路。唐胥铁路是中国铁路网的真正起点。

3. 其他早期铁路

我国早期建成的铁路还有,1891 年和 1893 年先后建成的基隆至台北和台北至新竹的两条铁路,全长 100 公里。这两段铁路都是由中国人自己集资、自行设计并自行施工建成的。

(二)旧中国铁路建设

1. 铁路建设规模

1876 年至 1949 年,经过 73 年,旧中国总共修建了 2.1 万多公里的(不包括台湾)铁路。其中曾由日、俄、英、法、德等帝国主义国家,直接管理经营的铁路高达 46.6%,曾受外国资本家控制的铁路占 44.1%,而完全由我国本国管理经营的铁路不过 9.3%。旧中国铁路仅机车就有 120 多个机型,钢轨多达 130 多种。殖民地半殖民地下的旧中国铁路标准不一、杂乱无章、各自为政、事故多、效率低。经过多年战乱的破坏,到 1949 年全国解放时,能维持通车的线路只有 1.1 万多公里,能用的机车只有 1700 多台,车辆也只有 3 万多辆。

2. 铁路工人运动

帝国主义在中国修筑铁路,中国铁路工人是直接的受害者。他们不但待遇菲薄,而且饱受凌辱,受各种残害、饥饿、工伤、疾病折磨,死者不计其数。例如,1903 年到 1910 年法国在云南修筑的长为 464 公里的昆河米轨铁路,竟然夺去数万工人的生命,仅人字桥一项工程就有 800 多名工人死亡。正因如此,中国铁路工人是中国工人阶级中最有觉悟、最有纪律、最能战斗的一部分。中国共产党成立后,中国铁路工人就开始在中国共产党的领导下,由自发的经济斗争转变为自觉的政治革命。

1923 年 2 月 1 日,京汉铁路总工会在郑州举行成立大会,遭到当时北洋军阀的破坏。为了争自由、争人权、反击军阀压迫,京汉铁路工人于 1923 年 2 月 4 日举行全面罢工,2 月 7 日遭到反动军阀大规模疯狂镇压,造成震撼全国的“二・七”惨案,这次罢工被后人称为“二・七”大罢工。

“二・七”大罢工是中国工人阶级正式登上政治舞台,成为革命领导力量和主力军的开始。中国铁路工人为中国革命和新中国成立做出了杰出贡献。

【小知识】

中国铁路先驱

在旧中国铁路的建设中,产生了许多爱国之士和著名的铁路专家,他们为中国铁路的建设发挥了积极的作用。其中詹天佑、茅以升以他们卓越的成就和贡献,成为中国铁路发展史上两位最具影响力的人物。

1. 中国铁路之父——詹天佑

詹天佑(1861 ~ 1919 年),广东南海人;11 岁成为我国第一批官费留美学生,1881 年毕业于美国耶鲁大学,获学士学位,学成后归国;是中国近代杰出的爱国工程师,世界著名的土木工程师和铁路专家,孙中山先生的追随者,中国铁路路权的维护者;为中国人自行设计、自行建造铁路开了先河,以京张铁路为本编制了我国第一套铁路工程标准规范,一生致力于中国铁路网建设;是中国近代科学技术的先驱者之一,被后人称为“中国铁路之父”。

中国工程师设计建造的第一座近代化桥梁——长达 305 米的滦河铁路大桥,就是 1892 年在詹天佑的主持下建造的。这座大桥目前还挺立在滦河之上,已经被作为文物保护起来。

1894 年,詹天佑入选英国土木工程师学会,是当选该学会的第一位中国工程师,开始在国际上享有声誉。

1905 年至 1909 年,在詹天佑的领导下,我国自行设计、自行施工,建造完成了全长 201 公里的京张(北京至张家口)铁路。这条铁路建筑工程十分艰巨,在青龙桥车站设计的"之"字形线路,和长达 1091 米的"八达岭"隧道,是京张铁路的两项著名工程。京张铁路的建成,为中国培养了第一批自己本土的铁路工程师,为以后中国自建铁路打下了基础,充分显示了中国人民的智慧和力量,有力地回击了帝国主义的嘲讽和鄙视,长了中国人民的志气,谱写了我国铁路建筑史上的光辉篇章。

2. 中国桥梁泰斗——茅以升

茅以升(1896 ~ 1989 年),江苏镇江人;1916 年毕业于唐山工业专门学校土木系,次年获美国康奈尔大学土木专业硕士学位,1919 年成为美国卡利基理工学院首名工学博士,世界著名桥梁专家;在新中国成立后,主持我国铁道科学研究院工作 30 余年,历任国务院科技规划委员会委员、中国科学技术协会副主席、全国科普协会副主席。1982 年被美国国家科学院授予外籍院士称号;被称为中国近代桥梁事业泰斗和先驱。

1935 年 6 月至 1937 年 9 月,茅以升主持设计和建造了著名的钱塘江公铁两用大桥,该桥于 1937 年 9 月 26 日建成通车。此时抗日战争已经爆发,随着战局恶化,大桥处于关系国家安危的战略地位,茅以升于 1937 年 12 月 23 日不得不亲自参与,挥泪将桥炸毁。

新中国成立后,1953 年茅以升再次亲临钱塘江,主持修复了钱塘江大桥。这座大桥自建成 50 多年以来,始终是南北交通的枢纽,担负着繁重的运输任务,为祖国建设事业做出了巨大的贡献。

在中国铁路桥梁史中,对钱塘江大桥是这样评价的:"20 世纪 30 年代,在自然条件比较复杂的钱塘江上,以当时尚不发达的施工技术,用不到 3 年时间，由我国工程师自行设计并监造，建成了一座基础深达 47.8 米的双层公铁两用桥，这是旧中国铁路桥梁建设史上的一项重大成就，也是中国铁路桥梁史上的一个里程碑。"

二、新中国铁路发展概况

中国铁路发展于新中国。1949 年新中国成立后，在中国共产党的正确领导下，我国铁路得到快速发展，铁路建设取得辉煌成就。

（一）迅速修复旧铁路

旧中国虽然修筑了 2 万多公里的铁路，但新中国成立初期通车的只有 1.1 万多公里。为了支援解放战争和国民经济建设，铁路工人和铁道兵指战员迅速修复了受战争破坏的 1 万多公里铁路。

（二）大力修建新铁路

从 1950 年 7 月 1 日开工修建成渝铁路起，至 2015 年底止，新中国先后修建了 10 万多公里新线，全国铁路营业里程超过 12 万公里。（具体见图 1－3）

图 1－3　中国铁路营业线示意图

目前,一个以北京为中心的四通八达的全国铁路网已初步形成。

(三)不断更新技术装备

新中国成立以来,建立了一大批用先进技术装备起来的各类工厂,使铁路运输设备不断更新。

1988 年,我国停止制造蒸汽机,内燃、电力机车已形成系列产品,韶山 8 型电力机车和东风 11 型内燃机车达到了国际先进水平。新型车辆不断推出,C62、C63 运煤敞车批量生产,25.5m 空调双层客车、25.5m 空调硬卧车的生产与运用,标志着车辆向大型化、专业化及滚动轴承化发展。

为了铁路运行速度的进一步提高和高速铁路的建设,我国还不断加强新型高速机车和车辆的研制工作,为中国自主研发和建设高速铁路展现了美好前景。

2000 年,我国自行研制的"蓝箭"号子弹头电动车组,在广深线上的最高试验速度已达 235 公里每小时。(具体见图 1-4)

图 1-4 "蓝箭"电动车组

2002 年 11 月 27 日,我国自行研制的"中华之星"电动车组,在秦沈铁路客运专线上,成功地创造了时速 321.5 公里的当时中国铁路最高试验时速。(具体见图 1-5)

图 1-5　“中华之星”电动车组

中国京津城际高速铁路于 2008 年建成并投入运营，全长 120 公里，总投资约 200 亿元人民币，投入运营时的最高运营时速达 350 公里，创世界轮轨式铁路最高运营速度之最。（具体见图 1-6）

图 1-6　京津城际高速铁路

2008 年 6 月 24 日，国产“和谐号”CRH3 型动车组在京津城际铁路运行试验中，创出 394.3 公里时速的试验纪录。在试验过程中，动车组列车各系统运行正常，列车平稳舒适，意味着京津城际铁路线桥质量、动车组性能、各系统间的配合已达到世界一流高速铁路标准。

2006年我国研制成车并拥有自主知识产权的MAS-3型磁浮列车,车长2.63米,宽1.25米,可乘坐6人,设计时速500公里,迈出了我国自主研发磁浮列车已掌握核心技术实质性一步。(具体见图1-7)

图1-7 我国自主研发的MAS-3型磁浮列车

2004年10月,"中华01号"暗轨磁悬浮技术验证列车首次在大连运行,标志着中国自主研发和开辟的中国永磁悬浮列车在大连诞生。(具体见图1-8)

2006年6月,大连磁谷科技公司宣布,拥有完全自主知识产权的磁动机技术已经研发成功,最高时速可达536公里。

继德国常导磁悬浮和日本超导磁悬浮之后,永磁悬浮是世界上由中国自主研发创新并拥有完全自主知识产权的第三种磁悬浮列车模式,目前这项技术正在继续研发之中,相信不久就会进入应用,它的研究成功将打破外国垄断,使我国步入世界磁悬浮领域顶尖行列。

近年来我国无缝线路、重轨线路、复线线路、电气化铁路建设也有了较大发展。各种养路机械大量使用,保证了铁路质量的提高和工人劳动强度的减轻。无线通信、光纤通信、机车通信和自动停车装置、红外线轴温监测系统、电子计算机等先进技术的广泛应用,促进了铁路事业的现代化。

图 1-8　我国自主研发的“中华 06 号”永磁悬浮列车

（四）不断提高列车运行速度

表 1-3　中国铁路六次大面积提速时间表

提速第次	提速时间	提速概要
第一次	1997 年 4 月 1 日	京沪、京广、京哈三大干线全面提速，以沈阳、北京、上海、广州、武汉等大城市为中心，开行了最高时速达 140 公里、平均旅行时速 90 公里的 40 对快速列车和 64 列夕发朝至列车。
第二次	1998 年 10 月 1 日	京沪、京广、京哈三大干线的提速区段最高时速达到 140 公里至 160 公里，广深线采用摆式列车最高时速达到 200 公里。全路旅客列车平均速度达到 55.16 公里/小时。
第三次	2000 年 10 月 21 日	重点是亚欧大陆桥（陇海、兰新线）、京九线和浙赣线。列车等级和车次重新分类与调整；全国铁路实行联网售票，400 多个较大车站可办理相互异地售票业务。
第四次	2001 年 10 月 21 日	提速范围覆盖了全国较大城市和大部分地区，对武昌至成都，京广线南段、京九线、浙赣线、沪杭线和哈大线等进行了大面积的提速。

续表

提速第次	提速时间	提速概要
第五次	2004 年 4 月 18 日	涉及京哈、京广、京沪、京九、陇海等主要干线，将提速网络总里程提高到 16,500 公里，时速 160 公里及其以上的线路达到 7700 公里，新增 19 对直达特快旅客列车，主要城市间客车运行速度进一步提高，货车速度也有所提高。
第六次	2007 年 4 月 18 日	在京哈、京沪、京广、陇海、兰新、胶济、武九、浙赣等线路实施，在这些线路的部分区段，客车运行时速达到 250 公里水平。

1994 年 12 月，我国第一条时速达 160 公里的广深准高速铁路建成，为我国铁路提速奠定了基础。

1995 年 10 月，铁道部在繁忙干线沪宁线上进行提速试验获得成功，开行了最高时速为 140 公里的提速客车，在既有繁忙干线实施提速取得了突破。此后，京秦、沈山、沈大等繁忙干线的提速试验相继取得成功。

这些试验为我国此后进行的铁路大规模提速奠定了观念和技术上的基础。

既有铁路线路先后进行的六次大面积提速，形成了京哈、京广、京沪、京九、陇海、浙赣"四纵两横"提速网络，列车最高运营时速由 120 公里提速到 250 公里，覆盖了全国大部分地区和城市，从根本上扭转了我国铁路列车速度长期在低水平徘徊的局面。

(五)依托信息化技术，不断提高运营管理水平

现代化管理方法，特别是电子计算机技术和信息化管理的广泛应用，大大促进了铁路运营管理自动化和运营效率的提高。

到 2006 年，我国铁路运量运输调度信息化实现效率为世界第一，运营里程仅占世界铁路 6% 的中国铁路，却完成了世界铁路总运量的 22%，体现了我国铁路的管理水平。能够实现这样的成绩，信息化无疑在其中起着重要作用。

借鉴欧洲发达国家通信信号一体化的发展经验，在信息产业部的

支持下，配合《中长期铁路发展规划》，铁道部2005年1月公布了《铁路信息化总体规划》，使中国铁路信息化建设进入到一个崭新时代。

按照这个总体规划，中国铁路确定了三大重点领域。就是以运输组织、客货营销、经营管理为铁路信息化建设的重点，实现调度指挥智能化、客货营销社会化、经营管理现代化，在提高运输效率、扩大运输能力、优化资源配置、保障运输安全、改进服务质量、提升管理水平、增加经济效益等方面发挥明显作用，为铁路跨越式发展提供技术支撑与保障。

按照这个总体规划，至2020年，全路将建成包括由TMIS（铁路运输管理信息系统）领跑，涉及DMIS（列车调度指挥系统）、CTCS（列车运行控制系统）、TRS（客票发售与预订系统）、GSM-R数字移动通信系统、工务管理信息系统、铁路建设项目管理信息系统、铁路用地管理信息系统、铁路公安信息系统、铁道部人力资源管理信息系统等38个信息系统和多个信息化平台，在全国建成技术先进、结构合理、功能完善、管理科学、经济适用、安全可靠、具有中国特色的铁路智能运输信息系统，使中国铁路信息化总体水平跃居世界先进行列。

（六）进入依法治路新时期

1990年9月7日全国人大常委会通过了《中华人民共和国铁路法》，于1991年5月1日起执行。这是我国铁路史上的一个重要转折点。从此，我国铁路进入了依法治路的新时期。

目前，我国铁路制定有统一的主要技术政策、规章制度、技术标准、中长期发展规划，建立和完善了铁路运输管理制度，形成了一整套较完备的法规体系，为完成运输任务和规范运输行为提供了法律保障。

（七）青藏铁路建成通车举世瞩目，在世界铁路史上写下浓墨重彩一笔

西藏自治区面积120多万平方公里，地处青藏高原，平均海拔4000米以上，至20世纪末，进出西藏主要依靠公路和航空运输，交通基础设施建设落后。没有铁路是制约这一地区经济社会发展的重要

原因。

青藏铁路是世界上海拔最高、线路最长的高原铁路,沿线高寒缺氧,地质复杂,冻土广布、工程十分艰巨。修建这样一条铁路,不仅是对我国综合实力和科技实力的检验,也是对人类自身极限的挑战。(具体见图 1-9)

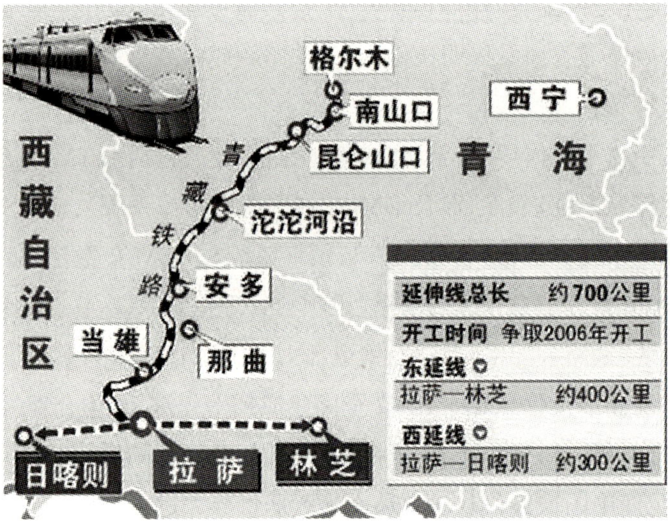

图 1-9 青藏铁路示意图

青藏铁路西宁至拉萨段全长 1956 公里,1958 年开工建设,在新中国成立后长达半个世纪的时间里,历经三次上马两次下马,最终于 2006 年 7 月 1 日实现全线运营通车。其中:西宁至格尔木 814 公里,1958 年决定开工建设,1984 年 5 月建成通车;格尔木至拉萨段 1142 公里,2001 年 6 月开工修建,2015 年 10 月 12 日全线铺通。

青藏铁路格尔木至拉萨段是世界铁路建设史上最具挑战性的工程项目,施工难度之大,设备可靠性和安全性要求之高,在世界铁路建设史上是前所未有的。其中,海拔 4000 米以上的地段达 960 公里,最高点海拔 5072 米,经过连续多年冻土地段 550 公里。

经过广大铁路建设者顽强拼搏、勇克难关,破解了多年冻土、高寒缺氧、生态脆弱三大世界性工程技术难题，在特殊的地理和气候条件下，仅用5年时间就高起点、高标准、高质量地建成了这条长达1142公里的高原铁路，创造了多项世界铁路之最，充分显示了我国的综合国力。它不仅是中国铁路建设史上的伟大壮举，也是世界铁路建设史上的一大奇迹。

青藏铁路通车运营，对于青藏两省区加快经济社会发展、改善各族群众生活、增进民族团结和巩固祖国边防，都具有重大意义。

青藏铁路是一条科技路，应用了一系列自主创新的先进工程技术、施工工艺、建设运营管理措施和旅客健康卫生保障。青藏铁路还是一条生态路，自规化设计起就始终融入着全方位的高原生态环境保护理念，采取了一系列的高原生态环境保护措施。

青藏铁路对于西藏的发展和未来更是意义重大，是西部大开发战略的标志性工程。

青藏铁路是藏族同胞与全国各族人民的连心路，是雪域高原迈向现代化的腾飞路，也是勤劳智慧的中国人民不断创造非凡业绩的奋斗路。

青藏铁路还是一条幸福路，它为西藏各族人民造福祉，为摆脱贫困添力量，为建设小康农牧区，为西藏各族同胞过上富裕、文明、和谐、健康的美好生活，插上了腾飞的翅膀。

青藏铁路更是一条文明路，它开辟了西藏各族人民深化改革、扩大开放的新天地，为西藏各族人民和全国乃至世界的广泛交流敞开了又一扇友谊的大门，为保护和弘扬灿烂的西藏优秀传统文化，为建设先进文化，进一步实现西藏的和谐发展、文明进步注入了新的生机和活力。

（八）“十五”期间铁路建设取得可喜成就

在“十五”期间，我国铁路投资3500亿元人民币，强化建设了铁路网中的“八纵八横”路网主骨架，加快了西部地区铁路建设，优化了路网结构，提高了运输能力和质量，为加速铁路发展与建设打下良好基础。

1. 铁路网中八条纵向干线铁路

包括京哈通道、东部沿海通道、京沪通道、京九通道、京广通道、大(连)湛(江)通道、包(头)柳(州)通道、兰(州)昆(明)通道八条纵向干线铁路。(具体见图 1 – 10)

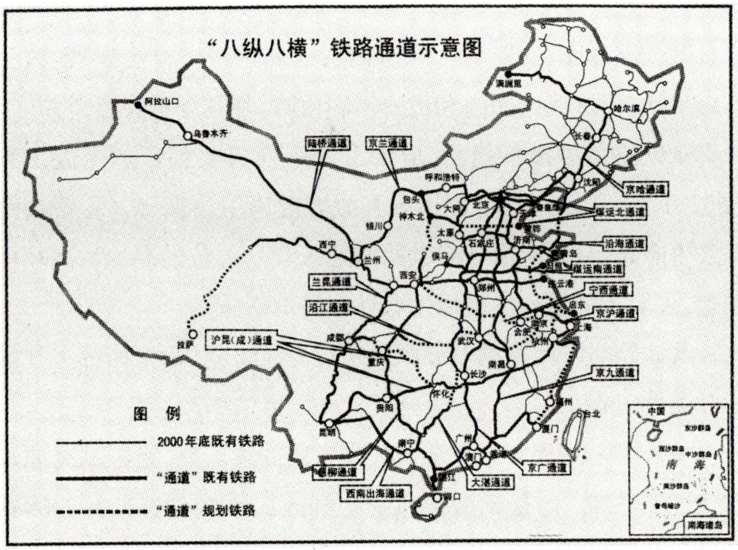

图 1 – 10 "八纵八横"铁路通道示意图

2. 铁路网中八条横向干线铁路

包括京兰(州)通道、煤运北通道、煤运南通道、陆桥通道、宁(南京)西(安)通道、沿江通道、沪昆通道、西南出海通道八条横向干线铁路。

(九)"十一五"期间铁路开始跨越式发展

1. "十一五"铁路建设规划

我国为实现中长期铁路网规划目标，在"十五"发展的基础上，制定了投资总额达 12500 多亿元人民币的"十一五"铁路建设规划，把中国铁路真正推向了跨越式发展轨道。"十一五"铁路建设规划要实现的主要目标包括：

(1)建成初具规模的发达铁路网；

(2)初步建成快速客运网络;

(3)初步形成各大区域之间大能力货运通道网络;

(4)初步建成快速货运网络;

(5)东部铁路基本实现现代化;

(6)基本实现技术装备现代化;

(7)运输效率和经营效益跃上新台阶;

(8)运输服务质量达到新水平;

(9)铁路体制创新和管理创新取得重大进展;

(10)职工生产生活条件实现大的改善。

2. 调整后的"十一五"铁路建设规划

2008 年我国政府为应对世界金融危机,保证国民经济持续增长,拉动中国内需,进一步推动我国铁路的跨越式发展,将"十一五"铁路建设总投资规划提高至 20,000 亿元人民币,其中主要包括:

(1)进一步建设客运专线,新建北京—上海高速铁路,北京—广州—深圳、天津—秦皇岛、哈尔滨—大连、上海—宁波—深圳、徐州—郑州—西安—宝鸡、石家庄—济南、南京—武汉—宜昌、蚌埠—合肥、南京—杭州、柳州—南宁、绵阳—成都—乐山、哈尔滨—齐齐哈尔等客运专线。

(2)进一步扩大路网规模,新建兰州—重庆和成都、贵阳—广州、南宁—广州、丽江—香格里拉、蒙自—河口、拉萨—日喀则、重庆—利川、西安—平凉、西小召(包头)—甘其毛道、乌兰浩特—锡林浩特、黄骅—大家洼、前进—抚远、上海—南通、南京—安庆、阜阳—六安、宿州—淮安、衡阳—井冈山、赣州—韶关铁路,内蒙古中西部、山西中南部煤运铁路,东北东部铁路,集包第二双线等。

(3)进一步提高既有线路能力,实施西安—合肥、西安—安康、长治—邯郸—济南、石门—长沙、遂宁—重庆等铁路增建第二线,以及大同—秦皇岛、神木—朔州—黄骅、集宁—通辽、衡阳—柳州、金华—温州、广通—大理、赣州—龙岩等铁路扩能改造工程。

“十一五”铁路建设规划规模之大、建设标准之高、投资数量之多，在我国历史上前所未有，拉开了我国大规模建设铁路的序幕，吸引着世界的眼球。中国铁路已迈开高速跨越式发展步伐，并迎来中国的高速铁路时代。

【小知识】

中国铁路发展之最

1. 中国第一台内燃机车

中国第一台内燃机车于1958年9月9日在长辛店机车车辆修理工厂诞生。和蒸汽机车相比，内燃机车具有耐用、经济、效率高等特点。中国制造的这台内燃机车是用电气传动，机车自重60吨，牵引能力为600匹马力，每小时最高车速为85公里。机车的3万多件配件全部是中国制造。

2. 我国第一条沙漠电气化铁路

包(头)兰(州)铁路迎水桥至干塘段

3. 中国第一位铁路专家——詹天佑

1905年到1909年4年间，詹天佑主持建造第一条完全由中国人勘测、设计、施工的铁路——京张铁路，同时还发明了列车的自动挂钩。

4. 中国第一台电力机车制造

中国铁路电力机车的研制始于1958年，当时试制出引燃管式第一台电力机车。1965年开始试用硅整流器代替引燃管，又经不断改进，制成韶山型电力机车。

5. 中国第一条电气化铁路

中国第一条电气化铁路是陕西宝鸡到四川成都的宝成铁路。铁路全长676公里，电气化改造工程于1958年6月动工，1975年7月1日完工，全线正式通车。

6. 中国第一条新建铁路

新中国成立后新建的第一条铁路是西起成都、东到重庆的成渝铁路。这条铁路全长505公里，1950年6月开工，1952年7月1日全线通车。铁路的修建完全采用国产器材，从而结束了中国没有一条铁路不是向外国借款、向外国购买材料建筑而成的历史。

7. 中国第一条复线电气化铁路

中国第一条复线电气化铁路是东起石家庄市，西至太原市的石太线。铁路全长 235 公里，1974 年 10 月动工，1982 年 9 月 29 日全线正式通车。

8. 中国第一条中外合资铁路

1993 年 3 月，中国第一条中外合资铁路——深圳平(湖)南(头)铁路建成通车。平南铁路东起广(州)深(圳)铁路的平湖车站，西到深圳市南头镇，连接蛇口、赤湾、妈湾三大港口，全长 50.2 公里。

9. 中国第一条技术先进的现代化铁路

中国第一条技术先进的现代化铁路——大秦铁路，于 1992 年 12 月 21 日全部建成通车。大(同)秦(皇岛)铁路全长 653 公里，1985 年 1 月开工兴建，是中国第一条技术先进的双线电气化万吨重载单元运煤专用铁路，也是世界上载重量最大的铁路。该铁路聚集着国际上 20 世纪 70 年代末、80 年代初的许多先进技术。

10. 中国第一条准高速铁路及第一条高速电气化铁路

中国第一条准高速铁路——广深准高速铁路，于 1994 年 12 月建成通车。这条铁路西北起广州东站，东南至深圳站，贯穿广州、增城、东莞、深圳 4 个城市，全长 147 公里。1993 年 12 月，广深线电气化改造工程完工。1998 年 5 月 28 日，广深高速电气化铁路全线建成，成为中国第一条高速电气化铁路，时速为 200 公里。

11. 中国第一家铁路集团企业

中国第一家铁路集团企业——广州铁路(集团)公司于 1993 年 2 月 8 日成立。广州铁路(集团)公司由原广州铁路局改建。集团公司由 17 家核心层企业、紧密层企业、半紧密层企业和松散层企业组成。

12. 中国第一条地下铁道

中国第一条地下铁道是北京地下铁道一期工程。北京地铁一期工程于1965年7月1日动工,1981年9月15日正式运营。工程东起北京站,途经崇文门、前门、宣武门、南礼士路等17个站,向西至苹果园,全长23.6公里。

13. 海拔最高的冻土隧道

青藏线海拔4905米的风火山隧道,是世界上海拔最高的冻土隧道。

14. 世界上海拔最高的铁路车站

世界上海拔最高的铁路车站是位于青藏线海拔5068米的唐古拉站。

15. 中国第一条客货共线快速铁路

向莆铁路又名(南)昌福(州)铁路,为中国第一条国家一级快速客货共线铁路干线,途经江西省南昌市、抚州市和福建省三明市、福州市、莆田市,正线全长632.359公里。设计时速200公里,预留250公里,货运时速160公里。

第三节　新中国铁路体制机构

运输活动是人类社会的一种基本活动。运输业属于第三产业,具有鲜明的服务特征。运输业运输的对象是人和物等实体。运输业生产的主要产品是人和物的位置的变化,简称"位移"。运输业在从事"位移"产品生产时,要遵循运输对象"性质、数量、形态基本不变"原则。现代化运输方式主要包括铁路、公路、水运、航空、管道五种。在我国,在这五种运输方式构成的现代化运输体系中,铁路扮演着重要角色并发挥着重要作用。

一、铁路运输的优势

作为现代化运输方式之一,与公路、航空、水运、管道这四种现代化运输方式相比,铁路运输具有以下主要优势。

(一)运输能力大

机车的功率可达数千千瓦,牵引货物列车的重量多在几千吨,最多可达几万吨。例如我国一列货物列车的重量一般在3500吨左右，大秦线的运煤重载列车已达万吨。2001年6月21日，澳大利亚在纽曼山—海德兰铁路线，曾用8台AC6000型机车牵引682辆货车，开行了列车全长7353米，总重99, 734吨，净载重82, 000吨的重载列车。

（二）运行速度快

目前在我国京津城际高速铁路上，铁路旅客列车动车组实际运营最高时速已达350公里；在上海磁悬浮铁路线上，磁悬浮旅客列车实际运营最高时速已达430公里，均为世界铁路列车运营速度之最。

（三）运输成本低

铁路运输成本为汽车运输成本的1/11；能耗较低，只有汽车运输的1/7。相对于公路建设来看，铁路建设用地较少。

（四）准时、安全、可靠

铁路运输基本上不受气候条件的影响，一年四季可以不分昼夜、不间断地连续运行，并且铁路运输具有可靠的行车安全设施和保障安全的规章制度。在所有的运输方式中，铁路运输是最准时、最安全、最可靠的。铁路因行车事故造成的旅客伤亡人数大大低于公路和民航运输。

（五）绿色环保

铁路特别是电气化铁路的能源形式可以采用水力发电、火力发电、风力发电、核能发电、太阳能发电等多种发电形式，并且其有效功率高、排污量小、噪声污染低，是一种具有绿色意义的环保运输方式。随着对环境保护的重视，铁路的绿色环保作用将越来越会受到人们的赏识。

例如，有关资料显示，在旅客运输中，公路每一人每公里的一氧化碳有害气体的排放量为0. 902kg，而铁路仅为0. 109kg。

当然铁路与其他运输方式相比，目前也存在一些不足，如一次性投资大、金属消耗量高、运输生产过程繁杂、周转周期较长、灵活性相对偏差等。但随着铁路运输生产技术的不断进步和经营管理的改革与发展，这些不足将会得到逐步克服和减少。

二、铁路运输的特点

铁路运输除了具备一般运输业特点外，还具有自身特点。

1. 老版《铁路技术管理规程》规定

1992 年 9 月 1 日起实施的第 8 版《铁路技术管理规程》在总则中规定：

铁路具有高度集中、半军事性、各个工作环节紧密联系和协同动作的特点。

人们将这一特点高度概括为“高、半、大”。

2. 现行《铁路技术管理规程》规定

2014 年 7 月颁布的《铁路技术管理规程》(以下简称《技规》)在总则中规定：

铁路运输具有高度集中的特点，各工作环节须紧密联系、协同配合。

三、铁路种类

(一) 按管理主体划分

按照铁路管理主体的不同，可分为国家铁路、地方铁路、合资铁路、专用铁路、铁路专用线。

1. 国家铁路

国家铁路是指由我国国务院铁路主管部门管理的铁路，简称国铁。由于国家铁路的性质十分重要，因此对国家铁路的管理不仅仅是行政管理，而且还要求对国家铁路实行高度集中、统一指挥的运输管理体制，这就是把国家铁路的一部分业务管理权交给了国务院铁路主管部门。

2. 地方铁路

地方铁路是指由地方人民政府管理的铁路。地方铁路与国家铁路相比，所不同的是管理主体的变化，一个是国务院铁路主管部门，另一个是地方人民政府。前者代表国家,代表的是中央人民政府的总体经济利益,后者虽然也是国家的一个部分,但代表的是本地区的经济利益。

地方铁路主要是由地方自行投资修建或者与其他铁路联合投资修建,担负地方公共旅客、货物短途运输任务的铁路。我国地方铁路是在建国以后不断发展起来的。地方铁路从无到有,已发展成为我国地方运输事业中的一支重要的运输力量,在地方经济发展中起着重要的、积极的作用。

3. 合资铁路

合资铁路一般指中国铁路总公司与地方政府、企业或其他投资者合资建设和经营的铁路,包括规范改制的铁路支线有限责任公司或股份有限公司。

4. 专用铁路

专用铁路是指由企业或者其他单位管理,专为本企业或者本单位内部提供运输服务的铁路。专用铁路的概念也是从管理权限和管理主体上来划分的。一般来说,专用铁路大都是大中型企业自己投资修建,自备机车车辆,用来为完成企业自身的运输任务的铁路。也有一些军工企业、森林管理部门为生产运输需要修建了一些专用铁路,线上装卸。

5. 铁路专用线

铁路专用线是指由企业或者其他单位管理的与国家铁路或者其他铁路线路接轨的岔线。铁路专用线与专用铁路都是企业或者其他单位修建的主要为本企业内部运输服务的,两者所不同的是:专用铁路一般都自备动力,自备运输工具,在内部形成运输生产的一套系统的运输组织;铁路专用线则仅仅是一条线,其长度一般不超过 30 公里,其运输动力使用的是与其相接轨的铁路的动力。铁路专用线的管理方式为谁投资谁管理,即如果投资单位为冷库,则管理单位就为冷库。

(二)按服务范围划分

按照铁路服务范围的不同,可分为干线铁路、城际铁路、市郊铁路、城市轨道交通。

（三）按运营性质划分

按照运营性质的不同，可分为客运专线铁路、客货共线铁路、货运专线铁路。

四、铁路运输的地位和作用

2014 年版《技规》对铁路的地位和作用作出了明确规定：

铁路是国民经济大动脉、国家重要基础设施和大众化交通工具，是综合交通运输体系骨干、重要的民生工程和资源节约型、环境友好型运输方式，在我国经济社会发展中的地位至关重要。

运输是国民经济的脉络，铁路运输则是我国国民经济的大动脉。改革开放以前，铁路承担着全国旅客周转量的 60% 以上，货物周转量的 70% 以上。改革开放以后，伴随其他运输方式的快速发展，铁路在承担全国客、货周转量比例方面虽呈逐年下降趋势，但仍占有一定比例。以 2012 年为例，全国铁路货物周转量（含行包）为 29, 187 亿吨公里，占全国货物周转量（不含远洋运输）的 16. 9%；全国铁路旅客周转量 9812 亿人公里，占全国旅客周转量 33, 383 亿人公里的 29. 4%。

铁路联系着国民经济的各行各业，联系着千家万户。铁路运输对于增强国内市场发展后劲具有重要作用。铁路运输的发展可以带动钢铁、建材、机械、电子、能源、旅游等一大批相关产业的发展，增加国内市场需求，吸纳社会劳动力，是改善生产力布局、缩小地区间经济发展差距，以及进行国土开发不可缺少的基础设施。在当前全球爆发金融危机的情况下，中国加大铁路投资，是拉动中国国内内需，稳定中国经济发展，保持国民经济持续增长的重大举措。

五、铁路运输的体制机构

目前我国的国务院铁路主管部门是中华人民共和国交通运输部，主管全国铁路工作。

我国铁路实现了跨越式发展,保障了国民经济平稳运行和人民生产生活需要,但也存在政企不分、与其他交通运输方式衔接不畅等问题。为推动铁路建设和运营健康可持续发展,保障铁路运营秩序和安全,充分发挥各种交通运输方式的整体优势和组合效率,有必要实行铁路政企分开,加快推进综合交通运输体系建设。

考虑到铁路仍处于建设发展重要时期,同时承担着很多公益性任务,方案提出,国家继续支持铁路建设发展,加快推进铁路投融资体制改革和运价改革,建立健全规范的公益性线路和运输补贴机制。同时,继续深化铁路企业改革,建立现代企业制度。

由于新中国成立后实行计划经济体制,以及我国特有的国情等原因,我国铁路长期以来都存在政府和企业性质不分的情况。

2013 年 3 月,根据国务院机构改革和职能转变方案,实行铁路政企分离:撤销中华人民共和国铁道部,组建国家铁路局,承担铁道部拟定铁路发展规划和政策的行政职责,隶属于交通运输部。组建中国铁路总公司(China Railway),承担原铁道部的企业职责。

改革后,中国铁路总公司统一调度指挥铁路运输,实行全路集中统一管理,确保铁路运营秩序和安全,确保重要运输任务完成,不断提高管理水平,为人民群众提供安全、便捷、优质服务。

中国铁路总公司(简称“铁总”)是经国务院批准,依据《中华人民共和国全民所有制工业企业法》设立,由中央管理的正部级国有独资企业,注册资金 10,360 亿元。

中国铁路总公司以铁路客货运输服务为主业,实行多元化经营,负责铁路运输统一调度指挥,国家铁路客货运输经营管理,承担国家规定的公益性运输,保证关系国计民生的重点运输和特运、专运、抢险救灾运输等任务;负责拟订铁路投资建设计划,提出国家铁路网建设和筹资方案建议;负责建设项目前期工作,管理建设项目;负责国家铁路运输安全,承担铁路安全生产主体责任。

中国铁路总公司机关设置 20 个内设机构,下设 18 个铁路局、3

个专业运输公司等企业，职工总数为 204.56 万人，资产总额为 46,631.59 亿元。

【本章小结】

铁路在运输方式上属于有轨运输。本章简单介绍了世界铁路起源以及美国、日本等发达国家的铁路发展情况，重点介绍了新旧中国铁路发展历程。针对铁路体制机构改革，介绍了铁路优势及特点，地位及其作用。

【思考题】

1. 在现代运输体系中，有哪几种运输方式？铁路运输有哪些优势？铁路运输业的特点是什么？

2. 中国铁路总公司现下设哪 18 个铁路局(公司)？

3. 自 1997 年以来，我国铁路进行了几次大提速？提速的最高时速是多少？

4. 世界上第一条投入商业化运营的磁悬浮铁路是哪条铁路线？是在哪一年建成并投入运营的？投入运营时的最高运营时速是多少？

5. 世界上建成的第一条铁路是哪条铁路线？是在哪一年建成的？主要设计建造者是谁？

6. 中国建成的第一条铁路是哪条铁路线？是在哪一年建成的？是以什么名义修建的？结局如何？

7. 中国政府自己创办的第一条铁路是哪条铁路线？是在哪一年建成的？

【推荐参考书目】

1. 钱仲候主编:《高速铁路概论》，中国铁道出版社 2006 年版。

2. 胡思继主编:《铁路行车组织》，中国铁道出版社 2009 年版。

3. 亢宾:《塘沽铁路的历史记忆》，中国铁道出版社 2015 年版。

4. 贾本义编著:《中国早期铁路的那些人和事》,中国铁道出版社 2014 年版。

5. 王慧英:《我国铁路发展与改革研究》,清华大学出版社 2015 年版。

第二章　铁路线路

【教学重点与难点】

1. 轨道组成及构造名称；

2. 线路平纵断面要素及识图；

3. 线路走行基本空间安全要求。

铁路线路是机车车辆和列车运行的基础。它承受着由机车车辆轮对传来的巨大压力，并引导机车车辆轮对运行。铁路线路是一个整体的工程结构，其基本组成包括路基、桥隧建筑物（桥梁、隧道、涵洞）和轨道（主要包括钢轨、轨枕、道床、道岔等）三大部分。

为了确保列车按规定速度安全、平稳、不间断地运行，以保证铁路运输部门质量良好地完成客货运输任务，铁路线路必须经常保持完好的状态。

第一节　概　述

一、铁路勘测设计

由于新建或改建铁路的工程量、投资量都很大，且技术复杂,牵涉面广,因此在建筑一条铁路之前,必须进行深入细致的调查研究和勘测工作,并从若干个可供比较的方案中选出一个最优方案来进行设计。

铁路建设的三个阶段如下:

1. 前期工作阶段。主要进行方案研究、初测和初步设计工作。

2. 基本建设阶段。主要进行定测、技术设计和施工图设计,然后进行工程施工,最后验交投产。

3. 投资效果反馈。铁路运行若干年后,由建设单位会同有关部门,对工程质量、技术指标和经济效益等考查验证,以评价设计和施工质量。

二、铁路等级和技术标准

(一)铁路等级

设计铁路时,首先要确定铁路(线路)等级。铁路(线路)等级是铁路的基本标准。铁路的技术标准和装备类型都要根据铁路等级来选定。我国现行《铁路线路设计规范》对铁路等级作出如下规定:

新建和改建铁路(或区段)的等级,应根据其在铁路网中的作用、性质和旅客列车设计行车速度和客货运量确定。我国铁路共分为四个等级,具体条件见表 2-1。

表 2-1　铁路等级

等级	铁路在路网中的意义	近期年客货运量(Mt)
Ⅰ	在铁路路网中起骨干作用	≥20
Ⅱ	在铁路路网中起联络、辅助作用	<20 且≥10
Ⅲ	为某一地区或企业服务	<10 且≥5
Ⅳ	为某一地区或企业服务	<5

注:近期客货运量是指交付运营后第十年的客货运量。年客货运量为重车方向的货运量与客车对数折算的货运量之和。每天每对旅客列车按 1.0Mt 货运量折算。

目前,我国铁路等级还增加"客运专线"等级,客运专线设计时速为200～380km/h。

(二)铁路主要技术标准

每一条铁路建设立项时,首先要确定的就是线路等级,根据等级再确定相应线路的主要技术标准。

铁路主要技术标准包括:正线数目、最小曲线半径、限制坡度、到发线有效长度、车站分布、牵引种类、机车类型、机车交路和闭塞类型。其中前五项属于工程标准,建成后很难变更;后四项属于技术装备类型,可随着运量的增长逐步改造。这些标准是确定铁路能力大小的决定因素,一条铁路选用不同的标准对设计线的工程造价和运营质量有重大影响,同时又是确定设计线的工程标准和设备类型的依据。

选定铁路主要技术标准是设计铁路的基本决策,应根据国家要求的年输送能力和确定的铁路等级,考虑沿线资源分布和国家科技发展规划,并结合设计线的地形、地质、气象等自然条件,经过论证比选,慎重确定。线路的等级不同,在线路平、断面设计中所采用的标准和装备的类型也不一样,所以在进行设计时,首先要确定铁路的等级。

三、铁路线路分类

铁路线路种类很多,除了可按等级分类外,还可按其他方式来分类。

(一)按线路用途分类

2014版《铁路技术管理规程》(普速铁路部分)规定:

铁路线路分正线、站线、段管线、岔线、安全线及避难线。

正线是指连接车站并贯穿或直股伸入车站的线路。

站线是指到发线、调车线、牵出线、货物线及站内指定用途的其他线路。

段管线是指机务、车辆、工务、电务、供电等段专用并由其管理的线路。

岔线是指在区间或站内接轨,通向路内外单位的专用线路。

安全线是为防止列车或机车车辆从一进路进入另一列车或机车车辆占用的进路而发生冲突的一种安全隔开设备。

避难线是在长大下坡道上能使失控列车安全进入的线路。

(二)按线路正线数目分类

按正线数目可分为单线、双线、部分双线、多线等铁路线路。

1. 单线铁路:是指区间只有一条正线的铁路线路。

2. 双线铁路:是指区间有两条正线的铁路线路。

3. 部分双线铁路:是指在一个区段内只有部分区间为双线的铁路线路。

4. 多线铁路:是指区间正线为三条以上的铁路线路。

区间有两条及以上正线的铁路线路又均可统称为复线。

第二节 铁路线路的平面和纵断面

铁路线路在空间的位置是用它的线路中心线表示的。线路中心线是指外轨二分之一轨距的铅垂线,与路肩水平线的交点的纵向连线。由于实际的铁路线路具有弯曲和起伏,所以实际的铁路中心线也是具有弯曲和起伏的三维线。

将三维的铁路线路中心线,垂直地投影在水平面上,形成的平面投影,叫铁路线路的平面。沿三维铁路线路中心线,按照一定的宽度,对铁路线路中心线及其沿线的山川、河流、道路、城镇、村庄、建筑物等地形、地物、地貌做垂直投影,所形成的具有一定比例的带状平面投影图,叫铁路线路的平面图。铁路线路的平面图直接反映了铁路线路的曲直变化和走向,及其与沿线的山川、河流、道路、建筑物等地形、地物、地貌的平面位置关系。

将三维的铁路线路沿中心线坡度方向展直,再将展直的铁路线路中心线(铁路线路中心线的高度为路肩高度)沿着与其垂直的水平方向投影在垂直面上,形成的在垂直面上的投影,叫铁路线路的纵断面。先将三维的铁路线路沿中心线坡度方向展直,再将展直后的铁路线路中心线(高度为路肩高度),及其在铁路线路中心线竖向垂直面上的沿线的山川、河流、道路、城镇村庄、建筑物等地形、地物、地貌做与展直后的铁路中心线垂直方向的水平投影,所形成的在垂直面上的具有一定比例的投影图,叫铁路线路的纵断面图。铁路线路的纵断面图,直接反映了铁路线路的高低起伏变化,及其与沿线的山川、河流、道路、建筑物等地形、地物、地貌的高低位置关系。

铁路线路的平面图和纵断面图只能反映铁路线路的曲直走向和高低起伏,无法反映出铁路线路的具体断面形状。铁路线路的具体断面形状要用铁路线路的横断面图来表示。铁路线路横断面图主要反映铁路线路的设计横断面情况,及其与自然地面的关系以及修筑时需要开挖的情况。由于铁路沿线情况复杂,不同地段的铁路线路可能有着不同的断面形状,因此也就需要根据不同的地段画出不同的横断面图,来反映铁路线路的具体断面情况。

从运营的观点来看,最理想的线路是既直又平的线路。但是,由于自然地面情况复杂多变,就不可能将铁路修得又平又直。即使有可能把铁路修得又平又直,也会产生过大的工程数量和工程费用,需要漫长的工期,形成没必要的浪费。

从工程的角度来看,为了降低工程造价和缩短工期,线路最好是随自然地形起伏变化。但这样就可能会造成铁路线路的频繁起伏,影响铁路线路的平顺和列车行驶的平稳,以至于给运营造成很大的困难,甚至还会影响行车安全,导致根本无法行车。

因此,铁路线路的空间位置的选定,要在满足运营的基本条件下,综合考虑工程造价和运营效果，绕过障碍，尽可能地减少工程量，降低工程造价，少占农田，使铁路线路能够随地形条件适当地有起伏和曲直的变化。（具体见图 2－1）

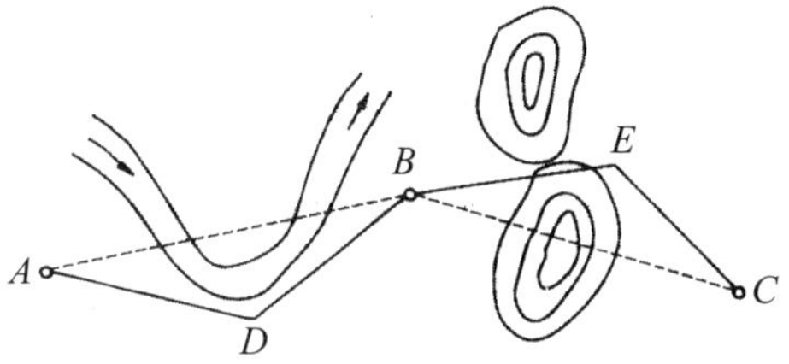

图 2－1 铁路线路绕避地形障碍示意

一、铁路线路的平面及平面图

（一）线路平面及其组成要素

铁路线路的平面主要由直线和曲线两部分组成。铁路曲线主要采用圆曲线。曲线是绕避地面障碍或地质不良地段、减少工程数量、缩短工程工期、降低工程造价和减少工程施工技术难度的措施和手段。另外，曲线也会给列车的运行造成阻力，影响列车运行速度，加长铁路线路长度。铁路遇到障碍后是否采用曲线绕行，要经过综合比较后才能确定。

当列车通过曲线时，由于离心力的作用，使得外侧车轮轮缘挤压外轨，摩擦增大；同时还由于外轨长于内轨，内侧车轮在轨面上滚动时会产生相对滑动，从而给运行中的列车带来一种附加阻力，即曲线附加阻力。根据试验结论，曲线阻力与曲线半径成反比。曲线半径越小，曲线阻力越大，列车通过时就越不顺畅，运营条件也就越差；曲线半径越大，曲线阻力越小，列车通过时就越顺畅，运营条件也就越好。

我国通常用公式 wr＝600/R（N/KN），来计算当曲线长度大于或等于列车长度时的单位曲线阻力。式中：wr 为单位曲线阻力（N/KN），即列车每一吨质量所受到的曲线附加阻力值；R 为曲线半径

(米);7000 为根据试验得出的常数。

另外,列车在曲线上行驶的速度越快,所产生的离心力也就越大,为了保证列车运行的安全、平稳和旅客的舒适,就必须限制列车通过曲线时的行车速度。我国铁路常用的曲线半径及其最大允许速度的限制,见表 2-2。

表 2-2 常用曲线半径限速表

曲线半径(m)	300	350	400	450	500	550
行车速度(km/h)	74	80	86	91	96	101
曲线半径(m)	600	700	800	1000	1200	1500
行车速度(km/h)	105	114	122	136	149	166

我国现行《铁路线路设计规范》规定:

3.1.1:线路平面的圆曲线半径应因地制宜、由大到小合理选用。小曲线半径宜集中使用。

曲线半径宜采用下列数值:10,000、8000、6000、5000、4000、3000、2500、2000、1800、1600、1400、1200、1000、800、700、600、550、500、450、400、350m。特殊困难条件下,可采用上列半径间 10m 整倍数的曲线半径。

为了保证线路的通过能力,并有一个良好的运营条件,《技规》第 33 条中的第 2 表,根据铁路等级和其路段设计行车速度,对不同区间线路的最小曲线半径作了明确规定。(具体如下)

第 2 表 铁路区间线路最小曲线半径(m)

铁路等级	Ⅰ			Ⅱ	
路段设计行车速度(km/h)	200	160	120	120	80
一般	3500	2000	1200	1200	600
困难	2800	1600	800	800	500

铁路曲线的内外两股钢轨呈同心曲线。由于我国铁路的内外股

钢轨接缝采用在同一横断面上的并行方式，所以在铁路曲线处内股的钢轨就要适当地缩短。为了保持列车的稳定性，在铁路曲线处往往采用外轨超高的办法，用列车重心的内倾来平衡离心力。在铁路曲线半径小到一定程度时，根据机车车辆走行部的结构，为了保证机车和车辆的顺利通行，曲线处的轨距往往还需要进行一定程度的适当加宽。

当圆曲线半径小到一定程度时，直线和圆曲线的连接处的半径与外轨超高、轨距加宽等变化就过于突然，为了保证列车的顺畅通过和稳定性，直线和圆曲线也就不能直接连接了，这时在直线和圆曲线之间，就需要加设一条缓和曲线来进行逐步过渡。缓和曲线的半径是逐步变化的，从缓和曲线所衔接的直线一端起，缓和曲线的半径由无穷大，逐渐变化到另一端所衔接的圆曲线的半径 R。缓和曲线的外轨超高和轨距加宽等，同半径一样也是逐步变化的。加设的缓和曲线越长，直线到圆曲线的过渡就越顺畅。一般情况下，一条圆曲线两端的缓和曲线都是对称加设的。（具体见图 2－2）

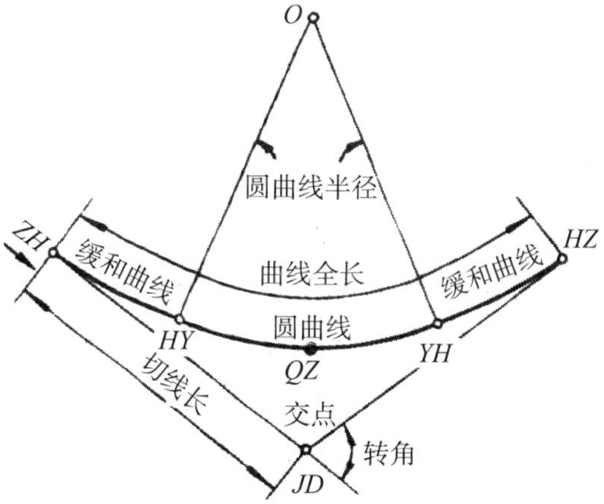

图 2－2　铁路曲线示意

在铁路曲线上有许多交接点，沿铁路走行方向，从直线到缓和曲线的交接点叫直缓点（在图上用汉语拼音字头 ZH 来表示）；从缓和曲线到圆曲线的交接点叫缓圆点(HY);整条曲线的中间点叫曲中点(QZ);从圆曲线到缓和曲线的交接点叫圆缓点(YH);从缓和曲线到直线的交接点叫缓直点(HZ);铁路曲线的切线的相交点叫交点(JD);铁路曲线切线间的交角叫转角或转向角(用字母 α 表示)。在铁路工程图中,圆曲线的半径用 R 表示;一端缓和曲线的长度用 l_0 表示;曲线全长用 L 表示;切线长用 T 表示;转向角则用 α 来表示。(具体见图 2 - 3)

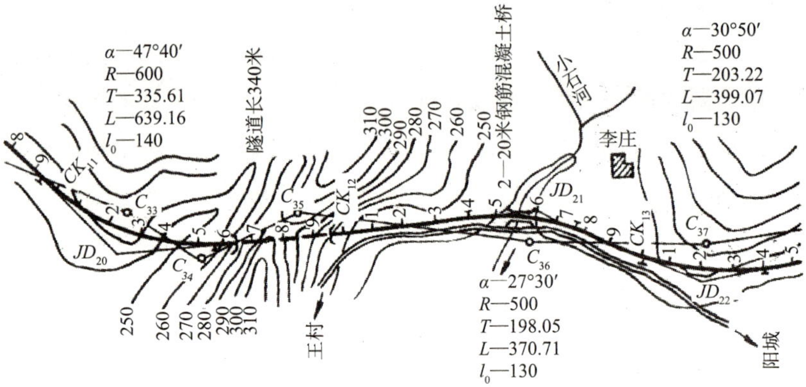

图 2 - 3 铁路线路平面图示意

当两条或多条相邻曲线转弯方向相同时称其为同向曲线(或顺向曲线);当两条相邻曲线转弯方向相反时则称其为反向曲线。

(二)铁路线路平面图

线路平面图是铁路勘测设计的重要设计文件。在铁路线路平面图中,标明了线路中心线的曲直变化和里程,沿线车站、桥隧建筑物等的数量、形式和位置,以及用等高线(地面上高程相等各点的连线)表示的沿线地形、地物等情况。

二、铁路线路纵断面及纵断面图

(一)铁路线路纵断面及其组成要素

铁路线路的纵断面由平道和坡道组成。坡道是使铁路线路尽可

能适应地面的自然起伏，减少填挖工程量，降低工程造价，缩短工程工期的主要手段。（具体见图 2－4）

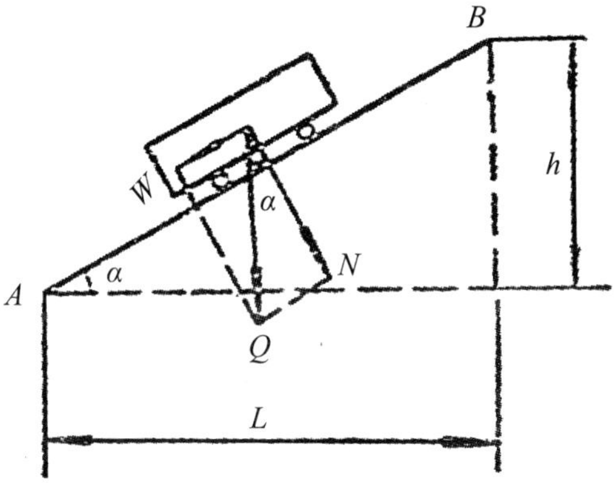

图 2－4　线路坡度与坡道阻力示意

坡道的陡与缓用坡度来表示。坡度是指坡道线路中心线与水平线夹角的正切值，即 i‰ = h/L = tanα。其中：i 表示坡度值，其大小用千分率来表示；α 为坡道段线路中心线与水平线的夹角；h 为坡道段坡底与坡顶之间的高差；L 为坡道段坡底与坡顶间的水平距离。

坡道的坡度值有正、负之分，上坡为正值，下坡为负值，平道为零。

由于有了坡道，就给列车运行带来了不良的影响。列车在坡道上上坡运行时，会增加由于列车在坡道上的仰倾，造成的列车自身重力在与列车运行相反方向的分力的阻碍，这种因坡道引起的阻力，称为坡道附加阻力。坡道的坡度越大，列车在上坡时的坡道阻力也就越大，同一台机车（在列车运行速度相同的条件下）所能牵引的列车重量也就要越小。

列车平均每千牛重量所受到的坡道阻力，叫单位坡道阻力，用 W_i 来表示，经推算 $W_i \approx i$（N/KN）。

当两段或多段相邻坡段的坡度方向相同时称其相互关系为顺坡；当两段相邻坡段的坡度方向相反时则称其相互关系为反坡。（具体见

图 2－5）

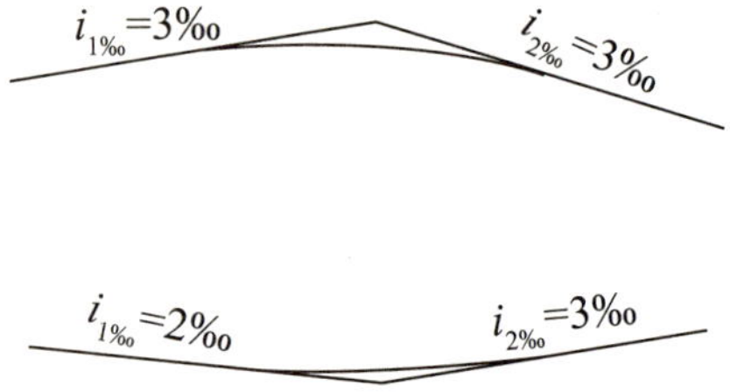

图 2－5　竖曲线示意

平道与坡道、坡道与坡道的交点，叫作变坡点，两相邻坡度之间的差，叫坡度差。列车经过变坡点时，由于坡度的突然变化，会使车钩产生附加应力，并且坡度变化越大，附加应力就越大，就越容易造成断钩事故。为了保证列车的运行平顺和安全，我国铁路相关规范规定，在Ⅰ、Ⅱ级线路上，相邻坡道段坡度代数差的绝对值大于 3‰，在Ⅲ级线路上，相邻坡道段坡度代数差的绝对值大于 4‰时，应以竖曲线连接两个相邻坡道段。

竖曲线是纵断面上设置的圆曲线，按照规定Ⅰ、Ⅱ级铁路上竖曲线的半径 R 定为 10,000m，Ⅲ级铁路定为 5000m。

由于竖曲线的维修与养护难度较大，因而相邻坡段的坡度差不宜选择过大。《铁路线路设计规范》对此作了如下规定：

3.2.6：相邻坡段的连接宜设计为较小的坡度差。相邻坡段的坡度差不得大于表 3.2.6 规定的数值。

表 3.2.6　相邻坡段最大坡度差

铁路等级		Ⅰ、Ⅱ				Ⅲ				
远期到发线有效长度(m)		1050	850	750	650	1050	850	750	650	550
最大坡度差（‰）	一般	8	10	12	15	10	12	15	18	20
	困难	10	12	15	18	12	15	18	20	25

改建既有线如有充分技术经济依据时,其相邻坡段的坡度差可保留原数值。

每一条铁路区段都是由众多的平道和坡道组成的。坡道的坡度不同,它们对列车重量的影响也不一样。

在一个区段上,决定一台某一类型机车所能牵引的货物列车重量(最大值)的坡度,叫作限制坡度(ix‰)。

限制坡度的大小,影响着一个区段甚至整条铁路线路的运输能力和铁路工程与工程造价。限制坡度越小,列车重量越大,运输能力就越大,运营费用也越省;但是,若将限制坡度定的过小,就不容易适应自然地面的起伏变化,也会使工程量加大,造价提高。因此,对于一条新建铁路或改建铁路来说,选择多大的限制坡度合适,就是一个十分重要的问题,往往需要经过周密考虑、综合研究才能确定。一般说来,一条铁路(或一个区段)的限制坡度应根据铁路等级、地形类别和牵引种类经过比选确定。

2014 年版《铁路技术管理规程》(普速铁路部分)中第 33 条规定第 3 表对不同等级不同牵引种类的区段线路的最大限制坡度作了明确规定。(具体如下)

第 3 表　铁路区间线路最大限制坡度(‰)

铁路等级		Ⅰ		Ⅱ	
		一般	困难	一般	困难
牵引种类	电力	6.0	15.0	6.0	20.0
	内燃	6.0	12.0	6.0	15.0

不符合上述规定时须经铁总批准。

一般情况下,限制坡度的大小往往和区段内陡长上坡道的最大坡度相当。如果坡道上还设有曲线时,则这一坡道的单位坡道附加阻力与单位曲线附加阻力之和,不得大于该区段所规定的限制坡度值 i_x,即必须满足 $i_x + w_r \leq i_x$。

(二)铁路线路的纵断面图

铁路线路纵断面图也是铁路勘测设计的重要设计文件,它除反映铁路线路的纵断面及与自然地面线、地面上的地物之间的关系外,还标明了线路平面、纵断面的各项有关资料。(具体见图2-6)

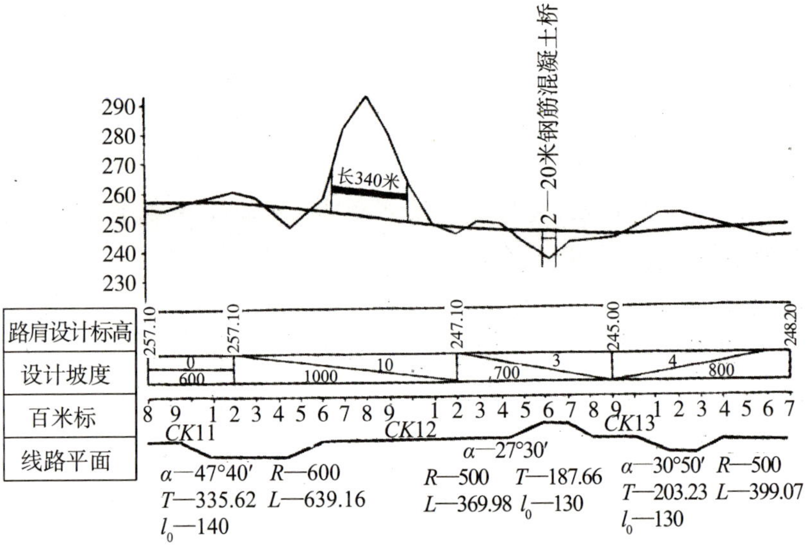

图2-6　铁路线路纵断面示意

线路纵断面图的上部主要表明了线路中心线(路肩设计标高处)、地面线、车站、桥隧建筑物等有关资料及其他相关情况,如桥梁、涵洞的孔径、类型、中心里程、隧道长度和车站站名、车站中心里程、相邻车站间的距离等。

线路纵断面图的下部是表格部分,主要有沿线的地质概况、设计坡度、地面标高、路肩标高及线路平面的有关资料等。

铁路线路平面图和纵断面图,是全面、正确反映线路主要技术条件的重要文件,也是指导线路施工工作和在线路交付运营后,仍需使用的技术资料。

第三节　路基和桥隧建筑物

路基和桥隧建筑物是铁路线路的基础。在铁路线路的施工过程中，总是先修筑路基和桥隧建筑物，然后才铺设轨道。

一、路基

铁路路基是为满足轨道铺设和运营条件而修建的土石方工程构筑物。(具体见图2-7)

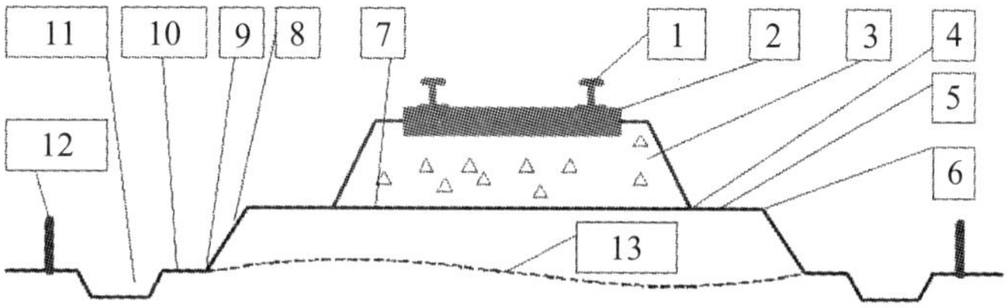

1. 钢轨;2. 轨枕;3. 道床;4. 道砟脚;5. 路肩;6. 路基顶肩;

7. 路基面;8. 路基边坡;9. 路基边坡坡脚;10. 天然护道;

11. 排水沟;12. 防护栏(地界桩);13. 原自然地面线

图2-7　路堤横断面构造示意

(一)路基断面形式及构成

1. 路基断面形式

路基的断面形式主要有路堤、路堑、半路堤、半路堑、半堤半堑、不挖不填六种断面形式。路基最常见的断面形式是路堤和路堑。

(1)路堤：当铁路线路的路肩设计标高高于自然地面标高时，必须经过用土石方填筑才能形成的路基，称为路堤。

(2)路堑：当铁路线路的路肩设计标高低于自然地面标高时，必须经过开挖土石方，以降低自然地面标高才能形成的路基，称为路堑。

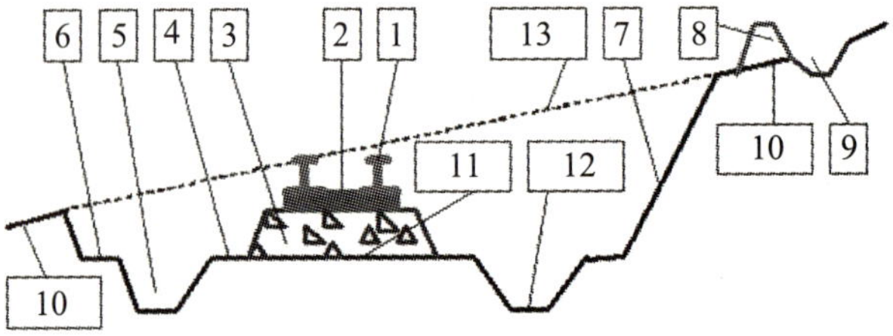

1. 钢轨;2. 轨枕;3. 道床;4. 路肩;5. 侧沟;6. 侧沟平台;

7. 路堑边坡;8. 弃土堆(挡水坝);9. 截水沟(天沟);

10. 地面;11. 路基面;12. 侧沟沟底;13. 原自然地面线

图 2-8　路堑横断面构造示意

(3)不挖不填

图 2-9　不挖不填路基横断面示意

(4)半路堑

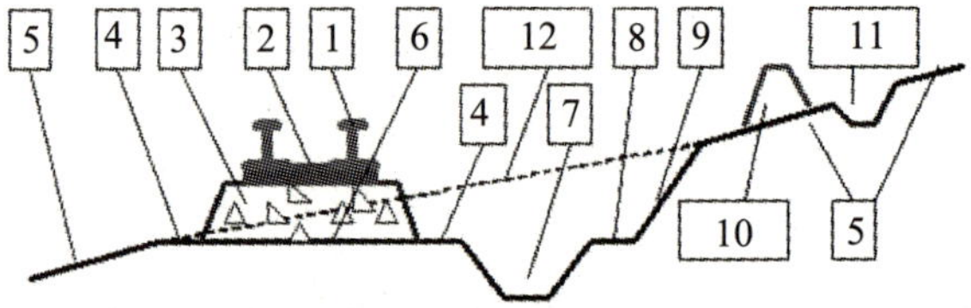

1. 钢轨;2. 轨枕;3. 道床;4. 路肩;5. 地面;6. 路基面;

7. 侧沟;8. 侧沟平台;9. 半堑边坡;10. 弃土堆(挡水堤);

11. 截水沟(天沟);12. 原自然地面线

图 2-10　半路堑横断面示意

(5)半路堤

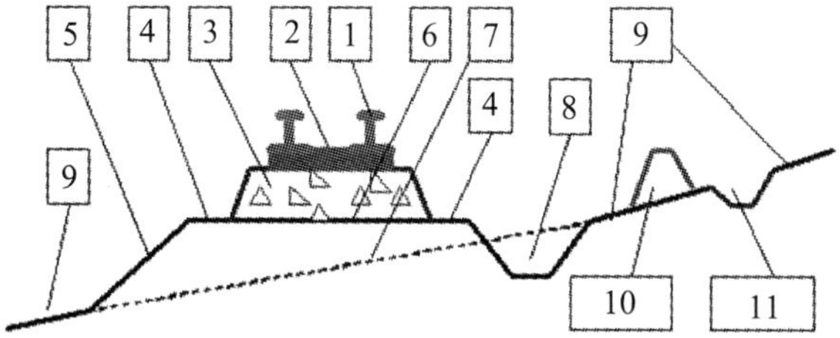

1. 钢轨;2. 轨枕;3. 道床;4. 路肩;5. 半堤边坡;
6. 路基面;7. 原自然地面线;8. 侧沟;9. 地面;
10. 弃土堆(挡水堤);11. 截水沟(天沟)

图 2－11　半路堤横断面示意

(6)半堤半堑

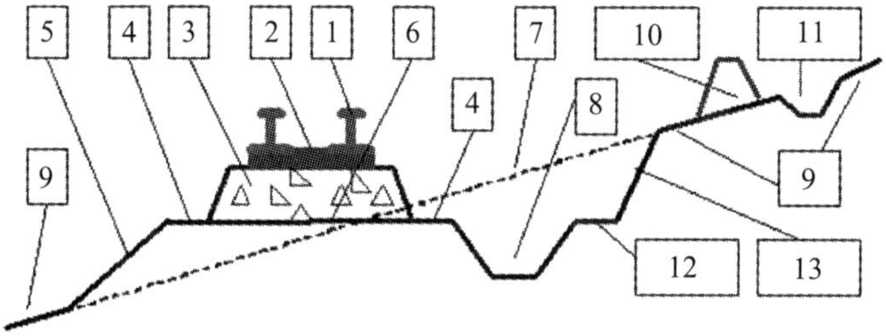

1. 钢轨;2. 轨枕;3. 道床;4. 路肩;5. 半堤边坡;6. 路基面;
7. 原自然地面线;8. 侧沟;9. 地面;10. 弃土堆(挡水堤);
11. 截水沟(天沟);12. 侧沟平台;13. 半堑边坡

图 2－12　半路堤半路堑横断面示意

2. 路基主要构成

不同断面形式的路基,根据功能需要,其构成基本相同,但也有区别。

路堤形式的路基,其横断面的构成主要包括路基面、路肩、路基边坡、天然护道(又称自然护道)、取土坑或纵向排水沟等。另外,路堤边坡与路基面的相交处,称为路堤边坡的坡顶,也称为路基面的顶肩;路堤边坡与天然护道的相交处，称为路基边坡的坡脚；路基面上道床的道砟边坡与路基面的相交处称为道砟脚。

路堑形式的路基断面的构成，主要包括路基面、路肩、侧沟、侧沟平台、路堑边坡、截水沟（因其在构筑物的上方，又俗称天沟）等。路堑边坡与天然地面的相交处，称为路堑边坡的坡顶；路堑边坡与侧沟平台的相交处，称为路堑边坡的坡脚。有的路堑在截水沟和路堑边坡的坡顶之间，还设有具有挡水作用的弃土堆（也称挡水堤）。

为了保证铁路的行车安全，避免外界对铁路的干扰，在铁路路基的两侧一般还设有用铁丝网构成的，主要起封闭隔离作用的隔离栅栏（也称隔离带或隔离网，又称防护栅栏或防护带或防护网）。

为了标明铁路用地的边界，在铁路线路的两侧，沿铁路线路方向每隔一定的距离，设有铁路用地地界桩。铁路线路两侧地界桩以内的土地，均属铁路用地，铁路用地内的设施均为铁路运输的专用设施。

路基各主要构成的主要作用如下：

（1）路基面：其主要作用是在它的上面铺设轨道、设置路肩及安装其他线路设施。

（2）路肩：在路基面上留出路肩，一方面是为了加大路基的断面，防止道砟散落到路基面以外，增加路基的稳定性；另一方面是为了设置线路标志、信号标志和堆放必要的养路材料、机具；再就是为了便于养路人员在铁路线路上的走行和避车。

有关路肩的宽度，2014 年版《铁路技术管理规程》（普速铁路部分）规定：

第 36 条　有砟轨道路肩宽度：线路设计速度为 200km/h 区段的路肩宽度不应小于 1. 0m；线路设计速度为 160km/h 及以下的铁路，位于路堤上的路肩宽度不应小于 0. 8m，位于路堑上的路肩宽度不应小于 0. 6m。牵出线的中心线至路肩边缘的宽度不得小于 3. 5m。

路基两侧应留有足够宽度的铁路用地，保证路基稳定、满足维修检查通道、栅栏设置及绿化带建设的需要。

路基宜优先采用有利于环保的植物(以灌木为主)保护,并结合混凝土、土工合成材料等其他防护措施进行防护,但不得影响列车司机瞭望,倒树不应侵入界限和接触网的安全距离。

(3)路基边坡:它的主要作用是保持路基的稳定。路基边坡的坡度取决于边坡的土质情况,一般来说,边坡过陡容易发生塌滑,过缓又会增加填挖工程量,浪费土地并增加工程造价。

(4)纵向排水沟:位于路堤的两侧,用于纵向排水,以避免水浸路基。一般在路堤施工中,挖掘纵向排水沟的土方均用在了填筑路基上,因而在施工时期挖掘出的坑洼,叫取土坑。取土坑经过修整,在线路竣工时就成了纵向排水沟。

(5)天然护道:它的主要作用是防止排水沟中的水流直接冲刷路堤边坡坡脚,稳固和保持路堤的稳定,并为铁路工作人员行走和施工养护提供方便。

(6)侧沟:路堑中路基面两侧的排水沟叫侧沟。它的主要作用是排除路基面和路堑边坡上的地面水,避免水浸路基面,以保持路基面的干燥和线路轨道的稳定。

(二)路基的排水和防护措施

1.路基的排水:为了保证路基的坚实和稳定,使路基经常处于干燥状态,路基上设有一套完整的排水设施,如纵向排水沟、侧沟、截水沟等都是为排泄地面水而设置的排水设施。

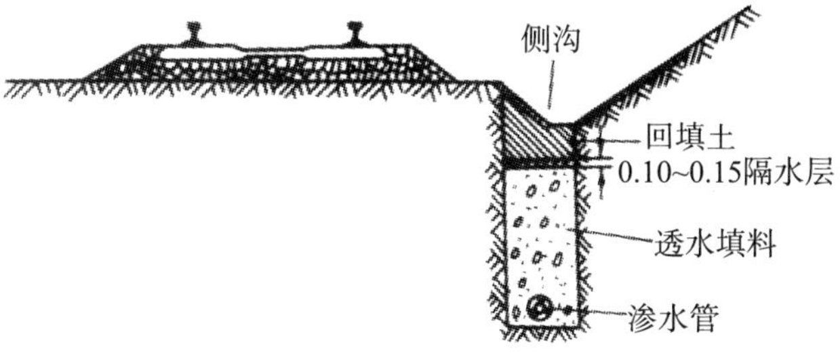

图 2－13　有渗管渗沟横断面示意

除了地面水以外,地下水也是破坏路基良好状态的一个重要原因(特别是在路堑地段)。为了拦截地下水,降低地下水位来保持路基的干燥,通常采用渗沟、渗管等地下排水设备来排泄地下水。在地下水流量较小并且排水流程短的地方,一般只设无渗管的渗沟来排泄地下水。在地下水流量较大并且排水流程较大的地方,则需要设置有渗管的渗沟来排泄地下水,以便当地下水渗入渗沟以后,再通过渗水管将其纵向排出。

2. 路基的防护:路基边坡是路基稳定的主要因素之一。影响路基边坡稳定的主要因素,是雨水和其他地表水对路基边坡面的冲刷和洗蚀。阻止雨水和其他地表水对路基边坡面的冲刷和洗蚀的主要措施,一方面是采取具有预防性质的防护措施,另一方面是加强对冲刷洗蚀部分的修补。

图 2－14　用挡土墙防护铁路线路示意

对于风沙地区和寒冷地区,则要用各种栅栏和防护林来阻止大雪或沙土掩埋铁路线路。

二、桥隧建筑物

桥梁是一种跨越性建筑物,隧道则是一种穿越性建筑物。当铁路线路要通过江河、溪沟、谷地、流沙地带或立体跨越公路、铁路、其他建筑物，以及通过山岭等天然障碍时，就需要修建桥隧建筑物来跨越或穿越障碍，使铁路线路得以继续向前延伸。桥隧建筑物主要包括桥梁、涵洞、明渠、隧道等。

（一）桥梁

1. 桥梁的组成：桥梁主要由桥面、桥跨结构、墩台及基础三大部分组成。

桥面部分包括在桥梁上铺设的轨道、人行道、护栏和避车台及其他附属性设施。

桥跨结构是指桥梁承受荷载、跨越障碍的部分，其主要形式是梁或拱。

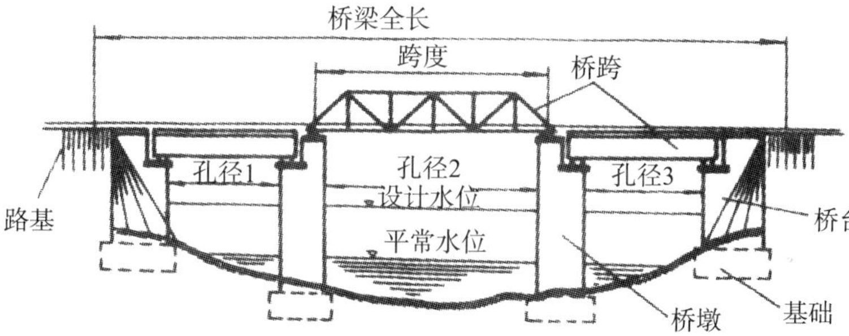

图 2－15　一般桥梁组成示意

墩台是支撑桥跨结构的部分，它一般包括桥墩和桥台。其中设于桥梁中部，两面均支撑桥跨结构的支撑体称为桥墩；设于桥梁两端，一面与路基相连，另一面支撑桥跨结构的支撑体叫桥台。桥墩与桥台的底部与大地相接的部分称为基础。

两个相临墩台之间的空间叫桥孔；每个桥孔在设计水位处墩台之间的距离叫做孔径；从桥跨结构底部到设计水位的高度以及相邻两墩台之间的限界空间，叫作桥下净空；每一桥跨两端支座间的距离，叫作跨度；整个桥梁包括墩台在内的总长度，称为桥梁的全长。其中桥梁的孔径和桥下净空应能满足排泄洪水、泥石流、流水或船舶通航的要求。

需要注意的是，当桥跨为梁时，梁的跨度等于梁的两支座中心线之间的距离，梁的全长等于梁的两端之间的距离，梁的跨度不等于梁全长，梁全长大于梁的跨度，梁全长又简称为梁长。再就是，一般情况下桥梁全长（常简称为“桥全长”）也不等于桥梁长度（常简称为“桥长”），桥长是指桥的两端两个桥台与桥跨结构相连接处之间的距离，它不包括两个桥台身的长度。桥全长一般应大于桥长，桥梁按长度的分类是按照桥长来划分的。例如，梁式桥是指两桥台挡碴前墙间的距离；拱桥是指拱上侧墙与桥台侧墙间两伸缩缝外端之间的长度；钢架桥是指钢架顺跨度方向外侧间的长度。

2. 桥梁的分类：桥梁的形式多样，分类方法也有很多。常用的分类方法有按材料分类、按桥长分类和按桥梁构造外形分类。

（1）按建造材料分类：主要有钢桥、钢筋混凝土桥和石桥等，它主要是按照桥跨结构所使用的材料来划分的。桥跨结构的主要形式是梁。

钢梁的质量轻、强度大、安装方便，适合于建造跨度较大的桥梁；但钢桥大量使用钢材，有造价高、不耐火、维修和防蚀工作量大等不利因素。

（2）按桥梁构造外形分类：主要有梁式桥、拱桥、悬索桥、斜拉桥、斜腿钢架桥、门形钢架桥、连续梁桥、悬臂梁桥等多种形式。（具体见图 2－16）

（3）按桥梁长度分类：我国《铁路桥涵设计基本规范》规定：桥涵按其长度分类为：

特大桥——桥长 500m 以上；

大桥——桥长 100m 以上至 500m；

中桥——桥长 20m 以上至 100m；

小桥——桥长 20m 及以下。

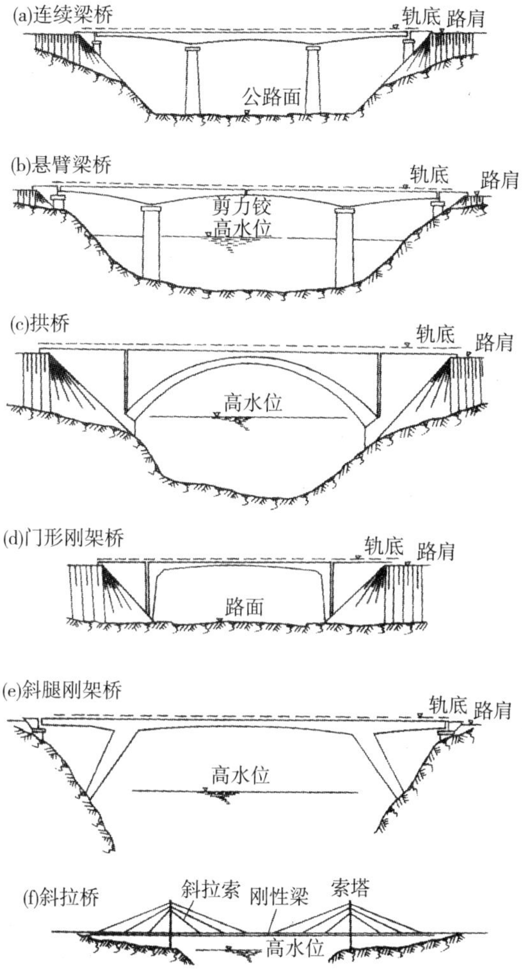

图 2－16　各式桥梁示意

（二）涵洞

埋设在路堤内的过水建筑物称为涵洞。涵洞的孔径一般是 0.75～6m。涵洞和桥的区别是：一般来说桥上没有填土，而在涵洞顶面则有一定厚度的填土。当其孔径在 6m 以上时，无论顶面是否有填土，均称其为桥。

涵洞主要由洞身、基础、端墙和翼墙所组成。洞身埋在路基之中，一般由若干管节组成,从进口到出口洞身具有一定的纵向坡度,以便于排水。端墙和翼墙的作用,是便于水流进出涵洞,同时还可以保护路堤边坡,使它不受水流的冲刷。(具体见图2-17)

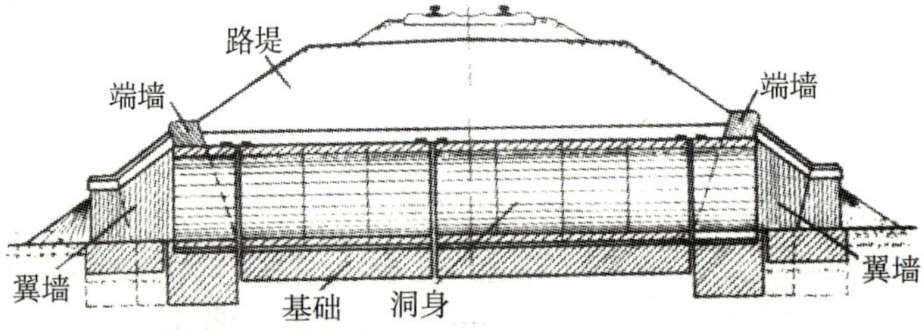

图2-17　涵洞构造示意

按照建筑材料的不同,涵洞有石涵、混凝土涵、钢筋混凝土涵、铁涵等多种。涵洞的截面形式有矩形、圆形、拱形等不同形式,如有用石砌或混凝土灌筑的拱涵,用钢筋混凝土盖板、石砌边墙修成的盖板箱涵等。

(三)隧道

1. 隧道建筑物的组成:隧道一般由洞身、衬砌、洞门、避人洞和避车洞、防水排水设施、通风照明和电力设施、轨道和通信信号设备等各部分组成。

(1)洞身:洞身是隧道结构的主体部分,它的长度由两端洞门的位置决定。洞身是列车通过的通道,为保证行车的安全,洞身应按照铁路建筑限界规定的标准,保证具有至少不低于铁路建筑限界规定的净空。一般情况下,铁路隧道的洞身净空断面都是按照铁路建筑限界的净空来修建的。

(2)衬砌:坑道开挖之后,由于周围的岩层稳定性受到破坏而可能失去平衡造成坍方,因此必须用支撑来加以保护,以维持岩体的稳定。这种在隧道内用以维持岩体稳定的永久性支撑物,就叫衬砌。

衬砌的作用是用来承受地层的压力,阻止坑道周围地层的变形,防止岩石的风化和坍落,维护坑道轮廓不侵入建筑限界的范围,以保证行车的安全。

衬砌一般由拱圈、边墙、托梁和仰拱四部分组成。(具体见图2-18)

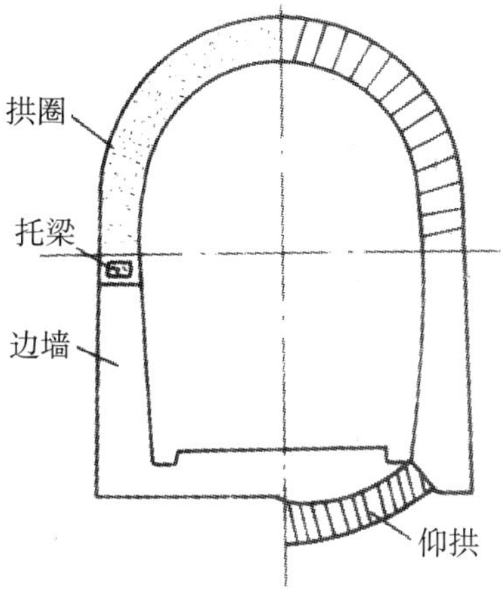

图 2-18　隧道衬砌结构构造示意

拱圈位于坑道的顶部,呈半圆形,为承受地层压力的主要部分。

边墙位于坑道的两侧,承受来自拱圈和坑道侧面的土体压力。采用垂直边墙的衬砌,称为直墙式衬砌;采用曲线形边墙的衬砌,称为曲墙式衬砌。

托梁位于拱圈和边墙之间,它是当施工采用先做拱圈后做边墙时,为防止拱圈底部挖空时发生松动开裂,用来支撑拱圈而设置的梁式杆件。

仰拱位于坑道底部,形状与一般拱圈相似,但弯曲方向与拱圈相反。它的作用是帮助边墙抵抗土体的滑动,并抵抗底部土体隆起。

(3)洞门:洞门是隧道进出口的标志。它的主要作用是用来保证洞口土体仰坡和边坡的稳定,并将仰坡流下的水通过洞门位置的排水沟引离隧道,保证隧道的正常使用。洞门按照有无翼墙可分为无翼墙的普通式洞门和带翼墙的翼墙式洞门两种。(具体见图 2-19、图 2-20)

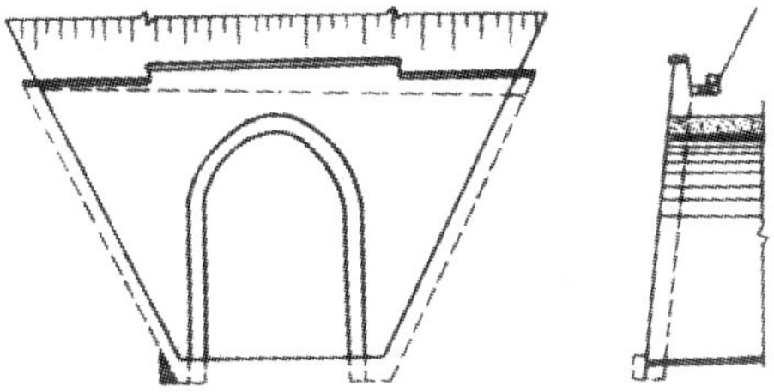

图 2-19　普通式洞门示意

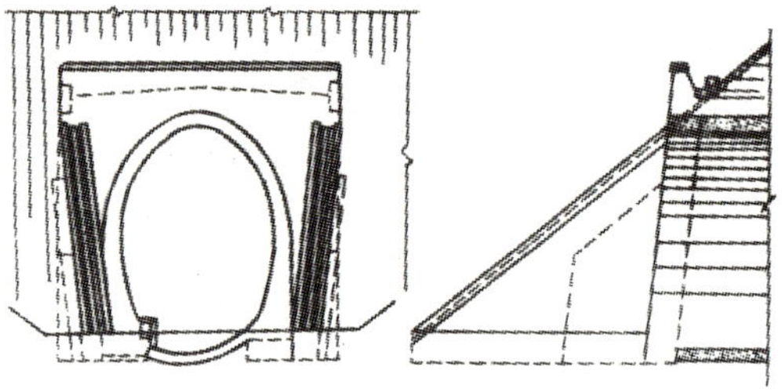

图 2－20　翼墙式洞门示意

（4）避车洞、避人洞：避人洞与避车洞是隧道的附属建筑物，它是为维修养护人员及维修养护机械避让列车而修建的。（具体见图 2－21）

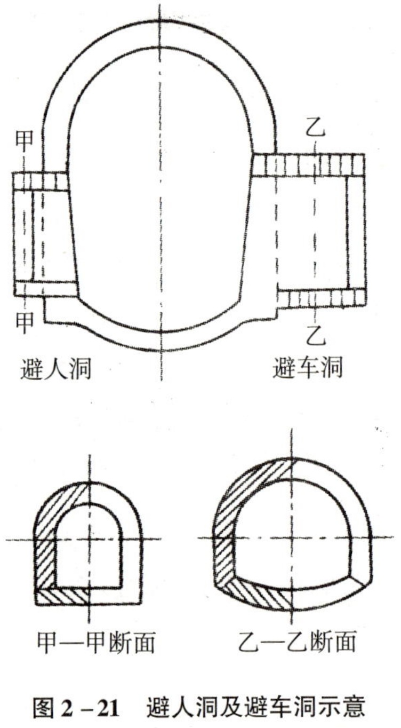

图 2－21　避人洞及避车洞示意

避人洞与避车洞设置在隧道的两侧，并且按照两侧相互交错排列。避车洞每隔 300m 设置一个；避人洞在两相邻避车洞之间每隔 60m 设置一个；它们的洞形相似，尺寸大小不同。

（5）防水排水设施：防水排水设施主要由排水沟和盲沟组成，其主要作用是用来防止和排除隧道内漏水或结冰，保证行车安全，防止地下水对轨道设备的腐蚀。

（6）通风、照明设备及电气化铁路的电力设施：照明设备是隧道内一般都需要设置的设备；电气化铁路的电力设施主要包括接触网、电缆槽等；通风设备则是根据需要才设置的设备。

隧道内的通风主要通过自然通风、“活塞”通风和机械通风三种通风方式来完成。

自然通风是靠洞外自然风对隧道产生的风压，以及隧道的两个洞口间的高差造成的大气压差而形成的空气对流来实现的。

“活塞”通风则是利用列车通过隧道时产生的自然风流，将隧道内的有害空气排出洞外，使新鲜的空气从列车尾部带入洞内，从而达到通风的目的。

自然通风和“活塞”通风只适用于短隧道的通风。在自然通风不能满足要求的长大隧道中，则需要采用机械的方式来达到通风目的。目前我国铁路上采用较多的机械通风方式主要有洞口风道式通风和竖井、斜井通风。

洞口风道式通风是目前采用最多的一种通风方式，它通过在隧道低位洞口端部修建通风道，并安设通风机进行通风。

竖井、斜井通风是利用隧道施工中留下的竖井或斜井作为通风道，在井上或井下设置通风机进行通风的。

2. 隧道的分类：铁路隧道按照隧道的长度、所在位置和埋藏的条件等，主要有以下形式的分类。

（1）按隧道长度分类：隧道的长度是指沿隧道中心线进出口洞门端墙墙面之间的距离。我国《铁路隧道设计规范》规定：

隧道按长度分类为：

特长隧道——全长 10,000m 以上；

长隧道——全长 3000m 以上至 10,000m；

中长隧道——全长 500m 以上至 3000m；

短隧道——全长500m及以下。

(2)按照位置和埋藏的条件分类:主要可分为傍山隧道、越岭隧道、地下铁道、明洞、深埋隧道和浅埋隧道等。

(3)按洞内行车线路的多少分类:可分为单线隧道、双线隧道及多线隧道等。

(4)按隧道所在位置的平面和纵断面分类:可分为直线隧道、曲线隧道、平面隧道和斜坡隧道等。

【小知识】

我国铁路隧道之最

铁路建设中,在通过山岳地区时,经过技术经济比较,必要时需修建隧道,以避免修筑很长的盘旋道或迂回线。在我国铁路的修建中,已创出不少铁路隧道之最。

1. 我国第一座铁路隧道,是1890年建成的台湾基隆的狮球岭隧道,全长261米。

2. 我国铁第一座自行设计和修建的铁路隧道,是1908年建成的京包铁路线上的八达岭隧道,全长1091米。

3. 新中国成立后第一座铁路隧道,是1952年建成的成渝铁路线上的柏树坳隧道,全长622米。

4. 我国铁路上海拔最高的冻土铁路隧道,是2006年7月1日正式通车的青藏铁路线上海拔4905米的风火山隧道,也是世界铁路之最。

5. 我国铁路上最长的铁路隧道,是2009年1月1日启用的石太客运专线上的太行山隧道,全长27,848米。

6. 我国铁路隧道最多的铁路,是1970年建成通车的成昆铁路,全长1091公里,其中有隧道427座,总延长341公里,占线路总长的31.5%。

第四节 轨 道

轨道是用来引导机车车辆运行方向,直接承受由机车车辆的轮对传来的巨大压力，并使之传递、扩散到路基及桥隧建筑物上的整体工程结构。

由于轨道长期受到列车运行的车轮冲击作用，因此，它的各组成部分均应具有足够的强度和稳定性，以保证列车在规定载重下能够按照规定的最高速度安全、平稳、不间断地运行。

一、轨道的组成

轨道主要由钢轨、轨枕、道床、联结零件、防爬设备、附属设备和道岔组成。

(一)钢轨

钢轨的作用是引导车轮的运行方向，直接承受车轮的巨大压力，承受机车轮周牵引力的作用和列车制动时的摩擦力，并将其传递给轨枕。因而钢轨应具有足够的强度和柔韧性，以防止钢轨过快地磨耗和减轻车轮对钢轨的冲动。

为了使钢轨具有最佳的抗弯性能，钢轨的断面形状采用“工”字形，由轨头、轨腰、轨底组成。(具体见图 2－22)

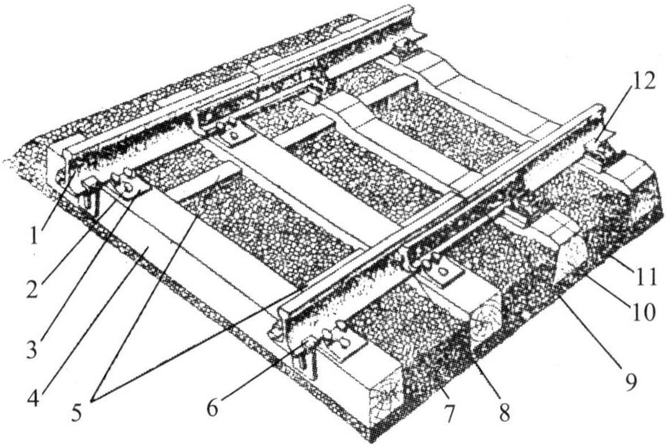

1. 钢轨；2. 普通道钉；3. 垫板；4. 木枕；5. 防爬撑；6. 防爬器；7. 道床；8. 鱼尾板；9. 螺栓；10. 钢筋混凝土轨枕；11. 扣板式联结零件；12. 弹片式中间联结零件

注：图中画了多种类型的扣件，仅是为了示例，并非现场线路中的实际使用情况。

图 2－22　轨道的基本组成示意

1. 钢轨按重量分类:在我国,钢轨的类型或强度以每米长度的重量(公斤数)表示。现行的主要标准钢轨类型有 75kg/m、70kg/m、60kg/m、50kg/m、43kg/m 等。钢轨每米长度的重量越大,其强度越高,对列车的高速运行和重载就越有利,当然造价也就越高。

2. 钢轨按长度分类:钢轨的另外一种分类方法,是按照制造的标准长度来划分。目前我国制造的钢轨标准长度有 25m 和 12. 5m 两种。75kg/m 钢轨只有 25m 一种。

我国铁路线路钢轨接头采用沿铁路线路中心线横向对齐的方式。由于在铁路曲线处外轨均采用标准长度轨,并要求内外股钢轨接头在沿铁路中心线法线方向对齐,因此在曲线内股铺设的每根钢轨,其长度比 25m 或 12. 5m 标准长度应略有缩短。其具体缩短量,应根据曲线半径计算确定。这种可以由钢轨制造厂统一制造的,比标准长度有一定缩短量的钢轨,叫厂制标准缩短轨。根据曲线半径的不同,厂制标准缩短轨有若干种。

(二)轨枕

轨枕的作用是支撑钢轨,并将钢轨传来的压力传递给道床,同时可有效地固定钢轨的位置,并保持钢轨轨距。

我国普通轨枕的长度为 2. 5m,道岔用的岔枕及钢桥用的桥枕长度为 2. 6 ~4. 85m 等多种规格。

每公里线路铺设轨枕的数量一般为 1440 ~ 1840 根,铺设轨枕数越多,轨道强度就越强。

轨枕按其制作材料的不同,主要有木枕和钢筋混凝土枕两种。

1. 木枕:木枕因其弹性好、形状简单、容易加工、重量轻、容易铺设、容易更换等优点,自有铁路以来就为世界各国铁路广泛使用。木枕的主要缺点就是木材消耗量大,经防腐处理后的木枕一般也只能用 15 年左右,使用寿命较短。随着森林资源的逐年减少,世界各国保护生态平衡的意识在逐年提高,因而木枕的使用将越来越受限制。

2. 钢筋混凝土枕:钢筋混凝土枕因其具有使用寿命长、稳定性能好,可提高轨道的强度和稳定性,减少线路的养护工作量,以及材料来源较广,还可大量节省木材等优点,在我国铁路上已得到广泛采用。钢筋混凝土枕总体上可分为预应力钢筋混凝土枕和普通钢筋混凝土枕两类,预应力钢筋混凝土枕因更能节省钢材,实际中得到更多的应用。

(三)道床

道床是铺设在路基面上的石碴(又称道砟)垫层。其主要作用是支撑轨枕,把从轨枕传来的压力均匀地传递给路基;并固定轨枕的位置,阻止轨枕纵向或横向移动;缓和机车车辆轮对对钢轨的冲击。

道床的材料应具有坚硬、不容易风化、富有弹性并有利于排水的特点。常用的材料有碎石、卵石、粗砂等,其中以碎石为最好,我国铁路一般都采用碎石道床。

道床的断面呈梯形,其顶面宽度、边坡坡度及道床厚度等均按轨道的类型而定。

(四)联结零件

联结零件包括接头联结零件和中间联结零件两类。

1. 接头联结零件:接头联结零件是用来联结钢轨与钢轨间的接头的,它包括联结夹板(又俗称鱼尾板)、螺栓、螺帽和弹性垫圈等。钢轨接头处必须保持一定的缝隙,这一缝隙叫作轨缝。当气温发生变化时,轨缝可满足钢轨的自由伸缩。钢轨接头是线路上最薄弱的环节,它使行车阻力和线路维修费用显著增加,因此它是线路维修工作的重点对象。

2. 中间联结零件:又称扣件,其作用是将钢轨紧扣在轨枕上。中间联结零件因轨枕不同,有钢筋混凝土枕用扣件和木枕用扣件两大类。

(1)木枕用扣件:它主要包括普通道钉和垫板两种部件。垫板置于轨底与木枕之间,其目的在于增加木枕与轨底的接触面积,使木枕经久耐用。由于垫板的顶面做成1∶40的斜度,因而可以使线路上的钢轨具有适当的内倾度(又叫轨底坡),它有利于防止和减轻轮对的蛇形运动。

(2)钢筋混凝土枕用扣件:主要有扣板式、拱形弹片式和ω型弹条式三种。由于ω型弹条式扣件具有使用零件少、结构简单、弹性好、扣压力大等特点,因此是目前应用最多的一种扣件,主要在干线上大量使用。(具体见图2-23)

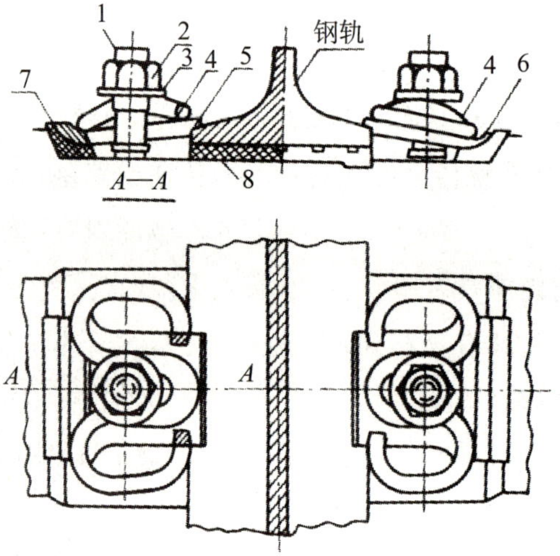

1. 螺旋道钉;2. 螺母;3. 平垫圈;4. 弹条;5、6. 轨距档板;
7. 挡板座;8. 绝缘缓冲垫板

图2-23 ω型弹条扣件组成示意

(五)防爬设备

因列车运行时纵向力的作用,使钢轨产生纵向移动,有时甚至带动轨枕一起移动,这种现象叫轨道爬行。轨道爬行经常出现在单线铁路的重车方向(运量大的方向)、复线铁路的行车方向,以及长大下坡道上和进站前的制动距离内。

轨道爬行往往引起轨缝不匀、轨枕歪斜等线路病害,对轨道的破坏性极大,严重时会危及行车安全。因此,必须采取有效措施加以防止。通常的做法是,一方面加强钢轨与轨枕间的扣压力和道床阻力;另一方面就是设置防爬器与防爬支撑。

我国铁路常用的防爬器为穿销式防爬器。(具体见图2-24)

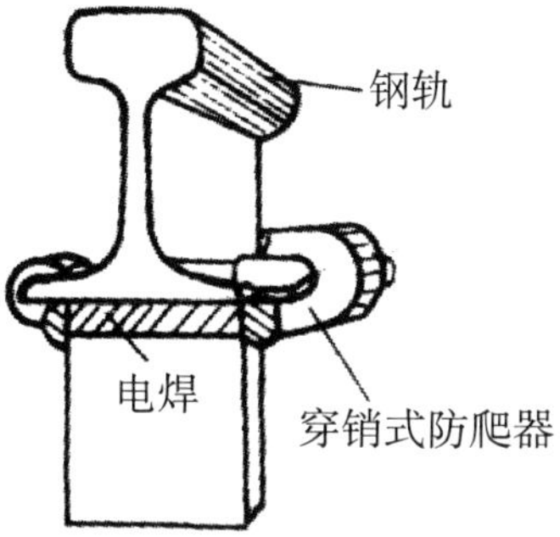

图 2－24　穿销式防爬器示意

为了充分发挥穿销式防爬器的作用，穿销式防爬器要与防爬支撑配合成组后安装使用。一般是 4 个防爬器和 6 个防爬支撑为一组，每段 12.5m 长的钢轨线路安装 2 组。防爬器安装在轨底上紧靠轨枕，防爬支撑安装在道心轨枕间。（具体见图 2－25）

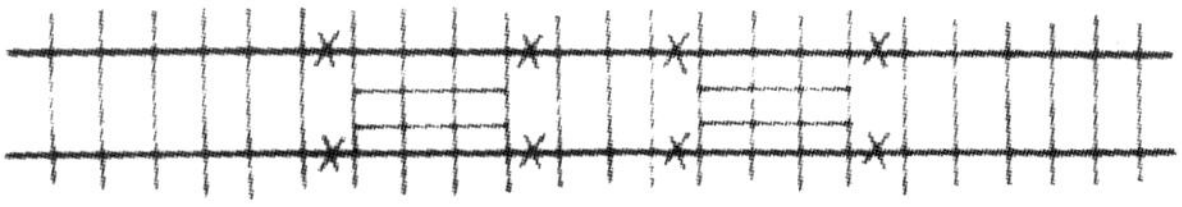

图 2－25　穿销式防爬器和防爬支撑安装位置示意

（六）轨道附属设备

除了以上构成以外，铁路轨道上根据需要还安装有轨撑、轨距杆、护轮轨等轨道附属设备。

轨道附属设备根据需要，主要安装在道岔、道口、曲线、桥梁、隧道、长大坡道处，其主要作用是加强这些地方线路的强度和稳定性，提高安全性能，减少维修工作量。

1. 轨撑：一般安装在线路钢轨外侧，固定在轨枕上，从轨腰处抵住钢轨，加强钢轨的稳定性，阻止钢轨外移和倾斜。

2. 轨距杆：它是设置在轨道中间，安装在钢轨轨腰处，用来固定轨距关系的拉杆。其主要作用是固定两股钢轨的相对位置，防止轨距发生变化。

3. 护轮轨：安装在铁路线路两股钢轨的内侧，其主要作用是与线路轨道一起作用，卡住车轮轮缘，阻止和减少机车车辆在运行中的横向移动，从而加强列车和车列的运行安全。

（七）道岔

详见本章第七节。

二、轨道类型

轨道类型是根据运营条件划分的轨道等级。目前我国铁路正线的轨道类型划分为特重型、重型、次重型、中型和轻型五种。

轨道类型不同，其轨道强度和稳定性也各异。轨道的选型，应根据近期调查运量和最高行车速度等主要运营条件的要求，本着由轻到重逐步加强的原则来确定。

三、无缝线路

无缝线路又分为普通无缝线路和超长无缝线路两大类。

（一）普通无缝线路

普通无缝线路就是把若干根标准长度的钢轨焊接成为 1000 ~ 2000m 的长钢轨，然后铺成的铁路线路。通常的做法是先在焊轨厂将标准轨焊成 125 ~ 250m 的轨条，运到现场铺设时再就地进行二次焊接。

与普通线路相比，无缝线路在其长钢轨段内消灭了轨缝，从而消除了车轮对钢轨接头处的冲击，使得列车运行平稳，旅客舒适，延长了线路设备和机车车辆的使用寿命，减少了线路养护维修的工作量，并能适应高速行车的要求，是我国轨道发展的方向。

铺设无缝线路的关键问题，就是设法克服钢轨因温度变化而引起的钢轨温度应力。夏季轨道温度升高，钢轨不能自由伸长，钢轨内部产生温度压力；冬季温度降低，钢轨不能自由收缩，其内部产生温度拉力。钢轨越长，钢轨内积储的温度力越大，这些温度应力若在无约束的情况下，均可造成钢轨的变形，以及温度应力和钢轨因温度应力的变形的叠加，从而造成轨道变形，影响行车安全。

因钢轨温度过高造成的轨道弯曲变形叫胀轨跑道。温度过低也可能因钢轨的收缩，将接头处轨缝拉得过大，影响行车安全，甚至把接头处的鱼尾板或者钢轨拉断。

克服温度应力的办法，就是在长钢轨的两端，使用高强度钢轨联结零件和防爬设备，进行强制性固定，其他部分同样也要采用高强度的中间联结零件和防爬设备，将钢轨紧紧地扣于轨枕之上而锁定钢轨，使之不能自由伸缩。锁定钢轨时的钢轨温度称为锁定轨温。选择锁定轨温时，应使钢轨在冬季和夏季所受到的最大温度力尽量接近，一般采用稍高于本地区的中间轨温作为锁定轨温，比较适宜。例如，北京地区的最高轨温为62. 6℃，最低轨温为－22. 8℃，中间轨温为19. 9℃，而设计时的锁定轨温一般采用24℃。

一般情况下，普通无缝线路的无缝轨节长度，与闭塞分区的长度是相配合的，并且在每段长轨节的两端，铺有2～4根25m长的标准轨，作为调节轨缝微小变化的“缓冲区”，在“缓冲区”内仍有钢轨接头及轨缝存在。普通无缝线路中夹杂的这段“有缝线路”，未能将无缝的优点完全发挥出来，“缓冲区”内的接头仍然限制着列车行车速度的提高，也不适应快速、重载等铁路现代化发展的需要。因而必须发展没有“缓冲区”的超长无缝线路。

(二)超长无缝线路

当无缝线路的一个长轨节长度超过一个闭塞分区的长度时，这样的无缝线路叫超长无缝线路，也称为跨区间无缝线路。超长无缝线路的长轨节，少则跨越两个闭塞分区，多则跨越若干车站，甚至实现铁路全线无轨缝。

超长无缝线路长轨节的连接有两种形式。一种是整个长轨节全部采用焊接，这种线路的轨道电路要实行无绝缘轨道电路。另一种是整个长轨节仅在轨道电路的分界绝缘节处使用无接头轨缝缝隙的长寿命胶接绝缘接头,其余均采用焊接连接。

保证超长无缝线路安全稳定的主要措施,包括提高轨道框架刚度,加大钢轨重量;铺设 2.6m 长钢筋混凝土轨枕和高扣压力的弹条扣件;选用硬质道砟,道床要饱满并且碴肩堆高;消灭钢轨硬弯,力求焊缝平直;保持轨道几何尺寸良好,保证路基无翻浆和下沉病害等几个方面。

四、新型轨下基础

新型轨下基础,主要包括宽钢筋混凝土轨枕和整体道床两种类型。(具体见图 2-26)

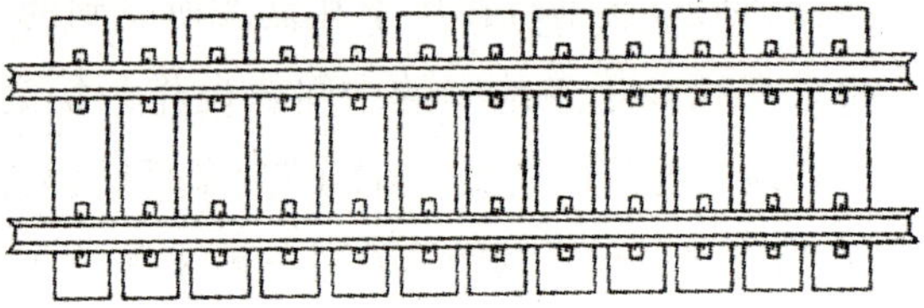

图 2-26 宽钢筋混凝土轨枕板示意

(一)宽钢筋混凝土轨枕

宽钢筋混凝土轨枕又叫轨枕板,外形与普通钢筋混凝土轨枕相似,但比其宽而稍薄。它在线路上是连续铺设的。因此轨道的沉陷较小,也不容易发生坑洼不平和道床的脏污现象;由于它和道床、轨底的接触面积较大,所以提高了线路的稳定性、改善了钢轨的受力条件,有利于高速行车。以前,我国把这种轨枕主要铺设在隧道内、大桥上及大型客运站内,现在已经开始在主要干线上铺设。

(二)整体道床

整体道床就是在坚实的路基上,直接将轨枕和道床浇筑在一起的混凝土或钢筋混凝土结构。它具有坚固耐久、平顺稳定、维修养护工作量小等特点,适合于高速行车;但造价贵,技术要求高,目前我国主要在长大隧道内采用。

五、轨道上两股钢轨的相互位置

为了确保行车安全，轨道除了应具有合理的组成外，还应保持两股钢轨的规定距离和钢轨顶面的相对水平位置。

（一）轨距

1. 轨距概念：轨距是两股钢轨轨头顶面下16mm范围内，两股钢轨作用边之间的最小距离。

我国铁路主要采用1435mm的国际标准轨距。当铁路线路采用的轨距标准大于国际标准轨距1435mm时，称为宽轨铁路。当铁路线路采用的轨距标准小于国际标准轨距1435mm时，称为窄轨铁路。例如东欧各国采用的轨距标准多是1524mm，为宽轨铁路；我国台湾地区采用的轨距标准是1067mm，为窄轨铁路。

2. 直线轨距：在机车车辆轮对和直线地段钢轨的相互位置中，由于轨缘和钢轨之间有一个活动量（δ），使轮缘能在两股钢轨之间自由滚动而不会卡住，因而直线地段轨距不需要加宽。

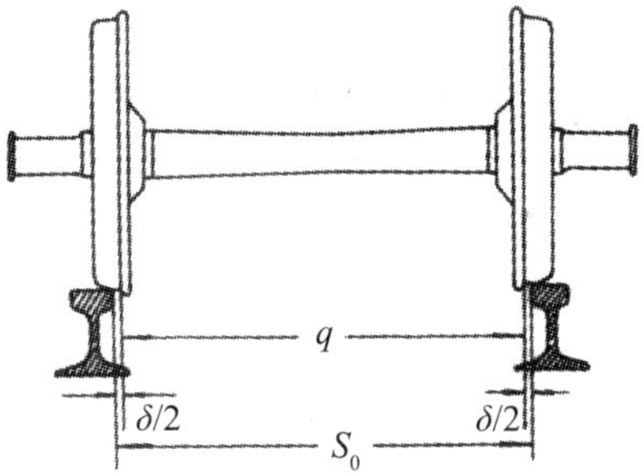

图2－27　机车车辆轮对与钢轨的相互位置示意

3. 曲线轨距：机车车辆走行部中，只能保持平行而不能作相对运动的车轴中心线的最大距离，叫作固定轴距。具有一定固定轴距的机车车辆走行部（转向架）在曲线上运行时，转向架的纵向中心线与曲线轨道中心线不能一致，因而引起两外侧车轮的轮缘和两内侧车轮的轮缘共同挤压钢轨,增加走行阻力。为保证机车车辆的走行部能顺利通过曲线,就需要对小半径曲线的轨距适当加宽。轨距加宽的设置办法是,从缓和曲线的起点开始逐渐增加,到圆曲线起点时加宽达到规定数值。

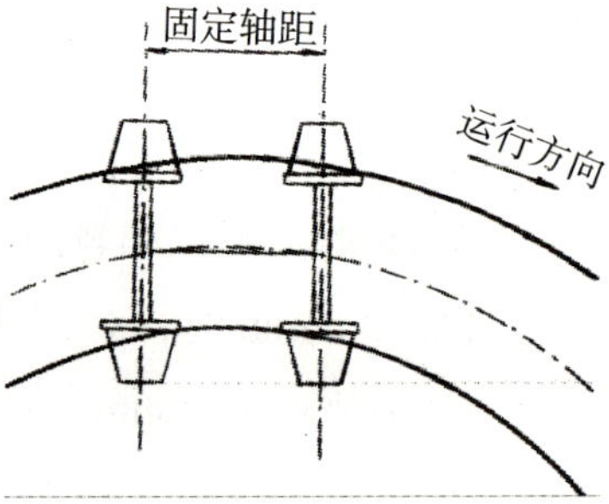

图 2－28　曲线加宽原因示意

4. 轨距规定加宽值及轨距允许误差:在机车车辆运行的长期作用下,轨距会有一定的变化,从而产生误差。2014 版《铁路技术管理规程》(普速铁路部分)规定:

第 42 条　轨距是钢轨头部踏面下 16mm 范围内两股钢轨工作边之间的最小距离。直线轨距标准规定为 1435mm,曲线轨距按第 5 表规定加宽。

第 5 表　曲线轨距加宽值

曲线半径 R(m)	加宽值(mm)
$r \geqslant 295$	0
$295 > r \geqslant 245$	5
$245 > r \geqslant 195$	10
$r < 195$	15

注:曲线轨距加宽值不符合上述规定时,应有计划地进行改造。

验收线路时,线路、道岔轨距相对于上述标准的静态允许偏差规定见第 6 表。

第6表　线路、道岔轨距静态允许偏差

线路允许速度(km/h)	$v \leq 120$	$120 < v \leq 160$	$160 < v \leq 200$
线路(mm)	+6 -2	+4 -2	±2
道岔(mm)	+3 -2	+3 -2	±2

(二)水平

1. 直线地段:直线地段两股钢轨的顶面原则上应保持同一水平。

2. 曲线地段:机车车辆在曲线上运行时,由于离心力的作用使曲线外轨承受了较大的压力,因而造成两股钢轨磨耗不均匀现象,并使旅客感到不舒适,严重时还可能造成翻车事故。为了平衡离心力的作用,通常是要将曲线外轨抬高,使机车车辆有一定的内倾。外轨比内轨高出的部分称为超高。

3. 钢轨水平允许误差

2014版《铁路技术管理规程》(普速铁路部分)规定:

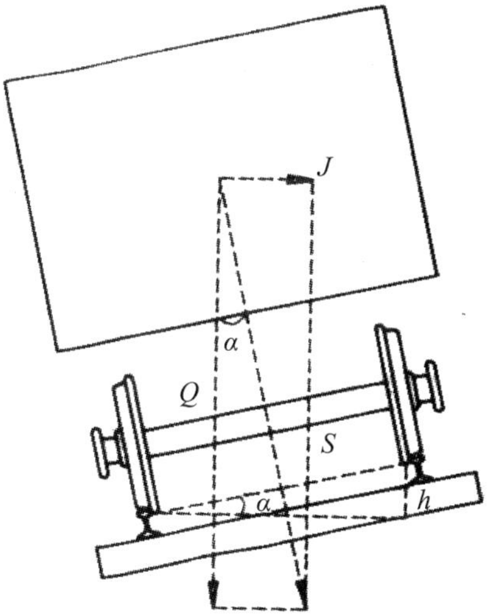

图2-29　外轨超高示意

第43条　线路两股钢轨顶面,在直线地段,应保持同一水平。

曲线地段的外轨超高，应按有关规定的办法和标准确定。（具体见图 2－29）最大实设超高：双线地段不得超过 150mm，单线地段不得超过 125mm。验收线路时，线路两股钢轨水平，较上述标准的静态允许偏差规定见第 7 表。

第 7 表　钢轨水平静态允许偏差

线路允许速度（km/h）	$v \le 120$	$120 < v \le 160$	$160 < v \le 200$
正线及到发线（mm）	4	4	3
道岔（mm）	4	4	3

第五节　铁路限界

一、铁路限界

为了确保机车车辆在铁路线上运行的安全，防止机车车辆撞击邻近线路的建筑物和设备，以及防止相邻铁路线路上运行机车车辆的相互撞击和影响，而对机车车辆和接近线路的建筑物、设备所规定的不允许超越的轮廓尺寸线，以及规定的两相邻铁路线之间的最小距离，统称为铁路限界。2014 版《铁路技术管理规程》（普速铁路部分）规定：

第 14 条　一切建（构）筑物、设备，均不得侵入铁路建筑限界。与机车车辆有直接互相作用的设备，在使用中不得超过规定的侵入范围。客货共线铁路建筑限界见附图 1。

在设计建（构）筑物或设备时，距钢轨顶面的距离应附加钢轨顶面标高可能的变动量（路基沉降、加厚道床、更换重轨等）。

机车车辆无论空、重何种状态，均不得超出机车车辆限界。客货共线铁路机车车辆限界见附图 2。

铁路限界包括建筑接近限界、机车车辆限界和线间距三种，在空间尺寸上，均以铁路线路中心线为宽度参照线，以钢轨顶面为高度参照线。

（一）建筑接近限界

建筑接近限界是一个和线路中心线垂直的横断面，它规定了保证机车车辆安全通行所必需的横断面的最小尺寸。

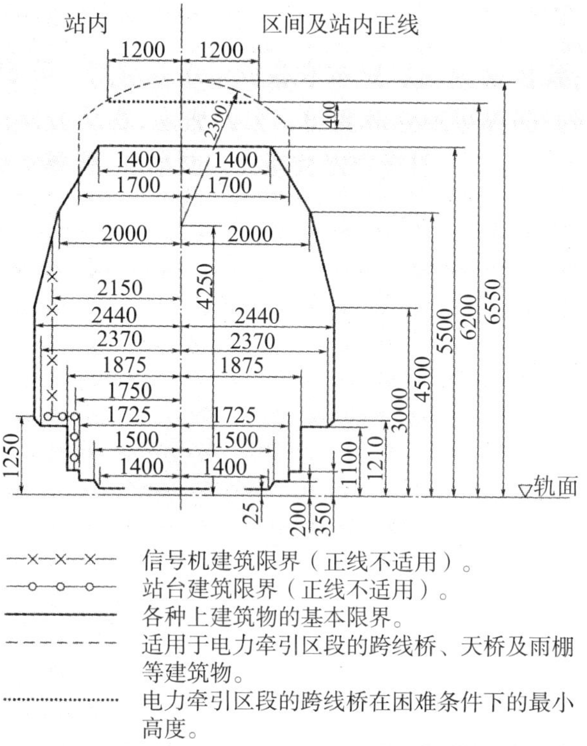

图2－30　客货共线铁路的基本建筑限界

《技规》在其附图1中，按照客货共线、客运专线、速度地段等不同情况，规定了各种不同情况下的建筑限界。其中速度不大于160km/h客货共线铁路的基本建筑限界如图2－30。

（二）机车车辆限界

机车车辆限界是机车车辆横断面的最大极限，它规定了机车车辆不同部位的宽度、高度的最大尺寸和底部零件至轨面的最小距离。

《技规》在其附图2中，按照速度地段、上下部不同情况，规定了各种不同情况下的机车车辆限界，其中速度不大于200km/h地段的机车车辆上部限界见图 2 - 31。

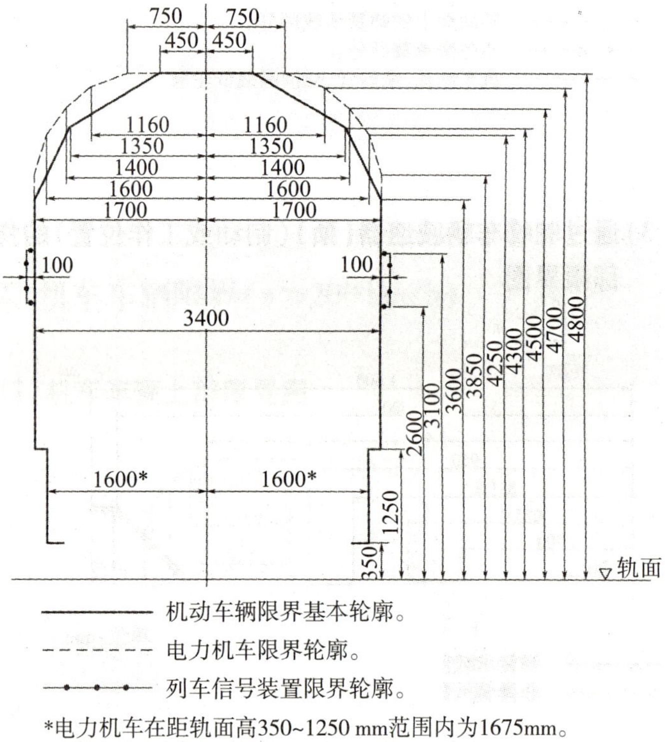

图 2 - 31　机车车辆上部限界

(三)线间距

区间及站内两相邻线路中心线间的距离,称为线间距。线间距过大,会产生不必要的土地等资源的浪费;线间距不足,就不能保证机车车辆会让、越行及相关作业安全。

2014 版《铁路技术管理规程》(普速铁路部分)第 15 条对直线部分区间及站内两相邻线路中心线间的标准距离规定,见第 1 表:

第 1 表 铁路线间距

<table>
<tr><th>序号</th><th colspan="4">名称</th><th>线间最小
距离(mm)</th></tr>
<tr><td rowspan="3">1</td><td rowspan="3">区间
双线</td><td colspan="3">v≤120km/h</td><td>4000</td></tr>
<tr><td colspan="3">120km/h < v≤160km/h</td><td>4200</td></tr>
<tr><td colspan="3">160km/h < v≤200km/h</td><td>4400</td></tr>
<tr><td>2</td><td colspan="4">三线及四线区间的第二线与第三线</td><td>5300</td></tr>
<tr><td>3</td><td colspan="4">站内正线</td><td>5000</td></tr>
<tr><td rowspan="7">4</td><td rowspan="7">站内
正线
与相
邻到
发线</td><td colspan="3">无列检作业</td><td>5000</td></tr>
<tr><td rowspan="6">有列
检作
业或
上水
作业</td><td rowspan="2">v≤120km/h</td><td>一般</td><td>5500</td></tr>
<tr><td>改建特别困难</td><td>5000</td></tr>
<tr><td rowspan="2">120km/h < v≤
160km/h</td><td>一般</td><td>6000</td></tr>
<tr><td>改建特别困难</td><td>5500</td></tr>
<tr><td rowspan="2">160km/h < v≤
200km/h</td><td>一般</td><td>6500</td></tr>
<tr><td>改建特别困难</td><td>5500</td></tr>
<tr><td>5</td><td colspan="4">到发线间或到发线与其他线</td><td>5000</td></tr>
<tr><td>6</td><td colspan="4">站内线间设有高柱信号机时,相邻两线(含正线)均需通行超限货物列车</td><td>5300</td></tr>
<tr><td>7</td><td colspan="4">站内线间设有高柱信号机时,相邻两线(含正线)只有一条通行超限货物列车</td><td>5000</td></tr>
<tr><td rowspan="2">8</td><td colspan="2" rowspan="2">牵出线与其相邻线</td><td colspan="2">调车作业繁忙车站</td><td>6500</td></tr>
<tr><td colspan="2">改建困难或仅办理
摘挂取送作业</td><td>5000</td></tr>
</table>

注:线间有建(构)筑物或有影响限界的设施,最小线间距按建筑限界计算确定。既有线列车最高运行速度提速到 140 ~ 160km/h 时,可保持 4m 线间距。

按照《技规》规定,机车车辆限界、建筑限界、线间距之间相互关联、相互制约,无论是在满载状态下还是在空载状态下运行,均应保证机车车辆不会因产生摇晃、偏移等现象,而与桥梁、隧道及线路上其他设备相接触,以保证行车安全。因此,在机车车辆限界和直线建筑接近限界之间,以及在并行线路上两相会列车之间留有一定空隙。留出这些空隙,一方面是为了避免列车和建筑物、列车和列车之间发生碰撞,保证行车安全;另一方面是根据需要,为线间作业保留足够作业空间,保证行车安全和作业人员安全。

铁路沿线建筑物(包括桥梁、隧道构筑物等)及其他物体,均不得侵入规定的铁路建筑限界;与机车车辆有直接互相作用的设备,在使用中不得超过规定的侵入范围;建筑物及其他物体侵入建筑接近限界时,均称为侵界。侵界物体会与运行列车发生空间冲突,在空间上构成影响列车运行安全的障碍,简称路障。应绝对禁止侵界情况的发生。

机车车辆无论空、重状态,均不得超出机车车辆限界;机车车辆装载的货物,正常情况下均不得超出机车车辆的限界;在一定限度内,装车后任何部分的高度和宽度超过机车车辆限界的货物,均称为超限货物。当列车及列车装载货物的任何部分超出机车车辆限界时,均称为超限。超限物体会与铁路沿线建筑物发生空间冲突,构成影响列车安全运行的空间障碍,亦简称路障。

一般情况下,应绝对禁止超限情况的发生。

特殊情况下的超限货物运输,需要对线路、货物情况进行严格审核,经过批准并严格按照超限货物运输组织办法来进行特殊形式的运输。

二、铁路限界比较与分析

从铁路公安工作避车安全角度出发,概括出单线建筑限界(图2-32)、机车车辆限界(图2-33)简图并作相套比较:

在流体力学中有这样一个结论:“一个运动的物体运动速度越快其表面的压强就越低。”这个物理结论是因一起早期铁路事故被发现的。这也是铁路沿线行人在行走时因距开来列车过近,而被列车吸入致死、致伤的物理原因。通过图2-34、图2-35的空间比较,可以得知:

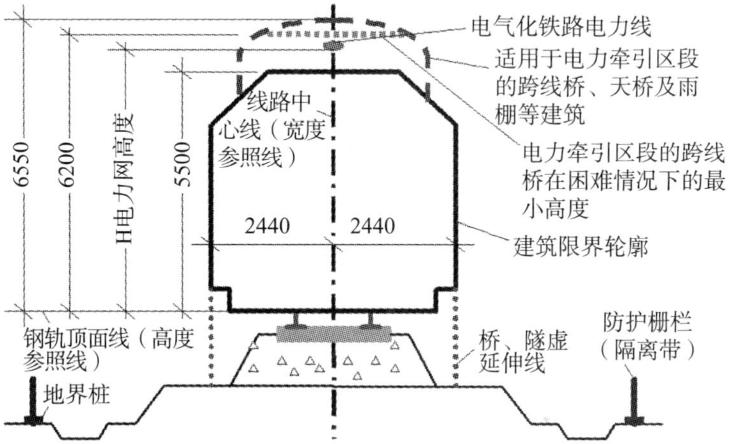

图 2－32　单线建筑限界

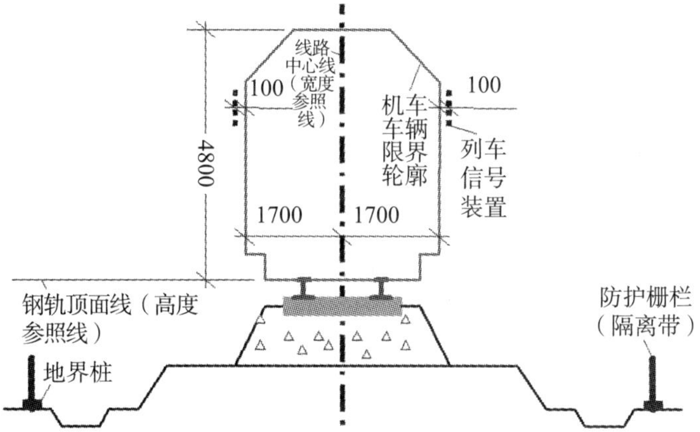

图 2－33　机车车辆限界

1. 在铁路桥梁、隧道内遇来车时，应在来车前进入避车台、避车洞避车；绝对禁止在两边路肩处避车；万一来不及进入避车台、避车洞避车，应纵向卧倒避险。

2. 禁止在列车行走时飞车（攀爬列车），禁止飞上、飞下列车。

3. 在电气化铁路网下绝对禁止攀爬机车车辆。

4. 在区间双线线路上，禁止在双线线间走行和避车，应坚持走行

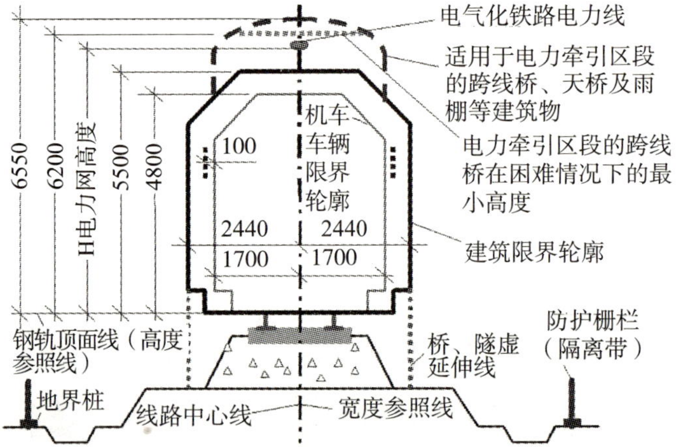

图 2－34　建筑、机车车辆限界相套简图

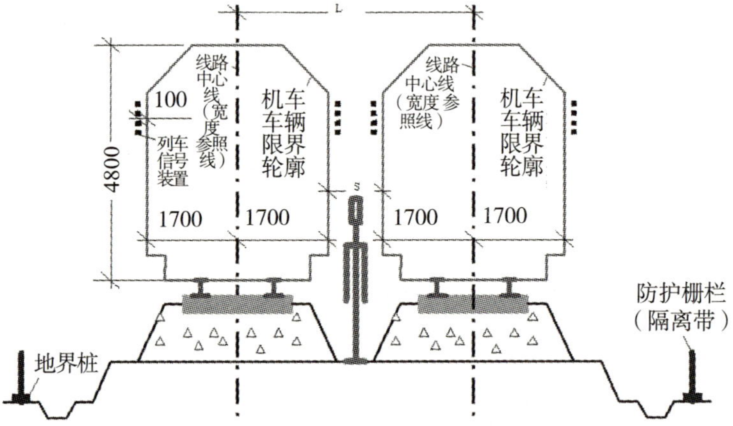

图 2－35　双线铁路会车时线间空间简图

在两侧路肩上，按规定与钢轨保持一定安全距离。特殊情况需要进入线间时应做到：

（1）当必须进入双线线间时，应首先确认双线均无来车，并在各来车方向做好避车防护，保证来车之前能按规定距离及时撤离线间后，才能进入双线线间；

（2）一旦在双线线间，若发现一线来车时，应首先判断另一线是否有车，切忌盲目向另一线方向奔跑；

（3）一旦在双线线间，当发现双线均有来车时，切忌盲目与列车抢道，应顺着线路方向在线间卧倒避险。

5. 在曲线通视条件不良地段，要特别注意避车安全。

三、避车安全规定

（一）2014版《铁路技术管理规程》（普速铁路部分）规定：

第203条　接触网带电部分至固定接地物的距离，不小于300mm；至机车车辆或装载货物的距离，不小于350mm。跨越电气化铁路的各种建（构）筑物与带电部分最小距离，不小于500mm。当海拔超过1000m时，上述数值应按规定相应增加。大风、严寒地区应预留风力、覆冰对绝缘距离影响的安全余量。

在接触网支柱及距接触网带电部分5000mm范围内的金属结构物须接地。天桥及跨线桥跨越接触网的地方，应按规定设置安全栅网。

有大型养路机械作业的路基地段，接触网支柱内侧距线路中心距离不小于3100mm。

第205条　为保证人身安全，除专业人员执行有关规定外，其他人员（包括所携带的物件）与牵引供电设备带电部分的距离，不得小于2000mm。

在设有接触网的线路上，严禁攀登车顶及在车辆装载的货物之上作业；如确需作业时，须在指定的线路上，将接触网停电接地并采取安全防护措施后，方准进行。

双线电气化铁路实行V形天窗作业时，为确保人身安全，应在设备、机具、照明、作业组织等方面采取相应措施。

（二）《铁路工务安全规则》规定：

第3.1.5条　野外作业遇雷雨时，作业人员应放下手中的金属器具，迅速到安全处所躲避，严禁在大树下、电杆旁和涵洞内躲避。酷暑、严寒季节，应采取措施，防止中暑、溺水、冻伤和煤气中毒。

第3.2.2条 步行上下班时,区间应在路肩或路旁走行;在双线区间,应面迎列车方向;通过桥梁、道口或横越线路时,应"手比、眼看、口呼",做到"一停、二看、三通过",严禁来车时抢越。必须走道心时,应设置专人防护。进路信号辨认不清时,应及时下道避车。

第3.2.3条 作业人员下道避车时应遵守以下规定:

一、距钢轨头部外侧距离:

1. Vmax≤120km/h 时,一般应满足 2m;

2. 120km/h < Vmax≤160km/h 时,不小于 2.5m;

3. 160km/h < Vmax≤200km/h 时,不小于 3.0m。

二、本线来车按下列距离下道完毕:

1. Vmax≤60km/h 时,不小于 500m;

2. 60km/h < Vmax≤120km/h 时,不小于 800m;

3. 120km/h < Vmax≤160km/h 时,不小于 1400m;

4. 160km/h < Vmax≤200km/h 时,不小于 2000m。

六、人员下道避车时应面向列车认真瞭望,防止列车上的抛落、坠落物或绳索伤人。

七、人员下道避车的同时,必须将作业机具、材料移出线路,放置、堆码牢固,不得侵入建筑限界,两线间不得停留人员和放置机具、材料。

第3.2.4条 严禁作业人员跳车、钻车、扒车和由车底下、车钩上传递工具材料。休息时不准坐在钢轨、轨枕头及道床边坡上。

第3.3.19条 在电气化区段通过或使用各种车辆、机具设备不得超过机车车辆限界。作业人员和工具与接触网必须保持2m 以上的距离。

第3.3.22条 发现接触网断线及其部件损坏或在其上挂有线头、绳索等物时,人员不准直接或间接与之接触,;在接触网检修人员未能到达前,应距断线接地处10m 以外设置防护,严禁人员接近。

第六节　铁路标志

铁路标志是广义铁路信号的组成部分。设置在铁路线路地面上的各类铁路标志的设置规则，基本遵循铁路信号机的设置规则。2014版《铁路技术管理规程》（普速铁路部分）第 71 条规定："信号机设在列车运行方向的左侧或其所属线路的中心线上空。反方向运行进站信号机可设在列车运行方向的右侧；其他特殊地段因条件限制，需设于右侧时，须经铁路局批准。

在确定设置信号机地点时，除满足信号显示距离的要求外，还应考虑到该信号机不致被误认为邻线的信号机。"

《技规》对线路标志及信号标志、线路安全保护标志、列车标志等铁路标志的具体规定如下：

一、线路标志及信号标志

第 453 条　线路标志包括：公里标、半公里标，曲线标，圆曲线和缓和曲线的始终点标，桥梁标，隧道（明洞）标，坡度标，以及铁路局、工务段、线路车间、线路工区和供电段的界标。

信号标志包括：警冲标，站界标，预告标，引导员接车地点标，司机鸣笛标，电气化区段的电力机车禁停标，断电标、合电标，接触网终点标，准备降下受电弓标、降下受电弓标、升起受电弓标，作业标，减速地点标，补机终止推进标、机车停车位置标，四显示机车信号接通标，四显示机车信号断开标，轨道电路调谐区标志，级间转换标，通信模式转换标，以及除雪机用的临时信号标志等。

第 454 条　线路、信号标志内侧设在距线路中心应不小于 3.1m 处（警冲标除外）。

1. 线路标志，按计算公里方向设在线路左侧。双线区段须另设线路标志时，应设在列车运行方向左侧。

（1）公里标、半公里标，设在一条线路自起点计算每一整公里、半公里处（如第 192 图所示）。

第 192 图

（2）曲线标，设在曲线中点处，标明曲线中心里程、半径大小、曲线和缓和曲线长度（如第 193 图所示）。

（3）圆曲线和缓和曲线的始终点标，设在直缓、缓圆、圆缓、缓直各点处，标明所向方向为直线、圆曲线或缓和曲线（如第 194 图所示）。

第 193 图

第 194 图

（4）桥梁标，设在桥梁两端桥头处，标明桥梁编号、中心里程和长度（如第 195 图所示）。

第 195 图

（5）隧道（明洞）标，直接标注在隧道（明洞）两端洞门端墙上，标明隧道号或名称，中心里程和长度（如第 196 图所示）。

第 196 图

（6）坡度标，设在线路坡度的变坡点处，两侧各标明其所向方向的上、下坡度值及其长度（如第 197 图所示）。

第 197 图

（7）铁路局、工务段、线路车间、线路工区和供电段的界标，设在各该单位管辖地段的分界点处，两侧标明所向的单位名称（如第 198 图所示）。

第 198 图

2. 信号标志，设在列车运行方向左侧(警冲标除外)。双线区段的轨道电路调谐区标志设在线路外侧。

(1)警冲标，设在两会合线路线间距离为 4m 的中间。线间距离不足 4m 时，设在两线路中心线最大间距的起点处(如第 199 图所示)。在线路曲线部分所设道岔附近的警冲标与线路中心线间的距离应按限界的加宽增加。

(2)站界标，设在双线区间列车运行方向左侧最外方顺向道岔(对向出站道岔的警冲标)外不少于 50m 处，或邻线进站信号机相对处(如第 200 图所示)。

第 199 图

第 200 图

(3)预告标，设在进站信号机及线路所通过信号机外方 900m、

1000m 及 1100m 处(如第 201 图所示),但在设有预告或接近信号机及自动闭塞的区段,均不设预告标。

单位:m

第 201 图

在双线区间,退行的列车看不见邻线的预告标时,在距站界外 1100m 处特设一个预告标(如第 202 图所示)。

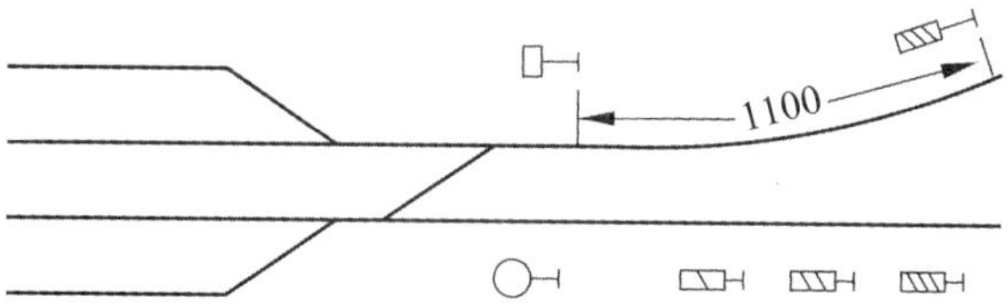

单位:m

第 202 图

(4)引导员接车地点标,列车在距站界 200m 以外,不能看见引导人员在进站信号机或站界标处显示的手信号时,须在列车距站界 200m 外能清晰地看见引导人员手信号的地点设置(如第 203 图所示)。

(5)司机鸣笛标,设在道口、大桥、隧道及视线不良地点的前方 500～1000m 处(如第 204 图所示)。在非限鸣区域,司机见此标志须长声鸣笛;在限鸣区域内,司机见此标志应开启灯显示警设备,除遇危及行车安全等情况外,限制鸣笛。

(6)电力机车禁停标,设在站场、区间接触网不同供电臂间的电分段两端，电力机车在该标志提示的禁停区域内不得停留（如第 205 图所示）。

第 203 图

第 204 图

第 205 图

（7）在电气化区段接触网电分相前方，分别设断电标（如第 206 图左图所示）、禁止双弓标（如第 207 图所示）。对于最高运行速度大于 120km/h 的旅客列车、特快货物班列及最高运行速度为 120km/h 的货物列车、快速货物班列运行的线路，在断电标的前方增设特殊断电标（如第 206 图右图所示）。在接触网电分相后方设合电标（如第 208 图所示），设置位置如第 209 图所示。在双线电气化区段，在“合”“断”电标背面，可分别加装“断”“合”字标，作为反方向行车的“断”“合”电标使用。

第 206 图

第 207 图

第 208 图

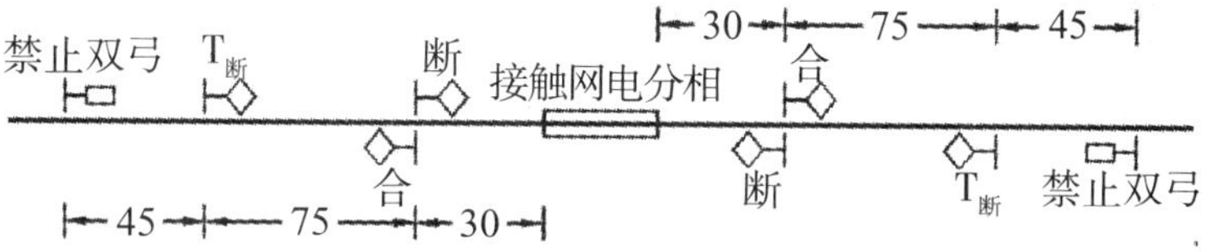

单位：m

第 209 图

（8）接触网终点标，设在接触网边界（如第 210 图所示）。

第 210 图

（9）在电气化线路接触网故障降弓地段前方，分别设准备降下受电弓标（如第 211 图所示）、降下受电弓标（如第 212 图左图所示）；对于最高运行速度大于 120km/h 的旅客列车、特快货物班列及最高运行速度为 120km/h 的货物列车、快速货物班列运行的线路，在降下受电弓标的前方增设特殊降弓标(如第212图右图所示)。在降弓地段后方,设升起受电弓标(如第213图所示),设置位置如第214图所示。

第211图

第212图

第213图

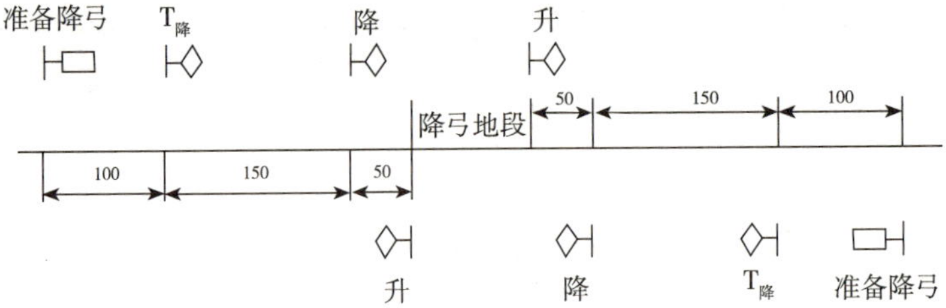

单位:m

第214图

(10)作业标,设在施工线路及其邻线距施工地点两端500～1000m处(如第215图所示)。司机见此标志须长声鸣笛,注意瞭望。

第215图

(11)减速地点标,设在需要减速地点的两端各 20m 处。正面表示列车应按规定限速通过地段的始点,背面表示列车应按规定限速通过地段的终点(如第 216 图所示)。

第 216 图

(12)补机终止推进标(如第 217 图所示)、机车停车位置标(如第 218 图所示),设置位置由铁路局规定。

第 217 图

第 218 图

(13)四显示机车信号接通标(机车信号接通标):涂有白底色、黑竖线、黑框的反光菱形板及黑白相间的立柱标志(如第219图所示)。

(14)四显示机车信号断开标:涂有白底色、中间断开的黑横线、黑框的反光菱形板及黑白相间的立柱标志(如第220图所示)。

第219图

第220图

(15)轨道电路调谐区标志:

Ⅰ型为反方向区间停车位置标,涂有白底色、黑框、黑“停”字、斜红道,标明调谐区长度的反光菱形板标志(如第221图所示)。

Ⅱ型为反方向行车困难区段的容许信号标,涂有黄底色、黑框、黑“停”字、斜红道,标明调谐区长度的反光菱形板标志(如第222图所示)。

Ⅲ型用于反方向运行合并轨道区段之间的调谐区或因轨道电路超过允许长度而设立分隔点的调谐区,为涂有蓝底色、白“停”字、斜红道,标明调谐区长度的反光菱形板标志(如第223图所示)。

以上三种调谐区标志均使用黑白相间的立柱。

第 221 图

第 222 图

第 223 图

（16）级间转换标：在 CTCS－0/CTCS－2 级转换边界一定距离前方的级间转换应答器组对应的线路左侧设级间转换标志。该标志采用涂有白底色、黑框、写有黑“C0”“C2”标记的反光菱形板及黑白相间的立柱（如第 224 图 A、第 224 图 B 所示）。

第 224 图 A

第 224 图 B

（17）通信模式转换标：在始发站列车停车标内方或需要转换通信模式的相应地点设机车综合无线通信设备通信模式转换提示标志，标志牌顶边距轨面 2.5m。该标志标面采用涂有白底色、黑框、写有黑“通信转换”字样的方形板,如第 225 图 A、第 225 图 B 所示。

第 225 图 A

第 225 图 B

第 455 条 通知操纵除雪机人员的临时信号标志如下:

1. 除雪机工作阻碍标——表示前面有道口、道岔、桥梁等建(构)筑物,妨碍除雪机在工作状态下通过;

2. 除雪机工作阻碍解除标——表示已通过阻碍地点。

上述标志的设置如第 226 图所示。

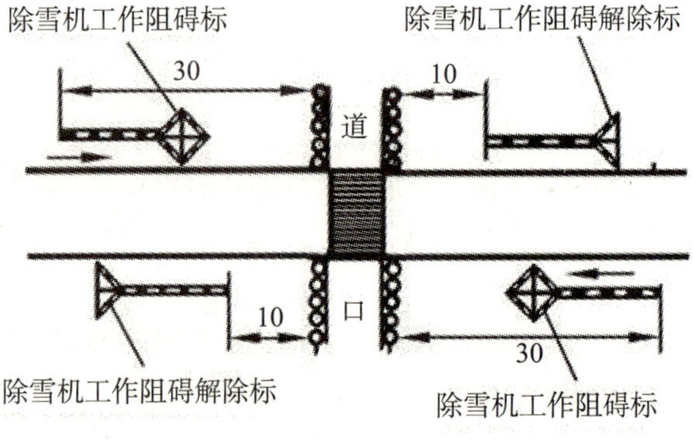

单位:m

第 226 图

二、线路安全保护标志

第 456 条　铁路线路安全保护区的范围按《铁路安全管理条例》的规定执行。线路安全保护区标桩分为 A 型(如第 227 图 A 所示)、B 型(如第 227 图 B 所示)两种。

A 型标桩为基本型,沿铁路线路安全保护区边界每 200m 左右设置一个,特殊地段可增加或减少设置数量,人烟稀少地区可不设置。

B 型标桩为辅助型,适于在人员活动频繁地段的道口、桥隧两端、公路立交桥附近醒目地点、居民区附近和人身伤害事故多发地段的铁路线路安全保护区边界设置。

标桩在铁路线路两侧规定距离设置时,应与线路另一侧标桩相错埋设。

第 227 图 A

第 227 图 B

第 457 条　在下列地点应设置警示、保护标志:

1. 在未全封闭的铁路桥梁、隧道两端的线路两侧,设严禁通过标(如第 228 图 A 所示);

2. 在铁路桥梁跨越河道上下游规定的地点,设严禁采砂标(如第 228 图 B 所示);

3. 在铁路信号、通信光(电)缆埋设地点,设电缆标(如第 228 图 C 所示);

4. 在电气化铁路接触网、自动闭塞供电线路和电力贯通线路等电力设施附近易发生危险的地方,设严禁进入标(如第 228 图 D 所示)。

第 **228** 图 **A**

第 **228** 图 **B**

第 **228** 图 **C**

第 **228** 图 **D**

第 458 条 在铁路线路允许行人、自行车通过,禁止机动车通过的人行过道应设置人行过道路障桩(如第 229 图所示)。

第 **229** 图

三、列车标志

第 459 条 列车应根据其种类及运行的线路和方向，在头部和尾部分别显示不同的列车标志。列车标志的显示方式，昼间与夜间相同，但昼间不点灯，其显示方式如下：

1. 列车在双线区段正方向及单线区段运行时，机车前端一个头灯及中部右侧一个白色灯光(如第 230 图所示)。列车尾部两个侧灯，向后显示红色灯光，向前显示白色灯光；挂有货物列车列尾装置时，为列尾装置向后显示红白相间的反射标志和一个红色闪光灯光(如第 231 图所示)。

第 230 图

第 231 图

2. 列车在双线区段反向运行时，机车前端一个头灯及中部右侧一个红色灯光（如第 232 图所示）；列车尾部标志与本条第 1 款同。

第 232 图

3. 列车推进运行时，列车前端两个侧灯，向前显示红色灯光，向后显示白色灯光；挂有货物列车列尾装置时，为列尾装置向前显示红白相间的反射标志和一个红色闪光灯光（如第 233 图所示）。机车后端中部左侧一个红色灯光（如第 234 图、第 235 图所示）。

列车在双线区段正向推进运行时，列车前端向前显示左侧一个红色灯光，右侧一个白色灯光，向后显示左侧一个白色灯光；挂有货物列车列尾装置时，为列尾装置向前显示红白相间的反射标志和一个红色闪光灯光（如第 236 图所示）。

第 233 图

第 234 图

第 235 图

第 236 图

4. 列车后端挂有补机时,机车后端标志与本条第 3 款同。

5. 单机在双线区段正方向及单线区段运行时,机车前端标志与本条第 1 款同;后端标志与本条第 3 款同。

6. 单机在双线区段反方向运行时,机车前端标志与本条第 2 款同;后端标志与本条第 3 款同。

7. 调车机车及机车出入段时,机车前端标志与本条第 1 款同;机车后端中部左侧一个白色灯光(如第 237 图所示)。

第 237 图

8. 轨道车运行时，前端一个白色灯光（如第 238 图所示）；后端一个红色灯光（如第 239 图所示）。

第 238 图

第 239 图

第七节　道岔安全

道岔是关联铁路行车安全最重要、抗破坏性最薄弱、技术性构造最复杂的铁路轨道设备，铁路公安部门将其列为重点保卫要害性设备。每组道岔本身并不是孤立设备，与其他道岔、信号、进路之间相互制约和联动。道岔障碍可以导致机车车辆发生脱轨、颠覆、相撞,其人为案件应涉罪。道岔还可对过往行人造成致命伤害。做好清站工作,禁止非工作人员走入道岔,对保证铁路安全极其重要。

一、道岔基础知识

道岔是一种使机车车辆能从一个股道转入另一个股道的线路连接设备。机车车辆要从一条线路驶入另一条线路,或两条线路相交叉,都要经过道岔并由道岔来控制。车站内各种线路之间的连接都是通过道岔来实现的。

道岔绝大部分都设在车站内,只有个别设置在车站以外的区间上。道岔密集的地方称为岔群,一般设在车站的两端。在岔群中与站内正线相联,且通车量最大的道岔和线路部分,常构成岔群咽喉区。咽喉区中使用最频繁的道岔称咽喉道岔。咽喉道岔是铁路公安部门保卫的重中之重。

(一)道岔基本构造及转辙原理

1. 普通道岔基本构成及转辙原理

由于铁路线路之间关系复杂,所以为了满足各种线路间关系,保证满足各种情况下的行车要求,道岔结构和构造形式有多种。

最常见的道岔是普通单开道岔,主要由转辙器部分、辙叉及护轨部分、连接部分三大部分组成。其中连接部分在转辙器部分、辙叉及护轨部分之间起到连接作用。

普通单开道岔只能把一条线路上的来车引入另一条线路,并且其中一条线路为直向,另一条线路则为侧向。(具体见图 2 - 36、图 2 - 37)

普通单开道岔按照侧股分岔方向又分为左开式和右开式两种。现以普通单开右开式道岔为例,来说明普通道岔的构成及转辙原理。

(1)转辙器部分构成和作用

转辙器部分主要由两根尖轨、两根基本轨及转辙机械组成。尖轨是转辙器的主要部件,通过连接杆与转辙机械相连;操纵转辙机械变

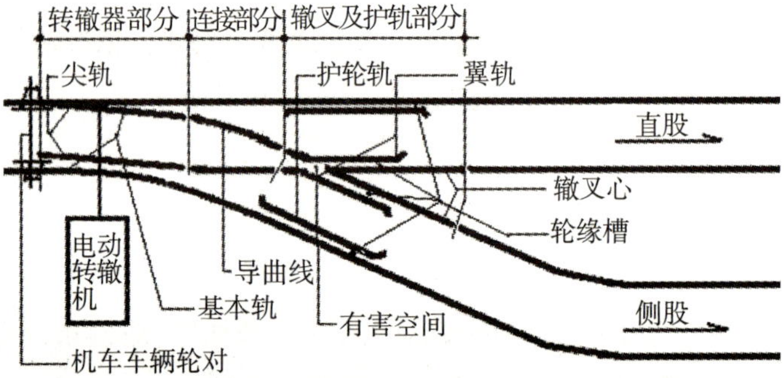

图 2－36 普通单开右开式道岔开通侧股构成示意

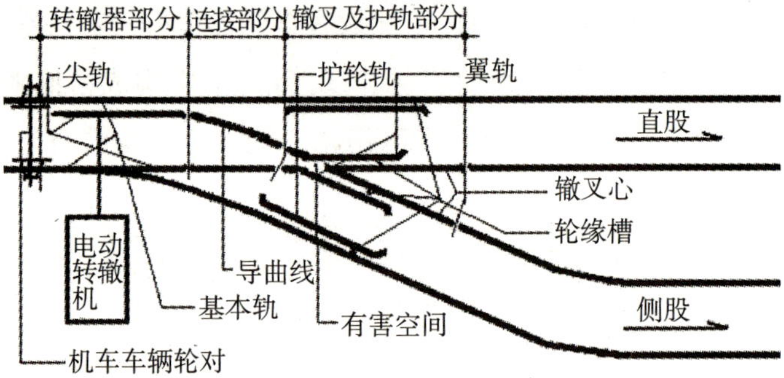

图 2－37 普通单开右开式道岔开通直股构成示意

换尖轨位置,实现变换道岔开通方向。

(2)辙叉及护轨部分构成和作用

辙叉及护轨部分主要由辙叉心、翼轨及护轮轨组成,其作用是保证车轮安全通过两股钢轨线路的相互交叉处。从两翼轨最窄处到辙叉心实际尖轨之间,存在一段轨线中断的空隙,这个空隙叫作辙叉的有害空间。当机车车辆通过辙叉有害空间时,轮缘就有走错辙叉槽而引起脱轨的可能,这是绝对不允许的。设置护轮轨的作用,就是对车轮运行方向实行提前强制性引导,在机车车辆通过辙叉有害空间时,防止和避免轮缘走错辙叉槽。

(3)连接部分

连接部分主要由两根直轨和两根导曲线轨组成。其主要作用是将转辙器和辙叉及护轨部分连接成一体,使之成为一组完整的道岔。由于导曲线的半径较小,一般不能在导曲线上设置缓和曲线和超高,所以列车在侧向过岔时,速度要受到严格限制。

2. 高速道岔构成及转辙原理

高速道岔一般都采用活动心轨道岔,与普通道岔在构成上的主要区别在辙叉部分。普通道岔上的有害空间是限制列车过岔速度的一个重要因素。为了消灭有害空间,适应列车高速运行要求,许多发达国家都研制开发出各种形式的活动心轨道岔,作为高速道岔用于高速铁路线路。我国也已研制成功许多型号的活动心轨道岔,并投入使用。

一般来说,活动心轨道岔的辙叉心轨和尖轨是同时被扳动的,当尖轨开通某一方向时,活动心轨的辙叉心轨就与开通方向一致的翼轨密贴,与另一翼轨分开,从而消灭了有害空间。(具体见图 2 - 38、图 2 - 39)

运营实践证明,由于消灭了有害空间,所以活动心轨道岔具有行车平稳、直向过岔速度限制较少等优点,适合运量大、行车速度高的线路。

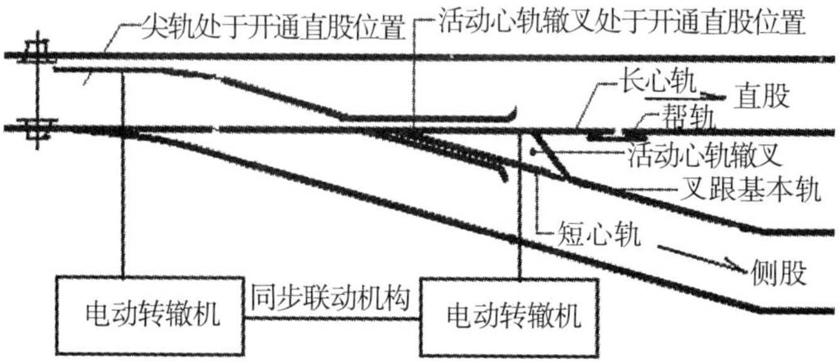

图 2 - 38 活动心轨高速道岔构造示意

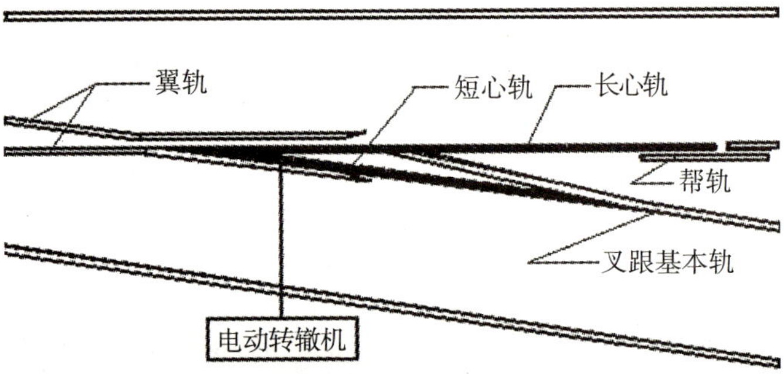

图 2－39　活动心轨辙叉部分示意

3. 道岔定位及道岔表示器

(1)道岔定位

铁路把道岔经常保持向某一线路开通的位置规定为定向位置，简称定位；而道岔向另一线开通的位置就为反向位置，简称反位。除使用、清扫、检查或修理时外，道岔均须保持定位。单线车站，双线车站，区间正线，引向安全线，避难线及其他线路，在道岔定位的规定上，都各有不同。道岔定位应在《车站细则》内记明。进路式电气集中操纵的道岔，可不保持定位，但引向安全线、避难线的除外。

(2)道岔表示器

道岔表示器是表示道岔开通位置的一种信号设备，与道岔的开通方向保持着关联关系。其主要显示规则为：昼间无显示，夜间为紫色灯光，表示道岔位置通向直股；昼间为中央有一条鱼尾形黑线的黄色鱼尾形牌，夜间为黄色灯光，表示道岔位置通向曲股（也称侧股）。不论昼间或夜间，道岔表示器都连续不断地显示，以便有关行车人员随时确认进路，但不作为指示列车或调车机车运行条件的根据。

(二)道岔号数、限速、编号及生产标记

1. 道岔号数及限速

(1)道岔号数

道岔号数（又称道岔号码或辙叉号码或辙叉号数），是一个反映道岔规格和辙叉角大小的规格、类型性指数。为了统一道岔规格，便于设计、制造和使用，我国铁路根据辙叉角的大小，把道岔分成号，叫道岔号数 N，并规定道岔号数等于辙叉角的余切，即 $N=\cot\alpha$。（具体见图 2－40）例如，当某道岔的辙叉角为 6°20′25″时，它的余切为 9，则该道岔就为 9 号道岔。

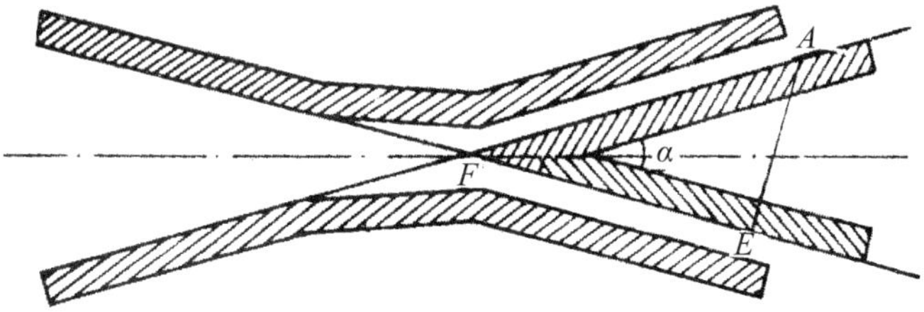

图 2－40　道岔号数计算示意

（2）道岔限速

一定号数的道岔，其允许列车侧向通过的最高限速，称为这一号数道岔的侧向通过允许速度；其允许列车直向通过的最高限速，称为这一号数道岔的直向通过允许速度或限速。辙叉角越大，道岔号数就越小，导（轨）曲线的半径也就越小，其通过允许速度就越低。反之，就越高。

我国铁路常用的道岔有 9、12、18 号道岔，它们所允许的侧向通过允许速度分别为 30、45、80km/h。铁路速度越高，采用道岔的号数就要越大，其占地用量就越多。

2. 道岔编号

道岔编号是标明各个单体道岔在站场中位置关系的位置性指数。在同一车站中一个道岔拥有一个编号，各道岔间不会重复和雷同。道岔编号在铁路设计中已经确定，并在站场线路平面图中有明确标明。道岔编号遵循的一般原则见图 2－41：

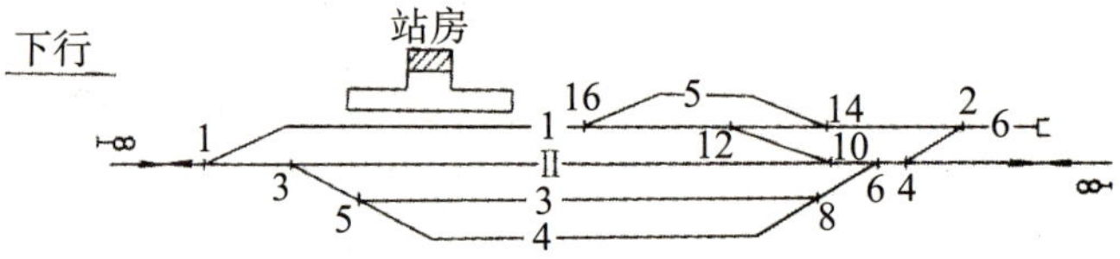

图 2-41　道岔编号示意

(1)用阿拉伯数字从车站两端由外向内、由主要线路向次要线路依次编号,下行到达一端均用单数依次编号,上行一端均用双数依次编号。

(2)每一道岔均应单独编号。对于渡线道岔、交分道岔以及每一道岔连接线(又称梯线)的道岔,应编以连续的单数或双数。

(3)站内道岔,一般以车站站舍中心线作为划分单数与双数的分界线。

(4)当车站有多个车场时,道岔编号应使用三位数字表示,其中百位数字表示车场号,个位和十位数字则表示道岔号。每一车场内的道岔按照下行到达一端用单数、上行到达一端用双数单独依次编号,并且遵循上述三项一般编号原则。(具体见图 2-42)

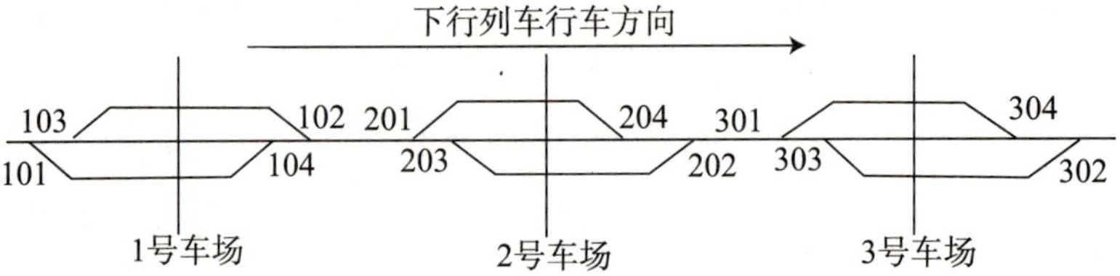

图 2-42　多车场车站道岔编号示意

3. 道岔标记

(1)生产标记

道岔的生产标记主要包括生产厂家、道岔号数、适用钢轨重量类型、生产序号等几个方面的内容,一般标明在每一组道岔的辙叉心上,是每一组道岔的具有唯一性的身份标记。这一标记在对道岔生产质量事故倒查等工作中,具有重要作用。(具体见图 2-43)

图 2－43　道岔生产标记示意

(2)位置标记

道岔的位置标记,实质上就是道岔编号的标示性标记。(具体见图 2－44)

图 2－44　道岔编号标记示意

(三)道岔类型与交叉设备

1. 道岔基本类型

除单开道岔外,按照分岔开向构造分类,主要还有以下基本类型的道岔。

(1)双开道岔

双开道岔的特点是与道岔相衔接的两条线路各自向两侧分岔。

(具体见图 2 -45)

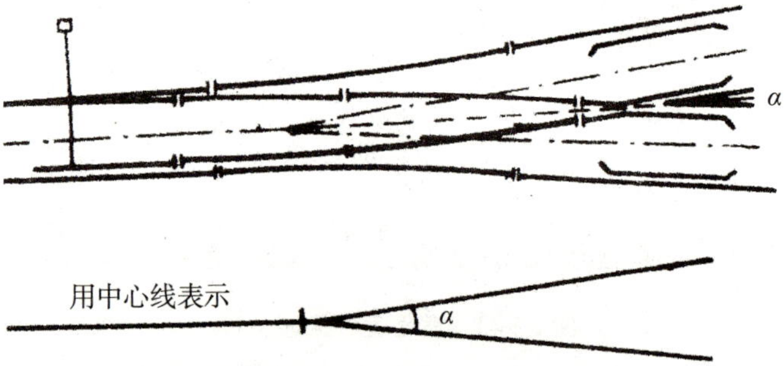

图 2 -45　双开道岔示意

(2)三开道岔

三开道岔的特点是可以同时衔接三条线路，而且具有两套尖轨，分别用两组转辙机械操纵。(具体见图 2 -46)

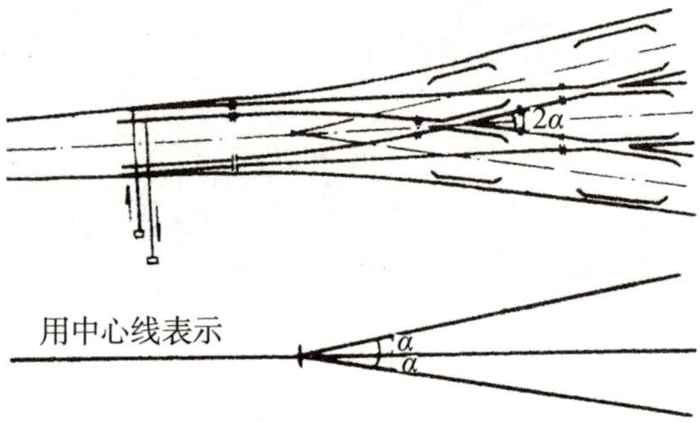

图 2 -46　三开道岔示意

(3)菱形交叉

菱形交叉由两组锐角辙叉和两组钝角辙叉组成。菱形交叉没有转辙器部分，机车车辆通过交叉设备时，只能沿着原来线路继续运行而不能转线。(具体见图 2 -47)

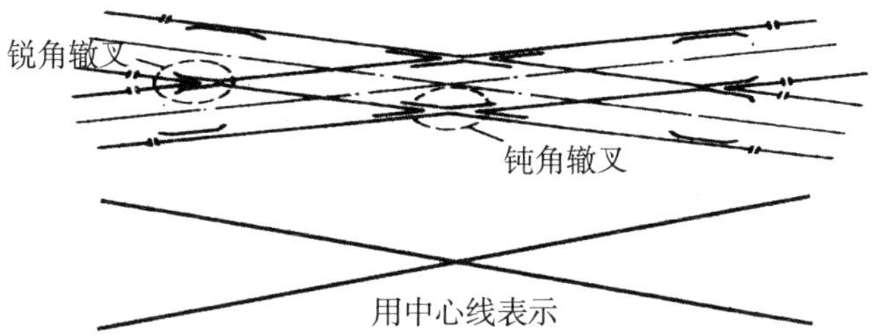

图 2－47 菱形交叉示意

2. 线路交叉设备

除了各种基本类型的道岔以外,还有一些由基本类型的道岔组合而成的线路交叉设备,通常使用的有复式交分道岔和交叉渡线。

(1)复式交分道岔

复式交分道岔由四组单开道岔和一副菱形交叉组合而成。(具体见图 2－48)

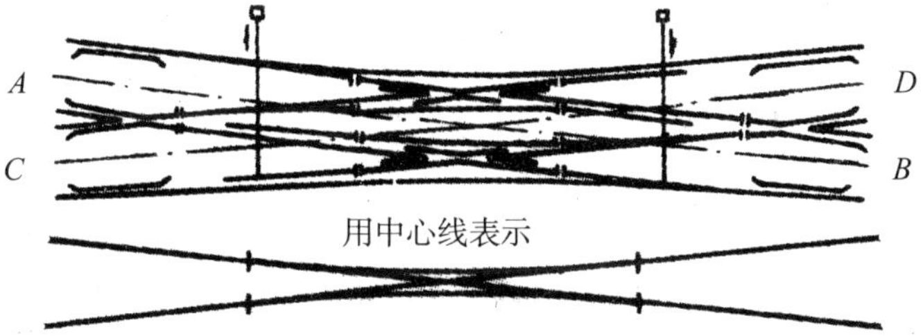

图 2－48 复式交分道岔示意

(2)交叉渡线

交叉渡线由四副单开道岔和一副菱形交叉设备组合而成。交叉渡线不仅可以开通较多的方向,而且可以节省用地。交叉渡线是车站内使用较多的一种设备。(具体见图 2－49)

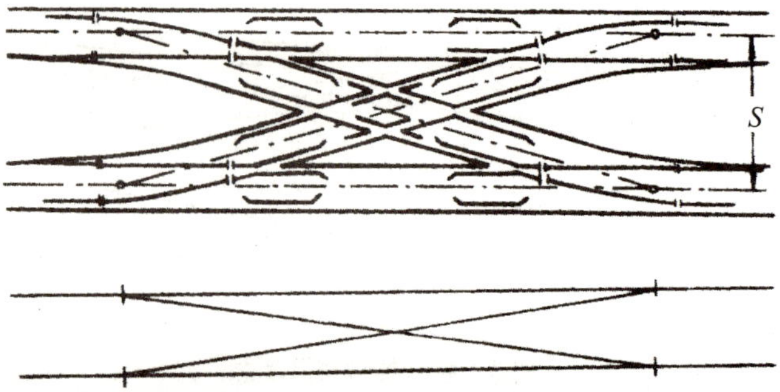

图 2－49　交叉渡线示意

二、道岔联锁关系

（一）联锁关系

1. 进路分类

由线路与道岔组成的列车和调车车列运行的路径称为进路。与某一进路相互交叉、相互重叠、相互影响、有可能发生列车或机车车辆冲突的所有进路，均称为该进路的敌对进路。

进路按其运转作业性质的不同，又分为列车进路和调车进路两种。其中，凡是为列车进站、出站、通过所开通的进路，均称为列车进路；凡是为各种调车作业所开通的进路，均称为调车进路。

为了保证车站内列车运行和调车作业的安全，一般每条进路的始端都设一架信号机进行防护。列车和调车的进路要靠道岔开通不同的位置来排列。列车的进站、出站和站内的调车工作，通常是根据防护每一条进路的信号机的显示状态进行的。

2. 联锁关系

为保证车站内列车运行和调车作业安全，在有关道岔、进路、信号机之间建立既相互联系又相互制约的关系叫联锁。

目前我国铁路普遍采用了集中联锁和自动闭塞或半自动闭塞，相应道岔控制基本采用电动转辙机进行集中控制，并且道岔与道岔、信号、进路之间不是各自为政、相互独立，而是相互关联、相互影响、相互约束和相互联动。

集中联锁是自动闭塞和半自动闭塞的基础。调度集中则建立在集中联锁和自动闭塞的基础之上，并且是两者的集成和高一级形式，行车自动化则是调度集中的更高一级形式。

（二）联锁设备

为了保证车站内列车运行和调车作业的安全，提高工作效率和车站通过能力，为实现和完成车站内有关道岔、进路和信号机之间的联锁关系，而专门安装设置的技术设备，叫联锁设备。

1. 联锁设备基本要求

为实现和完成联锁，保证车站内列车运行和调车作业安全，联锁设备应满足下列基本要求：

（1）当开放某一进路时，必须先将进路上的所有道岔扳到正确的位置，然后防护这一进路的信号机才能开放。否则，防护这一进路的信号机就不能开放。

（2）当防护某一进路的信号机开放后，这一进路上的全部道岔均应被锁定，不能够再扳动。

（3）当某一进路的信号机开放后，与之敌对的进路信号机均应全部被关闭，不能够再开放。

（4）主体信号机开放以前，预告信号机不能开放；在正线出站信号机开放前，进站信号机不能显示正线通过信号。

（5）应能及时、迅速地排列进路，并实现信号机和道岔之间的相互制约关系；同时，还应能迅速及时地使进路解锁。

2. 联锁设备分类

我国铁路目前采用的联锁设备，主要有电锁器联锁、电气集中联锁和计算机联锁三种类型。

（1）电锁器联锁

扳道员就地扳动道岔握柄，使道岔转换；信号机由扳道员分散操纵,或由车站值班员集中操纵,靠加在道岔握柄上的电锁器来完成道岔和信号机之间的联锁关系的联锁设备,叫电锁器联锁。电锁器联锁是一种非集中联锁。道岔控制方式为就地控制。信号控制可有就地控制和集中控制两种。

由于电锁器联锁的车站道岔要就地操纵,办理进路时要求值班员向扳道员下达命令,由扳道员转换道岔排列进路,效率很低并且烦琐。因此,这种联锁方式只是在条件尚不具备采用电气集中联锁的极少数车站上采用。

(2)电气集中联锁

用电动转辙机转动道岔,采用色灯信号机和轨道电路,通过继电器组的作用,控制和完成车站内道岔、信号、进路集中联锁控制的集中式联锁设备,叫电气集中联锁,又简称电气集中。

在实现电气集中的车站上,操作人员只需在控制台上按压按钮,就能办理或解锁进路,其道岔和信号都是集中控制的。

按照操作方式、设备规模和自动化程度的不同,电气集中联锁又分为手柄式电气集中和选路式电气集中两种。

①手柄式电气集中

手柄式电气集中又称小站电气集中。这种形式的联锁,在办理接发列车进路和调车进路时,须首先逐个将该进路上的道岔扳至所需的位置,然后才能按下信号机按钮,开放信号机。这种联锁方式由于效率低,目前只是在条件尚不具备采用选路式电气集中联锁的少数车站上采用。

②选路式电气集中

选路式电气集中又称作大站电气集中。这种形式的联锁,在办理一条进路时,只需要按一下进路始端和终端的按钮,该进路上的道岔就自动转换到所需要的位置,有关信号亦随之开放。这种设备具有缩短办理进路时间、提高通过能力、节省人力等优点,因而得到广泛的普及和应用。

(3)计算机联锁

运用微型计算机对车站值班员的操作命令及现场表示信息进行逻辑运算,从而实现对信号机、道岔、进路进行集中控制的车站联锁设

备,叫计算机联锁,也称微机联锁。(具体见图 2－50)

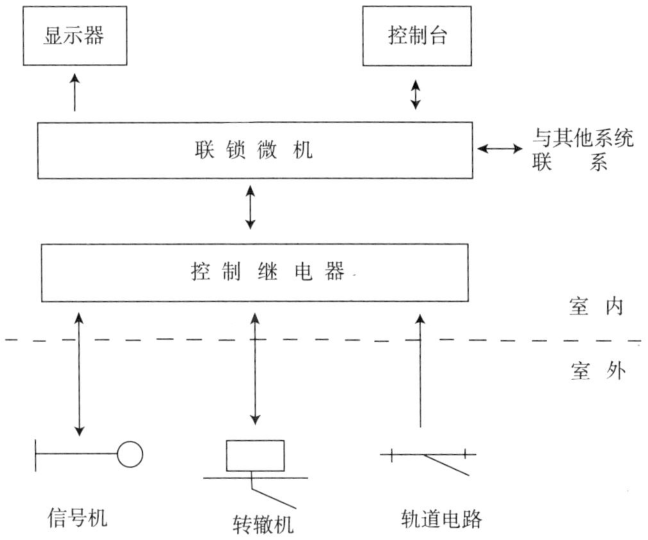

图 2－50　微机联锁示意

微机联锁的操作方法与电气集中联锁相仿,车站值班员办理进路时,只需先按压进路的始端按钮,再按压终端按钮即可完成。

微机联锁以集成电路取代了继电器电路,减少了对继电器的维护工作,降低了成本,进一步提高了稳定性、安全性和可靠性;在功能方面,除了能完成既有继电器联锁的功能外,还可利用计算机强有力的处理能力和快速运算等特点,进一步充实和开发新的功能。因此,微机联锁是我国铁路目前正在加紧进行改造和普及的联锁设备。

(三)轨道电路

轨道电路是利用铁路的两条钢轨作为导线,所构成的电气回路。它可以反映线路和道岔区段是否有车占用,以及钢轨是否完整。

实际采用的轨道电路有多种制式。这里以直流轨道电路为例,来说明轨道电路的工作原理。

在车站线路上,按照道岔和股道段的不同,轨道电路分为直线轨道电路和道岔轨道电路两种。

1. 直线轨道电路

在股道直线段上，轨道电路主要由分界绝缘节、轨道电源、限流电阻、轨道继电器等组成。(具体见图 2－51)

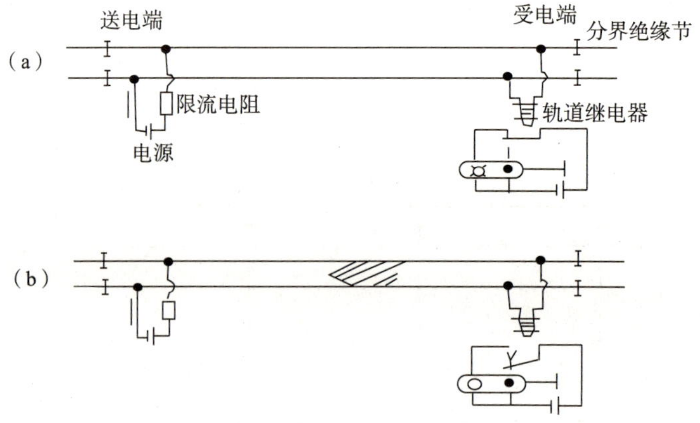

图 2－51　两显示制直线轨道电路工作原理示意

当轨道电路区段空闲时，电流从轨道电路电源正极经过钢轨进入轨道继电器，再经另一股钢轨回到电源负极。这时因轨道继电器衔铁吸起，使其后接点断开，前接点闭合。信号机的电路就通过前接点闭合绿灯电路，使信号机点亮绿灯。

当轨道电路区段有车占用时，由于轮对的电阻很低，轨道电路被短路，轨道继电器衔铁被释放，用它的后接点闭合信号机的红灯电路，信号机点亮红灯，表示轨道有车占用。

当钢轨折断并将轨道电路断开时，信号显示情况与有车占用时相同，信号机点亮红灯。

当线路的两股钢轨有良导体相联时，信号显示情况与有车占用时相同，信号机点亮红灯。一些不法分子就用这种方法拦截列车。

若在这种轨道电路中，将一个灯管与红色信号并联(或串联)，并通过导线将灯管安装在车站值班员室的控制台的照明显示盘上，则可以通过灯管的亮和灭，来监视该段线路是否有车，或是否有故障等。列车调度监视系统就是利用这一原理实现的。

2. 道岔轨道电路

道岔区段轨道电路较直线区段轨道电路看起来要复杂一些，但基本原理相同。

当道岔区段无车时，轨道继电器(GJ)有电励磁，以其前接点闭合道岔操纵机构电路，道岔可以转换；当直股或弯股有车时，轨道电路被短路，轨道继电器失磁，衔铁释放，切断了道岔操纵机构的电路，道岔也就不能转换位置了。

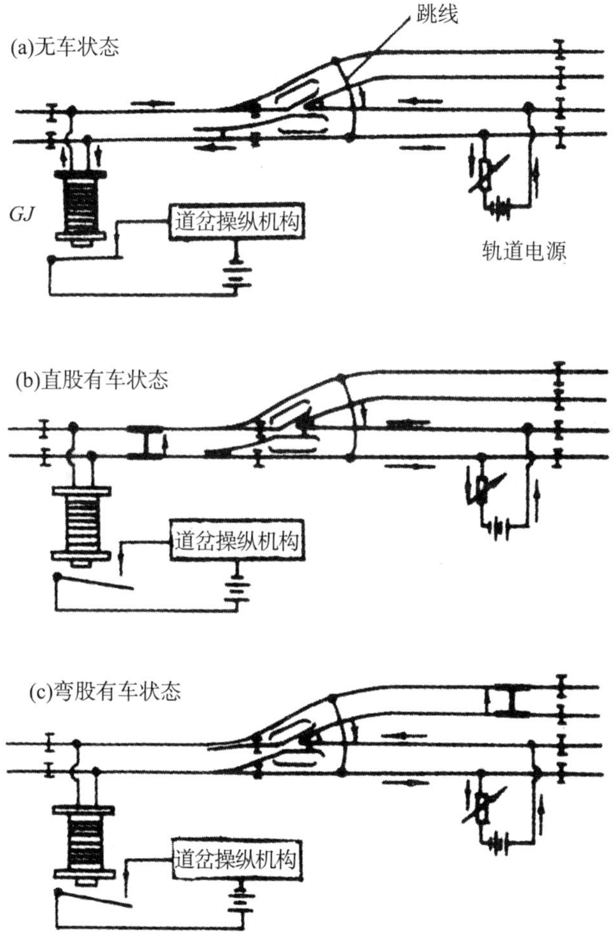

图 2－52　道岔区段轨道电路工作原理示意

3. 无绝缘轨道电路

普通铁路线路和普通无缝线路中轨道电路的分界绝缘节，又称钢轨绝缘接头，是在钢轨接头处设置和填充绝缘橡胶等绝缘体来实现的。这种断开分界绝缘方法在几十公里甚至几百公里无接头的超长无缝线路上就行不通了。

在超长无缝线路上的轨道电路中，实现电路分界的办法主要有两种。一种方法是采用长寿命胶接绝缘接头，既在超长无缝线路中需要设置分界绝缘节的地方，先将钢轨断开，在断开接头处插入绝缘垫层以消除接头轨缝，再用夹板并使用高强度连接螺栓将两钢轨固定，然后再用胶粘剂将夹板与钢轨紧紧粘在一起。另一种方法就是采用无绝缘轨道电路，用电气分隔的办法，将铁路线路实现无绝缘分隔。

无绝缘轨道电路的关键技术，是用不需要将钢轨断开的电气分隔接头，代替需要将钢轨断开的普通钢轨绝缘接头。

无绝缘轨道电路要求相邻的轨道电路要采用不同的载频。电气分隔接头的主要作用，是对相邻轨道电路的频率起电气隔离作用，其基本工作原理如图 2－53 示。

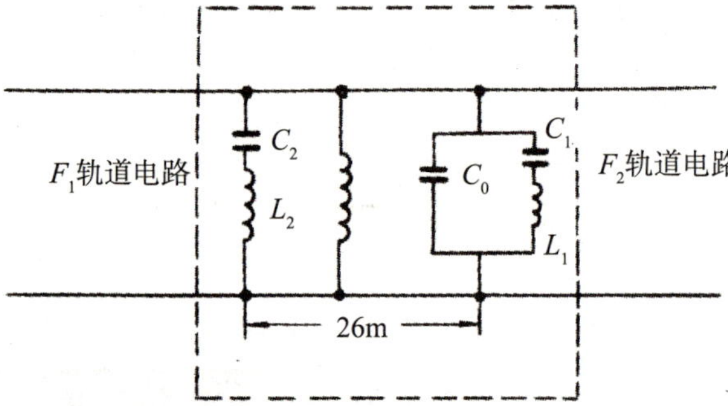

图 2－53　无绝缘轨道电路电气分隔接头工作原理示意

图中 L2、C2 为谐振频率为 F2 的串联谐振回路，其相当于对 F2 频率信号跨接一根短路线，因此 F2 频率不能向左侧传输。L1、C1、C0 是三元二端网络，对 F2 而言呈容性阻抗，故 F2 频率信号可以向右侧传输。同理，由于 L1、C1 对 F1 频率信号谐振，相当于跨接一个短路线，终止了 F1 频率信号向右传输，但 L2、C2 对 F1 呈现容性阻抗，它与钢轨电感构成并联谐振，因而对 F2 呈现高阻抗，故可以接收左侧输入的 F1 信号，F1 信号再向左侧传输。这样，电气分隔接头对相邻两轨道电路的信号传输，就起到了电气绝缘的作用。

4. 信号微机监测

我国铁路已投入使用的信号微机监测系统，又称铁路电务系统的"黑匣子"，它拥有道岔表示一致性监测功能，当出现道岔表示不一致时，会立即报警，大大提高了道岔的安全性。

三、道岔常见安全问题

道岔常见安全问题主要包括工务安全、道岔障碍、挤压道岔、道岔伤害、轨道电路混乱等多个方面。

（一）工务安全

道岔工务安全是特指道岔在使用中形成的变形、磨损、机械性故障、伤损、部件松动、脱落、技术指标不达标等，影响道岔转辙性能和转辙稳定性所造成的安全性问题。

根据《铁路线路维修规则》等相关规定，铁路工务部门应及时做好道岔的检查、维护、维修工作，并保证道岔保持经常良好状态。

2014 版《铁路技术管理规程》（普速铁路部分）规定：

第 48 条　道岔应保持良好状态，道岔各零部件应齐全，作用良好，缺少时应及时补充。道岔出现伤损或病害时，应及时修理或更换。

（二）道岔障碍

道岔障碍是特指道岔内存有影响道岔转辙功能或可以导致通过机车车辆脱轨的障碍物。道岔障碍的形成原因主要包括人为和意外（意外造成的道岔障碍如雨雪结冰、货物脱落等）两类。其危害主要包括导致道岔转辙不到位、通过道岔的机车车辆轮缘悬空、轨道电路混乱三个方面,这些都足以导致机车车辆在通过时脱轨,或导致进路矛盾后造成多列列车相撞。因此道岔障碍必须绝对禁止。做好日常清站工作、禁止行人走入道岔、加强道岔看守是防止道岔障碍最重要的措施。《刑法》第 116 条规定:“破坏火车、汽车、电车、船只、航空器,足以使火车、汽车、电车、船只、航空器发生倾覆、毁坏危险,尚未造成严重后果的,处三年以上十年以下有期徒刑。”

人为道岔障碍案件即使在未造成后果的情况下,当其足以导致通过机车车辆脱轨时,也应考虑涉罪。

道岔障碍主要包括尖轨转辙障碍、活动心轨辙叉转辙障碍、辙叉翼轨及护轮轨轮缘槽障碍、轨道电路障碍等多个方面。

1. 尖轨转辙障碍

当障碍物足以造成尖轨转动后尖轨尖端与基本轨的不密贴时,就足以造成通过机车车辆的脱轨。这种脱轨与通过道岔的机车车辆的重量、速度、运动瞬间形态等几乎无关,而且脱轨几乎是绝对的。

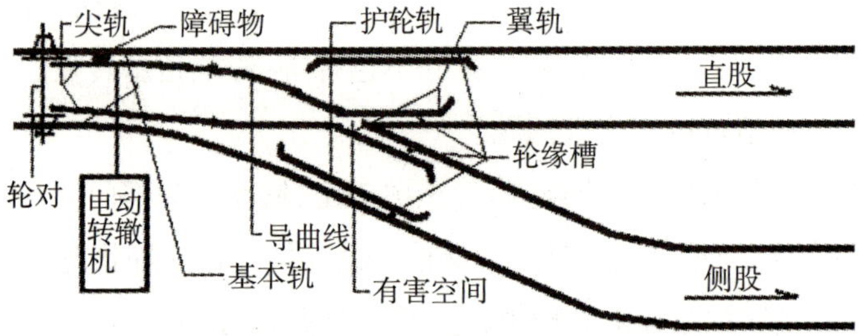

图 2-54　尖轨转辙障碍造成脱轨的原理示意

2. 活动心轨辙叉转辙障碍

当障碍物足以造成活动心轨辙叉转动后活动心轨辙叉尖端与基本轨的不密贴时,可造成活动心轨辙叉的转辙方向与尖轨转辙方向的不一致,就足以造成其通过机车车辆的脱轨。这种脱轨与通过道岔的机车车辆的重量、速度、运动瞬间形态等几乎无关,而且脱轨几乎是绝对的。

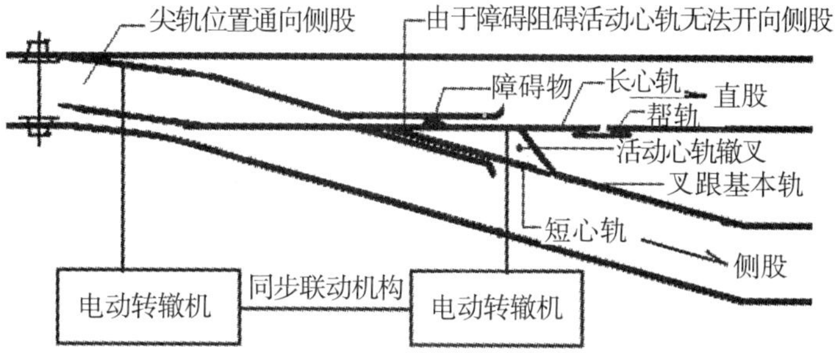

图 2－55 活动心轨辙叉转辙障碍造成脱轨的原理示意

3. 辙叉翼轨及护轮轨轮缘槽障碍

存置在道岔中辙叉翼轨及护轮轨轮缘槽内的物体，当其体积和硬度达到足以使通过机车车辆的轮缘高出或弹出钢轨顶面时，就可以导致通过机车车辆的脱轨，这类障碍称作辙叉翼轨及护轮轨轮缘槽障碍。这种障碍与通过机车车辆脱轨的关系，是与通过道岔的机车车辆的重量、速度、运动瞬间形态以及障碍物的大小、硬度、位置、形态等有直接关系的。

（1）当机车车辆轮对一侧车轮压到这类障碍物，而另一侧车轮轮槽内无障碍物时，由于其另一侧车轮轮缘会受到护轮轨或翼轨的限制，所以通过障碍的机车车辆就存在通过的机会，同时也存在脱轨的可能。此类障碍若为人为造成，应视情节考虑是否涉罪。

（2）当机车车辆轮对的两轮可以同时撞到这类障碍时，就可足以造成脱轨。此类障碍若为人为造成，应视情节考虑是否涉罪。

4. 轨道电路障碍

道岔是集中联锁的一个构成部分，它自身并不是孤立的，而是与其他道岔、信号、进路相互关联的。道岔的每一根钢轨都是集中联锁电路中的一根导线，因此道岔中各钢轨间是不能随意用导体相连的。当在道岔中各钢轨间出现良导体联接时，就会造成轨道电路导线间的短路,从而导致联锁关系混乱,轻则会导致进路信号关闭,重则会造成敌对进路同时开放,酿成多列列车相撞。

(三)挤压道岔

当道岔开通方向与机车车辆运行线路方向不一致时,道岔处于关闭状态。当道岔处于关闭状态时,按照闭塞和联锁要求,应绝对禁止机车车辆通过。挤压道岔的原因主要包括进路信号显示错误和机车值乘司机违章开车两个方面。

当机车车辆硬性通过处于关闭状态的道岔时,可能会出现以下情况,现列举出来,供分析事故时参考。

1. 塑性挤开道岔通道

当机车车辆通过时,机车车辆车轮硬性挤压道岔尖轨和活动心轨辙叉等可动部分转向开通位置,形成塑性永久性变形,在车轮通过后道岔可动部分仍处于开通位置并且不再弹回关闭状态,从而形成塑性挤开道岔通道。这种情况除存在矛盾进路下多列列车相撞的危险外,对通过道岔的机车车辆本身危害较小。塑性挤开道岔通道这种情况发生的概率相对较小。

2. 弹性挤开道岔通道

当机车车辆通过时,机车车辆车轮硬性挤压道岔尖轨和活动心轨辙叉等可动部分转向开通位置,形成暂时性变形,在车轮通过后,道岔可动部分在无挤压状态下仍可弹回关闭状态,从而形成弹性挤开道岔通道。这种情况除存在矛盾进路下多列列车相撞的危险外,当机车司机发现冲挤道岔后,将机车车辆停在道岔上时,在未摘车钩和搬动道岔的情况下,切不可直接倒车,否则会造成处于道岔前后的机车车辆在同车异辙的情况下发生脱轨颠覆。(具体见图 2-56)

由于道岔可动部分摆动行程较小(140mm 左右),所以这种道岔可动部分被挤开后又弹回关闭状态的情况发生较多。因此,当道岔处于关闭状态,硬性挤开道岔的机车车辆停在道岔上时,应绝对禁止立即倒行。

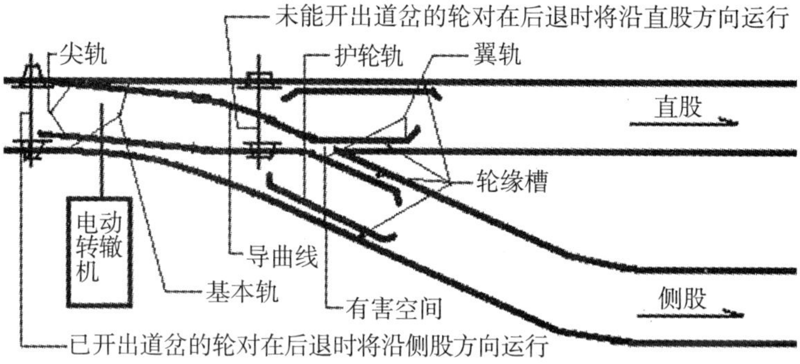

图 2－56　弹性挤开道岔后倒车时道岔前后车辆同车异辙情况示意

3. 道岔仍处于关闭状态

当机车车辆通过时，机车车辆车轮硬性挤压道岔尖轨和活动心轨辙叉等可动部分时，若其可动部分在受挤压状态下不发生摆动，道岔仍处于关闭状态，则车轮轮缘会爬上尖轨或活动心轨辙叉等可动部分钢轨顶面，从而失去轮轨间的约束，导致机车车辆直接失控脱轨。

以上情况也可能复合发生。例如，机车车轮对道岔压力较重，可将道岔可动部分弹性挤开通过，在其车轮通过后，道岔可动部分在无车轮挤压的情况下会弹回至关闭状态；而当机后某一较轻车辆通过时，因自身重量较轻无法将道岔可动部分挤开，则其车轮也会爬上可动部分钢轨顶面，从而失去轮轨间的约束，导致机车车辆失控脱轨。

（四）道岔伤害

道岔伤害是指道岔对经过道岔的人员造成的伤害。由于我国铁路目前已基本全部实现道岔的集中控制，在道岔转动时其控制人员往往看不到道岔的现场，因此绝对禁止行人走入道岔。当需要对道岔进行检修或清理作业时，根据安全规程的规定要求，要先放垫木塞死道岔可动部分，在确保安全后才能进行施工和作业。常见的道岔伤害主要有以下几种：

1. 被道岔可动部分夹住

当有人踩入道岔可动部分的可摆动空间时，可能被道岔的可动部分在转动时夹住，如被摆动的尖轨夹住等。在这种情况下，被夹住的人员一方面会被摆动的道岔挤伤或撞伤（如骨折等），另一方面也很难自己从被夹住的道岔中摆脱出来。这时如果来车，不仅会给被夹住的人造成致命车祸，还会因夹住人形成道岔障碍，导致开过来的机车车辆在通过时脱轨颠覆。因此，一旦发生这种情况，一定要想尽一切办法迅速发出求救信号通知车站调度和来车司机，先拦截住来车。只有在来车被成功拦截停车后，实现了线路的封锁，才能通过控制按钮转动道岔，使被夹住的人员从中解脱出来。

2. 被道岔可动部分撞伤和摔伤

当道岔在转辙中撞到人的身体时，或当走行人员站踩在道岔可动部分上，道岔突然转辙时，快速转辙的道岔可足以将人撞伤、摔伤、致残、致命。按照转辙速度划分，道岔可分为慢速转辙道岔和高速转辙道岔。高速转辙道岔的转辙速度可在0.01秒的时间内转动到位。道岔尖轨的重量因钢轨重量的不同而不同，两根尖轨的重量在一吨左右，道岔转辙机必须要有足够的力量才能完成尖轨的转辙。这样快的转辙速度和转辙力量，道岔在转辙中撞到人时对人的伤害能力是可想而知的。

3. 被道岔钢轨间槽缝蹩伤

这种伤害主要是由在道岔钢轨顶面上沿走钢轨时身体重心失稳，踩入辙叉槽、尖轨与基本轨之间转辙空隙、护轮轨与基本轨之间的轨缘槽中造成的。铁路工作人员因工作需要在道岔间行走作业时应禁止在钢轨上走行。

第八节　工务工作

在列车不间断地运行和自然条件作用下，铁路线路会发生各式各样的变形或损坏。为了确保列车能按规定的最高行车速度,安全、平稳和不间断地运行,以及延长线路各组成部分的使用寿命,铁路工务部门肩负着加强线路的养护和维修工作,使线路设备经常保持完好状态的基本任务。

工务段是工务部门的基层生产单位,负责领导线路维修工作。每一工务段管辖的线路长度一般单线为 150 ~ 250km,复线为 100 ~ 150km。工务段下设若干个领工区,每一领工区再设 4 ~ 5 个工区或机械化维修工队,分别负责管辖范围内的线路维修工作。根据线路维修养护工作的对象和地段的不同,工区又分为桥梁工区、隧道工区、线路工区、道口工区等。在有些铁路局还设有线路、桥隧大修队,负责管辖内线路、桥隧的大中修以及无缝线路的铺设工作等。

线路的维修养护工作,主要分为线路的经常维修和线路的大、中修。

一、线路经常维修

线路经常维修的基本任务,是防止和整治线路的各种病害,保持线路的完好状态。线路经常维修工作应坚持预防为主,检修与保养并重,预防与整治相结合的原则,随时掌握线路设备及其变化情况,统筹安排,做到无病防病、有病根治。

线路经常维修工作包括计划维修(也称综合维修)、紧急补修、重点病害整治和巡道工作。

(一)计划维修

计划维修是有计划地在正线、站线、专用线和道岔上进行全面的综合修理。其基本作业包括起道、拨道、改道、捣固和清筛道砟等。

1. 起道:起道是抬起钢轨和轨枕,调整钢轨顶面至要求的高度。

2. 拨道:拨道是将钢轨和轨枕一起横移,以拨正轨道的方向。

3. 改道:改道是将轨距调整至规定的范围。

4. 捣固:捣固是将钢轨底部轨枕下的道床捣压密实。

5. 清筛道床:清筛道床是清筛脏污道砟,然后回填补充,以改善道床的弹性。

(二)紧急补修

紧急补修是指在计划维修之外的个别地点,由于出现超过容许误差的线路质量问题,为确保行车安全,而必须立即进行的紧急修理工作,如更换重伤轨件、消灭三角坑等。

(三)重点病害整治

重点病害整治是指在彻底整治线路上较长时期存在的,整治工作量较大的某些病害,如全面整治接头、整治线路爬行、彻底整治路基的翻浆冒泥等。

(四)巡道工作

巡道工作是指巡道工人在工区管辖线路上的日夜巡视工作,是保证线路状态完好,维护行车安全所必须的重要措施。巡道工人的任务,是在工区管内负责巡视钢轨、道岔以及联结零件等的状态,察看路基是否有沉陷、塌方、水害、雪害等情况,以及信号、线路标志是否完好等。此外,巡道工人还应对所发现的不良现象尽力做好处理工作。

二、线路大、中修

线路经常维修的特点在于预防线路病害的发生,保持线路的完好状态。但是经过较长时间后,线路的各个部分还会发生磨损或变形。当磨损或变形达到相当程度时,单靠经常维修就难以整治了。也就是说,线路经常维修并不能使线路完全恢复到原来的设计标准,对于长年积累下的永久性变形,必须有计划地进行周期性的整修。这种以改善线路设备状态、提高轨道强度,将线路恢复至原来设计标准为目的的大、中规模的线路维修工作,叫线路的大、中修。

(一)线路中修

线路中修的主要作业就是彻底清筛道床、补充道砟、对道床进行全面捣固,并将道床恢复到原来状态,同时更换损伤钢轨和失效轨枕。中修周期取决于道床的使用寿命。

（二）线路大修

线路大修是根据专门的勘测调查和设计文件，对线路进行的全面彻底的翻修或加强。线路大修的范围较广，工作量较大，其主要内容有改善线路的平、纵断面，全面更换钢轨及零件，更换及补充轨枕，全面清筛及补充道砟，全面起道捣固、整修路基等。线路经过大修后，其质量标准应符合设计要求或得到加强。

第九节　高速铁路线路

高速铁路与普速铁路相比，有很大的不同。其最大的特点可以概括为高速度、高舒适性、高安全性和高密度。为了达到安全运营的要求，高速铁路的基础设施既要为高速运行的机车车辆提供高平顺性和高稳定性的轨面条件，又要保证线路各组成部分具有一定的强度和耐久性，使其在运营条件下保持良好状态。

国内外铁路的长期运营实践证明，线路的平、纵断面对行车速度影响较大。因此，高速铁路平纵断面的设计标准，要以提高线路的平顺性为主，尽可能地降低列车的横向和竖向加速度，减少列车各种振动叠加可能性，提高旅客乘车舒适性，同时也要考虑到减少工程量、降低造价、便于施工、运营、维修等。

一、高速铁路线路平面和纵断面

（一）线路平面

线路平面由直线和曲线组成。高速铁路的曲线同样也包括圆曲线和缓和曲线。曲线能够较好地适应地形的变化，但是具有降低行车速度和增加轮轨磨耗的缺点。

1. 最小曲线半径

最小曲线半径的选定主要应考虑行车速度、地形条件和机车牵引

种类等因素。其中行车速度是选定最小曲线半径的主要依据。对于高速客运专线,最小曲线半径的选择由下式确定:

$$R_{min} = \frac{11.8 \times v_{max}^2}{h_m + h_Q}(m)$$

式中:R_{min}——最小曲线半径(m);

v_{max}——列车最大速度(km/h);

h_m——实设超高度(m);

h_Q——允许的欠超高度(mm)。

我国客运专线行车速度为350km/h时,区间线路最小曲线半径应为7000m。例如:京沪高速铁路最小曲线半径不应小于7000m。如果考虑满足各种不同速度列车的组合运行条件的舒适性,则最小曲线半径采用9000~11,000m较好,最大曲线半径不宜大于12,000m。

2. 超高

车辆在曲线上运行时,会产生离心力,为了平衡所产生的离心力,必须把曲线线路的外股钢轨加高,成为超高。计算曲线外轨的理论超高度,一般采用下列公式:

$$h = 11.8\frac{v_{平}^2}{R}(mm)$$

式中:$v_{平}$——通过曲线的各次列车的平均速度(km/h)。设计新线时,采用$v_{平} = 0.8v_{max}$。

可以看出,超高度设置得是否合适,在很大程度上取决于平均速度选用的是否恰当。外轨超高度是一个定值。对于速度较高的列车,会产生未被平衡的离心加速度。对于速度较低的列车,则会产生多余的向心加速度。未被平衡的离心加速度和多余的向心加速度可以理解为由于外轨超高度不足(欠超高)或外轨超高度过大(余超高)造成。超高度不足或多余的值,统称为未被平衡的超高度。余超高使内侧钢轨承受走行列车的侧压,加快钢轨侧面磨耗。欠超高则使外侧钢轨偏压,磨耗外轨侧面。

为了不使内外轨因过大偏载而引起严重的不均等磨耗,并保证行车安全、轨道稳定和旅客舒适，必须对未被平衡的超高度加以限制，不能超过一定的允许值。否则，过大的未被平衡的超高度甚至有使列车颠覆的危险。

3. 缓和曲线

缓和曲线的作用，在于列车由直线（或圆曲线）驶向圆曲线（或直线），使离心力逐渐产生或消失，并减缓外轮对外轨的冲击。因此，高速铁路缓和曲线在设计的时候，应考虑以下问题：

（1）在缓和曲线始终点和缓和曲线范围内运行的列车应有较好的稳定性，以确保行车安全和舒适。

（2）缓和曲线的线型要简单，便于测设与养护。

（3）缓和曲线应尽量短些，减少工程量和投资费用。

4. 线间距

高速铁路线间距标准，主要受列车交会运行时气动力作用的控制。在高速铁路复线铁路上，当两列车相遇时，最初的风压力使列车相互排斥，到接近列车尾部时变为相互吸引，产生回车压力。

不论是作用在相互排斥的方向还是相互吸引的方向，所发生的最大压力是不相上下的。会车压力的最大值与列车最大运行速度、列车外形尺寸、交会车列车侧壁间净距离等因素有关。其中，列车头部的流线程度影响最为显著。因此，为避免强大风压造成损害，高速铁路在设计时要选择适当的线路间距。

我国铁路客运专线上不仅运行有时速 300 ~ 350km 的高速列车，还有相当数量的跨线列车。结合我国高速铁路的实际情况，同时考虑我国车辆制造水平和工程的投资等因素，我国客运专线间距确定为：设计时速 300km 的采用 4. 8m，设计 350km 的采用 5. 0m。

（二）线路纵断面

1. 最大坡度

与传统铁路相比，高速铁路动车组具有功率高、速度快的特点，运营时可以为机车爬坡提供强劲动能，设计中允许采用较大的坡度值。采用坡度的大小,对设计线路的运营和工程影响很大。在运营方面,限制坡度增大,牵引重量减少,列车速度降低;在工程方面,可以适应地形,减少建设线路的工程量,降低造价。我国客运专线的正线最大坡度值为20‰,困难地段达到30‰,动车组走行线的最大坡度不应大于35‰。

高速铁路选用大坡度,使选线更灵活,可以增加高速铁路对地形的适应性,缩短线路的长短,减少投资,增强高速铁路的竞争能力。

在铁路线路纵断面上,相邻两坡段的变坡点处,坡度代数差用绝对值 Δi 表示,即:

$$\Delta i = |i_1 - i_2|$$

由于列车在经过变坡点时会产生附加应力和附加加速度,其值与坡度的代数差成正比,因此在设计纵断面时,相邻坡段的代数差应尽量小些,不得超过允许的最大值。

2. 竖曲线半径

高速铁路线路的相邻坡度差大于1‰,应设置竖曲线以缓和坡度的急剧变化,保证列车平稳运行。竖曲线一般采用圆曲线。竖曲线半径的大小,除应保证列车经过变坡点时车钩不脱钩、车轮不脱轨外,还应考虑在竖曲线上产生的竖向离心加速度和离心力对旅客舒适度的影响。通过理论分析认为,在一定机车车辆构造等条件下,竖曲线半径与行车速度有关,行车速度越高竖曲线半径也应越大。

我国高速铁路区间正线采用圆曲线型竖曲线连接,最小竖曲线半径根据所处区段远期设计速度选用,具体数值见表2-3,但最大竖曲线半径不大于40,000m。当相邻坡段的坡度代数差大于3‰时,动车组走行线应采用圆曲线型竖曲线连接,竖曲线半径宜为10,000m,困难时为5000m。(具体见表2-3)

表2-3 我国高速铁路竖曲线半径采用标准

最高行车速度 v(km/h)	350	300	250	200
竖曲线半径 R(m)	25,000	25,000	20,000	15,000

二、高速铁路线路路基和桥隧建筑物

(一)路基

高速铁路线路要保证列车的快速、安全、平稳地运行,路基工程比普通铁路的技术标准要高。在高速铁路运营过程中,路基承受着轨道结构的重量和列车载荷,还会引发出路基结构的变形。为满足高速铁路轨道平顺性的条件,路基结构应具备足够的强度、稳定性和耐久性,以及抵抗各种自然因素作用的能力。

高速铁路区间主要是电力牵引复线路基,横断面除应为高速行车需要而作出的规定外,还要为高速运行安全、线路检查维修提供方便,因此设计了较宽的路肩。在修筑路堤时,应特别注意路基基底的工程地质勘测工作。

客运专线路堤、路堑两侧路基面宽度均应不小于1.0m,高速铁路路基面宽度见表2-4:

表2-4 高速铁路支线地段路基面宽

单线		双线	
路堤(m)	路堑(m)	路堤(m)	路堑(m)
8.8	8.8	13.8	13.8

(二)桥隧建筑物

1.高速铁路桥梁的特点

高速铁路由于行车速度高、运营密度高、采用全封闭的行车模式等特点,导致桥梁的比例明显增大。同时,由于速度大幅度提高,高速列车对桥梁结构的振动力作用远大于普通桥梁。高速铁路桥梁的特点可以概括为以下几点:

(1)桥梁比例大、高架长桥多

桥梁在高速铁路中所占比例较大,主要是因为在平原、软土及人口和建筑稠密地区,通常采用高架桥通过。高速铁路桥梁技术标准要求高,投资也较高。我国京沪高速铁路的桥梁总延长占80%以上,合计超过1000km。尤以高架线路为主,最长的高架桥达20km。

(2)以中小跨度为主

由于高速铁路对线路、桥梁、隧道等土建工程的刚度要求严格,因此高速铁路桥梁的跨度不宜过大,应以中小跨度为主。我国京沪高速铁路上的桥梁也绝大多数为中小跨度,桥面宽度为12.8米,跨度有24m、32m、40m几种,并以32m居多。

(3)刚度大、整体性好

为保证列车高速、舒适、安全行驶,高速铁路桥梁必须具有足够大的竖向和横向刚度以及良好的整体性;同时,必须限制桥梁的预应力徐变上拱和不均匀温差引起的结构变形,以保证轨道的高平顺性。

(4)限制纵向力作用下结构产生的位移,避免桥上无缝线路钢轨的受力出现过大的附加应力

(5)重视改善结构耐久性,便于检查、维修

(6)强调结构与环境的协调

2. 高速铁路对桥梁的要求

(1)高速行车要求结构物有高度的抗挠和抗扭刚度。

(2)采用钢结构和框架结构,减少维修工作量,局部有损伤时不会影响整体。

3. 高速铁路隧道的特点

高速铁路隧道与普速铁路隧道最大的区别就是当列车以高速通过隧道时,会产生极强的空气动力学效应,即瞬间压力、洞口微气压和行车阻力,对行车安全性、旅客舒适度和洞孔环境等均产生不利影响。当列车以200km/h以上的速度通过铁路隧道时,这种不利影响就已经明显地起到控制作用。

4. 高速铁路对隧道的要求

高速铁路隧道结构设计,不仅要满足空气动力学特性的要求,还要从构造和防灾上满足高速铁路隧道建筑衔接和配置的各功能空间

的要求。

(1)净空有效面积

隧道的横断面由列车横断面面积和隧道横断面面积比值β(堵塞比)决定。β值越小,压力瞬变现象越为缓解。在确定了列车的类型与速度后,就可以根据列车的断面面积来确定隧道的断面面积。我国高速铁路隧道净空有效面积标准见表2-5。

表2-5 我国高速铁路隧道净空有效面积标准

序号	不同类别列车最高速度	隧道有效净空面积(m^3)	
		单线	双线
1	200km/h客运专线兼顾货物运输	52(63.6)	80(85)
2	250km/h高速铁路	58(60)	92
3	300~350km/h高速铁路	70	100

注:括号内的数值为客运专线兼顾双层集装箱运输条件下,考虑铁道接触网高度等因素的面积。

(2)安全空间

安全空间是为铁路工作人员和养护维修人员预留的空间,内设把手护栏等。我国规定隧道的安全空间在距线路中心线3.0m以外,单线隧道设在电缆槽一侧,多线隧道设在两侧,其高度不小于2.2米,宽度不小于0.8米,且地面不低于轨面规定高度,设有3‰的排水坡。

(3)救援通道

隧道内设置贯通的救援通道,用于自救或外部救援。救援通道应设在安全空间一侧,距线路中心线不应小于2.3m。救援通道走行面不低于轨面高度,宽度不应小于1.5m,在装设专业设施处,宽度可减少0.25m,净高度不应小于2.2m。

(4)工程技术作业空间

工程技术作业空间用来预留设备安装或加强衬砌以及安装降噪声护墙板。在安全空间和救援通道以外,其宽度应为0.3m。

(5)运营通风

在长度大于8km的电气化铁路隧道,应设置运营通风设备。该设备应考虑到防灾通风,有利于控制灾害范围和采取救援。

(6)照明设备

隧道内的照明设置应考虑维修养护、满足紧急情况下人员疏散及救援人员的通行要求,还要考虑列车进入隧道内的亮度和旅客舒适度的要求。

(7)防灾救援

隧道内列车发生的灾害,主要是脱轨翻车和隧道内列车火灾两大类。对于高速铁路隧道的防灾设施,主要设施是应设置救援通道、隧道照明、逃生路线标志牌、气流显示和风向测量装置,以及紧急呼救电话和人行道等。

三、高速铁路轨道结构

(一)高速铁路对轨道结构的要求

1. 具有可靠的稳定性和高平顺性

轨道结构铺设高精度是实现轨道初始高平顺性的保证。轨道结构铺设阶段产生的初始不平顺,是运营阶段不平顺产生、发展、恶化的根源,一旦出现这种起源于铺设精度的不平顺,就会对轨道结构和路基基础产生不良后果。我国高速铁路线路轨道铺设精度规定,见表2-6。

表2-6 我国高速铁路线路轨道铺设精度规定

项目		高低	轨向	水平	扭曲(6.25m)	轨距
有砟轨道	幅值(mm)	2	2	2	2	+2
无砟轨道	幅值(mm)	2	2	1		±1
道岔	幅值(mm)	2	2	2		±1

2. 应具有沿纵向轨道均匀分布的合理弹性

轨道必须有合理的弹性，以满足吸收震动与噪声和减少冲击作用的需要，并保持钢轨轨底应力在允许范围之内。此外，保持沿线总线轨道弹性均匀分布，是无砟轨道耐久性的重要保证。

3. 质量良好的养护和维修

高速铁路对舒适性标准和安全性标准要求更高，可维修性是轨道结构的重要特点，也是设计和运营阶段需要考虑的重要方面。

因此，高速铁路轨道结构的特点是：铺设超长轨条无缝线路，重型轨道结构、强韧性与弹性的轨道部件、有足够弹性的道床、采用可动心轨或可动翼轨结构的道岔等。

（二）高速铁路轨道结构类型

高速铁路轨道结构和普通轨道结构一样，是由钢轨、轨枕、扣件、道床、道岔等部件组成的。目前应用在高速铁路上的轨道结构可分为有砟轨道（道砟轨道）和无砟轨道（板式轨道）两种类型。

有砟轨道即所谓的常规轨道，是铁路的一种传统轨道类型，无砟轨道结构是用耐久性好、塑性变形小的材料代替道砟材料的一种新型轨道结构。由于取消了随时道砟道床，轨道保持几何形态的能力提高，轨道稳定性相应增强，维修工作减少，成为目前高速铁路轨道结构的主要发展方向。在时速 300km 及以上的高速铁路采用无砟轨道结构更具优越性。我国在客运专线和高速铁路上积极采用无砟轨道。

（三）高速铁路轨道结构组成

1. 钢轨

钢轨是轨道结构的主要部件之一。钢轨支承并引导机车车辆的车轮，直接承受来自车轮和其他方面的力并传递给轨枕，同时为车轮的滚动提供阻力最小的表面，如图 2－57 所示。

高速铁路钢轨在技术上要能保证足够的刚硬性、韧性、耐磨性、稳定性和平顺性，在经济上要能保证合理的大修周期，减少养护维修工

图 2－57 钢轨实物图

作量。刚硬性是为了承受车轮的强大压力，同时防止过快地磨耗；柔韧性是为了减轻车轮对钢轨的冲击作用。因此钢轨中除含铁以外，还含有碳、锰、硅等元素。

为使钢轨具有足够的刚度，可适当增加钢轨高度，以保证钢轨具有较大的水平惯性矩。同时为使钢轨具足够的稳定性，在设计轨底宽度时应尽可能选择宽一些。为使刚度与稳定性匹配性最佳，高速铁路通常将钢轨断面轨高与底宽之比控制在 1.14～1.20（UIC60 为 1.14，日本 JIS60 为 1.2，中国 CHN60 为 1.17）。

目前，高速铁路使用的钢轨除日本采用 JIS60 外，法国、西班牙、意大利以及韩国等都采用 UIC60 钢轨。我国采用 CHN60 的钢轨，如图 2－58 所示，尺寸与钢轨 UIC60 没有实质性的差别，主要是考虑到与我国既有线的兼容以及在钢轨生产、管理、维修使用方面的方便。

对高速铁路钢轨的质量要求主要表现在外形尺寸的精度和内部质量的纯净度。外部尺寸精度包括允许尺寸偏差和平直度要求。钢轨尺寸的精确和外形的平直是轨道平顺的基本保证之一。

2. 扣件

钢轨与轨枕之间用联结扣件联结。联结扣件应具有足够的强度、

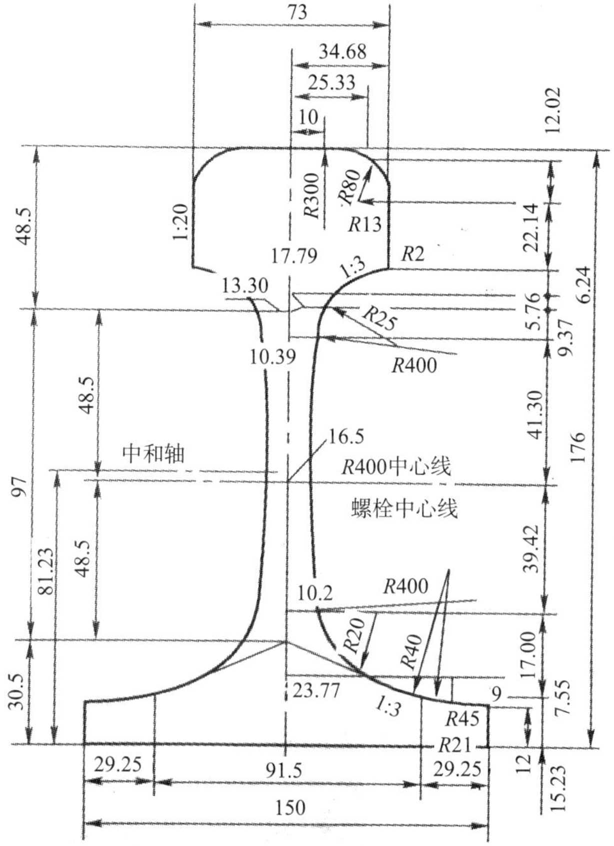

图 2－58 CHN60 钢轨断面(单位:mm)

耐久性及一定的弹性。高速铁路上对扣件的要求是:

(1)可在各类运营条件下固定钢轨,保持轨距能力强;

(2)具有足够的防爬能力,适用于较大的运营温度范围和较大的轴重范围,维持轨道稳定性;

(3)具有较高弹性和良好的减振性能。

(4)零部件精度高,可靠性好;

(5)较大的调高能力和调距能力;

(6)结构简单,少维修,长寿命;

(7)良好的电绝缘性能和适应气候的性能。

目前用于高速铁路上轨道的扣件类型主要有日本的直结8K型，德国Krupp ECF型，英国Pandrol Fast型等。

3. 轨枕

目前，世界高速铁路有砟轨道广泛采用钢筋混凝土轨枕。其主要优点是：

(1)由于纵向横阻力大，能够提供足够的稳定性，满足高速铁路稳定性的要求；

(2)混凝土轨枕材源较多，能够保证尺寸一致，使轨道的弹性均匀，可以满足高速度、大运量的要求；

(3)混凝土轨枕不受气候、腐蚀、虫蛀及火灾的影响；

(4)坚固耐用，使用寿命长；

(5)可提高无缝线路的横向稳定性和轨道强度。

其缺点是重量大，弹性较差，在同样的荷载作用下，轨枕受到的力要比木枕大25%左右，冲击作用也比较大，所以要求道床质量高，铺设厚度大，并在钢轨底部要增设缓冲垫层。

在高速铁路上，为保持轨道的良好几何状态，确保旅客的舒适度和减少那些只能在夜间进行的维修工作，应该采用较重型的轨道设备，因此，各国大都采用预应力混凝土轨枕。

四、高速铁路道岔

道岔是机车车辆从一股道进入另一股道时必不可少的线路设备，是铁路轨道的重要组成部分。道岔是线路影响列车运行速度和安全的关键之一。因此，对高速铁路而言，道岔占有十分重要的特殊地位。高速铁路道岔在功能和构造上，与普通铁路道岔没有很大区别，只是对安全性和舒适性提出了较高的要求。

1. 高速铁路道岔的分类

在高速铁路上使用的道岔仍以单开道岔为主。高速道岔按高速通过道岔的股道方向还可以分为直向高速道岔、直向和侧向均可高速通过的高速道岔两类。

（1）直向高速道岔

直向高速道岔与普通单开道岔在道岔的长度及辙叉角部分没有较大的改动。为保证列车直向通过道岔的速度与区间线路一致，只是从局部改善道岔的几何形状，强化结构的强度、增强稳定性，并可延长使用寿命。

直向高速道岔是用于直向高速行车的道岔，即进站道岔对侧向速度不高、对正线通过时却要求满足高速行车要求的铁路上。一般是直向过岔速度为250km/h、侧向过岔速度为80km/h的18号道岔，如图2－59所示。

图2－59　时速250km/h的18号道岔

（2）直向和侧向均可高速通过的高速道岔

此类道岔应用于新建高速铁路上，可满足高速列车侧向通过时对运行的安全性和舒适性的要求，一般在区间的单渡线和高速联络线上使用。例如，德国的UIC60轨1∶26.5单开道岔，直向允许通过速度为250km/h，侧向允许通过速度为130km/h。我国的高速道岔为42号和62号道岔等。

2. 高速铁路道岔的特点

高速道岔转辙器部分的尖轨一般较长，为保证尖轨转换安全、可靠及转辙器部分技术状态良好，必须安装有足够功率的转辙机。同时，在扳动道岔后，除转辙机本身应当锁闭外，还通过密贴监督装置控制开通进路，以保证尖轨转换后正常密贴。高速道岔的平面结构有以下特征。

(1) 转辙器部分

高速道岔的基本轨的材质及断面形状与区间线路是一致的。为获得较好的侧向运行平顺性和较高的过岔速度，道岔尖轨的平面形式多采用曲线形尖轨，其断面采用特种断面钢轨制造，无须刨切基本轨轨底或抬高尖轨轨面标高，既不削弱基本轨，又可消除水平不平顺。同时，还为尖轨跟端实现弹性可弯提供了强度保证。尖轨跟端采用弹性可弯式结构，具有构造简单、坚固可靠、稳定性好及使用方便等优点。因此，得到了广泛的应用。

(2) 辙叉及护轨

高速道岔的辙叉，按其平面形式分为直线型和曲线型两种。世界多数国家铁路都采用直线型辙叉，只有德国、奥地利等少数国家铁路用曲线型。

辙叉按结构形式分为固定型辙叉和可动型辙叉两种，如图 2－60 和图 2－61 所示。

图 2－60　固定辙叉图

图 2－61　可动心轨辙叉

固定型辙叉结构作为整体铸件，设计、制造及运营较为简单。它制造成本低廉，安全可靠，稳定性高。因此，作为常速道岔的主要结构形式，早为世界各国铁路普遍使用。早期的高速道岔，几乎无例外地采用固定式辙叉，如法国的33号、46号道岔，日本的16号、18号道岔，俄罗斯的18号、22号道岔等。

然而，固定式辙叉的车轮滚动轨面线及轨距线不连接，存在有害空间，限制了过岔速度，车轮通过时产生巨大的冲击荷载，增大了横向压力。由此产生的水平力不仅可能引起轨道变形，导致轨道和机车车辆损坏，恶化乘坐舒适性，给行车安全和平顺性造成很大的不利影响，而且还会使辙叉的使用寿命降低。

可动式辙叉与固定式辙叉相比，最大的特点是能为过岔轮对提供连续不间断的轨面和轨距线，取消了直向股道的护轨。采用可动心轨辙叉道岔，不仅可以减少道岔与机车车辆相互作用的附加惯性力及垂直、横向振动加速度，还能改善乘坐的舒适度及延长辙叉使用寿命等，可动式辙叉具有固定式辙叉无可比拟的优越性。

我国铁路有砟轨道采用的38号道岔，如图2－62所示；无砟轨道道岔如图2－63所示。

图2－62　我国38号道岔

图2－63　我国无砟轨道道岔

五、高速铁路限界

1. 机车车辆限界

我国高速铁路机车车辆限界，与现行机车车辆限界的基本尺寸大致相同。其高度仍为4800mm，主要考虑适应研制高速双层客车的高度要求，宽度仍为3400mm，如图2－64所示。

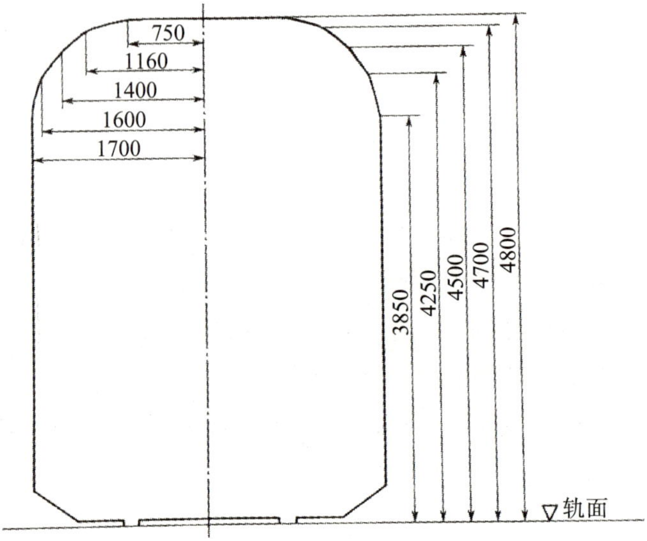

图2－64　客运专线铁路机车车辆限界

2. 建筑接近限界

建筑限界是高速铁路的基本技术标准之一，世界各国的高速铁路建筑限界，由于所采用的机车车辆性能、结构尺寸、最高速度以及运营模式的不同，基本尺寸有所不同。我国铁路现行建筑限界适用于速度为160km/h以下的客货混用铁路，其最大宽度为4880mm，主要受超限货物列车的限制（装载限界为4450mm）；最大高度，在电气化铁路线路为6550mm，主要受我国单线隧道的净空高度（6550～6750mm）的限制。我国高速铁路为客运专线，没有超限货物列车运行，因而建筑限界的宽度可适当减小。此外，由于列车速度大幅度提高，列车运行的气动作用大大增强。因此，无论是单线隧道还是双线隧道，其断面都会增加，隧道的净空高度将有所变化，其高度将大于建筑限界的高度，因此，隧道净空不会成为限制因素。

根据运输组织模式，高速铁路除共线运行350km/h与250km/h动车组，还共线运行200km/h动车组。因此，其建筑限界必须同时满足 200～350km/h 旅客列车运行安全。根据列车运行情况，我国高速铁路建筑限界的基本尺寸取最大宽度 4.6 米即可满足高速行车安全要求。但是考虑到与既有铁路建筑限界最大宽度 4.88 米的一致性，最后确定基本尺寸，如图 2－65 所示。

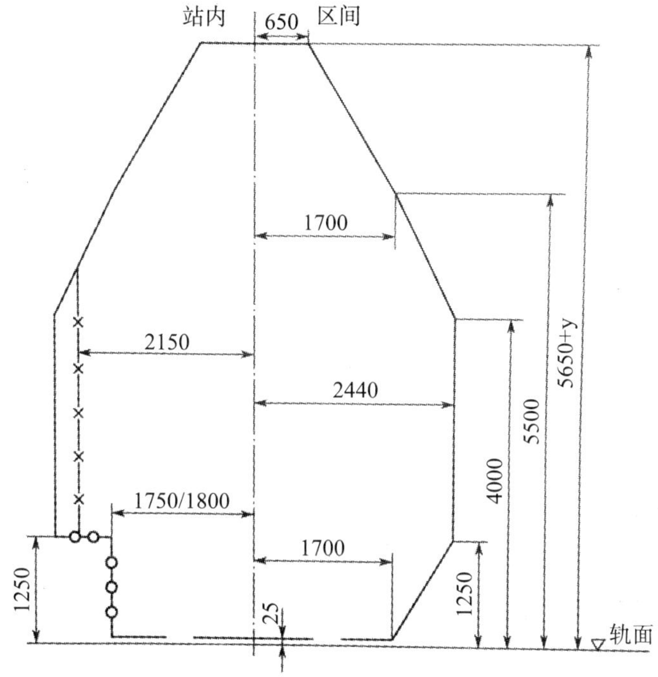

注：y 为接触网结构

图 2－65　客运专线铁路建筑限界

我国现行的普速电气化铁路建筑接近限界、电气化隧道建筑接近限界和桥梁建筑限界三者略有不同。高速铁路线路建筑限界轮廓不再受桥梁结构形状的限制，因而高速铁路线路建筑限界同样适用于隧道和桥梁，即三种限界合一。

3. 线间距

高速铁路直线部分区间及站内两相邻线路中心线间的最小距离规定见表 2－7：

表 2－7　铁路直线部分线间距

序号	名称		线间最小距离(mm)
1	区间双线	$V = 160$km/h	4200
		160km/h < v≤200km/h	4400
		200km/h < v≤250km/h	4600
		250km/h < v≤300km/h	4800
		300km/h < v≤350km/h	5000
2	三线及四线区间的第二线与第三线		5300
3	站内正线	v≤250km/h	4600
		250km/h < v≤300km/h	4800
		300km/h < v≤350km/h	5000
4	站内正线与相邻到发线		5000
5	到发线与相邻到发线		5000
6	安全线与其他线路货物列车		5000

【本章小结】

铁路线路是为了铁路客货运输而修建的固定路线，也是列车运行的基础。它承受着由机车车辆轮对传来的巨大压力，并引导机车车辆轮对运行。本章主要介绍铁路线路基本构成及等级、主要技术标准及分类、线路标志、限界、道岔安全、线路走行基本安全要求、桥隧建筑物分类等内容，并对高速铁路相关设备进行简要介绍。

【思考题】

1. 铁路线路由哪几个基本部分组成？按等级分为哪几个等级？

2. 铁路线路按用途主要分为哪几类？

3. 在铁路曲线中 ZH、HY、QZ、YH、HZ、T、L、R、l_0、α 各表示什么意思？

4. 路基的断面形式主要有哪几种？请画出路堤横断面构造示意

图，并注明各部位名称。

5. 轨道主要由哪几部分组成？请画出普通单开右开式道岔的构成示意图，并注明各部位名称。

6. 铁路限界主要包括哪几种？简述其基本概念。

7. 什么叫铁路线路的计划维修？其基本作业包括哪几项内容？什么叫胀轨跑道？

【推荐参考书目】

1. 佟立本主编：《铁道概论》，中国铁道出版社 2014 年版。

2. 佟立本主编：《交通运输设备》，中国铁道出版社 2006 年版。

3. 肖容主编：《铁道概论》，人民交通出版社 2013 年版。

4. 刘广武主编：《铁道概论》，西南交通大学出版社 2014 年版。

5. 佟立本主编：《高速铁路概论》，中国铁道出版社 2014 年版。

第三章　铁路车站

【教学重点与难点】

1. 车站的基本概念及其车站线路分类、作用；
2. 中间站作业及其设备；
3. 区段站作业及其设备；
4. 编组站作业及其设备；
5. 高速铁路车站分类及其作用。

车站既是铁路运输生产的基地，又是对外服务的窗口，还是铁路系统的一个基层生产单位，更是铁路运输活动中不可缺少的综合性设备。做好车站工作，对于贯彻党的方针政策，执行铁路规章制度，充分利用设备能力，提高运输效率，降低运输成本，保证列车安全、正点等，具有十分重要的作用。

第一节　概　述

一、车站的作用

(一)对外作用

对外车站既是铁路运输业的窗口，又是铁路联系旅客、货主的纽带,还是办理旅客运输与货物运输的基地。旅客的上下车、货物的装卸车都是在车站进行的。车站通过办理旅客运输业务与货物运输业务,使铁路运输与工农业生产、与城乡人民生活紧紧地联系起来,起着促进国民经济发展,方便人民群众生活的重要作用。

(二)对内作用

对内车站还是铁路运输生产的基地和基层生产单位。在车站上,除了办理旅客与货物运输的各项作业外,还要办理与列车运行有关的各项作业,如列车的接发、会让与越行、车列的解体与编组、机车的换挂与车辆的检修等。为了完成上述作业,车站上设有客、货运输设备,与列车运行有关的各项技术设备,并配备了客运、货运、行车、装卸等方面的工作人员。车站在提高铁路运输效率和运输能力、保证运输安全方面也发挥着重要作用。

(三)技术作用

铁路在一昼夜内所能通过的列车对数,称为铁路通过能力。设置车站在技术上是提高铁路运输通过能力的一项重要措施。

为了保证列车安全,铁路规定一个区间在同一时间内只准一列列车运行。如果区间距离过长,则每一昼夜在区间通过的列车必然就少,铁路的通过能力就低。在铁路线上设置车站、线路所、自动闭塞通过色灯信号机等分界点的重要目的之一,就是提高铁路通过能力。

由于除车站之外,其他的分界点均不能办理列车的越行与会让,因此即使在没有客、货运输业务的地方,技术上有时也有必要设置专门办理越行、会让的车站,即越行会让站,以增加同一时刻在这条铁路线上的列车对数。

越行会让站是会让、越行站的总称。先到的列车在本站停车,等待反方向的列车通过本站,或到达本站停车后先开,或等待反方向列车到站停车后,先到列车先开出本站,从而实现两个不同方向列车的互相会合让行的过程,叫会让。先到的列车在本站停车,等待后一个同方向的列车通过本站,或到达本站停车后先开的过程,叫越行。

会让站设在单线铁路上,主要办理列车的到发和会让,也办理少量的客运业务。会让站设有到发线、旅客乘降设备、信号与通信设备、技术办公用房等,但不设专门的货运设备。在会让站上,既可以实现会车,也可以实现越行。

越行站设在双线铁路上,主要办理同方向列车的越行业务。越行站主要设有到发线、旅客乘降设备、信号与通信设备、技术办公房屋等。

例如我国新菏铁路在跨越黄河时,由于在黄河东、西两端的两个中间站距离太长,就不得不在长东黄河大桥的中间,设置了一个桥上越行会让站。

根据城镇、厂矿等经济据点的自然分布情况,结合现行铁路列车运行速度等综合因素,我国铁路在 1997 年提速前,每隔 10km 左右设置一个车站;经过 6 次大提速后,现行铁路大约每隔 15km 左右设置一个车站。

二、区间、分界点、区段及站界

铁路正线是指连接车站并贯穿或直股伸入车站的线路。车站、线路所、自动闭塞区段的通过色灯信号机把铁路正线分隔成为一个一个的段落,这些段落就叫区间。车站与车站之间的段落叫站间区间;车站与线路所、线路所与线路所之间叫所间区间;通过色灯信号机之间的段落另有一个专门术语,叫自动闭塞分区。而车站、线路所、通过色灯信号机就成为铁路线路上的分界点。

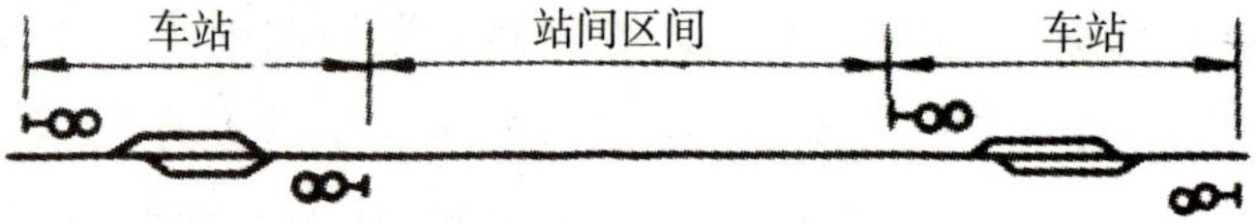

图 3-1 单线铁路站间区间示意

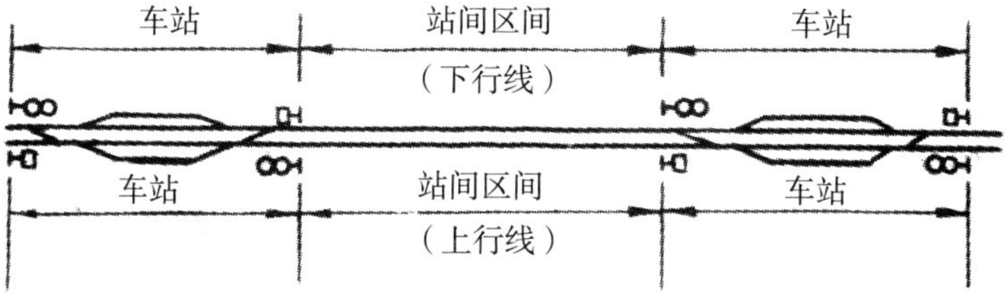

图3－2　双线铁路站间区间示意

由于车站上除了正线以外,还有其他线路,所以又把车站称为有配线的分界点。线路所和通过色灯信号机因没有配线而被称为无配线的分界点。

铁路技术站还把铁路线分成更大的段落,也有一个专门术语,叫区段。区段一般是指两相临技术站间的铁路线路,它包含若干个区间和车站,区段长度一般取决于牵引动力的种类或路网状况。

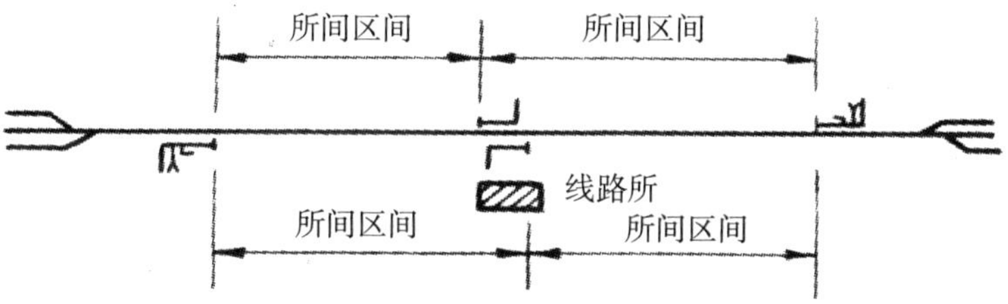

图3－3　单线铁路所间区间示意

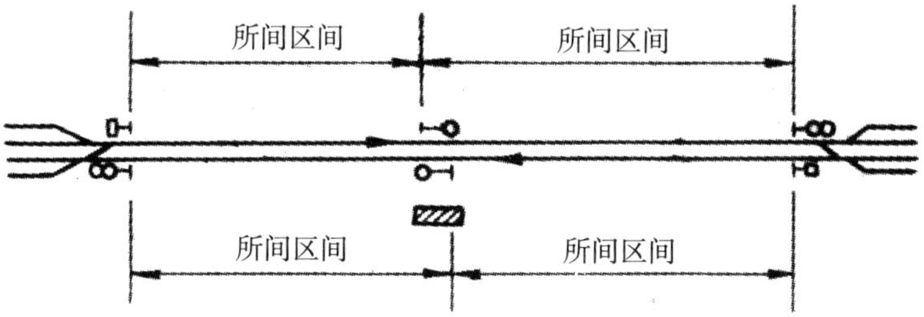

图3－4　双线铁路所间区间示意

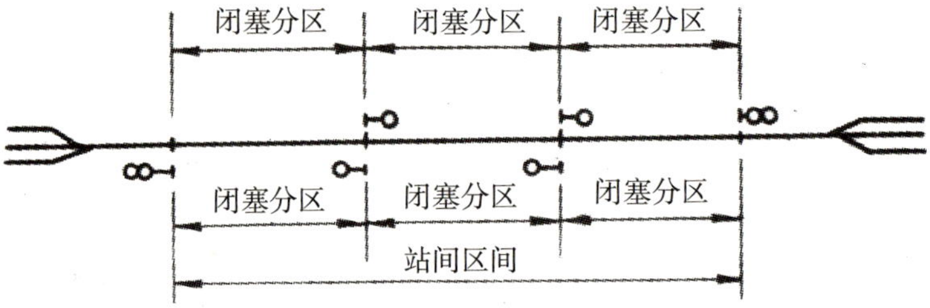

图 3－5　单线铁路闭塞分区示意

另外还有一个用于区间和车站分界的一个专门术语，就是站界。站界是为了保证行车安全和分清职责，在车站和它两端所衔接的区间之间应明确的界限。

在单线铁路上，车站的范围是以两端进站信号机机柱中心线为界，外方是区间，内方属于车站。

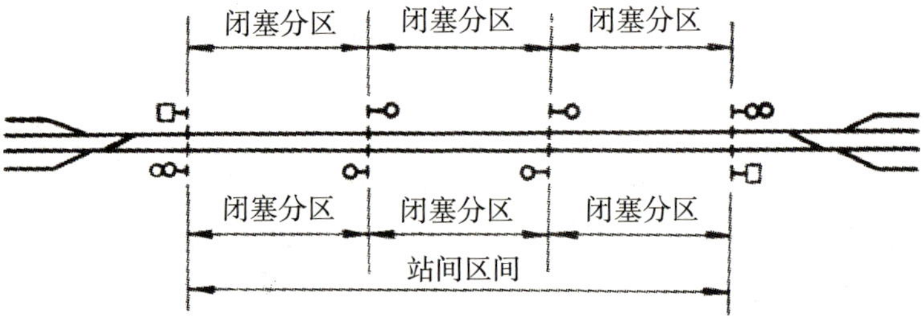

图 3－6　双线铁路闭塞分区示意

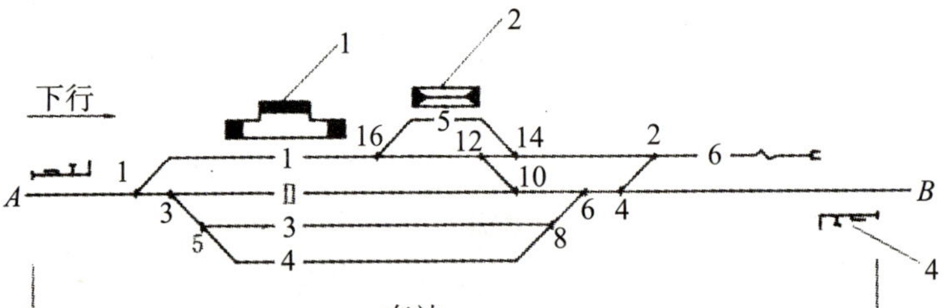

图 3－7　单线铁路站界划分及中间站布置示意

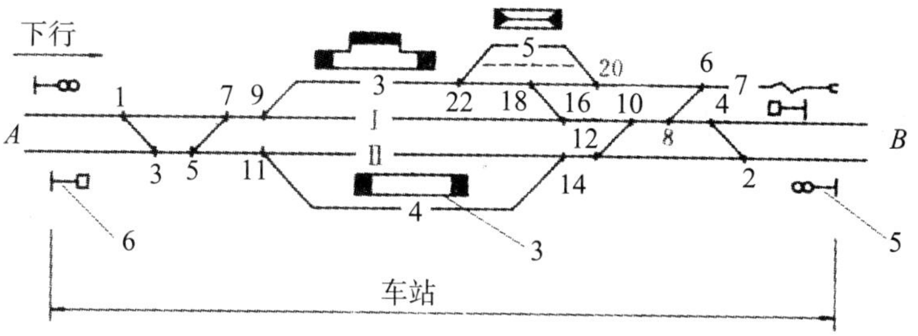

1. 站舍;2. 货物仓库;3. 中间站台;4. 臂板进站信号机;
5. 色灯进站信号机;6. 站界标

图 3－8　双线铁路站界划分及中间站布置示意

在双线铁路上,站界是按上下行正线分别确定的。无论是上行正线还是下行正线,进站一端都以进站信号机机柱中心线为界,出站一端则都以站界标中心线为界,外方是区间,内方属于车站。

站界除在铁路运输生产和保证行车安全方面,作为车站和它两端所衔接的区间之间应明确的界限外,也是铁路公安工作划分责任辖区的分界线。例如一般情况下,车站内和列车上的治安、刑事等公安工作的管辖权属于铁路公安机关;区间上与铁路运输安全和铁路生产安全有关的治安、刑事等公安工作由铁路公安机关管辖;区间上与铁路运输安全和铁路生产安全无关的治安、刑事等公安工作由地方公安机关管辖。

站界标本身是一种在一固定立柱上,安装设置并写有"站界"二字的方形标志牌。

三、车站线路

(一)车站线路种类

车站除设有正线外,还应根据车站作业的需要配置各种站线。站线主要包括到发线、牵出线、调车线、货物线及站内指定用途的其他线,有的车站还需要设置安全线或避难线。

1. 到发线:是指用于接发旅客列车和货物列车的线路。专门用于接入到达列车的线路叫到达线；由若干到达线组成，专门用于接入到达列车的车场叫到达场；专门用于进行列车出发前的技术作业，并在技术作业后向站外区间发车的线路叫出发线；由若干出发线组成，专门用于进行列车出发前的技术作业，并在技术作业后向站外区间发车的车场叫出发场；既要接车又要向站外区间发车的线路叫到发线；由若干到发线组成，既要接车又要向站外区间发车的车场叫到发场。

2. 牵出线：是指设在调车场的一端，并与到发线相连接，用于在车列解体、编组及转线等调车作业中将车列牵入牵出的专门线路。专供牵出车列的线路叫牵出线；专供牵入车列的线路叫牵入线。在调车作业中既要牵入车列又要牵出车列的线路叫牵入牵出线。

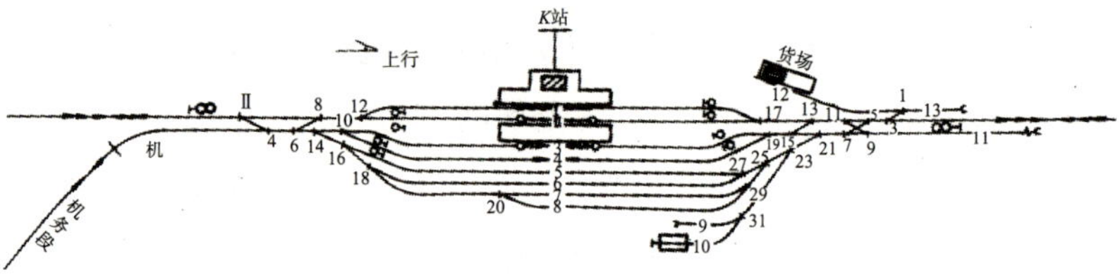

Ⅱ：正线；1，3，4：到发线；5，6，7，8：调车线；

9，10：站修线；11，13：牵出线；12：货物线；机$_1$：机车走行线

图3－9　车站站线布置示意

3. 调车线：是指专供解体和编组车列，并用于车列在解体和编组过程中存放车辆的线路，又称编组线。由若干调车线组成，专供解体和编组车列，并用于车列在解体和编组过程中存放车辆的车场叫调车场，又称编组场。

4. 站内指定用途的其他线路：主要有机车走行线、机待线、加冰线、车辆洗刷线、车辆站修线、驼峰迂回线及驼峰禁溜线等。

5. 特殊用途线路：主要包括为保证行车安全而专门设置的安全线和避难线两种。

(1)安全线：为了防止列车或机车车辆从一条线路进入另一条已有列车或机车车辆占用的线路，而采取的一种安全设施。设置安

全线后,起到了将这两条线隔开的作用。通常在车站上为了防止站线上或站外岔线上的机车车辆任意进入正线、到发线后发生冲突,而设置安全线。有时为了使车站能够从两个方向接入列车,也设置安全线。(具体见图 3－10)

(2)避难线:为防止在又陡又长的坡道上列车失去控制,发生冲突或颠覆事故而设置的铁路线路。车站进站方向的线路若为陡长下坡道时,则在进站线路上要设置避难线,以防止或减轻事故的损失。(具体见图 3－11)

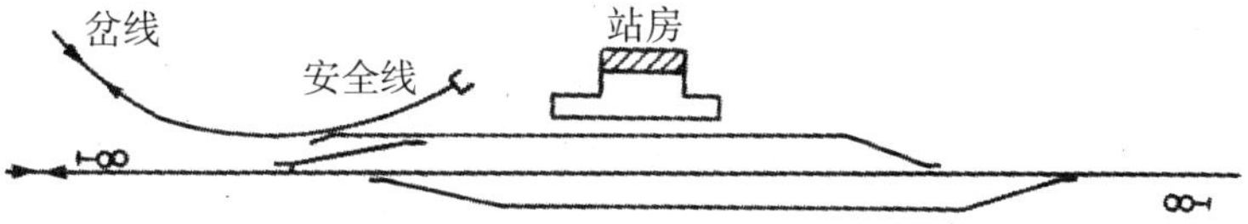

图 3－10　安全线设置示意

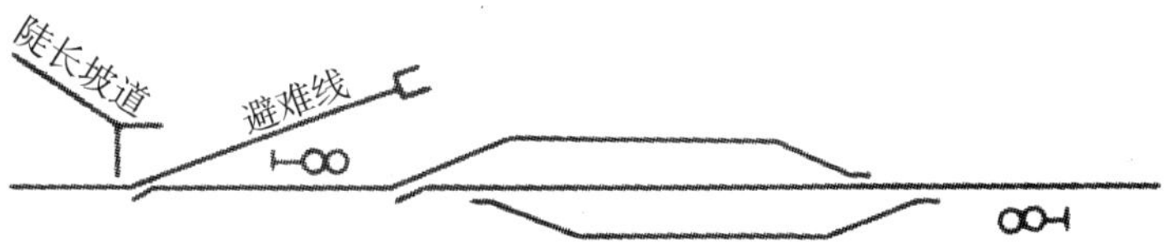

图 3－11　避难线设置示意

6. 段管线及专用线:在车站范围内,除由车站管辖线路以外,还有一些与车站连接,但不属于车站管辖的线路,如通过厂矿企业的专用线,以及机务段、车辆段、工务段等管辖使用的段管线等。

(二)股道编号

车站内的线路又称股道,用道岔联接在一起,形成整体。为便于使用、维修和管理,站内股道及道岔都应由工务部门会同电务部门和车站,共同统一顺序编号。为保证接、发、停靠列车和车列的安全,股道应还保证足够的有效长度。

我国铁路采用左侧行车,并且原则上规定以开往北京的方向为上行方向,背离北京的方向为下行方向,站内与区间直通的股道称为正线,其余为站线。站内正线规定用罗马数字Ⅰ、Ⅱ、Ⅲ……编号;站线用阿拉伯数字1、2、3……编号。

按照单、双线铁路车站布置形式的不同,股道编号方法也有不同。

(1)单线铁路车站:从靠近站舍的线路起,向远离站舍方向顺序编号。一般先编正线和到发线,而后再按顺序编其他站线。(具体见图3-12)

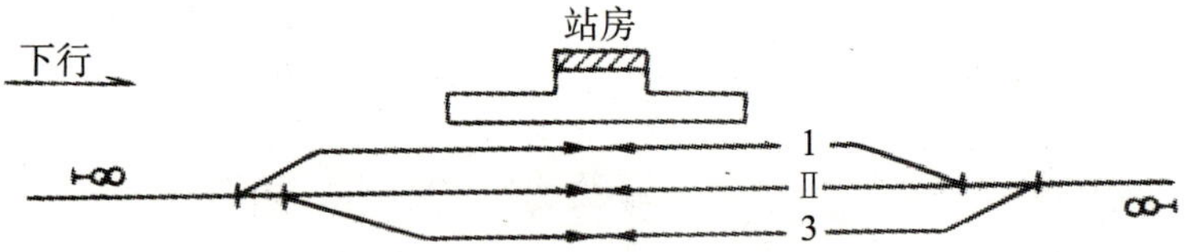

图3-12 单线车站股道编号示意

(2)双线铁路车站:从两正线开始顺序编号,上行一侧编为双数,下行一侧编为单数。(具体见图3-13)

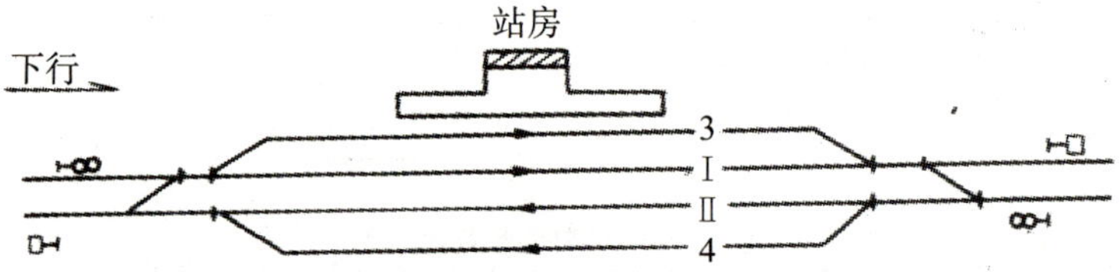

图3-13 双线车站股道编号示意

(3)尽头式车站:站舍若为站端式时,面向终点方向由左侧起始向右顺序编号;如站舍位于站线一侧时,从靠近站舍的线路起,向远离站舍方向顺序编号。中间站一般没有尽头式车站。

(三)道岔编号

道岔编号一般遵循以下原则:

1.用阿拉伯数字从车站两端由外向内、由主要线路向次要线路依次编号,下行到达一端均用单数依次编号,上行一端均用双数依次编号。

2. 每一道岔均应单独编号。对于渡线道岔、交分道岔以及每一道岔连接线(又称梯线)的道岔,应编以连续的单数或双数。(具体见图3－14)

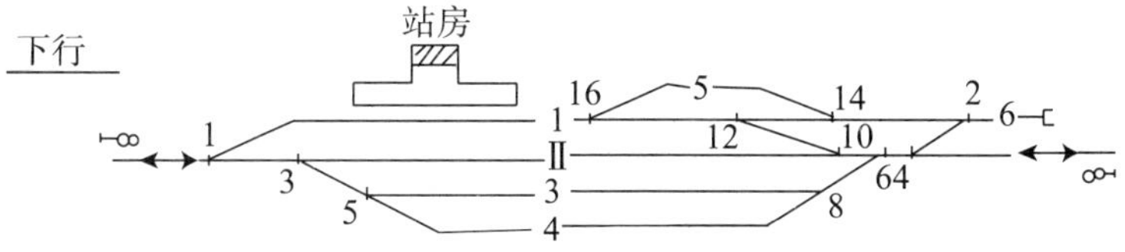

图3－14　道岔编号示意

3. 站内道岔,一般以车站站舍中心线作为划分单数与双数的分界线。

4. 当车站有数个车场时,道岔编号应使用三位数字表示,其中百位数字表示车场号,个位和十位数字则表示道岔号。每一车场内的道岔按照上行端用单数号码、下行端用双数号码单独依次编号,并且遵循上述三项一般编号原则。

(四)股道有效长度

股道有效长度是指在该线路上可以停留机车车辆而不妨碍邻线行车的长度。它的起止长度是由警冲标、道岔构成中的相关位置、出站信号机及车档的位置、股道的用途和连接形式等分别确定的。

1. 警冲标:它是一种用来指示机车车辆停留位置,防止机车车辆侧面冲突的信号标志,设于两会合线路线间距为4m处的中间处。(具体见图3－15)

2014版《铁路技术管理规程》(普速铁路部分)第305条规定:列车及机车车辆必须停在警冲标内方。

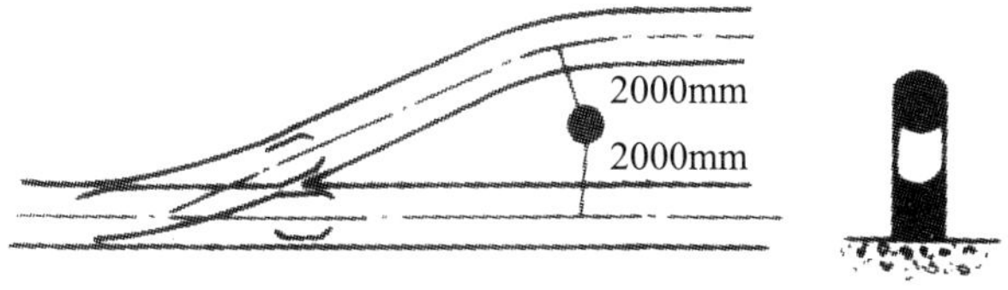

图3－15　警冲标示意

2. 道岔尖轨尖端:无轨道电路的道岔以尖轨尖端为准;有轨道电路的道岔则以道岔基本轨接头处的钢轨绝缘为准;对于逆向道岔来说,要保证机车车辆在道岔前的停留位置不影响道岔的自由转换。

3. 出站信号机:是指专门用来指示列车出站的信号装置。牵引列车的机车应停于出站信号机的内方,以便司机瞭望信号。对于顺向道岔来说,出站信号机应设于警冲标后适当的位置;对于逆向道岔来说,出站信号机可设在道岔尖轨尖端,或道岔基本轨接头的钢轨绝缘处,或其稍后一些的地方。

4. 车挡:为尽头式线路的尽头设施。车挡的位置表明其为线路的尽头。

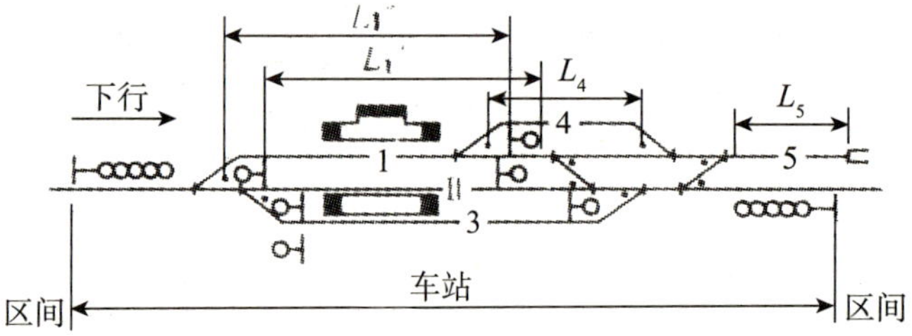

图 3 – 16　股道有效长示意

如图 3 – 16 所示:1 道下行有效长度为下行出站信号机至另一端的警冲标;1 道上行有效长度为上行出站信号机至另一端渡线道岔的尖轨尖端;4 道的有效长度按两端警冲标确定;5 道的有效长度则按车挡至另一端道岔尖轨尖端确定。

我国铁路目前采用的货物列车到发线有效长度,在Ⅰ、Ⅱ级铁路上为 1050m,850m,750m,650m,在Ⅲ级铁路上为 850m、750m、650m、550m,开行重载列车为主的铁路,可采用大于 1050m 的列车道发线有效长度。在运用中,股道有效长度与能够停放的最大列车实际长度并不能相等,其中还要考虑列车运行停车需要的附加距离。例如货物列车进入到发线的运行停车附加距离,就规定为 30m。

四、车站分类

在铁路线上有大大小小、各式各样的铁路车站。这些车站因所担负的任务量、业务性质和技术作业的类型不同，而有不同的分类。我国铁路车站的分类主要有以下几个方面。

（一）按车站所担负的任务量分类

根据车站在国家政治、经济中的地位和所担负任务量的不同，铁路车站共分为六个等级，即特等站、Ⅰ等站、Ⅱ等站、Ⅲ等站、Ⅳ等站和Ⅴ等站。具体的划分，主要是按车站所担负的客运量、货运量和行车工作量所折合的分数汇总量，并考虑车站在政治、经济和地理位置上的条件等来综合确定的。一般来说，车站的规模、定员人数、员工职名以及工资额等，也都是参照车站的等级来确定的。

据统计至 2012 年年底，我国国家铁路共有车站 5216 个。其中，特等站 54 个、一等站 237 个、二等站 409 个、三等站 917 个。车站中，办理客运业务的有 1566 个，办理货运业务的有 2790 个。

（二）按车站的业务性质分类

按车站所办理业务性质的不同，铁路车站又分为客运站、货运站和客货运站。

1. 客运站：专门办理旅客运输业务的车站称为客运站。它的主要任务就是保证安全、正点地接发旅客列车；迅速、有序地组织旅客上下车及行包邮件的装卸与搬运；便利旅客办理一切旅行手续和候车；保证铁路与城市交通有良好的衔接，使旅客能够迅速集散等。

（1）客运设备：为了确保客运站各项任务的顺利完成，车站上设有相应的客运设备，主要包括：

①旅客站房：客运站的主体，是广大旅客活动最集中的场所。它包括：为旅客服务的各种房舍（如入口厅、问讯处、候车室、售票房、贵宾室、检票口、文娱室、餐厅等），各种技术办公用房，行包邮件房等。

②铁路站场：客运站用来办理客运技术作业的场所。它包括正

线、站线、站台、雨棚、跨线设备(平过道、天桥、地道)等。在始发和终到旅客列车较多的车站上,一般还应设有客车整备场所、客运机务段等。

③站前广场:它是铁路与城市联系的纽带,是客流、城市交通和行包集散的地点,也是旅客活动和休息的场所。站前广场一般应设有交通绿化带、停车场、商业服务设施等。

(2)客运站按照平面布置形式的不同,又可划分为通过式客运站、尽头式客运站和混合式客运站。

①通过式客运站:正线、到发线是通过式,站房位于到发线一侧。(具体见图3-17)

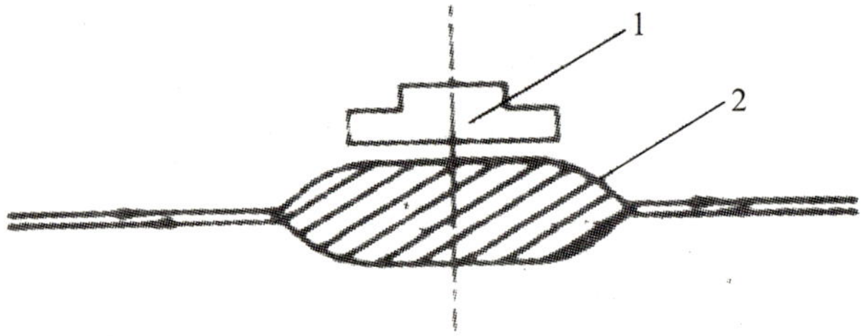

1.站房;2.到发场

图3-17 通过式客运站平面布置示意

②尽头式车站:正线、到发线是尽头式,站房在到发线一侧,或站房在到发线一端。(具体见图3-18、图3-19)

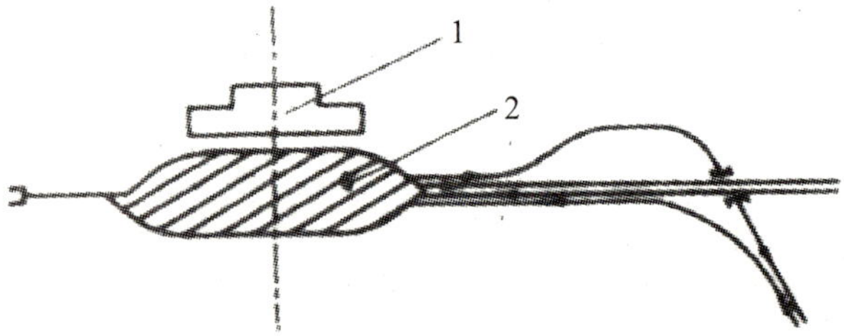

1.站房;2.到发场

图3-18 尽头式客运站平面布置示意a

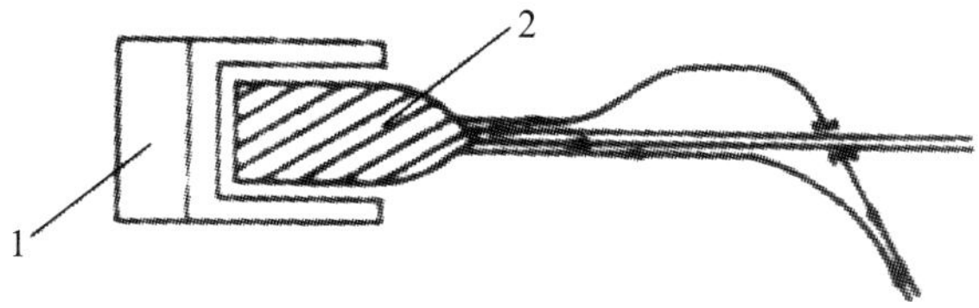

1. 站房;2. 到发场

图 3 – 19 尽头式客运站平面布置示意 b

③混合式客运站:到发线一部分为通过式,另一部分为尽头式。

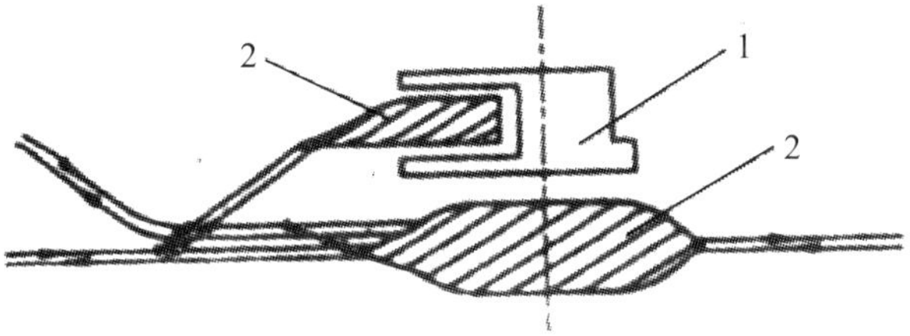

1. 站房;2. 到发场

图 3 – 20 混合式客运站平面布置示意

客运站主要位于大中城市等人口较密集的地区,以及客流较集中的旅游地。

2. 货运站:凡专门办理货物装卸作业的车站,以及专门办理货物联运或换装的车站都叫货运站。

(1)货运站按其工作性质分为装车站、卸车站和装卸车站。

①装车站:以办理货物的装车为主,可接入大量空车并发出大量重车。

②卸车站:以办理货物的卸车为主,可接入大量重车并排出大量空车。

③装卸站:装车与卸车工作量大致平衡,可大量组织车辆的双重作业。

(2)货运站按其办理的货物种类,又可分为综合性货运站和专业性货运站。

①综合性货运站：办理多种不同品类货物作业的车站。当枢纽内只有一个货运站时，应设计为综合性货运站。

②专业性货运站：办理单一品类（粮食、木材、煤、矿建材料、石油及其制品等）大宗货物作业的车站。只有当大城市铁路枢纽内有几个货运站时，方可根据货物品类设置专业性货运站。

（3）货运站按其服务对象不同，可以分为公用货运站、换装站、工业站和港湾站。

①公用货运站：指为城市企业、居民和仓库区服务的车站。

②换装站：指为不同铁路轨距之间货物换装服务的车站。

③工业站：指为工矿企业、工业区生产服务的车站。

④港湾站：指为江海港口服务的车站。

（4）货运设备：货运站一般应具备下列主要设备：

①运转设备：主要包括各种用途的股道，如到发线、调车线、牵出线、货物线、走行线及存车线等。

②场库设备：主要包括仓库、雨棚、站台及堆放场等。

③装卸设备：主要包括各种装卸机械与搬运机械等。

④取送货物的道路及停车场、办公及生活用房、给排水及消防设备等。

⑤有的货运站还需设置加冰设备、牲畜饮水设备、车辆检修及货车消毒洗刷设备等。

⑥在中小城市、工业矿区、港口等，都要设置货运站，在大城市往往要设置多个货运站。

3. 客货运站：除了专门的客运站、货运站外，铁路上凡是既办理旅客运输业务，又办理货物运输业务的车站，都属于客货混合式车站，即客货运站。在铁路上众多的车站中，大多数车站都属于客货运站。

（三）按车站的技术作业分为中间站和技术站

车站因所办理的技术作业侧重不同，有中间站、区段站、编组站。其中区段站和编组站因大量办理各种货物列车的有关技术作业，而又被统称为技术站。

五、车站组织机构

车站工作综合复杂，涉及铁路各个专业。按照专业业务的不同，车站一般下设有站长室，运转、客运、货运、行包、售票、服务等车间，以及铁路公安车站派出所。各部门在站长的统一领导下开展工作。

六、铁路枢纽

在铁路网上，几条铁路干线相互衔接和交叉的地点，需要修建一个联合车站，或修建几个专业车站，以及连接这些车站的联络线、进站线等设备，这些车站和设备的整体就称为铁路枢纽。只有一个联合车站的铁路枢纽叫做枢纽站。

铁路枢纽是铁路网的主要组成部分，是组织客货流从一条铁路转运到各连接铁路的中转地区，也是所在城市客货到发及联运的地区。因此，它除办理枢纽内各种车站的有关作业外，在货物运输方面，还要办理各铁路方向之间的中转和改编列车的转线作业，以及枢纽地区的车流交换和小运转作业；在旅客运输方面要办理各种旅客列车的运转作业等。（具体见图 3－21）

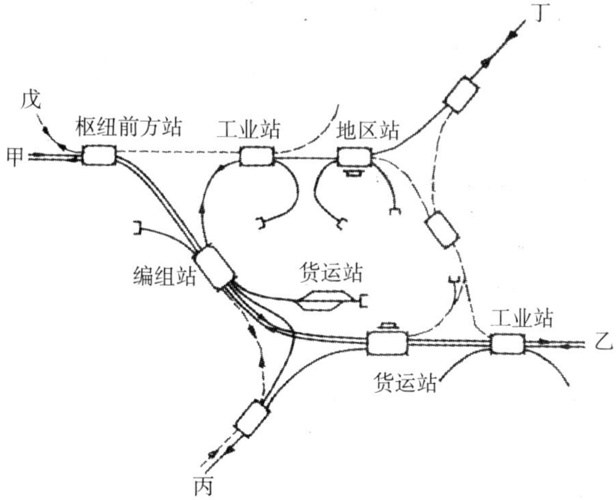

图 3－21 铁路枢纽示意

为了完成上述复杂而又繁重的任务，枢纽内需要配置成套的技术设备，一般包括：

1. 铁路线路：包括引入线路、联络线、环线、工业专用线等。

2. 车站：包括编组站、货运站、客运站、枢纽前方站、工业站、港湾站等。

3. 疏解设备：包括铁路线路与铁路线路的平面和立交疏解、铁路线路与城市道路的立交桥和道口以及线路所等。

4. 其他设备：包括机务段、车辆段、客车整备所等。

铁路枢纽是由于铁路新线的建设，以及城市及工业发展等因素逐步形成的。铁路枢纽也是城市规划的重要组成部分，它的形成和发展过程，涉及的范围广泛，并带有历史特点。一般来说，铁路枢纽的建设，应选在大中工业城市所在的地区，而建设枢纽的地区，往往又会形成新的工业城市。

第二节　中间站

一、中间站的任务和分布

（一）中间站的任务

设置在铁路技术站之间的车站叫中间站。中间站的主要任务就是提高铁路区段通过能力，保证行车安全，并为沿线的城乡人民生活及工农业生产服务。中间站通过办理列车的通过、会让、越行等来调整列车运行秩序，从而提高铁路区段通过能力，保证行车安全。中间站的客货运业务则方便了城乡人民的生活，并为工农业的生产与发展提供了必要条件。

（二）中间站的分布

在全国众多铁路车站中，绝大多数的车站都属于中间站。它遍及全国铁路沿线中、小城镇和农村，分布于铁路线路上各技术站之间，在沟通城乡物资交流、发展地方工农业生产方面，起着十分重要的作用。中间站规模不大，数量较多，办理客货运量较大。中间站的分布，既要符合线路通过能力的要求，又要满足地方工农业生产发展的需要，在设置位置上还要方便城镇广大群众。

二、中间站的作业及设备

(一)中间站的作业

中间站的作业主要包括客运、货运及运转三个方面的业务。

1. 客运业务：包括旅客的乘降和行李与包裹的承运、保管、装卸与交付等。

2. 货运业务：包括货物的承运、保管、装卸及交付等。

3. 运转业务：主要包括行车工作和调车工作两个方面。

(1)行车工作：这是中间站的主要工作，它包括办理列车的接发、通过、会让和越行等。

(2)调车工作：主要包括沿零摘挂列车的车辆摘挂，和到货场或专用线取送车辆的调车作业。个别中间站如有厂矿企业线接轨，或为加力牵引起、终点以及机车折返点时，尚需办理相关车辆的取送、补机的摘挂和机车的整备等作业。

(二)中间站的设备

为了完成中间站的作业任务，中间站应根据其作业性质和工作量大小，设置以下设备：

1. 客运设备：主要包括由售票房、候车室、行包房、办公用房等组成的旅客站舍、旅客站台、雨棚，以及由天桥、地道、平过道等组成的跨线设备等。

2. 货运设备：主要包括货物仓库、货物站台、货运办公室及装卸机具等。

3. 运转设备：主要包括到发线、牵出线、货物线等，必要时还应设有安全线。

4. 信号及通信设备。

此外,某些中间站还设有机车整备及列车检修等设备。

三、中间站设备的布置

中间站各项设备的布置可能有多种方案,但无论采取哪种方案,都应保证安全、顺利地接发列车,不使调车作业和接发列车作业发生干扰。旅客站房的设置一般要在城市居民区同侧,以便利旅客上下车,减少城市交通和铁路的干扰。货场可设在站房同侧,也可设在站房对侧。

在确定车站设备配置时,要根据当地地形条件、城市规划、本站近远期发展规划,以及从经济效益上加以考虑,进行综合分析比较,以便从中选择出合理的布置方案。这个要求不但适用于对中间站的建设和布置,而且也适用于其他任何车站的建设和布置,是铁路建设的一项基本原则。

下面举例说明中间站的设备布置情况及其具体应用流程。

如图 3－22:图中Ⅱ道是正线,1、3、4 道是到发线,每条到发线都能从两个方向接发列车,基本站台和站房联在一起,在Ⅱ、3 道之间设有中间站台,在站台中部铺设平过道。根据货源货流将货场设在站房同侧,既便于车站工作管理,也有利于车站线路向站房对侧发展,同时还便于货主搬运货物而不用跨越铁路。缺点是摘挂列车接入 3 道或 4 道时,往货场送车与正线列车运行有干扰。

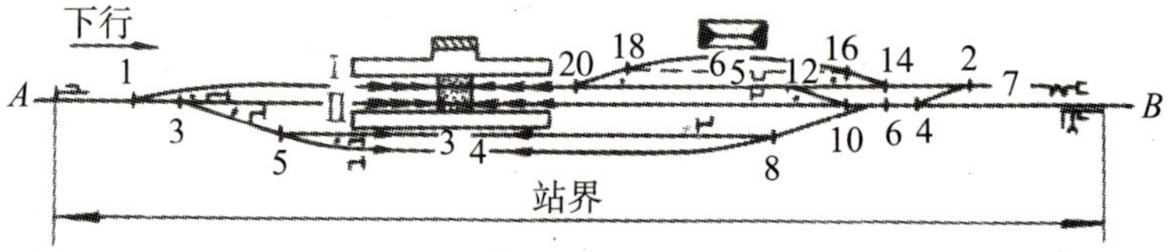

图 3－22　单线铁路中间站设备平面布置示意

在正常情况下,本布置图的接车办法是:通过车站不停车的列车经由Ⅱ道,从下行方向到达本站的列车接入 1 道,从上行方向到达本站的列车接入 3 道或 4 道。在本站停车的旅客列车,为了方便旅客进出车站都接入 1 道,必要时也可以接入Ⅱ道或 3 道。下行方向开来的摘挂列车,可以接入 1 道,然后机车带着到达本站的车辆开进 7 道牵出线,再推送到 6 道货物线进行装卸作业。机车可经牵出线返回 1 道,再和非到达本站的停留车列连挂。

第三节　区段站

一、区段站的任务和设置位置

(一) 区段站的任务

区段站是铁路网上牵引区段的分界站,多设在中等城市和铁路网上牵引区段的起点或终点,属于铁路技术站。

区段站的主要任务,是为邻接的铁路区段供应及整备机车或更换机车乘务组,并为无改编中转货物列车办理规定的技术作业。此外,还要办理一定数量的货物列车解体与编组作业及客货运业务。因而,从作业内容来看,区段站又是一个综合性的铁路车站。

(二) 区段站的设置位置

区段站位于铁路网上牵引区段的分界处,其设置位置一般由下列因素决定:

1. 机车牵引区段的长度是确定区段站设置位置的主要依据。机车牵引区段的长度取决于机车的种类、机车交路形式、运转方式、乘务制度,以及机车乘务组连续工作时间、行车速度等因素。

随着我国牵引动力的改革,在广泛采用电力机车及大功率内燃机车牵引后,由于机车交路的延长,使区段站的分布距离也得到适当延长;随之,相应区段站的列车改编作业比重,也会相应增加。

2. 路网规划:在路网规划所确定的方向上,线路引入的数目、相邻技术站间的分工以及车流的合理组织等因素,对区段站的布置位置也有十分重要的影响。

3. 地区及城镇发展规划:区段站的位置还应和城镇发展规划相配合,并尽可能地靠近城镇,这样,既可满足城镇生产建设和人民生活的需要,又便于解决铁路职工的生活供应、医疗、教育及生活等问题。

二、区段站的作业与设备

区段站的作业量和设备的规模虽然不大,但作业内容与设备种类却是较齐全的。一般来说,各类车站的主要作业及基本设备,在区段站都有不同程度的体现和反映。

(一)区段站作业

根据区段站所担负的任务,其作业内容主要有以下几个方面。

1. 客运业务:与中间站所办理的客运业务基本相同,只是业务量较中间站大。

2. 货运业务:也与中间站所办理的货运业务大致一样,而作业量大于中间站。

3. 运转作业:包括有关旅客列车的技术作业、有关货物列车的技术作业两个方面。

(1)有关旅客列车技术作业:除办理旅客列车的接发作业外,还办理客车车辆的技术检查与修理等业务。有的区段站还办理少量的旅客列车的始发与终到作业,以及个别车辆的甩挂作业。

(2)有关货物列车技术作业:除办理货物列车的接发车作业外,还要办理列车的技术检查与货运检查,解体与编组区段列车和沿零摘挂列车,办理向货场及岔线的车辆取送作业。有的区段站还担当少量的始发直达列车的编组任务。

4. 机车业务:主要是更换机车和乘务组,同时办理机车的整备、检查及修理业务。

5. 车辆业务:主要办理列车的技术检查和车辆修理业务。在少数设有车辆段的区段站上,还办理车辆的段修业务。

所有到达区段站的列车,按它在该站所进行的作业性质,可以分为两类:一类是到达本站不解体,只做技术检查和机车换挂等作业,然后继续运行的列车,这类列车叫无改编中转列车;另一类是到达本站后,要将列车解体,这类列车叫改编列车。

区段站所办理的作业,无论从数量上还是从种类上都远较中间站繁多;而在所办理的各类列车中,又以无改编中转列车所占比重最大。

(二)区段站的设备

为了保证区段站各项作业的顺利进行,在区段站上主要设有以下设备。

1. 客运设备:主要有站房、站台、雨棚及跨线设备等,其规模一般较中间站大。

2. 货运设备:主要包括货场、站台、仓库、货运室和装卸机具等,其规模一般也较中间站大。

3. 运转设备:主要由客运车站线路和货运车站线路两部分组成。

(1)客运车站线路:主要有专门接发旅客列车的到发线、客车车底停留线等。

(2)货运车站线路:主要有专门接发货物列车的到发线,改编货物列车的调车线和牵出线,以及专为机车走行而设置的机车走行线等。个别区段站还设有改编列车的简易驼峰。

4. 机务设备:机务设备主要包括为更换机车、整备机车、检修机车,保证出乘机车性能良好而设置的机务段或机务折返段。

5. 车辆设备:主要设有车辆段、列检所或站修所等,用以保证经过区段站的所有车辆能以良好的性能状态继续运行。

6. 其他设备:除上述设备外,区段站还设有通信、信号、照明及办公用房等相关设备。

三、区段站布置图

由于地形、城市规划、运量及运输性质、正线数目等因素的影响,区段站的布置图形式可以有很多种。按照各车场的位置关系,基本可将区段站布置图归纳为横列式、纵列式和客货纵列式三种类型。

(一)横列式区段站布置图

当上、下行到发线(或到发场)平行布置在正线一侧,调车场在到发场的一侧时,称为横列式区段站布置图,如图3-23所示。

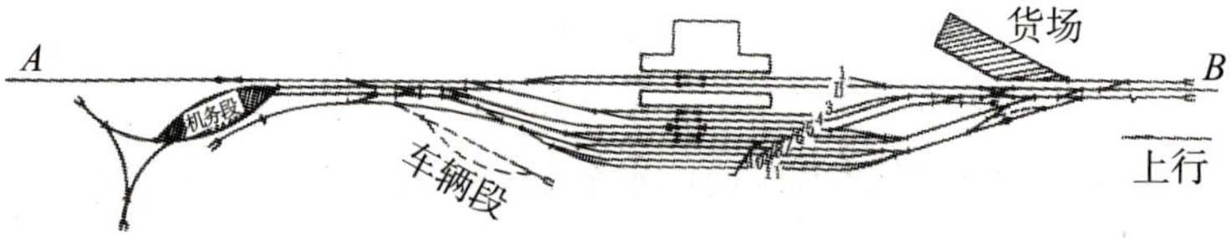

图3-23 横列式区段站布置示意

图中Ⅱ道是正线。1、Ⅱ、3道是旅客列车到发线,在必要时也可以接发货物列车。4、6、7道是货物列车到发线。车站到发线的布置,可以保证从上、下行两个方向同时接发列车。5道是机车走行线,下行出发和到达的货物列车机车,均可经由此道出入机务段。8~11道是调车线。调车场两端均有牵出线,并设有一个简易驼峰,以保证解体、编组和取送车辆等调车作业的顺利进行。

现以该图示区段站改编列车的作业程序为例,简单地说明区段站各主要设备之间的相互关系。到达解体列车自A方向接入到发场后(如6道),机车入段,车列经技术检查由调车机车拉至牵出线,利用简易驼峰进行解体作业,即按照车辆的不同到站,分别送入调车场内的股道上去进行集结,集结够一列车时,经过编组由调车机车转至到发场进行技术检查、挂机车等作业,然后出发。

对到达本站的货物作业车,按照计划由调车机车挂上,把它们从调车场经由B端牵出线送往货场,进行装卸作业。

横列式区段站布置图的主要优点是,布置紧凑、站坪长度短、占地少、设备集中、管理方便、作业灵活性大、对各种不同地形的适应性强。它的缺点是,一个方向的列车机车出入机务段走行距离长,对站房同侧的货物取送车和正线有交叉干扰。

(二)纵列式区段站布置图

在复线铁路上,当运量较大时,为了减少站内两端咽喉区上、下行客、货列车进路的交叉干扰,区段站可采用纵列式布置图。

在区段站上,当上、下行到发场分设在正线两侧,并且逆运行方向全部错位,在其中一个到发场一侧设一个双方向共用的调车场时,称为纵列式区段站布置图,如图 3 – 24 所示。

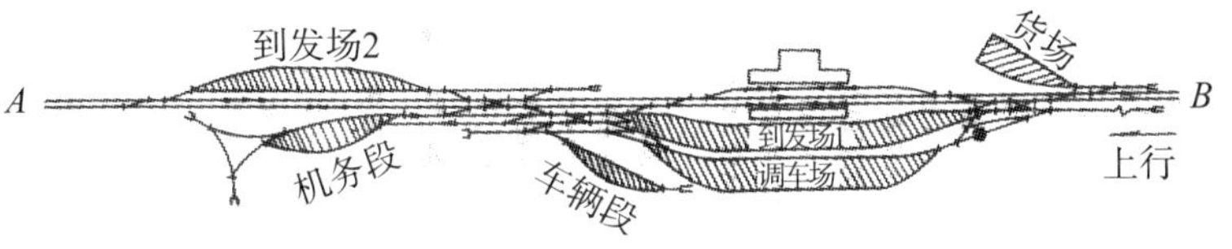

图 3 – 24 纵列式区段站布置示意

纵列式区段站的优点是:作业上的交叉干扰较横列式少;机车出入段走行距离短;当机车采用循环运转制时,到发线上的整备设备比较集中;对站舍同侧的支线或工矿企业线的接轨也比较方便。它的缺点是:站坪长度长,占地多;设备分散,投资大;定员较多,管理不便;一个方向货物列车的机车出入段要横切正线。因此,一般只有在采用循环交路时,才采用这种图形,以便充分发挥其优越性。

(三)客货纵列式区段站布置图

在区段站上,当客运运转设备(主要指旅客列车到发场)与货运运转设备(主要指货物列车到发场)纵向配列时,称为客货纵列式区段站布置图,如图 3 – 25 所示。

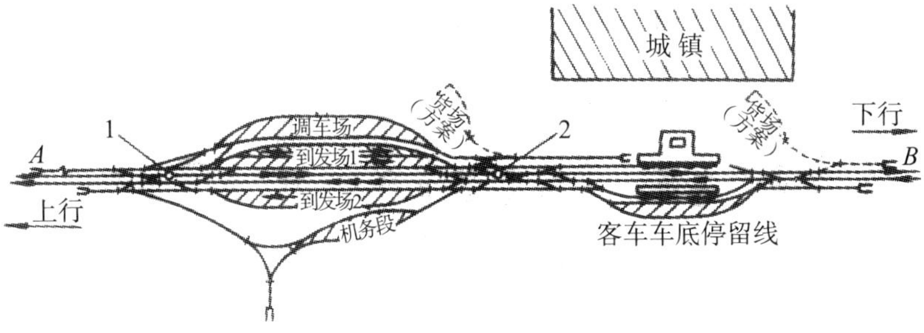

图 3 – 25 客货纵列式区段站布置示意

客货纵列式区段站布置图往往是在改建时逐步形成的,其客、货运转设备和机务设备相互位置的配置形式可以有很多种。总体上看,客货纵列式区段站布置图的优缺点与纵列式图形大致相同。一方面其减少了客货运业务之间的相互干扰,客货运设备便于分别集中管理;另一方面机务段的位置不易与其他设备配合,与其他设备有一定的交叉干扰。

第四节　编组站

一、编组站的任务和分布

(一)编组站的作用与任务

编组站是铁路网上办理货物列车解体与编组作业,设有较为完善的调车设备的车站。

作为铁路技术站,编组站的主要任务是根据列车编组计划的要求,大量办理各种货物列车的解体与编组作业,并且按照运行图规定的时刻正点接发列车。

在铁路网中,编组站是铁路运输的重要生产基地,大量的重车和空车在这里汇集后,被编成各种列车送往各自的目的地。因此,我们通常又将编组站比喻成编组列车的工厂。

具体归纳起来,编组站在铁路网中的主要任务和作用包括以下几个方面:

1. 解体各种类型的货物列车。

2. 组织和取送本地区的车流——小运转列车。

3. 在编组站的机务段,还需供应列车动力,以及整备、检修机车。

4. 设在编组站的车辆段及其下属单位(如站修所、列检所等)还要对车辆进行日常维修和定期检修等。

(二)编组站的分布

1. 编组站分布的重要性:在铁路的各种车站中,编组站拥有的技术设备较多、作业量较大、作业过程也较复杂,车辆在站的停留时间也较长,这些都直接影响运输生产指标的好坏。因此,编组站在路网中的布局是否合理,编组站的工作组织、技术设备是否完善与先进,对于加速机车车辆周转,顺利完成货物运输任务,降低运输成本等都有十分重要的作用。

2. 编组站的分布原则:编组站的分布,主要取决于以下几项原则:

(1)编组站一般应设置于有大宗货流集散的地点(如大中城市、大工矿企业中心,大港湾地区等),以加速货物的送达,促进工农业生产的发展。

(2)编组站应设置在车流的集散地点(如铁路干线的交叉地点、牵引重量的变更地点,或由于轨距不同需要大量换装的地点),以便在车流集中的条件下加速中转作业。

(3)另外,还要根据工农业生产和路网的发展,以及国防的需求等来选择编组站的位置。

【小知识】

郑州北站

在京广、陇海两大铁路干线交会处,镶嵌着一颗璀璨的明珠,这就是亚洲作业量最大的列车编组站——郑州北车站。她连接华北、华东、华南、西北和西南铁路,是我国铁路交通的重要枢纽。

郑州北站成立于1963年,站型为双向纵列式三级八场,最初设计能力为日均办理货车24,000辆(2002年10月突破3万辆,2010年已达到约36,000辆),主要担负着南北京广、东西陇海四个方向货物列车和郑州枢纽地区小运转列车的到达、解体、编组及出发作业和装载鲜活易腐货物车辆的加冰上水任务。

随着铁路生产力布局调整,该站由一个纯编组站转变为“大站带小站”、兼管正线和货物运输的复合型特等大站,管辖范围包括编组站的“十里站区”和京广、陇海、郑州西北环线的黄河南岸、广武、东双桥、南阳寨、海棠寺、欢河、铁炉、郑州西站、马寨9个中间站,路网“心脏”

地位进一步凸显。

郑州北站是我国第一个双向纵列式三级八场半自动化的特大编组站，也是目前亚洲作业量最大的列车编组站，承担着京广、陇海两大干线东、西、南、北四个方向货物列车的解体、编组任务。该站南北长6000余米，东西宽800余米，占地约5.3平方公里，采用双向纵列式三级八场机械化驼峰编组站站型，同时，在下行调车场尾部设有辅助调车场。全站共有道岔898组，信号机828架，各种线路228条，线路总长度约454公里，其中站线151条，总长度约390公里。2010年日平均接发列车约600列，编解能力约为36,000辆。

郑州北站还是我国第一个综合性现代化编组站，它以电子计算机为主体，实现了车站各项业务运营管理的自动化。郑州北站自动化系统包括货车管理信息处理系统、驼峰作业过程控制系统、编组场尾部微机集中联锁系统、站场无线通讯系统和郑州枢纽地区调度监督系统。实现了编组站以信息收集处理、调度指挥到作业过程、统计分析及监督检查的全过程的自动化。

二、编组站在作业和设备上的特点

（一）编组站在作业上的特点

编组站和区段站同属技术站，虽然作业内容上有许多相同之处，但在具体的作业侧重面上则有较大的区别。

区段站是一种综合性车站，作业内容比较全面，在客货运业务方面一般都有一定的规模。在运转作业方面，区段站以办理无改编中转货物列车为主，少量办理货物列车的解体与编组。

编组站是一个专门办理各种货物列车解体与编组的车站，它的主要作业就是大量地解体与编组各种货物列车，并且改编的列车多数是直通和直达列车。

编组站通常设在几条主要干线的汇合处，或设在有大量装卸作业地点的大城市、港口及大工矿企业附近。由于这些地方一般都设有配套的客货运站，因而编组站的客货运业务很少。

在机车作业与车辆作业方面，区段站与编组站基本一样，所不同的是编组站的车辆作业量大于区段站。

（二）编组站在设备上的特点

从设备种类来看，编组站与区段站基本一样，一般也有旅客和货物运转、客货运业务及机务、车辆等设备。但因编组站的客货运业务很少，所以客货运设备十分简陋；而在运转设备方面，作为编组站主要设备的调车场和调车设备，为满足大量解体与编组各种货物列车的需求，其规模和能力往往比区段站大得多，也先进得多。

三、编组站布置图

编组站各项设备相互位置的设置具有多种形式。根据车站所衔接的干、支线数目，车站所承担的运量及车流性质、车站作业的方式，城市规划的要求及地形等条件的不同，编组站可以有不同的配置形式。

调车设备是编组站的核心设备。调车设备的数量与规模，到达场、出发场（或到发场）与调车场的相互位置，就成为区分编组站图形的主要依据。

（一）按调车设备套数分类

1. 单向编组站：上下行合用一套调车设备（包括驼峰、调车场与牵出线）的编组站叫单向编组站。单向编组站的驼峰调车方向，应与主要改编车流的运行方向一致。

2. 双向编组站：上下行各有一套调车设备的编组站叫双向编组站。双向编组站的两套调车系统的主要驼峰调车方向，应与各自的主要改编车流的运行方向相一致。

（二）按车场排列位置分类

1. 横列式编组站：上下行到发场与调车场横向排列的编组站叫横列式编组站。这种编组站设备集中、便于管理，但改编作业能力较小，一般适合于地方性的中小型编组站采用。

2. 混合式编组站：主要车场（一般指到达场与调车场）纵向排列，另一部分车场横向排列的编组站叫做混合式编组站。这种编组站较横列式编组站作业能力大；但解体与编组能力不太匹配，需要加强编组能力才能充分发挥车站的应有能力。此种编组站一般适应于区域性的中大型编组站采用。

3. 纵列式编组站：到达场、调车场、出发场为顺向排列的编组站叫纵列式编组站。此类编组站虽说有站坪长、用地多、设备分散、不易管理等不足，但改编作业成流水性，作业能力很大，路网性的大型编组站一般都采用此种类型。

我国编组站布置图的基本类型归纳起来有六种，即单向横列式、单向纵列式、单向混合式、双向横列式、双向纵列式、双向混合式。

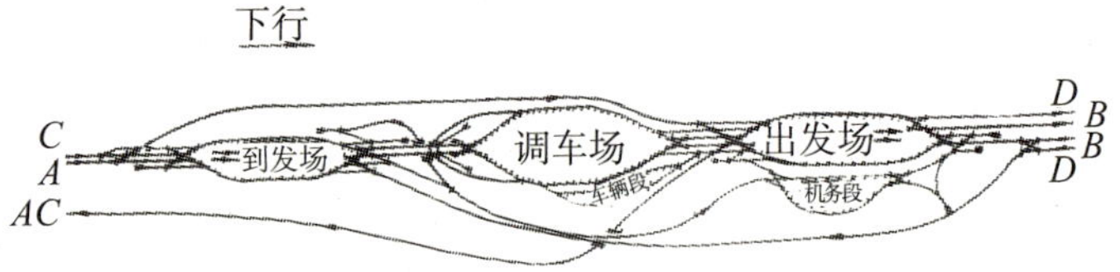

图 3－26　单向三级三场纵列式编组站平面布置示意

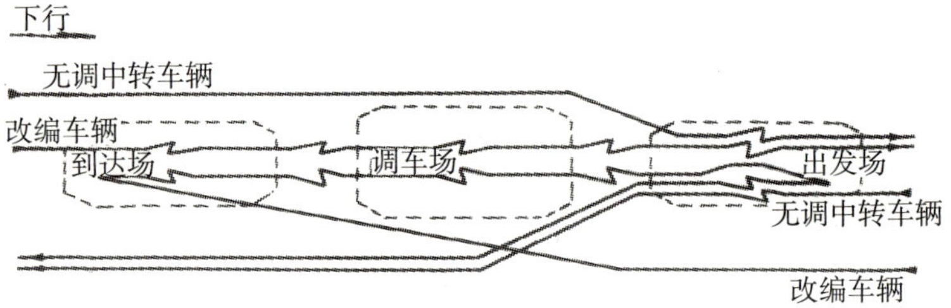

图 3－27　纵列式布置改编车流作业流程示意

我国铁路现场对编组站图形还有“几级几场”的说法。“级”是指车场纵向排列形式，一级式就是车场横列，二级式就是到发场与调车场纵列，三级式就是到达场、调车场、出发场三场顺序纵向排列。“场”

是指车场,站内有几个车场就称作几场。

单向三级三场纵列式编组站的主要特点为:所有衔接方向到达的改编列车都接入一个共同的到达场;全部的解编作业都集中在共同的调车场办理;发往各方向的列车又都在共同的出发场出发。

三级三场布置图的主要优点是:各方向到达的改编列车,从到达、解体、编组到出发作业都是顺序进行,形成"流水式"作业,改编车辆和调车机车的作业行程较短,改编能力较大、作业效率较高;全站只有一套调车系统,使车站作业自动化方案大为简化,有利于实现编组站现代化。其主要缺点是:增加了反向改编车流的走行公里,站坪较长(约为6~8km)。当改编业务量增大,车场改为双向纵列后,走行公里长的缺点就可消除。

四、调车设备

(一)调车

在车站工作中,除列车运行以外,机车车辆在车站上进行的一切有目的的移动都叫调车。

调车工作是完成铁路运输任务过程中的基本生产环节,是车站工作的主要内容之一,对技术站(尤其是编组站)来说则是非常重要的生产活动。它对于及时解体与编组车列,取送货物作业与检修作业的车辆,保证列车按运行图正点行车,缩短车辆停留时间,加速车辆周转,完成车站的数量与质量指标等,都有非常重要的作用。

(二)调车工作的种类

1. 按调车的目的分类:调车包括车列的解体、编组、转线,车辆的摘挂、取送、转场、整理,机车的转线、摘挂及出入段等。

2. 按调车的作业方式分类:调车分为推送作业法调车和溜放作业法调车两种。

(1)推送作业法调车:是指利用机车动力将车辆推送至指定地点,停稳后摘车的调车叫推送作业法调车。这种调车安全可靠,但效率太低,一般适合于车列的编组、转线,车辆的摘挂取送、转场及整理等。

(2)溜放作业法调车:是指利用机车的推送,在行进中提钩,被摘下的车组借助所获得的动能或势能,自行溜向指定地点的调车叫溜放作业法调车。该调车作业效率高,但为了安全,对调车技术的要求也高,一般用于解体调车。

3. 按调车设备的不同分类:调车工作按使用的设备不同,分为牵出线调车和驼峰调车两种。

(1)牵出线调车:是指利用牵出线进行的调车。目前,在我国铁路车站上,牵出线仍是一项重要的调车设备。即使在编组站,也有许多的调车项目(如车列的编组、转线,车辆的摘挂、取送等)仍需要使用牵出线进行调车。

(2)驼峰调车:是指利用驼峰设备进行的调车。在驼峰调车过程中,调车机车先将待解车列推上峰顶,使车辆获得峰高位能,调车人员根据调车作业计划在适当时机摘开车钩,车组就会借助于所获得的位能自行向调车场的预定停留位置溜放。驼峰调车一般用于车列的解体。驼峰是编组站必不可少的重要调车设备。

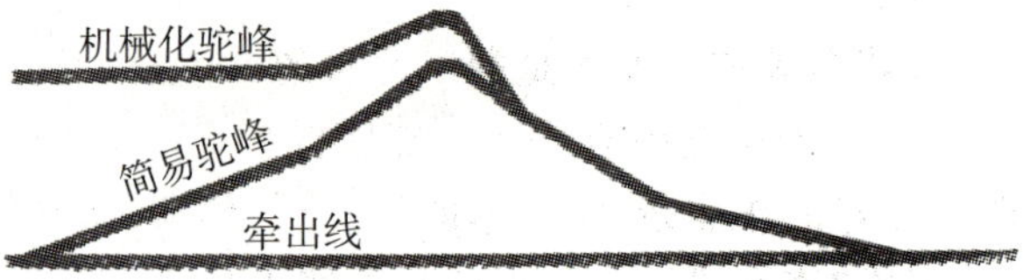

图 3-28　驼峰、牵出线纵断面比较示意

(三)驼峰的组成

驼峰的范围是指峰前到达场(在不设峰前到达场时为牵出线)与调车场之间的部分线段,包括推送部分、溜放部分和峰顶平台三个部分。

1. 推送部分:是指由到达场出口至峰顶间一个车列长度的线路范围。在推送部分设置了反坡,其目的是使车辆能得到必要的驼峰高度,同时使车钩挤压,便于提钩。

2. 溜放部分：是指从峰顶至调车场头部各调车线计算停车点之间的部分。溜放部分一般设有三个坡道段，即加速坡、中间坡和道岔区坡。加速坡的作用在于加快拉开车组的溜放间距，以保证安全、高效地进行解体调车；中间坡和道岔区坡则为过渡坡道段，以保证车组顺利安全地溜放。从峰顶至计算停车点的高差称为峰高。

3. 峰顶平台：推送部分与溜放部分之间的连接部分，并设有一段平坦地段的线段叫做峰顶平台。峰顶平台的作用在于避免推送坡与加速坡直接相连接使车钩易受折损，并且有利于峰上摘钩作业。

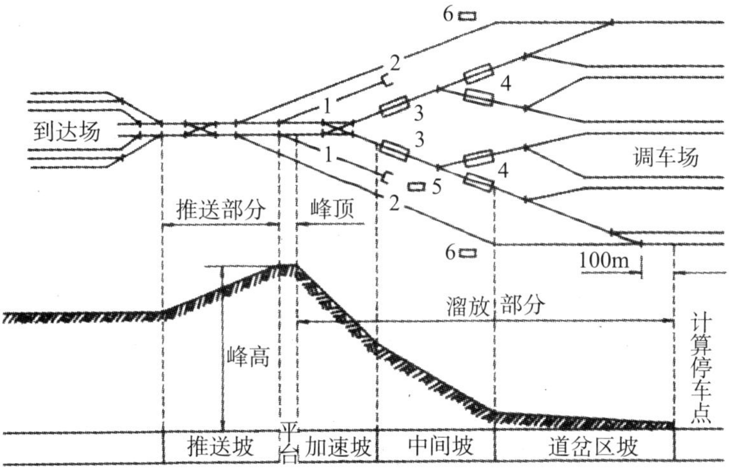

1. 禁溜线；2. 迂回线；3. 车辆减速器第Ⅰ制动位；
4. 车辆减速器第Ⅱ制动位；5. 峰顶信号楼；6. 峰下信号楼

图 3－29 驼峰构成示意

（四）驼峰分类

驼峰根据其设备条件的不同可分为简易驼峰、非机械化驼峰、机械化驼峰、半自动化驼峰和自动化驼峰。

1. 简易驼峰：简易驼峰多数是在原有调车场牵出线头部平地起峰修建而成的。简易驼峰的道岔控制一般采用非集中操纵或电气集中操纵，制动工具主要是铁鞋。它一般设在调车线数目大于 5 股道的区段站或小型编组站上。

2. 非机械化驼峰:非机械化驼峰的道岔控制采用电气集中或自动集中的控制方式,制动工具仍使用铁鞋,到达场的标高一般高于调车场标高,作业能力大于简易驼峰。此种驼峰一般设于调车线数目少于16股道的中小型编组站。

3. 机械化驼峰:机械化驼峰的道岔控制采用自动集中方式,制动设备采用人工控制的车辆减速器,但仍需要铁鞋作为辅助制动。它一般设于调车线不少于16股道的中大型编组站,作业能力又要比非机械化驼峰大。

4. 半自动化驼峰:在机械化驼峰的基础上,为了进一步提高作业能力、保证作业安全,采用了一系列自动测试设备(如测重、测速、测阻、测长等),从而为控制车组的溜放间距和溜放速度提供了可靠的依据,并基本取消了铁鞋制动。

5. 自动化驼峰:在半自动化驼峰的基础上,采用电子计算机等一系列自动化设备,自动控制车组的溜放进路、溜放速度、溜放间距以及实行目的制动的自动控制,使其作业效果更高、更安全。目前,自动化驼峰是我国大型编组站调车设备的发展方向。

另外,按照日均解体作业量能力的大小,还可以将驼峰分为大能力驼峰、中能力驼峰、小能力驼峰三类。

(五)驼峰调速工具

驼峰调车场调速工具,是提高驼峰的改编作业能力、保证作业安全所必不可少的设备。在驼峰解体调车作业过程中,为了保证车组的溜放速度,两溜放车组间的最小时间间隔,以及车组的安全停留等,都需要通过调速工具进行控制。

为使两溜放车组间保持一定的必要时间间隔,以便道岔能安全转换的制动,称做间隔制动。为保证车组能安全溜入调车线至预定地点停留的制动,称做目的制动。

根据不同情况,在驼峰溜放部分和调车场内可设置车辆减速器、铁鞋、减速顶、加减速顶、加速器及牵引小车等不同的调速工具,在改编作业量不大的车站,也可使用手制动机进行溜放控制。机械化驼峰除调车场内使用铁鞋进行目的制动外,在驼峰溜放部分均装设了车辆减速器;而在自动化驼峰上,则是根据车辆的走行性能、重量、预定的停车位置,以及溜放的速度等条件,装设了控制减速器的自动化控制设备。

目前,我国铁路采用的减速设备主要有以下三种:

1. 压力式钳形减速器:它是利用压缩空气作动力,由钢轨两侧的夹板挤压车轮产生制动力的减速器,也是我国铁路编组站普遍采用的一种减速器。这种减速器的制动力较大,主要装在第Ⅰ、第Ⅱ制动位,作为间隔制动和目的制动使用。压力式钳形减速器的基本工作原理是:当需要对车辆进行制动时,操纵制动按钮,使压缩空气进入气缸,活塞杆 5 和杠杆 4 的末端就被压向下方,而缸体 6 连同杠杆 3 的末端则上升。这样,由于两杠杆末端分开,使夹板 1 合拢而挤压车轮实现制动。(具体见图 3－30)

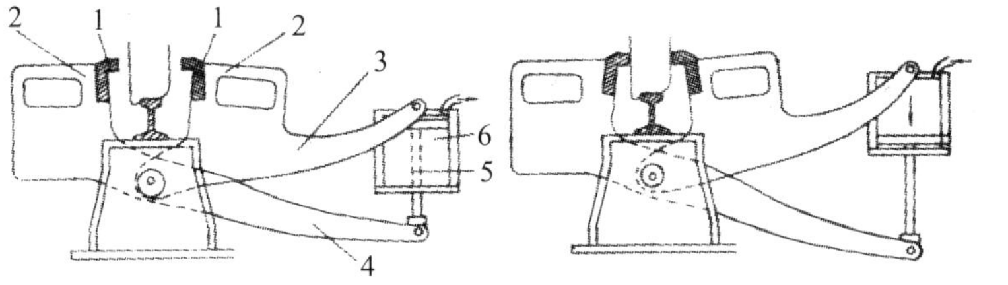

1. 夹板;2. 制动梁;3、4. 杠杆;5. 活塞杆;6. 缸体

图 3－30　压力式钳形减速器工作原理示意

2. 重力式车辆减速器:它主要是借助于车辆自身的重量,使制动夹板产生对车辆轮对的压力而进行制动的。重力式减速器一般多用在第Ⅲ、第Ⅳ制动位,用于进行目的制动。重力式减速器的优点,主要是其制动力的大小取决于被制动车辆的重量,车辆重量越大,制动力就越大,不需要再设置测重设备,也不需要空压及储风设备,成本较低。

重力式减速器类型很多,我国采用比较普遍的是一种叫双轨条油压重力式的减速器,它具有缓解位和制动位两种状态。(具体见图3-31)

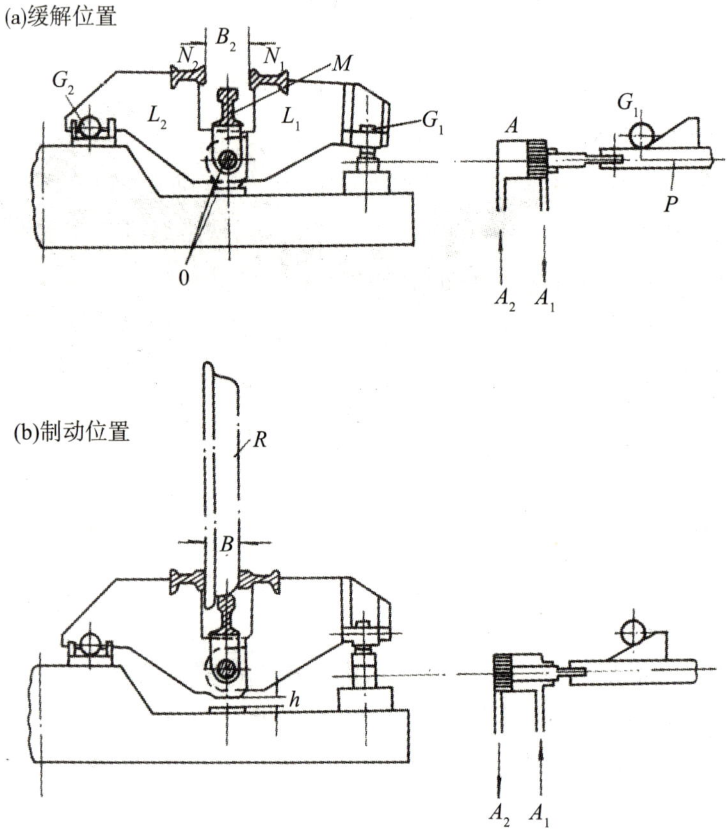

图3-31 双轨条重力式减速器工作原理示意

(1)缓解位置:当重力式减速器处于缓解位置时,装在基本轨两侧的制动轨N1和N2之间的距离B2大于车轮的厚度(此时压力油自入口A2进入油缸,迫使油缸活塞将抽板P推向缓解位)。这时车辆通过减速器不起制动作用。

(2)制动位置:当重力式减速器处于制动位置时,车轮将制动轨N1和N2的开口挤成车轮的厚度B(此时压力油自油缸入口A1进入油缸,油缸活塞将抽板 P 拉到制动位),这时制动钳臂 L1 以滚轮 G1 为支点,制动钳臂 L2 以 G2 为支点向上提升,L1 和 L2 的连接轴 O 也同时上升,迫使浮动轨 M(基本轨)浮起。压在浮动轨上的车轮 R,其重力经过 L1 和 L2 的杠杆传递,使制动轨 N1 和 N2 对车轮 R 产生侧压力而进行制动。

3. 减速顶:减速顶由外壳、吸能帽、活塞组合件、密封组合件、止冲装置等部分组成。减速顶安装在钢轨的一侧,吸能帽斜对轮缘部分,在吸能帽内充满了氮气和液油。

减速顶是一种不需要外部能源,可以自动控制车辆溜放速度的调速工具。当车辆的走行速度低于减速顶的临界速度(事先设定的速度)时,减速顶不起制动作用;当车辆走行速度高于减速顶的临界速度时,则减速顶对车辆产生减速制动作用。(具体见图 3-32)

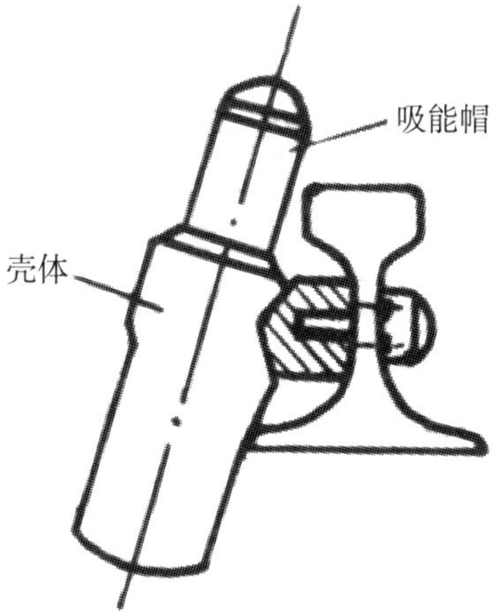

图 3-32 减速顶示意

减速顶的优点是构造简单、灵敏度高、性能良好、维修方便并且不需要外部能源。目前,我国铁路已有不少编组站根据需要采用了减速顶。采用减速顶减速时,每股道上需设置 300~400 个减速顶,用顶量较大,造价偏高,这也是采用减速顶减速的一个不足。

五、驼峰自动化

驼峰自动化是强化铁路编组站最有效的措施之一，也是编组站现代化的主要内容和重要标志。驼峰调车作业的自动化，不仅能提高驼峰作业效率和编组站的改编能力，而且能保证作业安全，改善劳动条件和减轻劳动强度。

（一）驼峰自动化的主要内容

驼峰自动化主要包括以下几项内容：

1. 车辆溜放速度的自动调节和自动控制。

2. 车辆溜放进路的自动选排和自动控制。

3. 驼峰机车推送速度的自动调节和自动控制。

4. 摘解风管和提钩作业的自动化。

以上几项内容中，最主要、最关键的是车辆溜放速度的自动控制，它是驼峰自动化的核心内容。

（二）自动调速

车列在驼峰编组站进行解体作业时，为了保证安全和满足调车作业的要求，必须在一定的地点设置调速设备，以根据需要对车辆的溜行速度实行调节，使之符合运行要求。调速设备具备以下两项调速功能：

1. 间接调速：保证在任何溜放过程中前后钩车之间有足够的间隔，以能安全转换道岔和减速器，并防止前后钩车进入相邻线路时在警冲标处的侧面发生冲突，这种调速功能被称为间隔调速。

2. 目的调速：保证各钩车溜到调车场指定地点，或与停留车安全连挂，避免超速连挂和溜放不到位。这种调速功能被称为目的调速。

伴随着现代科学技术的进步，特别是电子学、自动控制理论和计算机技术的飞跃发展，以及雷达测速、自动调速等先进设备在铁路编组站的应用，为实现车辆溜放速度的自动调节和自动控制创造了条件。

六、编组站综合自动化概述

编组站在铁路运输过程中，担负着大量货物列车的解体与编组作业。随着国民经济的迅速发展，铁路网的不断扩大，编组站的运输任务将日益繁重，生产管理也日趋复杂。为适应这种状况，编组站在技术设备和作业组织上都迫切需要不断地革新和提高。科学技术的发展，为编组站实现综合自动化创造了良好的条件。

编组站综合自动化，包括从列车到达至出发的全部站内作业过程自动化，以及货车信息的收集、作业计划的编制与传递自动化等。编组站综合自动化主要包括以下三个系统。

（一）作业过程控制系统

作业过程控制系统，主要是由推峰机车速度控制、车辆溜放和进路自动控制、点连式调速和尾部平面调车集中等组成。该系统利用计算机，通过基础设备（如站场、信号、机车设备、测重、测长、测速、测阻及调速工具等）对列车到达、出发和调车作业进路，以及对推峰解体的调机速度和货车溜放速度等，进行实时控制。其中货车溜放速度的自动控制，是编组站自动化的核心部分。

（二）信息处理系统

信息处理系统，主要是由列车确报收发、信息处理、解体，编组计划的编制与传输、现车管理、车站调度信息处理，以及统计分析及辅助决策等组成。信息处理系统的主要任务，就是利用计算机编制车站的各种计划，并将这些计划进行传递和下达；同时还要对场内货车进行实时跟踪记录，随时将站内各股道上的现在车情及作业结果存储到计算机的相应文件内，以供随时取用；另外还要通过电传设备与相邻技术站进行列车到达和出发的预确报资料交换，以及填制货车的有关报表并进行整理和统计分析等。

（三）支持系统

支持系统则由接发列车进路集中、枢纽调度监督，全站无线通信、货票传递，以及作业过程控制和信息处理两个系统接口等组成。该部分的任务就是将车站的各种设备联系起来，以实现信息共享。

随着电子计算机在我国铁路上的广泛应用，编组站综合自动化已逐步在我国得到应用，如丰台西、南翔、石家庄、株洲北、郑州北等路网性编组站已优先得到了发展。郑州北站是我国十分重要的路网性编组站，也是我国第一个建成并投入使用的双向三级八场编组站，它担负着东南西北四个方向的货物列车及枢纽内地区小运转列车的终到与始发技术作业和解体与编组作业。为了提高编组站的作业能力，不断促进编组站的发展，郑州北站已经初步实现了货物列车的解体作业自动化（溜放速度、溜放进路的自动控制、推峰机车的遥控）、编组作业自动化（调车场尾部采用道岔、信号微机集中），以及信息处理自动化（调车作业计划的编制、车站现在车的管理、列车确报的收发及统计报告和分析等）。

从国内外铁路运营的实践来看，编组站作业的综合自动化，能使编组站的工作条件、作业效率、作业安全和工作质量得到大大的改善。这对于加强编组站的生产能力，全面提高编组站的运营管理水平均有显著效果。如果再能通过信息传输网将其与全路电子计算中心联接起来，就为实现整个铁路运输管理自动化创造了条件。因而，编组站作业的综合自动化是铁路运输现代化的标志之一，也是我国铁路编组站的发展方向。

第五节　高速铁路车站概述

一、高速铁路车站的分类

根据技术作业性质不同，高速铁路的车站可划分为四种类型，即越行站，中间站，始发、终到站以及通过兼始发、终到站。

1. 越行站

图 3－33 为越行站布置图。越行站由于只办理速度较快的列车越行速度较慢的列车，而不办理旅客乘降作业，故只需设 2 条待避用的到发线。由于不办理客运业务，原则上可不设站台。

越行站在高速线上的布局，应根据高速、跨线旅客列车的比例、列车开行方案、高速线需要的通过能力等因素来决定。

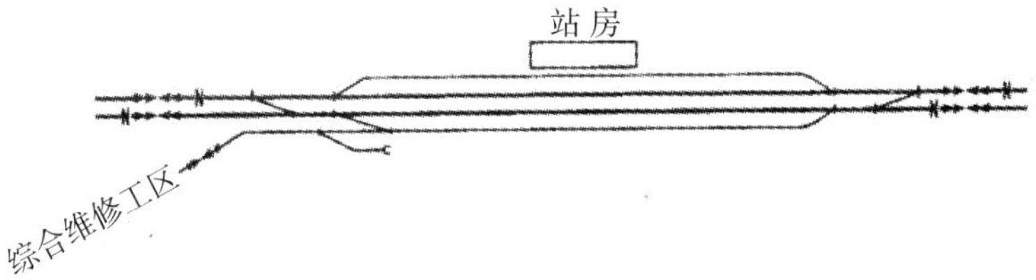

图 3－33　高速越行站布置

2. 中间站

在高速线上新建的高速中间站办理以下主要作业：

(1) 高速、跨线旅客列车停站或不停站通过；

(2) 跨线旅客列车待避本线旅客列车；

(3) 少量高速旅客列车夜间折返停留；

(4) 办理停站的各种旅客列车的客运业务。

中间站的布置图有以下两种：

(1) 对应式

对应式中间站（见图 3－34）的两个站台夹 4 条线，考虑到办理四交会的可能，故设两条停车待避用的到发线。这种布置图的优点是站台不靠近正线，高速列车自正线通过时，不影响站台上旅客的安全，站台安全退避距离不必加宽。如客运量较大而且某个方向需办理 2 列停站待避列车时，可增加 1 条到发线，如图 3－34 中虚线位置。

(2) 岛式

岛式中间站的中间站台靠近正线，其缺点是：当有列车在正线停靠站台时，会影响后续追踪列车通过，降低区间通过能力；另外，由于

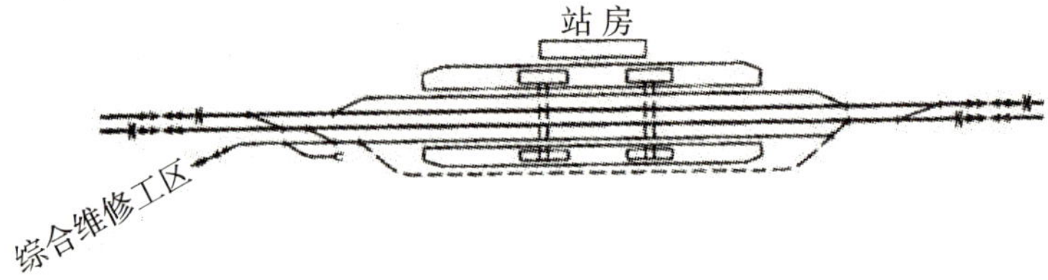

图 3-34　高速对应式中间站布置

高速列车通过时受列车风的影响，站台安全退避距离需要加宽以保证旅客的安全，并需设置防护栅栏。

根据上述比较，中间站一般以采用对应式布置图为宜。但当有停站的旅客列车较多时，为充分利用站台，也可采用岛式布置图。

为便于高速列车动车组停留折返，有少量动车组折返停留作业的中间站，宜采用图 3-35 所示布置图，折返用到发线应以折返列车到达时不切正线为原则。

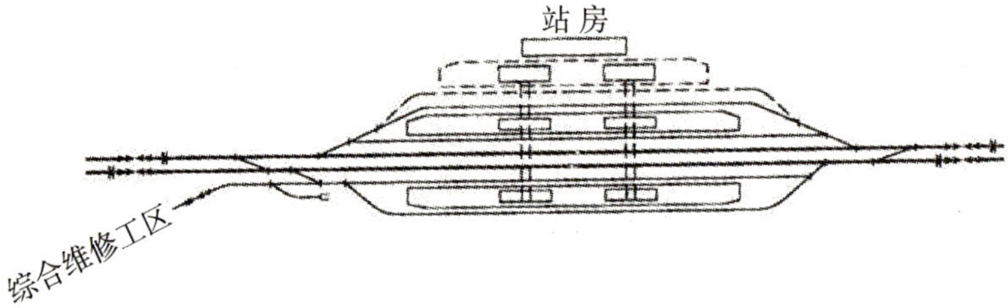

图 3-35　有折返作业的中间站布置

为便于高速铁路设备的维修保养，在高速线的车站上，通常根据工务、电务、供电工区等的分布，设置综合维修工区。这种工区应尽量与车站的到发线衔接，以便维修用车的出入。必要时，可采用跨线桥引入车站。

3. 始发、终到站

这类车站设置在高速铁路的起点和终点，位于特大城市的铁路枢纽，主要办理始发、终到高速列车的作业。新建的高速铁路始发、终到站作业有以下几项：

(1) 办理高速旅客列车的客运业务；

(2)办理高速旅客列车的始发、终到,动车组的取送和折返作业;

(3)办理动车组的整备、检修作业。

新建的高速始发、终到站布置图可如图 3 –36(a)所示。若基本上没有不停站通过列车,则正线与到发线间可设中间站台,如图 3 –36(b)所示。

始发、终到站应设有与到发线相衔接的动车段(所)或综合维修基地。动车段(所)宜靠近车站设置并留有发展余地,并宜纵列配置于车站到发列车较少一端的咽喉区外方。

始发、终到站和有立即折返作业的中间站到发线数量应根据旅客列车对数及其性质、列车开行方案、引入线路数量和车站技术作业过程等因素确定,并应满足高峰时段列车密集到发的需要。

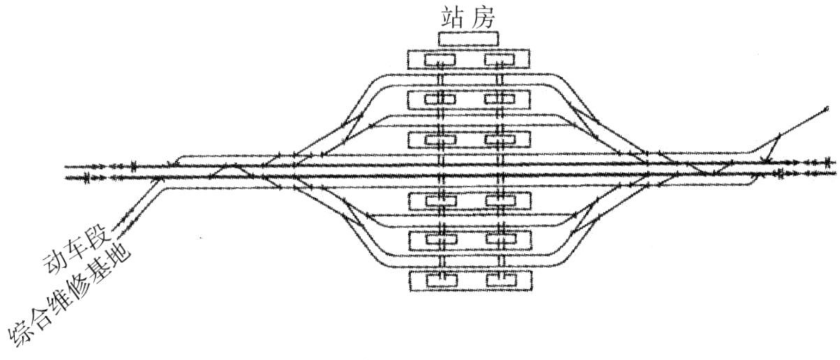

(a)

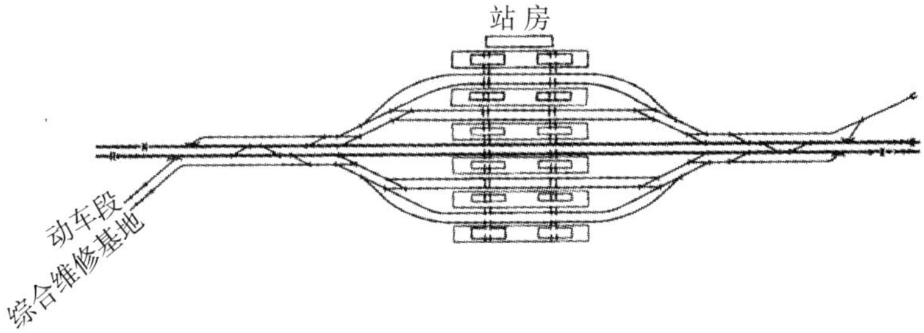

(b)

图 3 –36　高速始发、终到站布置

4. 通过兼始发、终到站

这类车站设在高速铁路沿线大、中城市的铁路枢纽，一般都与普通铁路干支线接轨，以办理通过的高速、跨线旅客列车作业为主，兼办理部分始发、终到的高速列车。

新建的通过兼始发、终到站办理以下作业：

(1)办理高速、跨线旅客列车的客运业务和旅客换乘；

(2)办理停站、不停站的高速、跨线旅客列车通过作业；

(3)办理部分始发、终到高速旅客列车的始发、终到作业；

(4)办理高速列车动车组的整备、检修作业。

新建的通过兼始发、终到站布置图与上述始发、终到站或中间站基本相同，可设有动车段(所)或综合维修基地。

此外，对于石太线等客货混跑的高速铁路车站还可能办理少量货运作业，其作业与既有线相似。

根据与既有线车站的关系，车站的类型还可以划分为新建高速站、与既有线紧靠或并列设置的高速站、高架于既有线车站之上的高速站、利用既有线的高速站等类型。考虑的因素主要是方便换乘和充分利用既有线能力。我国由于土地资源较为紧张，既有站附近地域拆迁费用较大，故较多地采用了新建高速站的模式。

二、高速铁路车站业务特点

1. 车站作业单一，只办理客运作业，不办理货运业务

高速铁路运营初期，能力上会存在一定富余，但由于技术上的原因一般不开行货物列车。

日本、法国等多数国家高速铁路均不开行货物列车，德国虽存有两条客货混跑高速线，但仍以客车为主，货车主要在夜间运行，车站办理的作业主要是通过作业。我国高速铁路大部分也设定为不办理货运，即使如石太等客货混跑线的车站也基本不办理货运作业。

2. 在运行途中高速车站不办理行包、邮政托运业务，列车停站时间短

我国普通客车多挂有行李车和邮政车。列车到达较大车站时，要进行邮件和行包的装卸作业，车站站台上沿站台的纵横向均须设置行邮拖车的走行通道，列车作业繁忙的大站通常需设横越股道、站台的地下通道，交叉干扰多，作业时间长，往往成为列车到发作业的主要限制因素。

高速列车牵引重量小、列车定员少、运输成本高，在高速列车上挂运邮车和行包不经济，还会因装卸行包而延长旅客列车的停站时间，不符合高速铁路追求最短旅行时间的目的。同时，增加行邮业务还需增建相应的行邮通道，以保证运营安全，这也会增加高速车站的投资建设费用。因此，高速铁路车站一般不办理行包和邮件的装卸作业。国外的高速动车也均不办理行邮作业，解决行包的办法一是设置较宽敞的行李架，二是开行单列的行包邮政列车。我国高速铁路基本与既有线平行，行包运输问题可以考虑由既有线完成，故高速列车可不办理行邮业务。

3. 高速车站作业必须突出“以人为本、安全第一”的思想

高速铁路车站是一个大量人流集散的场所，其设计要以方便旅客使用为宗旨，从“管理为本”向“以人为本”的思想转变，在设计中提供多层次的出入通道引导旅客顺畅地进出站，做到快速集散客流、尽量减少旅客步行距离、减少滞留时间和安全方便。

不停站的高速列车通过车站的速度按设计要求应与区间相同，停站的列车进入咽喉区的速度也将达到80km/h。随着列车运行速度的提高，在其通过或进站停车时会产生强大的气压(列车风)。为了防止“列车风”危及人员安全，在车站内要通过合理布设车站的各项设备来保证旅客人身安全、员工作业安全、列车运行安全、调车作业安全等，如采取站台加宽、安全线后移等措施。同时，注意车站的防火、防灾设施的合理布置。

4. 高速车站的客运和行车组织工作要适应高效率快速作业要求

高速列车停站作业时间很短，列车停站时间最短 1min，立即折返的列车停站时间从国外经验来看为 15 ~ 25min，必须提高车站客运和行车组织工作水平，适应高速列车的高效、快速的作业要求。

三、高速铁路车站站房及附属设施

高速铁路运营组织将使旅客的行为模式发生较大变化，作为直接为旅客服务的客运站房最能体现高速铁路的形象，充分体现高效、安全、方便、快捷的特点，在功能和形式上都能体现高速铁路全新风貌，以"功能性、系统性、先进性、文化性、经济性"为原则进行设计和设备布置。

高速铁路站房设计应放在更大范围内与车站内旅客活动平台、站台、雨棚、跨线设施、相关功能用房综合考虑，形成以客运服务为主的车站建筑，并与周边的广场、城市交通设施、主要建筑相协调，使之成为铁路与城市的有机结合点，体现所在城市的地域特色和文化。

1. 候车室

候车室的设计思想与传统铁路有较大差别。传统车站候车室强调等候，一般按最高聚集人数确定。高速铁路车站强调通过功能，等候空间成为辅助功能，候车室要设计为尽端式，尽量不影响旅客进站流线。休息区域尽可能宽松，有较好的室内环境，其标准可参照普通铁路的软席候车室。休息区内，不应只能让旅客枯燥地闲坐，还应该有丰富的活动和服务功能。

2. 售票处

随着售票系统的完善，车站售票厅购票已不再是获取车票的主要途径，原来作为站房的主要组成部分的售票大厅功能弱化，售票窗口主要服务于直接购票者和部分换乘的旅客，以当天票和自动售票为主。考虑到铁路运输的时段性高峰，还应设置临时售票点。

3. 传统综合大厅的新作用

高速铁路一般不办理行包业务，一般不再设置行包房。客运用房主要由综合大厅和候车室组成,传统车站内综合大厅仅仅起着分配人流的作用,是过渡性空间,旅客在此基本不做停留。高速铁路强调服务,综合大厅不仅有分配作用,而且集多功能为一体,在保证旅客通过的前提下,可具备售票、寄存、邮电、银行、商务中心、商业、报刊、休息等多种功能,大大提高了空间的使用效率,是车站建筑的核心。旅客在综合大厅可以选择快速通过,也可以办理手续和进行商务活动或休闲购物。进一步而言,车站不仅面对旅客,也可以向城市开放以增加其商业活力,成为城市空间与车站空间的结合体。在这种功能设置的要求下,其规模由两方面决定:首先保证客流的顺利通过,其次按最高聚集人数的估计,按一定比例控制。

4. 高速铁路车站与其他交通方式的协调

高速铁路是一种大运量的运输通道,为充分发挥高速铁路的效能,需要城市内部各种交通工具能快速地为高速铁路车站运送和疏解客流,实现高速铁路车站在城市中"交通转换平台"的作用,使高速铁路与既有线、城市轨道交通、轻轨、公交、出租车等交通方式形成协调运作、优势互补的交通体系,从而成为城市综合型交通枢纽,为旅客提供便捷、高效的一体化运输服务。

因此,在高速铁路车站的总体布局上要充分考虑车站与城市总体规划、车站与城市交通规划、车站与既有客站的合理分布分工等的相互配合,最大限度地集散客流。高速列车的到发间隔时间短,车站到发客流量大,在具体的设计中,要统筹考虑城市交通—进出站—上下车整个旅客流线的流畅,避免客流通道交叉干扰,以加速旅客进出站的过程,贯彻方便旅客出行的基本原则。

【本章小结】

车站既是铁路运输生产的基地,又是对外服务的窗口,还是铁路系统的一个基层生产单位,更是铁路运输活动中不可缺少的综合性设备。本章主要介绍了车站的作用及其车站线路分类,针对不同作业性质需求,介绍了中间车站、区段车站、编组车站的作业性质和设备。并对高速铁路车站也做了一些补充说明。

【思考题】

1. 何为铁路正线和铁路区间？铁路区间包括哪几种？

2. 简述车站线路的主要种类。

3. 简述铁路车站股道编号和道岔编号的原则。

4. 按担负任务量和规模大小铁路车站分哪几个等级？

5. 按技术作业性质铁路车站分为哪几类？

6. 什么叫无改编中转列车和改编列车？

7. 简述驼峰的组成和分类,以及驼峰自动化的主要内容。

8. 简述编组站在铁路网中的主要任务和作用。

9. 简述区段站和中间站的主要作业内容。

10. 区段站和中间站分别有哪些主要设备？

11. 调车工作主要分为哪几类？

12. 编组站综合自动化主要包括哪三个系统？简述其各自主要构成。

13. 高速铁路车站业务有哪些特点？

【推荐参考书目】

1. 魏庆朝主编:《铁路车站》,中国建筑工业出版社 2014 年版。

2. 李慧玲、曾毅主编:《铁路车站工作组织》,人民交通出版社 2014 年版。

3. 郑健主编:《铁路旅客车站设计集锦》,中国铁道出版社 2009 年版。

4. 刘其斌、马桂贞主编:《铁路车站及枢纽》,中国铁道出版社 2005 年版。

5. 胡思继主编:《铁路行车组织》,中国铁道出版社 2009 年版。

第四章　铁路车辆

【教学重点与难点】

1. 车辆分类、用途及标记；

2. 车辆基本组成；

3. 车辆运用与管理。

铁路车辆是铁路运输的重要设备，是用来运送旅客、装运货物或作其他特殊用途的运载工具。它一般没有动力装置，必须把车辆连挂成列，由机车牵引才能沿线路运行。

第一节　车辆分类及标记

一、车辆分类及用途

车辆按用途分为客车、货车及特种用途车（如试验车、发电车、轨道检查车、检衡车等）。

车辆按轴数分为四轴车、六轴车和多轴车。四轴车的四根轴分别组成两个相同的转向架，能相对于车底架作自由转动，因此缩短了车辆的固定轴距，使之能顺利通过曲线。我国铁路上的大部分车辆均采用这种形式。对于载重量较大的车辆，为使每一车轴加在线路上的重量不超过线路强度所规定的吨数（称为“轴重”），可以做成六轴车或多轴车。

车辆按载重量分为 50t、60t、70t、75t、80t、90t 等多种。

（一）客车

铁路客车是运送旅客或为旅客提供某种服务的设备，见图 4－1。其外形特点是车体两侧墙上有较多的带玻璃的车窗，两车厢连接处有供旅客通行的折棚，有运行品质较好的转向架，车身一般较长。

图 4－1　25K 型客车

常见的客车有硬座车、软座车、硬卧车、软卧车、餐车、行李车、邮政车等数种。还有一些客车既不运送旅客又不为旅客服务，但因某种特殊的用途编在旅客列车中或单独几辆编组按旅客列车在线路上运行。

1. 运送旅客的车辆

（1）硬座车：车内设有硬席座椅设备，供旅客乘坐的车辆。

（2）软座车：车内设有带弹性的软席座位，有的做成可调节靠背斜度的可躺式活动坐椅，供旅客坐躺乘用的车辆。

（3）硬卧车：车内设上、中、下三层开敞式硬席卧铺和靠窗折叠硬席坐椅。

(4)软卧车:车内设有靠窗折叠硬席座椅,单间内设有两层软席卧铺。

(5)双层客车:车内设上下层,可供旅客乘坐和旅途中躺卧休息的车辆。又分为双层硬座车、双层软座车、双层硬卧车、双层软卧车。

(6)合造车:包括软硬座车、软硬卧车、其他合造车三种。

2. 为旅客服务的车辆

(1)餐车:车内设有厨房、餐室、储藏室以及各种炊事用具和餐具等设备。

(2)行李车:车内设有行李间、办公室等设备,供旅客运送行李和包裹。

【小知识】

中国铁路客车家族

中国铁路客车的“直系亲属”目前有三代:

21型客车是中国自行设计的第一代主型客车,1953年开始生产,1961年停止生产。车长21.9745m,车宽3.0045m,构造速度80~100km/h,车辆自重48/45t。硬座车原设计为二、二人座,定员为88名;1955年改为二、三人座,定员增至108名;1956年又将敞开式通过台改为密闭式,加装了折棚门和翻板,并采用铝制烟灰缸和衣帽钩等;1957年再次进行减轻自重的设计改进,将车体结构改为焊接,侧墙带压筋,车辆自重降至43/39t。21型硬卧车为三层卧铺,定员54人,铺位较宽,旅客睡眠较为舒适,但中铺较低,下铺坐人直不起腰来,所以1958年就停止了生产,被22型取代。

22型客车是中国铁路第二代主型客车,1959年开始生产,1994年停止生产。其数量达到6000多辆,曾一度成为我国客车的主力军。车体长23.6m,车宽3.105m,构造速度120km/h。硬座车有两个密闭式通过台,一个温水循环独立锅炉暖房,两个厕所,两个敞开式盥洗室、一个乘务员室。座位为二、三配置,定员120名,座位之间设有固定式茶桌。1961年将取暖方式改为大气压式,定员增加到

122名,即YZ23型。1962年,对22、23型车重新修改设计,将23型定员又改为120名。1970年对车内造型及部分结构又做了较大的设计改进,仍采用独立取暖房,定员改为116名。1957年首批22型硬卧车有9个各容纳6个卧铺(两层睡铺带边铺)及一个可容纳四个卧铺(两层睡铺不带边铺)的敞开式单间;1958年改为9个各容纳8个卧铺(三层睡铺带边铺)及一个可容纳5个卧铺(三层睡铺带边铺)的敞开式单间;1966年后,改为10个敞开式单间,每间三层半软席卧铺两组;取消了边铺,改为18个活动座椅和10个活动小茶桌。

25型客车是中国铁路第三代主型客车。从20世纪90年代初开始,铁路客车由22型向25型升级换代,从25B、25G、25Z到25K、25T的不断发展进步,技术水平日益提高,特别是25K型快速客车已成为中国铁路主型客车。25型客车除基本车型外还有双层客车。这种客车结构上的特点有:车体钢结构系用无中梁无压筋薄壁筒形整体承载结构。定员比21、22型客车有所增加,每一定员所占车辆自重降低,构造速度较高,有较好的舒适性和安全性,采用低磨耗低噪声的风挡及橡胶风挡,安装单元式铝合金车窗。各车均有车顶单元式空调装置和电热装置,端门为自动门。

(二)货车

铁路货车是铁路运送货物的设备。铁路货车按用途分为通用货车、专用货车。

1.通用货车。通用货车的特点是能够适合装运各种不同的货物,主要有敞车、棚车、平车。

(1)敞车(C)

敞车由地板、侧墙和端墙组成,车墙高度在0.8米以上,两侧有门。敞车主要用于运送煤、矿石、钢材等不怕湿的货物,必要时也可以加盖防水篷布,代替棚车装运怕湿货物(见图4-2)。敞车具有很大的通用性,是货车中数量最多的一种。

图 4-2　C_{64}型敞车

(2)棚车(P)

棚车车体由端墙、侧墙、地板、车顶、门窗等部分组成。装运货物时关紧门窗,可以防止风吹日晒和雨雪的侵袭,便于保管。适合于运送比较贵重和怕湿的货物(见图 4-3)。大多数棚车为通用型,但为了固定装运某些货物,还造有一些专用棚车,如家畜车。

图 4-3　P_{70}型通用棚车

(3)平车(N)

大部分平车车体只有地板,主要用于运送钢材、汽车、机器等体积或重量较大的货物,也可借助集装箱运送其他货物(见图4-4)。

图4-4 NX_{70}(NX_{70H})共用车

2. 专用货车。专用货车的特点是专供装运某些限定种类货物的货车,主要有罐车、矿石车、长大货物车、保温车、家畜和家禽车、通风车(车体的适当部位有通风结构,供运输鲜果、蔬菜等的车辆)、活鱼车、水泥车、漏斗车、集装箱车、毒品车、自动倾翻车等。

(1)罐车:罐车的车体为圆筒形,具有较大的强度和刚度,是装运油、液化气、酒精和酸类等液体货物的专用车辆(见图4-5)。为了保证液体货物运送时的安全,设有安全阀等设备:当外界温度发生变化时,罐内压力超过一定数值,安全阀自动打开放气;罐内压力低于一定数值时,通过安全阀补气。运输各类液体货物的罐车构造不同,罐车的通用性差。

(2)砂石车:供装运砂土、碎石的车辆。通常其端墙和侧墙的高度在0.8m以下,以防止过载。

(3)矿石车:供运送矿石、矿粉用的车辆,设有漏斗式下开门。

(4)水泥车:供运输散装水泥的罐车。

(5)煤炭漏斗车:该车是适应在中国准轨铁路运行的用于装运煤

图 4 - 5　G_{17BK}型轻油罐车

炭、矿石等散装货物的车辆(见图 4 - 6),主要由车体、底门、底门开闭机构、风控管路装置、转向架、制动装置及车钩缓冲装置等组成。卸货口在车辆底部两侧,可风动快速卸货,也可手动卸货。车体和底门为全钢焊接结构,采用转 K5 型转向架或转 K6 型转向架、120 型控制阀空气制动系统、NSW 型手制动机、17 型车钩及 MT - 2 型缓冲器。

图 4 - 6　KM70H(KM70)型煤炭漏斗车

(6)保温车:又称冷藏车,车体夹层装有隔热材料,车内设有冷却装置和加热装置,能够使车内货物保持必要的温度,可以用来装运易腐货物,如鲜鱼、肉类、水果、蔬菜等。保温车根据其制冷方式又可分为加冰保温车和机械保温车(见图4-7)。车体外表涂成银灰色。我国自行设计制造的B_{23}型机械保温车,每5辆一组,由1辆发电车和4辆货物车组成,适合易腐货物产地多、批量不大的特点,能够长距离运送各种易腐货物。

图4-7　B22保温车

(7)家畜车:设有适合运输活家畜、家禽设备的车辆。车体类似通风车,有给水和饲料储存及押送人员乘坐等设施。

(8)通风车:车体的适当部位有通风结构,供运输鲜果、蔬菜等的车辆。

(9)集装箱车:设有防止箱门意外开启的门止挡,专供集装箱运输的平车。

(10)活鱼车:设有运输活鱼设备的车辆。

(11)家畜车:供装运家畜和家禽使用的车辆,车体具有顶棚及端墙和侧墙,车内有给水设备、通风设备、押运人员乘坐设备及放饲料空间,有的还有饲料槽。装牲畜部分可加装隔板分层,如装运牛马等大牲畜时可不隔层，装运猪羊时可隔为两层，装运家禽时可分隔为多层。

（12）长大货物车：供运输重量特大或长度特长的货物的车辆。有凹底平车、落下孔车、钳夹式长大货车等。

此外，专用货车还有粮食车、自翻车、毒品车等。

二、车辆标记及技术经济参数

（一）车辆标记

2014版《铁路技术管理规程》（普速铁路部分）规定：

第178条　车辆应有识别的标记：路徽、车型、车号、制造厂名及日期、定期修理的日期及处所、自重、载重、容积、换长等；车辆应有车号自动识别标签；客车及固定配属的货车上应有所属局段的简称；客车还应有车种、定员、最高运行速度标记；罐车还应有标明容量计表标记；电气化区段运行的客车、机械冷藏车等应有“电化区段严禁攀登”的标识。

为了便于对车辆的运用和管理，在车辆指定部位涂打的标明车辆的配属、用途、编号、主要参数、方向、位置等的文（数）字和代号称为车辆标记。

根据国家标准《铁道车辆标记一般规则》的规定，车辆标记由运用标记、产权标记、检修标记等。

1. 运用标记

（1）车号

车号一般由基本型号、辅助型号及号码三个部分组成。

基本型号用汉语拼音字母表示，代表车辆种类。客车用两个字母表示；货车一般用一个字母表示（表4－1）。

辅助型号代表同一车型中车辆结构或装载量，用阿拉伯数字表示。

号码表示某种车型的顺序编号，客车按车种分别编号，货车按车种和标记载重分别编号。例如，客车中的硬座车号码为20，000～46，999；硬、卧车为60，000～89，999；货车中的棚车为3，000，000～

3, 499, 999;敞车为4, 000, 000 ~4, 999, 999。

表4－1　车辆基本型号编码表

客车			货车		
序号	车种	代码	序号	车种	代码
1	软座车	RZ	1	棚车	P
2	硬座车	YZ	2	平车	N
3	硬卧车	YW	3	敞车	C
4	软卧车	RW	4	集装箱车	X
5	餐车	CA	5	矿石车	K
6	行李车	XL	6	罐车	G
7	邮政车	UZ	7	保温车	B
8	公务车	GW	8	毒品车	W
9	医务车	YI	9	家畜车	J
10	卫生车	WS	10	水泥车	U
11	试验车	SY	11	粮食车	L
12	文教车	WJ	12	特种车	T
13	特种车	TZ	13	长大货物车	D
14	双层硬座车	SYZ	14	守车	

例：C 60 47685
- 47685——号码
- 60——辅助型号，代表装载量
- C——基本型号，代表敞车

YW 25G 67853
- 67853——号码
- 25G——辅助型号，代表车长和结构
- YW——基本型号，代表硬卧车

(2)自重

为空车时车辆本身的重量,以t为单位,保留一位小数。

(3)载重

指车辆允许的最大装载重量,以t为单位。

(4)容积

是货车内部可容纳货物的体积,以车体内部长、宽、高的乘积表示。

(5)车辆全长

为在无纵向外力作用的情况下,车辆两端车钩在闭锁位时两钩舌内侧面间水平的距离,以 m 为单位。

(6)换长

是为了编组列车时统计工作的方便,将车辆全长换算成辆数来表示的长度。

换长 = 车辆全长/11m

计算中保留一位小数,尾数四舍五入。

(7)车辆定位标记

铁道车辆在前后、左右方向是一个接近对称的结构,在对称轴上或在对称的部位上有许多结构相同或相近的零、部件。设置车辆方位就像数学上给定坐标系一样,便于在设计、制造、检修、运用中确定同类型零、部件在车辆中的位置。车辆的方位一般以制动缸活塞杆推出的方向为第一位,相反的方向为第二位(图 4 -8),并在车上规定的部位涂刷上方位标志。

车辆零、部件方位称呼规则如下:当人面对车辆的一位端站立时,对排列在纵向对称轴上的构件可由一位端顺序向二位端编号,如转向架、轮对、底架上的同形横梁等均可按此编号。对分布在对称轴左右的构件,则左侧为奇数,右侧为偶数,顺序从一位端向二位端编号,如侧墙、立柱、车窗、轴箱、侧架等均可按此编号。

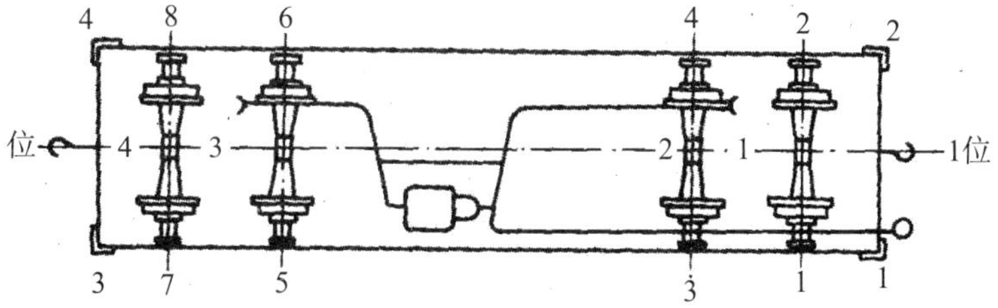

图 4 -8　车辆方位

(8)特殊标记

①人字标记:可供输送人员使用的棚车。

②环形标记:具有栓马装置的货车。

③关字标记:必须关闭货车活动墙板或其他活动部分翻下超过车辆限界者。

④特字标记:允许运输特殊货物的车辆。

⑤禁止通过机械化驼峰标记:表示该车辆下部尺寸与机械化驼峰的缓行器尺寸相抵触,或受车内尺寸限制等,禁止该车通过机械化驼峰。

⑥国际联运标记:表示该车辆各部分符合国际联运的要求,可以参加国际联运。

⑦超字标记:表示货车车体的部分配件超过机车车辆限界,但不危及行车安全,准许按不超限车辆运行。

⑧卷字标记:表示应在货车该部位挂绳钩,以便进行卷扬倒车,即利用卷扬机钢丝绳牵引车辆移动位置。

⑨顶车标记:表示应在该部位进行顶车作业。

除以上特殊标记之外,还有如毒品专用车在车门上涂打“毒品专用车”字样和菱形毒品标记;罐车“进气压力”标记;爆炸、易燃品为红色色带标记并涂打“危险”字样;长大货物车涂打“限速”和“曲线半径”标记等。

2. 产权标记

(1)国徽

凡参加国际联运的客车须在侧墙外中部悬挂国徽。

(2)路徽

凡产权归铁道部的车辆均应在侧墙或端墙适当的部位涂刷路徽,表示人民铁道。对于货车还应在侧梁适当部位安装产权牌。

(3)企业自备车辆的产权标志

路外厂矿企业的自备车因运送货物或委托路内厂、段检修而需要在正线上行驶时,一般在侧墙上或其他相应部位用汉字涂打上“××

企业自备车”字样。

(4)配属标记

所有客车以及个别有固定配属的货车,必须涂刷上所属局、段的简称。

3. 检修标记

检修标记是便于车辆计划预防性修理制度执行与管理的标记,共有两种:厂修、段修标记和辅修及轴检标记。它记下本次修程、类型及检修责任单位并提醒下一次同类修程应在何时进行等,且车辆一旦发生重大行车事故,可借此追查与车辆检修有关的责任单位及责任者。

(1)厂修、段修标记:

98.9	97.3	郑北	← 段修标记
99.3	93.3	齐厂	← 厂修标记

(定期检修标记)

说明:上列标记中,第一栏为段修标记,第二栏为厂修标记;左侧为下次检修年月,右侧为本次检修年月及检修单位的简称。

(2)辅修标记:

铁路车辆辅修检修周期为六个月;标记形式如:

3 - 15	9 - 15 丰

上例中的辅修标记表示这辆车在 9 月 15 日由丰台车辆段施行辅修,下次辅修到期是次年的 3 月 15 日。

(二)车辆技术经济参数

车辆技术经济参数是表明车辆结构上和运用上某些特征的一些指标,除了自重、载重、容积等已在“车辆标记”部分做了说明外还有以下几项:

1. 自重系数

自重系数是车辆自重与标记载重的比值。自重系数小,说明机车对运送单位重量货物所做的功少,比较经济,所以自重系数越小越好。

今后我国将大量制造大吨位的货车,以压缩车辆的自重系数,有利于降低货运成本,满足货物重载运输的需要。

2. 轴重

轴重是车辆总重与轴数之比,即车辆每一轮对加于轨道上的重力。车辆的轴重受轨道和桥梁结构强度(允许的荷载)的限制,所以不允许超过规定数值。目前,我国线路允许的最大轴重为23t。

3. 单位容积

单位容积是车辆设计容积是和标记载重之比,是说明车辆载重力与容积能否达到充分利用的指标。

4. 每延米轨道载重

每延米轨道载重是车辆总重量与车辆全长之比(单位为t/m)。它是车辆设计中与桥梁、线路强度密切相关的一个指标。按目前桥梁设计规范,允许车辆每延米轨道载重可取到8t。线路允许载荷我国规定一般不得超过6.6t/m。

5. 构造速度

构造速度是车辆设计时按安全及结构强度等条件所允许的车辆最高行驶速度。车辆实际运行速度一般不允许超过构造速度。

(三)车辆轴距

车辆的轴距分为全轴距和固定轴距两种,如图4-9所示。

1. 全轴距

车辆最前位和最后位的车轴中心间的水平距离叫做全轴距,如图4-9所示。

2. 固定轴距

同一转向架最前位和最后位车轴中心间的水平距离叫固定轴距。固定轴距不宜过大或过小。固定轴距过大时,有以下害处:

车辆在曲线半径小的线路上运行时,外侧车轮轮缘压迫钢轨内侧面,容易扩大轨间距离,并且加剧轮缘与钢轨间的磨耗。

轮缘容易挤到轨面上,当轮缘有缺陷时,更容易造成脱轨事故。

固定轴距过小时，则增大车辆的振动，使旅客感到不舒适，而且使车辆上螺栓等紧固件容易松弛，各零件易于损坏。因此，一般铁路车辆转向架的固定轴距，货车转向架为 1580 ~ 1800mm，客车转向架为 2400 ~ 2700mm。

3. 车辆定距

车辆底架两心盘中心间的距离叫做车辆定距。它基本上决定于车体（或底架）的长度，与车辆在曲线上的偏倚量和车体结构强度有密切关系。一般车体长与定距之比为 1∶4，称为车辆定距比。

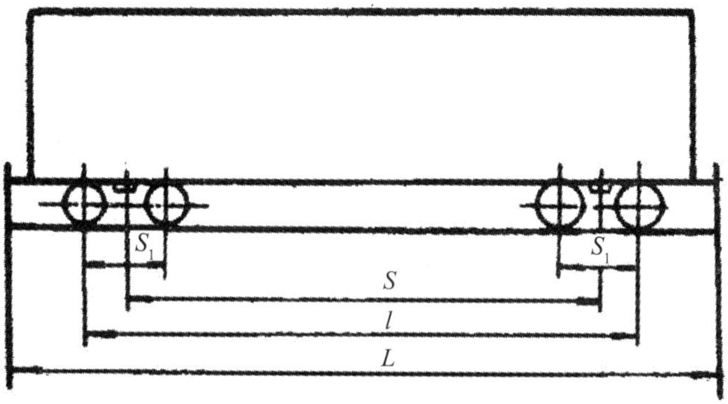

图 4 - 9　车辆轴距

S_1—固定轴距；S—车辆定距；l—车辆全轴距；L—车辆长度。

第二节　车辆构造

铁路车辆种类繁多，但其结构大致相似，一般由车体及车底架、走行装置、车钩缓冲装置和制动装置、车内设备五个基本部分组成。

一、车体及底架

车体是旅客乘坐或装载货物的部分，车体一般和车底架构成一个整体，其结构与车辆的用途有关。

（一）货车车体

货车车体是供装载货物的部分，一般包括底架、侧墙、端墙、车顶等。

（二）客车车体

客车车体采用薄壁筒形结构，由底架、侧墙、车顶、外端墙和内端墙、门窗等组成。为了满足旅客在旅行生活上的需要，车体内部设有坐卧设备、给水设备、车电设备、通风设施和空调取暖设备等。

在我国普通客车总数中，数量最多的是25型客车，目前主要运营的25型客车有七种，如表4－2所示：

表4－2　25型客车主要技术参数对比

车型 项目	25A	25B	25D	25G	25型 双层	25K	*25Z*
构造速度 (km/h)	140	140	160	140	140	160	*160*
转向架型式	209 206	209 206	SW－160 CW－2	209G 206G	209PK	209HS 206KP	*206KP* *CW－2*
采暖型式	水	水	电	电	电	电	*电*
空调装置	有	无	有	有	有	有	*有*
制动机型式	104	104	JZ－7	104	104	104 电控	*F8*＋电控
防滑器	无	无	有	无	有	有	*有*
列车信息技术	无	无	有	无	无	有	*有*
轴报器型式	单	单	集中	集中	单	集中	单

25型客车车体钢结构为全钢焊接结构，由底架、侧墙、车顶和端墙四部分焊接而成。在侧墙、端墙、车顶钢骨架外面，在底架钢骨架的上面分别焊有侧墙板、端墙板、车顶板和纵向波纹地板及平地板，形成一个上部带圆弧，下部为矩形的封闭壳体，俗称薄壁筒形车体结构。壳体内面或外面用纵向梁和横向梁、柱加强，形成整体承载的合理结构。

（三）车底架

车底架是车体的基础。它承受车体和所装货物的重量，并通过上、下心盘将重量传给走行部（图4－10）。在列车运行时，它还承受机车牵引力和列车运行中所引起的各种冲击力，所以必须具有足够的强度和刚度。

货车车底架由中梁、侧梁、枕梁、横梁及端梁等组成。

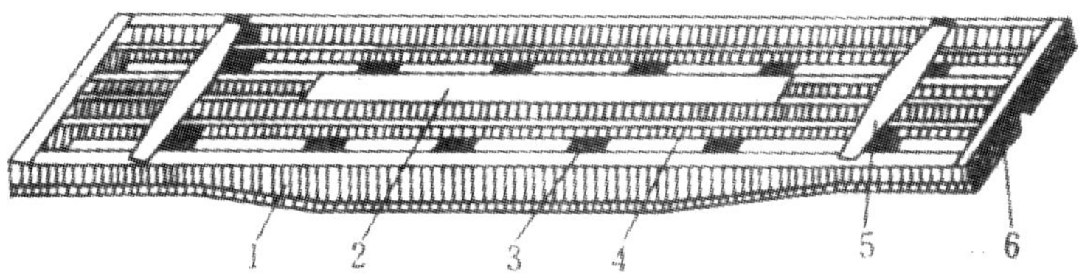

1. 侧梁;2. 中梁;3. 横梁;4. 辅助梁;5. 枕梁;6. 端梁

图 4－10　货车底架

中梁位于车底架的中央,为车底架的骨干,两端是安装车钩缓冲装置的地方,是主要承受垂直载荷和纵向作用力的杆件。

枕梁是车底架和转向架摇枕衔接的地方。在枕梁下部安装的上旁承和上心盘,分别与转向架摇枕上的下旁承和下心盘相对并将重量传给走行部。

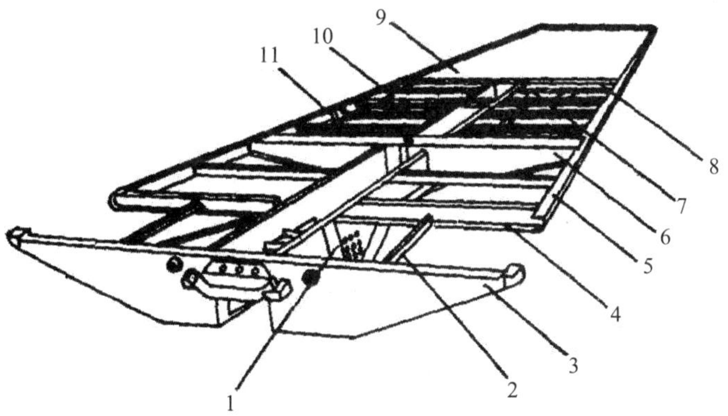

1. 斜撑;2. 通过台纵梁;3. 缓冲梁;4. 端梁;5. 下侧梁;6. 枕梁;7. 中梁

8. 大横梁;9. 金属地面;10. 小横梁;11. 顶车垫板

图 4－11　22 型硬座车底架钢结构

客车车底架构造和货车车底架相似。客车两端必须设置通过台,所以它的两端各有一个通过台架。

二、车辆走行装置

走行装置是引导车辆沿轨道运行,并把车辆的重量和货物载重传给钢轨,它应保证车辆以最小的阻力在轨道上运行,并顺利地通过曲线。走行装置能否保持良好的状态,对于车辆的安全、平稳、高速运行有很大影响。

在四轴货车上,四组轮对分成相同的两个部分,组成转向架(图4-12)。转向架是由两组轮对和轴箱油润装置、侧架、摇枕、弹簧减振装置等组成的一个整体。车辆采用转向架的形式后,能相对于车底架自由转动,缩短了车辆的固定轴距,便于车辆顺利通过曲线。

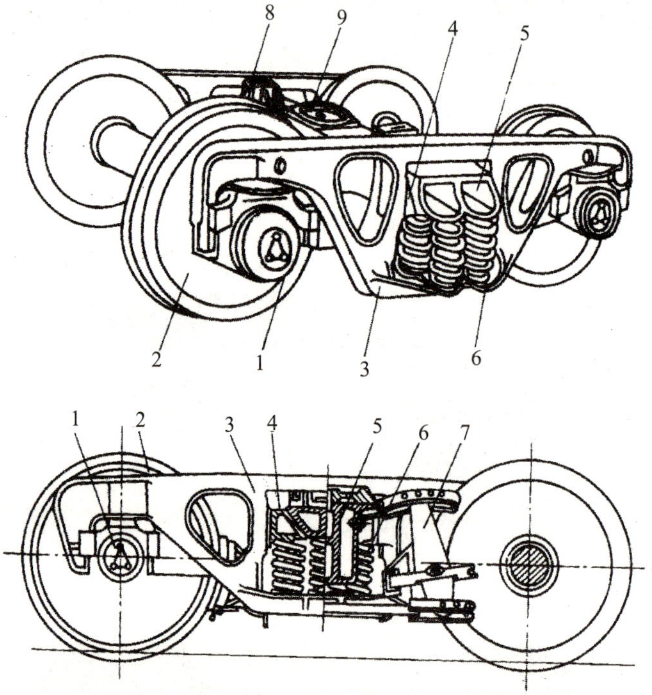

1. 轴承;2. 轮对;3. 侧架;4. 斜楔;5. 摇枕;6. 弹簧;

7. 制动装置;8. 旁承;9. 下心盘

图4-12　转8A型转向架

由于车辆的用途、运行条件、制造和检修能力及历史传统等因素的不同，转向架的类型非常多，结构各异，如图4－13所示CW－200KD转向架为客车转向架。但它们又都具有转向架的共同特点，其基本作用和基本组成部分是相同的。一般转向架的组成可以分为以下几个部分。

图4－13　CW－200KD转向架

轮对轴箱装置：轮对沿着钢轨滚动，除传递车辆重量外，还传递轮轨之间的各种作用力，其中包括牵引力和制动力。轴箱与轴承装置是联系构架（或侧架）和轮对的活动关节，使轮对的滚动转化为车体沿钢轨的平动。

弹性悬挂装置：为减少线路不平顺和轮对运动对车体的各种动态影响（如垂向振动、横向振动等），转向架在轮对与构架（侧架）之间或构架（侧架）与车体（摇枕）之间，设有弹性悬挂装置。前者称为轴箱悬挂装置（又称第一系悬挂），后者称为摇枕悬挂装置（又称第二系悬挂）。目前，我国大多数货车转向架只设有摇枕悬挂装置，客车转向架既设有摇枕悬挂装置，又设有轴箱悬挂装置。

弹性悬挂装置包括弹簧装置、减振装置和定位装置等。

构架（侧架）：构架（侧架）是转向架的基础，它将转向架各零部件组成一个整体。所以它不仅仅承受、传递各作用力及载荷，而且它的结构、形状和尺寸大小都应满足各零、部件的结构、形状及组装的要求（如应满足制动装置、弹簧减振装置、轴箱定位装置等安装的要求）。

基础制动装置：为使运行中的车辆能在规定的距离范围内停车，必须安装制动装置，其作用是传递和放大制动缸的制动力，使闸瓦与轮对之间产生的内摩擦力转换为轮轨之间的外摩擦力（即制动力），从而使车辆承受前进方向的阻力，产生制动效果。

（一）轮对

轮对是两个车轮紧密地压装在一根车轴上组成的。轮对承受车辆的全部重量，并以较高的速度引导车辆在钢轨上行驶。我国客车车轮的标准直径为915mm，货车为840mm。车辆车轮均采用辗钢整体车轮和铸钢整体车轮。车轮压装在车轴轮座上，不得松动。

车轮与钢轨头部的接触面，称为踏面。踏面做成一定的斜度，可使车辆的重心落在线路中心线上，以减少或避免车辆的蛇行运动，使轮对较顺利地通过曲线，减少车轮在钢轨上的滑行。

车轮内侧外缘凸起的部分叫轮缘。它的作用是防止轮对脱轨，保证车辆在线路上安全运行。

车轴两端装进轴箱的部分叫轴颈，安装车轮的地方叫轮座，车轴的中部为轴身。

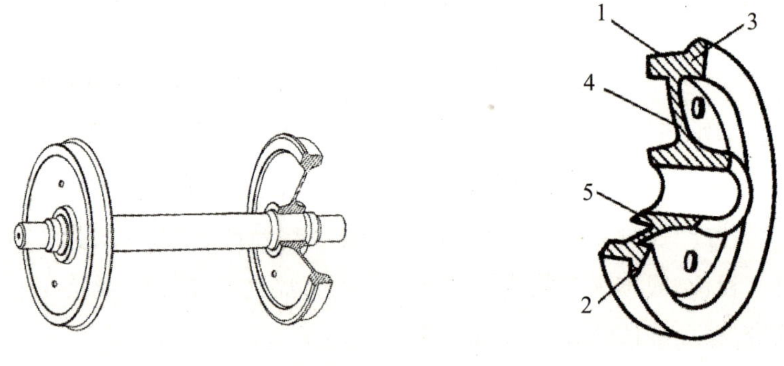

1. 踏面；2. 轮缘；3. 轮辋；4. 辐板；5. 轮毂

图4－14　轮对

(二)轴箱油润装置

轴箱油润装置的作用是将轮对和侧架联结在一起,把车辆的重量传给轮对;保护轴颈,使轴承与轴颈间得到润滑,减少摩擦,防止在高速运行条件下发生热轴,保证车辆安全运行。

铁路车辆上有两种类型的轴箱装置,即滚动轴承轴箱和滑动轴承轴箱装置。现在大量采用的是滚动轴承轴箱。这种轴箱由轴箱体、轴箱盖、滚动轴承等组成。

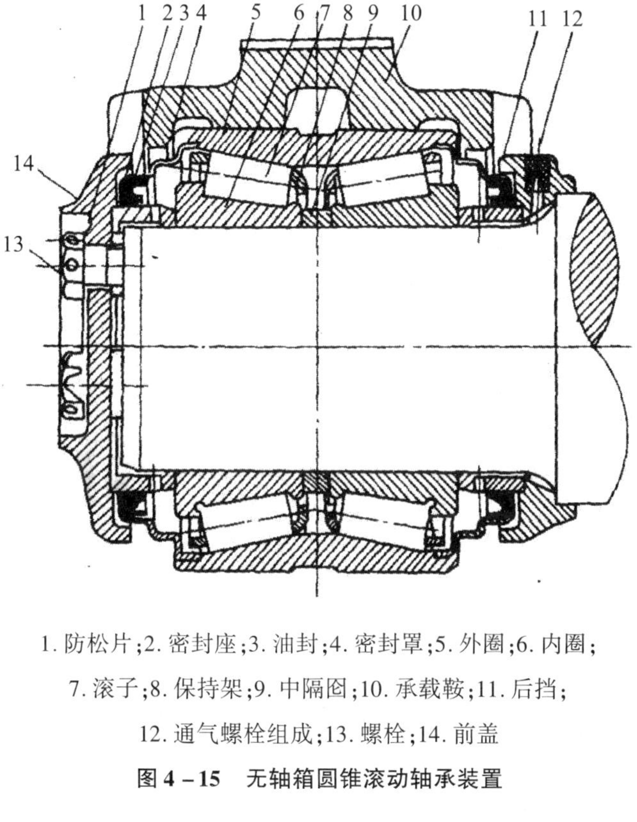

1. 防松片;2. 密封座;3. 油封;4. 密封罩;5. 外圈;6. 内圈;
7. 滚子;8. 保持架;9. 中隔圈;10. 承载鞍;11. 后挡;
12. 通气螺栓组成;13. 螺栓;14. 前盖

图 4-15 无轴箱圆锥滚动轴承装置

(三)侧架和摇枕

侧架和摇枕是货车转向架的主要部件,把转向架各零部件组成一个整体。它不仅承受、传递各种作用力,而且在侧架中部设有弹簧承台,是安装弹簧减振装置的地方。

摇枕中间有下心盘,两旁铸有旁承座,它的两端支承在弹簧上,车体的重量和载荷通过下心盘经摇枕传给两侧的枕弹簧,并通过摇枕将两个侧架联系起来。

下心盘和装在车体枕梁下面的上心盘相对,车体重量集中由心盘传给摇枕。

下旁承装在摇枕两端的旁承座内。当车辆通过曲线时,向下倾斜一侧的上旁承和下旁承相接触,可以防止车体过分摇动和倾斜。

客车转向架是一种无导框式(又称构架式)转向架,构架侧梁下面的轴箱弹簧,直接放置在轴箱体两侧的弹簧托板上。

客货车用的弹簧一般是螺旋弹簧(也叫圆簧),用来缓和车辆在运行中的振动以及车辆对线路的冲击作用。

为了更好地减轻振动,除了弹簧装置以外,还采用其他的减振设备,如我国客车转向架上采用的油压减振器,在高速客车、双层客车和地下铁道车辆转向架上还装有空气弹簧。

空气弹簧是利用装在橡胶容器中的压力空气的气体体积可变化的原理制成的(图 4 - 16)。当橡胶容器受压时,里面的空气体积变小,外力撤销后,空气体积又恢复原状,从而达到缓和冲击和减振的作用。空气弹簧与一般刚性弹簧相比,具有良好的吸收高频振动和隔音性能,以及自重轻等优点,因此,在高速客车上得到应用。

铁路车辆用空气弹簧　铁路车辆车厢

图 4 - 16　空气弹簧

三、车钩缓冲装置

车钩缓冲装置是使机车和车辆或车辆之间连挂一起,并且传递牵引力和制动力，缓和列车运行或调车作业时所产生的冲击力的装置（见图4－17）。

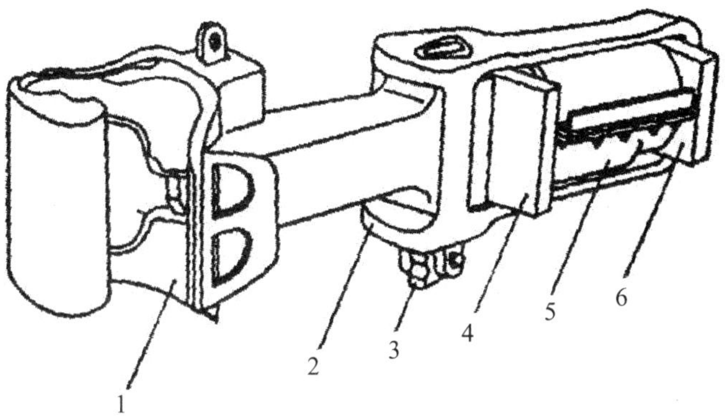

1. 车钩；2. 钩尾柜；3. 钩尾销；4. 前从板；5. 缓冲器；6. 后从板

图4－17　车钩缓冲装置

车钩缓冲装置包括车钩、缓冲器两部分，安装在车底架中梁的两端。

当车辆受牵引力时，作用力的传递过程为：车钩—钩尾框—后从板—缓冲器—前从板—前从板座—牵引梁。

当车辆受冲击时，作用力的传递过程为：车钩—前从板—缓冲器—后从板—后从板座—牵引梁。

由上述可见，车钩缓冲装置无论是承受牵引力，还是冲击力，都要经过缓冲器将力传递给牵引梁，这样就有可能使车辆间的纵向冲击振动得到缓和和消减，从而改善了运行条件，保护车辆及货物不受损坏。

（一）车钩

车钩由钩头、钩身和钩尾三个部分组成。钩头里装有钩舌、钩舌推铁和钩锁铁等零部件。

为了实现挂钩或摘钩，使车辆连接或分离，车钩有以下三种位置（见图4－19）。

1. 锁闭位置

锁闭位置是指即车钩的钩舌被钩锁铁挡住不能向外转开的位置。

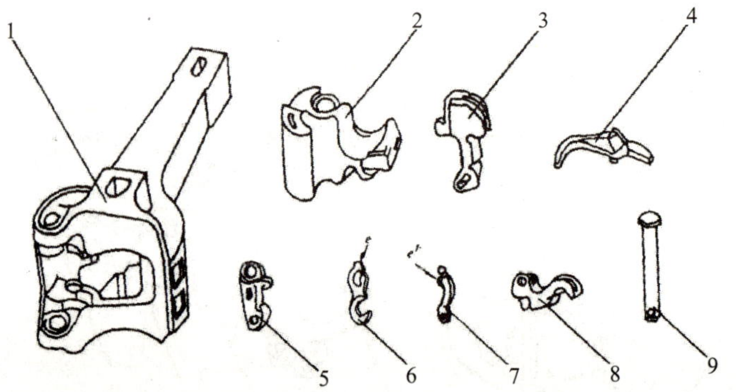

1. 钩头;2. 钩舌;3. 钩锁铁;4. 钩舌推铁;5. 上锁销杆(上作用);
6. 上锁销(上作用);7. 下锁销(下作用);8. 下锁销杆(下作用);9. 钩舌销

图 4-18　车钩组成

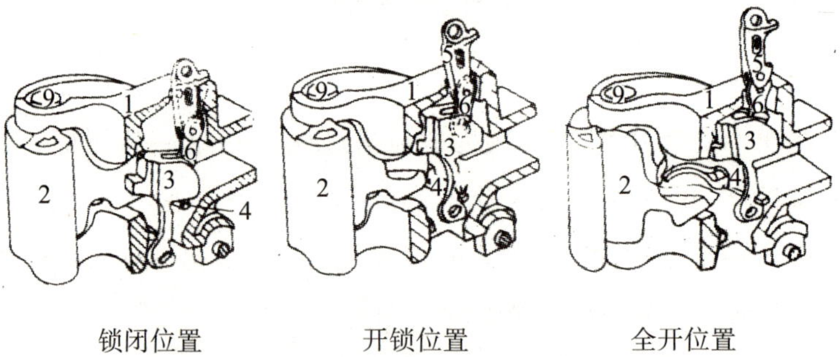

1. 钩头;2. 钩舌;3. 钩锁铁;4. 钩舌推铁;5、6. 钩提销

图 4-19　车钩的三态作用

两个车辆连挂在一起时车钩就处在这种位置。

2. 开锁位置

开锁位置是指即钩锁铁被提起,钩舌只要受到拉力就可以向外转开的位置。

3. 全开位置

全开位置是指即钩舌已经完全向外转开的位置。

摘钩时,只要其中一个车钩处在开锁位置,就可以把两辆车分开。

当两个车需要连挂时,只要其中一个车钩处在全开位置,与另一辆车钩碰撞后就可连挂。

(二)缓冲器

缓冲器的作用是用来缓和列车在运行中由于机车牵引力的变化或在启动、制动及调车作业时车辆相互碰撞而引起的纵向冲击和振动。缓冲器有耗散车辆之间冲击和振动的功能,从而减轻对车体结构和装载货物的破坏作用,提高列车运行的平稳性。

缓冲器的工作原理是借助于压缩弹性元件来缓和冲击作用力,同时在弹性元件变形过程中利用摩擦和阻尼吸收冲击能量。

我国铁路车辆上所采用的缓冲器,客车为 1 号环弹簧缓冲器货车上为 2 号环弹簧缓冲器、MX—1 橡胶缓冲器和 3 号摩擦式缓冲器等。3 号缓冲器容量太小,性能不稳,正在被逐渐淘汰。为了改进现有的几种缓冲器的性能以满足近期铁路运输发展的要求,近些年来提出了多种改进方案,如 G_1 型、G_2 型等,在保持原 1 号、2 号等结构形式基本不变的前提下,增大了容量,改善了性能。

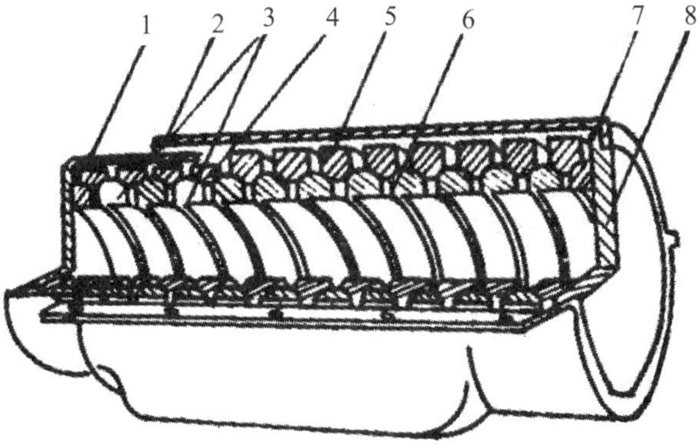

1. 压块;2. 楔块;3. 箱体;4. 顶隔板;5. 中隔板;

6. 橡胶片;7. 底隔板;8. 底板

图 4 – 20 2 号缓冲器

缓冲器的性能直接影响着列车的牵引总重、运行速度、车辆的总

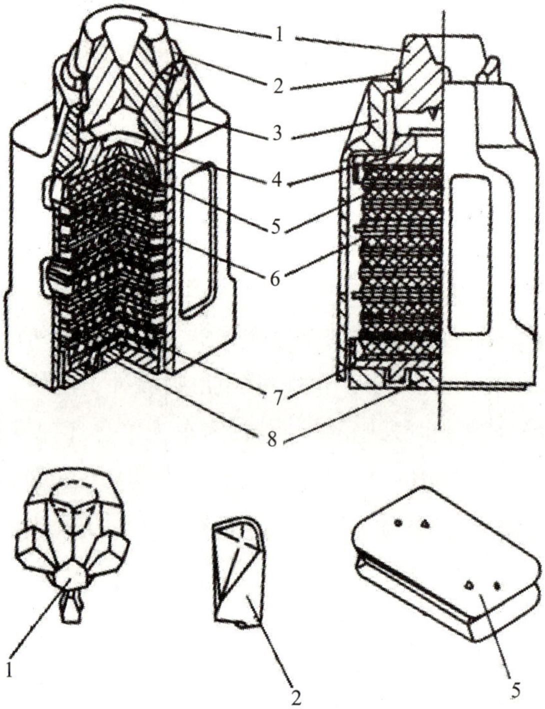

1. 盒盖;2. 弹簧盒;3. 开口内环弹簧;4. 小外环弹簧;
5. 大外环弹簧;6. 内环弹簧;7. 半环弹簧;8. 底板

图 4-21　MX-1 型橡胶缓冲器

重、编组作业效率、货物的完好率等涉及铁路运输效能的主要技术经济指标。决定缓冲器特性的主要参数是:缓冲器的行程、最大作用力、容量及能量吸收率等。

1. 行程:缓冲器受力后产生的最大变形量称为行程。此时弹性元件处于全压缩状态,如再加大外力,变形量也不再增加。

2. 最大作用力:缓冲器产生最大变形量时所对应的作用外力称为最大作用力。

3. 容量:缓冲器在全压缩过程中,作用力在其行程上所做的功的总和称为容量。它是衡量缓冲器能量大小的主要指标。如果容量太小,当冲击力较大时就会使缓冲器全压缩而导致车辆刚性冲击。

4. 初压力:缓冲器的静预压力称为初压力。初压力大小将影响列车启动加速度。

5. 能量吸收率:缓冲器在全压缩过程中,有一部分能量被阻尼所消耗,其所消耗部分的能量与缓冲器容量之比称为能量吸收率。吸收率越大,则表明缓冲器吸收冲击能量的能力越大,反冲作用就越小;否则,缓冲器须往复工作几次方能将冲击能量消耗尽,这将导致车钩、车底架过早疲劳损伤,并且加剧列车纵向冲击,一般要求能量吸收率不低于70%。

四、车辆制动装置

车辆制动装置是车辆的重要组成部分,详见本教材《列车制动系统》部分。

五、车内设备

货车车辆内部设备比较简单,如保温车设有升、降温设备,罐车设有装卸油设备等。

客车车内设备是为旅客旅行提供必要舒适条件的设备,主要包括给水装置、空调装置、电气装置及坐席、卧铺、行李架、卫生设施等,有的客车上还设有媒体和通信装置等。

25K型客车是目前铁路普通客车的主型车辆,该车型是为适应旅客列车提速要求而设计制造的快速客车,增加了旅客信息显示系统,提高了内装修档次等,满足构造速度160km/h空调客车技术条件的要求。

客车车内设有供旅客休息的座椅、卧铺、固定式茶桌、衣帽钩、行李架、照明等。

1. 乘务员室

室内设有办公桌、座椅、衣帽钩、行李台、活动折合梯、备品表框、照明配电盘、吊柜、立柜等。

2. 厕所

两个厕所设在二位端一、二位侧,为低蹲式或座式便器,仿大理石地板及玻璃钢围板,厕所内装有冲便阀、扶手等,一位侧厕所还设有洗手器。

3. 洗脸室

二位端设有双人洗脸室一间,仿大理石地板、玻璃钢围板,室内设两个洗脸盆、镜子、梳妆台、衣帽钩等用具。洗脸盆装有出水阀、排水堵链。

4. 茶炉室

茶炉室位于一位端二位侧,设有不锈钢电开水炉、不锈钢接水盘及排水管路。

5. 配电室

配电室位于一位端一位侧,内设空调配电柜、控制配电柜和应急电源柜。

6. 列车信息显示系统

客车的信息显示装置包括厕所有无人显示、水位显示、轴温报警装置、车内外顺号牌显示及带随机信号的信息显示系统。为了方便旅客旅行,并及时了解列车运行状态下的各种信息,该装置设有速度、温度、时间、旅行知识及广告等内容。列车信息显示系统包括车内的LED发光显示屏、速度传感器和温度传感器;其中,显示屏由屏内计算机单片机系统自动控制,并可随机调整和修正。

7. 列车有线和无线通话系统

为便于联络,25Z型客车装有列车有线电话装置和无线电话系统。列车有线电话装置用于列车各车厢之间的相互联系,同时设有接口可与无线电话系统联网通话;无线电话系统用于列车与地面之间的通信联络,可实现国内外的直拨通话。

8. 播音系统

列车设有二等播音座车,可实现对整列车的广播。

9. 给水与采暖系统

25 型客车采用不锈钢车上水箱,设于二位端平顶板上方,容积为1000L;一位端设电开水炉,功率为 4.5kw;洗脸室设有电温水箱。冷水装置由冷水箱、注水管、溢水管、供水管及各阀组成。

客车电热采暖采用电热器,共 22 组,总功率为 11.66kw;每组电热器均由防热板、罩、连接座、支座、卡和垫板及电热元件等组成。其中防热板用硅酸铝耐火纤维毡外包镀锌板制成;罩用表面冲有长条散热孔的不锈钢板制成;电热元件为绕片式或板式,其优点是既增大了散热面积、减小电加热器体积、节省安装空间,又降低了电热元件的表面温度。电热管分为两种:一种是 U 形碳素钢管缠以不锈钢绕片,用于客室大走廊、配电室和乘务员室;另一种是 U 形不锈钢管缠以不锈钢绕片,用于厕所、洗脸室及小走廊。板式为板状云母电热元件,用于客室、大走廊、配电室和乘务员室。

10. 空调系统

空调客车采用车顶单元式空调机组(图 4-22),它与车内通风装置、空调控制箱组成一个完整的空调系统。机组安装在车体一位端车顶凹下部分的安装梁上,8 个安装座与之相连,安装座下设橡胶减振器。机组两侧设有不锈钢护罩,底部装有防风和防水密封胶垫。

图 4-22 车顶单元式空调机组

空调机组由一台双速离心式通风机、二台全封闭制冷压缩机、二台轴流风机、一组蒸发器、二组冷凝器和一组电加热器组成,制冷系统各部均用铜管焊接连接。新风口设在机组一位端部，新风过滤网可以从车内回风口处装拆。空调机组可以分别进行手动强风、弱风、强暖、弱暖、强冷、弱冷和自动强冷弱冷控制。

空调机组凝结水由机组下面的排水槽引至一位外端，在排出管处排至车下。

第三节　车辆业务

一、概述

为了完成运输任务，铁路必须拥有相应数量的、性能良好的车辆。因此，一方面铁路工业部门要不断地新造足够数量的车辆；另一方面车辆部门还要做好车辆在日常运用中的维修保养工作，使已有车辆经常处于质量良好的技术状态，才能确保安全、高速、平稳地运送旅客和货物，并延长车辆的使用寿命。

车辆业务是指铁道车辆运用及维修的管理及组织工作。车辆业务包括管理和检修两个方面的内容。

（一）车辆部门的组织机构

为适应市场经济的发展，全国铁路运输的组织机构在不断地改革和完善中，因此，车辆部门的组织机构也处于改革和完善之中。2013年3月，根据国务院机构改革和职能转变方案，实行铁路政企分开，撤销铁道部，将中华人民共和国铁道部拟定铁路发展规划和政策的行政职责划入交通运输部；组建国家铁路局，由交通运输部管理，承担铁道部的其他行政职责；组建中国铁路总公司，承担铁道部的企业职责。我国现行的铁路运输组织机构是在铁路总公司的统筹规划下，按运输组织需要在全国设立若干个铁路局。铁路局负责组织与领导各业务段和车站的运输生产工作，保证行车安全。车站和业务段是铁路运输企业的基层生产单位，每个单位既可独立工作，但又互相关联、互相制约。

现行车辆部门的组织机构是全国铁路运输组织中的一个分支机构。在铁路总公司运输局下设有车辆部等职能部门,实施铁路总公司车辆部、铁路局车辆处以及车辆段(车辆工厂)三级管理。

铁路总公司车辆部的主要职责有:

1. 提出铁路动车组、客车、货车等(以下统称“车辆”)制造、检修、改造、运用及专用设备相关技术规程、技术规范、技术条件和标准性技术文件及技术标准等建议,并监督实施;指导铁路运输企业开展车辆检修、运用、技术管理等工作。

2. 提出车辆发展规划及相关技术政策建议,提出车辆部门检修生产力布局规划和调整方案建议。

3. 提出车辆新技术、新产品需求建议,提出车辆新产品技术建议,参与组织研发、试验、定型、推广,参与或组织技术评审工作;拟订车辆产品技术文件(包括技术条件和产品图样)管理制度;指导铁路运输企业对进入总公司线路运行的非总公司所属企业车辆的过轨技术管理;参与对外技术引进和国产化相关工作。

4. 提出车辆重要零部件认证目录及相关技术标准、技术规范建议。

5. 提出并参与审核车辆购置、检修、改造和高价互换配件等总公司管理项目的计划建议及相关费用计划建议;参与动车组、客车、货车及总公司管理的车辆运营物资设备购置相关工作;参与指导动车组、客车检修招标相关工作,组织货车检修招标相关工作;负责货车相关费用清算审核工作,配合货车资产的管理工作。

6. 办理车辆配属、转属、调拨工作,统一管理车辆车型车号,制定车辆报废技术条件,负责车辆报废的审核工作;组织开展爱护铁路车辆工作。

7. 提出车辆安全专业管理的制度、办法、标准,检查指导车辆安全、质量管理工作；参与有关铁路交通事故调查、分析和事故救援应急处置工作。

8. 指导总公司铁路车辆质量监督监造工作。

9. 管理总公司车辆调度和动车调度工作。

10. 参与大中型铁路基建和更改项目中有关车辆项目的预可研、可研技术审查及相关工程验收工作。

11. 提出车辆管理信息化建设需求，推进车辆信息化建设和运用。

12. 提出车辆专业人才队伍建设规划建议，指导技术业务培训，参与组织开展职业技能竞赛。

13. 承办领导交办的其他工作。

（二）车辆段

车辆段是客货车辆检修运用的基地，是贯彻执行车辆规章制度的基层单位。它的基本任务是负责车辆的定期检修和日常维修工作，为铁路运输提供足够的、技术状态良好的客车和货车，在检修保证期内和保证区段内保证行车安全；并要负责管辖内的列检所、站修作业场、红外线轴温探测所及客整所等的管理。

车辆段分类根据配属车辆种类和修车种类的不同，可分为客车车辆段、货车车辆段，客货混合车辆段、机械保温车车辆段等。

车辆段作为车辆部门的基层单位，它与车站、机务、工务等部门的关系如下。

1. 车辆段与车站的关系

车辆段应按计划扣留检修到期或临时发生故障的车辆，并尽快修竣；车站应根据车辆段的要求按时取送修竣或待修车辆。

2. 车辆段与机务段的关系

车辆段的列车检修人员应与机车乘务员密切配合，对始发列车进行制动机作用试验；对到达列车应尽快进行试风及摘解机车，以便使机车按时入库；对运行途中发生制动机故障的列车，机车乘务员应会同检车员进行制动机试验；在调车和向车辆段取送车辆时，机车乘务人员应特别注意车辆检修人员技术作业安全。

3. 车辆段与工务段、电务段的关系

加强协作，杜绝各自的设备发生相互干扰，防止建筑物或车辆零部件超出限界，引起碰撞事故。

二、车辆运用与管理

（一）车辆运用工作的性质

车辆运用工作必须以科学的管理体制，先进的检修设备，严格的规章制度，对运用中的车辆施行迅速、及时、正确的维修，保证运用车辆性能安全可靠，加速车辆周转，确保铁路运输任务的完成。

1. 我国铁路客车实行固定配属制，日常维修由所属车辆段的客整所和客列检负责。

2. 货车通行全国，除特种车辆和专用车列外，一般不实行配属制，而是实行在全国铁路上按区段维修负责制。实行配属的货车，其维修工作由所配属或指定的车辆段（车辆工厂）或列检所负责。

（1）由于货车具有数量多、车型复杂、运用条件差、通行全国、维修场地分散、技检作业时间紧等特点，所以，车辆运用维修工作的任务艰巨、责任重大。

（2）货车运用中的检查维修工作是日夜不间断地在露天作业，职工劳动条件艰苦。

（3）由于我国铁路的迅速发展，重载、提速和信息技术等铁路现代化技术得到了应用和推广，使运用工作技术性更强。

3. 大型矿山、钢铁以及有色金属公司、石油、化工等所有企业自备运输货车在铁路线上运行时，必须事先经铁路授权的车辆专业人员检查和质量确认。铁路各列检所必须按路内运用车要求和规定进行检修，并保证运行安全。对企业自备的专用货车（如装运化工产品、有毒物品、放射性物品等的货车和发电车），列检只对走行、制动、钩缓等部分进行检查和维修，其余部分由企业自行负责。企业自备车的定检检修可以委托铁路车辆段或车辆工厂完成，也可以自做，但其检修能力和质量必须经所在铁路局鉴定并经铁路总公司审核批准。

（二）车辆运用工作的任务

车辆运用工作的基本任务是在检修中贯彻落实党的方针政策，执行规章命令，遵守两纪，加强职工队伍建设，发现和处理车辆在运用中发生的故障，保证行车安全。

1. 正确执行有关规章命令；

2. 正确编制生产计划及技术措施，加强全面质量管理，落实检修规定，提高修车质量；

3. 在保证车辆检修质量的基础上，努力缩短车辆修（休）车时间，加速车辆周转；

4. 维修好本段配属车辆和管辖范围内的运用车辆，防止事故，保证安全；

5. 认真贯彻劳动保护法令和安全技术规则，做好劳动保护工作，积极改善职工劳动条件，保证安全生产；

6. 开展增产节约和技术革新活动，努力提高劳动生产率；

7. 开展技术培训，提高职工的政治思想和技术业务素质；

8. 定期调查分析运用车辆技术状态，对运用、维修中的故障进行信息收集、处理、分析，形成质量信息反馈系统，对车辆结构、设计、制造、修理和运用管理提出改进意见。

三、车辆检修

铁路车辆是铁路运输生产的运载工具，为了保证铁路畅通，要求车辆必须始终处于良好的技术状态。而铁路车辆类型多、数量大、分布地区广、工作环境和使用条件复杂，因此，保持车辆正常运转的维修工作就显得十分重要。提高列车速度是世界铁路发展的必然趋势，是市场竞争的需要，也是社会发展和科技进步的标志，而且还能取得明显的经济效益和社会效益，为此，我国铁路自 20 世纪 90 年代起，开始了既有铁路提速和货车重载运行。随着科学技术的发展，铁路车辆不仅数量剧增，而且技术结构正向复杂化、自动化和机电一体化方向发展，与其相应的维修观念和维修制度都必须进行改革和发展。

（一）车辆零件的损伤及修理

车辆检修的中心任务是发现和处理各种零件的损伤，要正确地对车辆进行修理，必须了解车辆的损伤形式，影响损伤速度的因素和防止损伤的措施。

1. 车辆零件的损伤主要有磨损、腐蚀、裂纹折损、变形及零件的松弛五种。

（1）车辆零件的磨损及其影响因素

磨损是零件在工作过程中，由于摩擦使零件表面材料受到损失，使几何尺寸和表面粗糙度发生变化的一种损伤。

车辆零件的磨损有正常磨损和不正常磨损。正常磨损是相互接触并做相对运动的零件工作时在摩擦面上必然产生的一种损伤，如车轮踏面圆周磨耗。正常磨损是不可避免的。不正常磨损是工作条件不正常或材质不良引起的偏磨或急剧磨损。这种磨损不仅速度快而且引起其他危害，如车轮轮缘的垂直磨耗会引起车辆脱轨造成事故。

（2）车辆金属零件的腐蚀及其影响因素

车辆在露天工作，运行环境复杂，要经受阳光、雨雪和各种腐蚀性物质的作用，因此其金属零件极易发生腐蚀。车辆车体的腐蚀是一个很严重的问题，修理车体腐蚀是车辆修理中最繁重的工作。车辆的寿命主要决定于车体的腐蚀状况。

（3）车辆零件的变形及其原因

车辆零件刚度过低或受到过大的载荷会发生变形。变形多发生在车体部分,如墙板外涨、底架梁的下垂等。它不仅会使车辆承载能力下降,还会使车辆超出车辆限界,与线路两侧的设备碰撞造成事故。

车辆零件发生变形的原因除受到过大的载荷以外,还有在运用中受到不正常的冲击、零件设计不合理、受到腐蚀使零件强度不足。零件发生变形后,零件的受力状态就会发生变化,往往会使应力上升,变形发展加快,或引起零件裂纹和断裂。

(4)车辆零件的裂纹折损及其原因

车辆零件在动载荷作用下工作,经长期使用,即使没有超载也能发生裂纹折损。零件折损是危险性很大的损伤,迄今为止车轴折断、底架中梁折断等故障仍在威胁着铁路运输,所以要研究零件裂纹损伤的规律,在车辆检修时及时发现零件裂纹进行处理,并且消除容易引起裂纹折损的因素。

零件裂纹和断裂的原因,除不正常的载荷和零件设计不合理之外,主要是零件的材质、外形和表面有缺陷。

2. 货车车辆检修限度

车辆检修限度是车辆在运用中和定期检修时,对零件允许存在的损伤程度和零件位置允许变化的程度所规定的尺寸标准。车辆检修限度是车辆规章中很重要的内容。在日常保养中用检修限度来判断零件能否继续使用;在定期检修中用检修限度来判定零件是否需要修理及检修后质量是否合格。

车辆检修限度以使用场合不同分为运用限度和定检限度。定检限度又可分为厂修限度、段修限度和辅修限度三种。各种限度都是对零件的有关尺寸做规定,尺寸单位为 mm。

(1)运用限度

运用限度是指零件的损伤已达到了极限损伤,或车辆及部件的位置达到了极限状态。超过了这个尺寸车辆不能继续使用,必须对损伤零件进行修理和更换,才能保证车辆的正常使用和行车安全。运用限度也叫作列检限度或最大限度。

(2)定检限度

定检限度是指车辆进行各种定期检修时应控制的检修限度。各种修程对车辆修复程度的要求不同,因而有各种限度。

(二)车辆检修制度

我国传统的铁路机车车辆检修制度是实行计划预防检修,主要采用定期检修方式。该检修制度使我国铁路车辆检修过频,修时过长,降低了车辆的利用率;而且使过剩维修严重,增加了维修成本,加大了建设投资,同时也不利于车辆可靠性的提高。现行检修制度的不合理性是长期形成的,新的检修制度需要一个逐步建立与完善的过程。因为新的检修制度的实施必须具备一定的条件,即要建立起完善的计算机信息系统;要有完善的质量信息反馈系统和制度,要具备必要的检测手段和诊断标准等。我国目前尚不完全具备这些条件,而且短期内也很难完成。因此我国机车车辆检修制度在很长一段时间内仍然必须在计划预防检修的框架内。

根据我国2014年版《铁路技术管理规程》(普速铁路部分)第179条的规定,“车辆实行定期检修,并逐步扩大实施状态修、换件修和主要零部件的专业化集中修。客车和特种用途车实行以走行公里为主、时间周期为辅的计划预防修,最高运行速度不超过120km/h的客车修程分为厂修、段修、辅修,最高运行速度超过120km/h的客车修程分为A4、A3、A2、A1;货车修程分为厂修、段修、辅修。检修周期及技术标准,按铁路总公司车辆检修规程执行”。

(三)车辆定检修程

1. 客车

客车的修程分为A1、A2、A3、A4四级修程。客车检修周期程见表4-3。A1、A2级修程为运用维修,A3、A4级修程为定期检修。

表 4-3　客车检修周期表

序号	车型	车种	厂修或 A4 修周期	段修或 A3 修周期	A2 修周期	A1 修周期	备注
1	22(23)型	22 型(23 型):硬卧车、硬座车、软卧车、软座车、餐车、行李车、邮政车,上述车种的合造车等	(240 ± 60)万 km 或距新造或上次厂修 8 年	(60 ± 20)万 km 或距上次段修及以上各修程 2 年		(20 ± 2)万 km 或距上次辅修及以上各修程 8 个月	
2		22B 型:硬卧车、硬座车、软卧车、软座车、餐车、行李车、邮政车,上述车种的合造车等	(240 ± 60)万 km 或距新造或上次厂修 8 年	(60 ± 20)万 km 或距上次段修及以上各修程 2 年		(20 ± 2)万 km 或距上次辅修及以上各修程 8 个月	
3		部属客车、公务车、试验车、文教车、维修车、特种车等不常用车	(240 ± 60)万 km 或距新造或上次厂修 10 年	(60 ± 20)万 km 或距上次段修及以上各修程 2.5 年		(20 ± 2)万 km 或距上次辅修及以上各修程 8 个月	比照 25 型
4	双客	硬卧车、硬座车、软卧车、软座车、餐车、行李车,上述车种的合造车	(240 ± 60)万 km 或距新造或上次厂修 10 年	(60 ± 20)万 km 或距上次段修及以上各修程 2.5 年		(20 ± 2)万 km 或距上次辅修及以上各修程 8 个月	
5	25B、25、25A、25G 型	硬卧车、硬座车、软卧车、软座车、餐车、行李车、邮政车,上述车种的合造车,发电车	(240 ± 60)万 km 或距新造或上次厂修 10 年	(60 ± 20)万 km 或距上次段修及以上各修程 2.5 年		(20 ± 2)万 km 或距上次辅修及以上各修程 8 个月	

续表

序号	车型	车种	厂修或 A4 修周期	段修或 A3 修周期	A2 修周期	A1 修周期	备注
6	25B、25、25A、25G 型	部属客车、公务车、试验车、特种车等不常用车	(240 ± 60)万 km 或距新造或上次厂修 10 年	(60 ± 20)万 km 或距上次段修及以上各修程 2.5 年		(20 ± 2)万 km 或距上次辅修及以上各修程 8 个月	
7	25K、25Z、25C、19K、25T、19T 型	硬卧车、硬座车、软卧车、软座车、餐车、行李车、邮政车,上述车种的合造车,发电车	(240 ± 40)万 km 或距新造或上次 A4 修程超过 10 年	(80 ± 10)万 km 或距上次 A3 修程超过 2 年	(40 ± 10)万 km 或距上次 A2 修程超过 2 年	(20 ± 2)万 km 或距上次 A1 修程超过 1 年	

2. 货车

一般货车厂修 5 ~8 年,段修 1 ~2 年,辅修 6 个月一次。

(四)车辆日常维修工作

车辆在运用中的安全性和可靠性,原则上应由车辆制造质量和施行厂、段修的质量来保证,但由于车辆在长期运用中,各零部件会发生不同程度的磨耗与损伤,如不及时进行检查维修,车辆运行质量必然下降,甚至可能酿成行车事故。因此,车辆日常检查维修对延长车辆寿命和完成运输生产任务具有重要意义。

车辆日常维修工作,货车由列检作业场和站修作业场担任;客车由客车技术整备所(库列检)和旅客列检作业场(客列检)担任。

1. 客车日常维修

(1)客车日常维修的意义

客车是运送旅客的运载工具,为了保证旅客列车在运行中的绝对安全和满足旅客在旅行生活中的需要,包括为旅客服务的采暖、给水、通风、照明、卫生等客车设备,必须经常处于良好状态。因此,加强客车的运用维修保养非常重要。

(2)客车日常维修的内容

①客车整备所(库列检):对于进入客车整备所的旅客列车进行全面检查、试验和修理。按时进行季节性的防暑、防寒整备工作,通常每年4月15日开始防暑整备,9月15日开始防寒整备。

客车技术整备所对本属客车技术整备时间不少于6小时。

②旅客列车检修所(客列检)

对始发、到达及通过的旅客列车进行技术检查和维修。

③客车乘务

车辆乘务员在列车运行途中应继续保持列车技术状态良好,保证旅客列车运行到终点站,途中不因车辆技术状态不良而发生晚点、甩车等行车事故;保持车内固定设备及照明、电扇、通风、采暖、给水等装置作用良好。

2. 货车日常维修

(1)货车日常维修意义

货车运用条件较差,在解体、编组及机械化装卸作业中承受频繁的冲击,易腐货物对配件造成的腐蚀,重载运输、长大列车在运行中的冲撞等,使货车零部件产生较大的磨耗、变形、松弛、腐蚀等故障。因此,必须对货车进行及时的检查维修,使运用中的货车保持良好的技术状态,保证安全、正点、优质、高效地完成货物运输任务。

(2)货车日常维修的内容

①辅修

②摘车临修

③列车检修(对货物列车的车辆进行技术检查修理)

④货物列车包乘维修

(3)摘车修及不摘车修

①摘车修

把有故障的车辆从列车中摘下,送到专用修车线或站修作业场内施修,称摘车修。实行摘车修可以充分利用固定台位和机械化修车设备,按技术标准修复车辆、消除故障、保证质量。但这会增加调车作业的工作量和车辆停留时间,对运输效率有所影响。在列车内无法修复的故障必须施行摘车修。

②不摘车修

在列车到达后、始发前进行技术检查时,对发现的车辆故障,能在停车线上利用站停时间修复的,称不摘车修。实行不摘修,能较快地消除危及行车安全的故障,可加速车辆周转,提高运输效率。

采用摘车修及不摘车修两种修理方式,应根据车辆故障情况和站场设备及运输要求等条件加以综合考虑。选择修理方式的原则是:凡是在列车中能处理的故障,尽量在列车内修复;在列车内修复较困难,不能保证质量或会影响正点编发时,应采用摘车修理。

(4)货车站修

①站修所基本任务

- 施行货车辅修、轴检和临修;
- 修复破损程度较轻的事故车;
- 整备配属专列货车及守车;
- 修制站修所所需的一般车辆配件和工具。

②站修所设置

站修所应设在有列检所的编组站,较大区段站和大量装卸车的厂、矿、林、港所在地的站场上。其位置应便于取送车辆(严禁切割正线取送车),应有与外界相通的汽车道路,同时要考虑有一定的发展余地。

(5)货物列车检修所

①货物列车检修所是货车车辆运用维修的基地,它的主要任务是:

- 负责所在车站列车的检查和维修,发现并处理车辆故障;
- 扣留定检到期和过期车,以及需要摘车修理的技术状态不良车;

●维护运用货车的质量符合规定的技术标准,保证列车安全正点运行。

②货物列检所按工作性质分为:主要列检所、区段列检所、制动检修所。

四、车辆轴温安全检测

(一)轴温检测的必要性

轴温是铁路机车车辆轴箱温度的简称,我们为什么要关注车辆轴温呢?因为铁路车辆的载荷是通过轴箱传递给车轴,再通过压装在车轴上的车轮传递给钢轨的。高速运行的机车车辆,其轴箱承受重载并和车轴轴颈发生高速转动,二者存在一定摩擦。二者之间若发生故障,其正常的油润摩擦就会被破坏,若不及时采取措施排除故障,轴承的温度就会超过正常值而急剧上升,导致轴箱燃烧,甚至使车轴切断,造成铁路行车事故。

(二)红外线轴温探测设备

红外线轴温探测设备是铁路用来防止机车和客货车辆燃轴切轴,保证行车安全的设施。

1. 设备工作原理

任何物体的温度高于绝对零度都能辐射红外线,故障轴箱的温度高于正常轴箱的温度,温度越高,物体表面辐射出来的红外线就越强,红外线轴温探测设备就是利用这一原理制成的。

2. 组成部分

红外线轴温探测器由五大部分组成:红外探头、控制部分、记录部分、信号传输部分及电源。

3. 工作流程

当列车通过时,用安装在线路两侧的红外探头来拾取每个轴承所产生的红外线,并将红外线能转变为电信号,然后传输到记录器。红外值班员可根据记录的脉冲波形进行分析、比较来监测运行在铁路线上的机车车辆的轴承状况。

4. 红外线轴温探测网络

目前,我国铁路线上建成的红外线轴温探测网,一般由几个轴温探测点和一个分局红外调度中心组成,并实现了微型计算机控制监测。

【本章小结】

铁路车辆是运送旅客和货物的载运工具。铁路车辆按用途可分为客车、货车及特种用途车。铁路客车是运送旅客或为旅客提供服务的设备,铁路货车是铁路运送货物的设备。铁路车辆一般由车体及车底架、走行装置、车钩缓冲装置和制动装置、车内设备五个基本部分组成。铁路必须拥有足够数量、性能良好的车辆来完成运输任务。铁路车辆运用及维修包括管理和检修两个方面,我国铁路客车实行固定配属制,货车一般不实行配属制。铁路车辆维修包括日常维修和定期检修。客车日常维修由车辆段的客整所、客列检及客车乘务负责,货车日常维修主要是由列检所负责。车辆实行定期检修,并逐步扩大实施状态修、换件修和主要零部件的专业化集中修。

【思考题】

1. 铁路车辆按用途分为哪几类?每类常用车种有哪些?

2.《技规》中规定,车辆应有识别的标记有哪些?

3. 名词解释

车辆自重、载重、容积、全长、换长、自重系数、轴重、每延米轨道载重

4. 车辆构造一般由哪几部分组成?以货车转向架为例,说明车辆的传力次序。

5. 什么叫施封车?什么叫热轴?什么叫燃轴?

6. 简述车辆段的一般机构设置。

7. 客车车内设备主要有哪些?

8. 简述目前我国铁路车辆部门的组织机构概况。

9. 车辆段的分类有哪些?

10. 简述车辆段和车站、工务、机务等部门的关系。

11. 我国铁路车辆的配属制度是什么?

12. 什么叫车辆定期检修?

13. 车辆零件的损伤形式有哪些?

【推荐参考书目】

1. 严隽耄、傅茂海主编:《车辆工程》,中国铁道出版社 2011 年版。

2. 刘岩主编:《车辆修造工艺与装备》,中国铁道出版社 2012 年版。

3. 袁清武主编:《车辆构造与检修》,中国铁道出版社 2013 年版。

第五章　铁路机车

【教学重点与难点】

1. 机车分类及机车标记；
2. 内燃机车分类及基本结构；
3. 电气化铁道供电技术结构及原理；
4. 电力机车类型及结构原理；
5. 动车组类型及结构组成。

第一节　概　述

一、机车发展概况

机车是铁路运输的牵引动力。由于铁路车辆大都不具备动力装置，因此需要把客车或货车连挂成为车列，由机车牵引沿着钢轨运行。在车站上，车辆的转线以及货场取送车辆等各项调车作业，也都要由机车完成。因此，为了完成客、货列车的牵引和车站的调车工作，铁路必须保证提供足够数量、牵引性能良好的机车；同时，还必须加强对机车的保养与检修工作，正确组织机车的合理运用等。

中国的铁路牵引动力经历了从蒸汽机车、内燃机车、电力机车到磁悬浮列车、动车组等几个阶段。我国铁路经过60多年的发展取得了巨大的成就，单从机车的更新换代上就能看出。

1952年7月，四方厂试制成功了解放型蒸汽机车。我国铁路从1958年开始制造内燃机车，东风型机车是最早投入批量生产的机型。我国铁路从1958年开始研制6Y1型电力机车，1968年改进为SS2型，1969年批量生产SS2型；1978年研制出SS3型并批量生产。改革开放以后，我国自主开发并批量生产SS4、SS5（生产二台为准高速样车）、SS6、SS7、SS7B、SS7D、SS7E等型电力机车（SS6型机车是国际招标中标机车），并加快了铁路电气化改造进程。20世纪80年代到90年代，内燃机车和电力机车取代了蒸汽机车，2005年年末我国全面停止了蒸汽机车的应用。20世纪90年代以后，我国牵引动力向着货运重载化、客运高速化发展。

目前，我国牵引动力中内燃机车以东风系列为主，电力机车以韶山系列为主。在如今油价居高不下的时候，更加应该用电力机车取代内燃机车。电力机车是现代运输业的象征，日本新干线、欧洲之星等高速列车都使用电力机车，安静、平稳、高速、舒适是其优点，尤其适用于客运。内燃机车的优点是适应性广，缺点是功率小，污染环境。

二、机车分类

根据不同的分类标准，铁路运用的机车有很多类型。

（一）按牵引动力可分为蒸汽机车、内燃机车、电力机车

1. 蒸汽机车

蒸汽机车是通过蒸汽机把燃料的热能转换成机械能，用来牵引列车的一种机车（图5-1）。蒸汽机车的应用，迄今已有180年的历史。由于蒸汽机车的构造比较简单，制造和维修比较容易，成本比较低，因此最早被世界各国铁路所采用。但是，蒸汽机车的热效率太低，煤水消耗量很大，且对环境有较大的污染。因此，在现代铁路运输中，蒸汽机车已逐渐被其他新型机车所取代。

图 5 -1　蒸汽机车

2. 内燃机车

内燃机车是以内燃机作为原动力的一种机车(图 5 -2)。内燃机车的热效率可达 30% 左右,是各类机车中效率较高的一种。机车的整备时间短,持续工作的时间长,适用于长交路;而且用水量少,适用于缺水地区;初期投资也比电力机车少,且机车乘务员劳动条件好,便于多机牵引。但内燃机车最大的缺点是对大气和环境有污染。内燃机车有机械传动、液力传动、电力传动三种方式。

图 5 -2 内燃机车

3. 电力机车

电力机车是靠其顶部升起的受电弓从接触网上取得电能后并转换成机械能牵引列车运行的,由牵引电动机驱动车轮(图 5 – 3)。电力机车因为所需电能由电气化铁路供电系统的接触网或第三轨供应,所以是一种非自带能源的机车。电力机车具有功率大、过载能力强、牵引力大、速度快、整备作业时间短、维修量少、运营费用低、便于实现多机牵引、能采用再生制动以及节约能量等优点。使用电力机车牵引车列,可以提高列车运行速度和承载重量,从而大幅度地提高铁路的运输能力和通过能力。

图 5 – 3 电力机车

(二)按机车用途可分为货运机车、客运机车、调车机车、客货通用机车、工矿机车

传统的中国铁路以货运为主,运输速度较低,因此机型多以客货两用机车为主。随着市场经济和社会发展的需要,尤其铁路实施和谐发展战略后,客运高速、货运重载已成为我国铁路的发展方向,机车制造也因需而变,客货分型,也就有了高速客运机车和重载货运机车之分,如 SS4 型、DF4 型为货运机车,DF11、SS8 型为客运机车,DF7、BJ 型为调车机车。

（三）按动力配置可分为动力集中型和动力分散型

动力集中型是将动力设备集中在机车上，像东风、韶山系列等机车均采用动力集中式。动力集中配置方式检查维修比较方便，但是轴重比较大。动力分散型是将部分动力设备安装在不带动力的车辆上，带动力设备的车辆叫动车，不带动力的车辆叫拖车。动力分散配置一方面可以减小最大轴重，改善列车的牵引和制动性能；另一方面也减小了对线路的影响，降低噪声。大多高速客运列车（动车组）采用动力分散方式。

三、机车标记

为了方便和满足机车运用、检查、管理和安全等工作的需要，机车上应有识别标记和检验标记等机车标记。

（一）识别标记——有路徽、所属局段简称、类型、号码、构造速度，制造厂名及日期。在总风缸、蒸汽机车锅炉及内燃、电力机车的主要机械上应有履历牌。内燃机车燃料箱上应有标明燃料油装载量的标记。

（二）检验标记——是指各种监督计量器具（如各种压力表、水表等）按规定进行修理、校正、检验的标定和记录，运用中不得超过规定的检验周期。

四、机车牵引特性

机车的牵引特性主要取决于牵引电动机的工作特性，其次还取决于柴油机的工作特性。机车牵引力和速度取决于牵引电动机的转矩和转速，从而也就决定了机车的牵引特性。机车牵引列车运行是由于它具有相当大的牵引力，用来克服列车启动时和运行中所受的阻力。机车牵引力（F）和运行速度（v）的乘积，就是机车的功率（N）。对于直流电传动机车，由于直流电动机励磁形式的不同，其特性各异。按励磁线圈接入电枢的方式不同分为串励、并励和复励。只有串励或复励电动机适合于机车牵引。串励牵引电机的转矩和转速能按照列车运行阻力和线路条件的变化进行自动调节,具有恒功率特性,即具有人们常说的牛马特性:上坡时,电流很大,速度很慢,但理论上不会停车(即特性曲线永远不会与横坐标相交),爬坡像牛一样的有劲;而在平直区段行驶时大多电流很小,速度很快,理论上可以达到无限快(即特性曲线永远不会与纵坐标相交),即平道行驶像马跑得一样快。

内燃机车的动力装置是柴油机,而柴油机的特性是功率与速度近似成正比变化,只有在标定转速下才可能达到标定功率。为了使柴油机的功率得到充分发挥和合理利用,实现机车牵引特性的要求,内燃机车需要设传动装置,将柴油机的扭矩、功率——转速特性转换为内燃机车的牵引特性,即机车启动和低速牵引时有较大的牵引力;列车启动后,当机车主控制手柄处于给定级位,柴油机转速、功率一定,列车运行阻力小于机车牵引力时(加速力为正值),机车速度沿牵引特性曲线提高(牵引力随之减小);当列车阻力大于机车牵引力时(加速度为负值),机车速度沿牵引特性曲线下降(牵引力随之增大),通过设置传动装置得到内燃机车的牛马特性。

第二节　内燃机车

一、内燃机车的发展

20 世纪初,国外开始探索试制内燃机车。1924 年,苏联制成一台电力传动内燃机车,并交付铁路使用;1925 年,美国将一台 220kW 的电传动内燃机车投入运用,从事调车作业。20 世纪 30 年代,内燃机车进入试用阶段。第二次世界大战以后,因柴油机的性能和制造技术迅速提高,内燃机车多数配装了废气涡轮增压系统,功率比战前提高约 50%,配置直流电力传动装置和液力传动装置的内燃机车的发展加快了,到了 20 世纪 50 年代,内燃机车数量急剧增长。20 世纪 60 年代起，大功率硅整流器研制成功，并应用于机车制造，出现了交—直流电力传动的2940kW内燃机车。在20世纪70年代，单柴油机内燃机车功率已达到4410kW。随着电子技术的发展，联邦德国在1971年试制出1840kW的交—直—交电力传动内燃机车，从而为内燃机车和电力机车的技术发展提供了新的途径。内燃机车随后的发展，表现为在提高机车的可靠性、耐久性和经济性，以及防止污染、降低噪声等方面不断取得新的进展。

我国从1958年开始制造内燃机车，先后有东风型等3种型号机车最早投入批量生产；1969年后又相继批量生产了东风4等15种新机型，同第一代内燃机车相比较，其在功率、结构、柴油机热效率和传动装置效率上，都有显著提高，东风11客运机车的速度达到了160km/h。在生产内燃机车的同时，中国还先后从罗马尼亚、法国、美国、德国等国家进口了不同数量的内燃机车，随着铁路高速化和重载化进程的加快，与之相适应的内燃机车正在进一步研究设计、开发。

二、内燃机车的分类

（一）按工作性能划分：

1. 干线机车

干线机车主要用于铁路干线上牵引客、货列车，有东风4C（绿色）、东风4D（红色）、东风11（蓝色）。

2. 调车机车

调车机车主要用于调车场进行列车编组、解体作业及站段内调车或兼作短途小运转牵引作业，此外也可用于工矿企业内部，担任场内运输任务。调车机车有东风2型、东风7型和东方红1型等。

3. 内燃动车组

内燃动车组是指具有内燃动力装置的动车和客车编成的车组，适宜于市郊或邻近城市间的短途客运，如神舟号动车组。

（二）按传动方式划分：

内燃动车按传动方式不同可分为：机械传动内燃机车、电力传动内燃机车、液力传动内燃机车。其中,机械传动内燃机车仅适用于工矿专用的小功率内燃机车上。

目前我国铁路运用的内燃机车为电力传动和液力传动两种。

三、内燃机车的基本结构

内燃机车虽然有各种不同的类型,但它们的基本组成及工作原理是相同或相似的,都是由柴油机、传动装置、辅助装置、车体走行部(包括车架、车体、转向架等)、制动装置和控制设备等组成的(图5-4)。

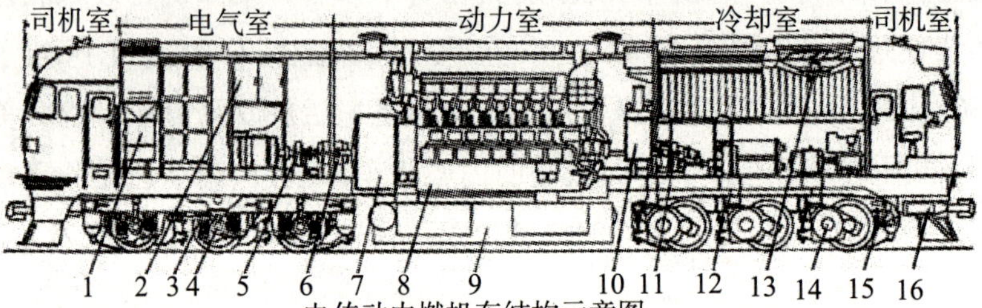

电传动内燃机车结构示意图

1.电阻制动装置　2.硅整流柜　3.牵引装置　4.走行部　5.启动变速箱
6.励磁机　7.主发电机　8.柴油机　9.燃油箱　10.预热锅炉
11.静液压变速箱　12.电机悬挂系统　13.冷却风扇
14.牵引电动机　15.基础制动装置　16.车钩缓冲装置

图5-4　内燃机车结构

(一)柴油机

铁路上采用的内燃机绝大多数是柴油机(图5-5)。内燃机车的动力装置,又称压燃式内燃机。现代机车用的柴油机都配装废气涡轮增压器,以利用柴油机废气推动涡轮压气机,把提高了压力的空气经中间冷却器冷却后送入柴油机进气管,从而大幅度提高了柴油机的功率和热效率。为满足各种功率的需要,生产有相同汽缸直径和活塞的各种缸数的产品。功率较小的用6缸、8缸直列或8缸V型,功率较大的用12缸、16缸、18缸和20缸V型,其中以12缸、16缸最为常用。

图 5－5 内燃机车柴油机

(二)传动装置

传动装置是指,为使柴油机的功率传到动轴上能符合机车牵引要求而在两者之间设置的媒介装置。柴油机扭矩—转速特性和机车牵引力—速度特性完全不同,不能用柴油机来直接驱动机车动轮,所以,内燃机车必须加装传动装置来满足机车牵引要求。

常用的传动方式有机械传动、液力传动和电力传动。

1. 机械传动装置是由离合器、齿轮变速箱、轴减速箱等组成的。因其功率受到限制,所以在铁路内燃机车中不再采用。

2. 液力传动装置主要由液力传动箱、车轴齿轮箱、万向轴等组成(图 5－6)。液力变扭器(又称变矩器)是液力传动机车最重要的传动元件,由泵轮、涡轮、导向轮组成。泵轮和柴油机曲轴相连,泵轮叶片带动工作液体使其获得能量,并在涡轮叶片流道内流动中将能量传给涡轮叶片,由涡轮轴输出机械能做功,通过万向轴、车轴齿轮箱将柴油机功率传给机车动轮;工作液体从涡轮叶片流出后,经导向轮叶片的引导,又重新返回泵轮。液力传动机车操纵简单、可靠,特别适用于多风沙和多雨的地带。

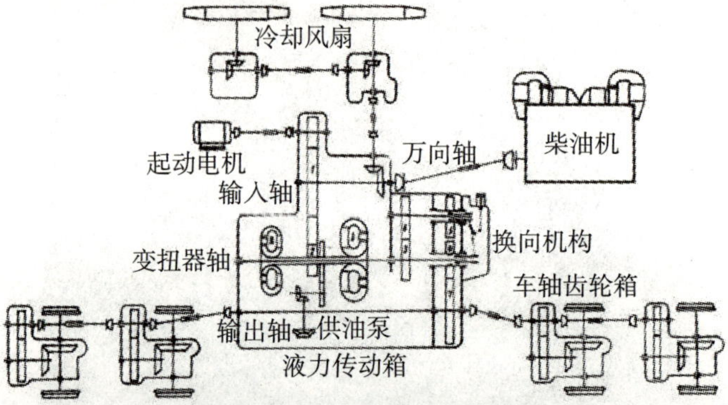

图 5-6　内燃机车液力传动装置

（三）车体、走行部

车体、走行部包括车架、车体、转向架等基础部件。

1. 车架是机车的骨干，安装动力机、车体、弹簧装置的基础。车架为一矩形钢结构，由中梁、侧梁、枕梁、横梁等主要部分组成，上面安装有柴油机、传动装置、辅助装置和车体（包括司机室），下面由两个转向架支撑并与车架相连，车架中梁前后两端的中下部装设车钩、缓冲装置。车架承受荷载最大，并传递牵引力使列车运行，因此，车架必须有足够的强度和刚度。

2. 车体是车架上部的外壳，起保护机车上的人员和机器设备不受风、沙、雨雪的侵袭和防寒作用。按承受载荷情况不同，其可分为整体承载式和非整体承车体；按其外形不同，可分为罩式和棚式车体。

3. 转向架是机车的走行装置，又称台车，由构架、旁承、轴箱、轮对、车轴齿轮箱（电力传动时包括牵引电机）、弹簧、减振器、均衡梁，以及同车架的连接装置、基础制动装置等主要部件组成。其作用是承载车架及其上面装置的重量，传递牵引力，帮助机车平衡运行和顺利通过曲线。内燃机车一般为具有两个 2 轴或 3 轴的转向架。

(四)辅助装置

辅助装置是用来保证柴油机、传动装置、走行部、制动装置和控制调节设备等正常工作的装置。其主要设备包括:燃油系统——保证给柴油机供应燃油的设备及管路系统;冷却系统——保证柴油机和液力传动装置能够正常工作的冷却设备和管路系统;机油管路系统——给柴油机正常润滑的设备及管路系统;空气滤清器——过滤空气中灰尘等赃物的装置;压缩空气系统——供给列车的空气制动装置、砂箱、空气笛及其他设备压缩空气的系统;辅助电气设备——蓄电池组、直流辅助发电机、柴油机启动电机等。

(五)制动设备

内燃机车都装有一套空气制动机和手制动机,用于操纵列车或机车。此外,多数电力传动机车增设电阻制动装置,液力传动机车装有液力制动装置。

(六)控制设备

控制设备是指控制机车速度、行驶方向和停车的设备,主要有机车速度控制器、换向控制器、自动控制阀和辅助制动阀。操纵台上的监视表和警告信号装置有:空气、水、油等压力表,主要部位温度表,电流表、电压表,主要部位超温、超压或压力不足等音响和显示警告信号。为了保证安全,便于操作,内燃机车上还装设有机车信号和自动停车装置。

四、内燃机车工作原理

内燃机车的工作原理是:燃料在汽缸内燃烧,所产生的高温高压气体在汽缸内膨胀,推动活塞往复运动,连杆带动曲轴旋转对外做功,燃料的热能转化为机械功。柴油机发出的动力传输给传动装置,通过对柴油机、传动装置的控制和调节,将适应机车运行工况的输出转速和转矩送到每个车轴齿轮箱驱动动轮,动轮产生的轮周牵引力传递到车架,由车架端部的车钩变为牵引力来拖动或推送车辆。

五、几种国产内燃机车的比较

表 5-1　几种主要国产内燃机车概况

机车型号 / 项目	东风 4D	东风 6	东风 7C	东风 8B	东风 11	东风 12
制造工厂	大连	大连	二七	戚墅堰	戚墅堰	资阳
用途	干线客运	干线客运	调车	干线客运	干线客运	调车干线客运
传动形式	交—直	交—直	交—直	交—直	交—直	交—直
轴列式	Co-Co	Co-Co	Co-Co	Co-Co	Co-Co	Co-Co
轴重(t)	23	23	22.5	25	23	23(1±3%)
机车质量(t)	138	138	135	150	138	138(1±3%)
装车功率(kW)	2940	2940	1470	3680	3680	2430

六、内燃动车组简介

内燃动车组作为一种现代化轨道交通工具，特别适合于中短程及城际交通，具有载客、自带动力、成组运行的功能，图 5-7 所示为双层内燃动车组，编组方式、载客量和运行速度为：两动 208 人，时速 130km；两动一拖 712 人，时速 100km。前后行驶无需调车，可大大增加发车密度，旅客乘坐方便快捷，舒适安全。

图 5-7　内燃双层动车组

它的设计方案选用国内外成熟的技术和装备(康明斯柴油机、西门子直流调速装置和209PK型转向架等),两动两拖固定编组,有利于动车组总体可靠性的提高;采用动力分散的牵引方式,双层列车结构,有利于增加定员,减少投资和消耗,具有良好经济性。动车由司机室、动力室、客室、电器室等组成,定员104人/辆;拖车由茶炉室、卫生间、乘务室、客室等组成,定员168人/辆。

第三节 电气化铁道供电系统

采用电力机车牵引的铁道称为电气化铁道。电气化铁道由牵引供电系统和电力机车两部分组成。铁路供电分为两部分:一是为铁路电力机车提供电源的牵引供电系统,其任务是保证质量良好并不间断地向电力机车供给牵引用电能;二是承担牵引供电以外所有铁路负荷的供电任务,包括信号系统、生产、车站、供水系统以及生活等铁路用电负荷的铁路电力系统,其供电可靠性不仅直接影响铁路运输系统的正常安全运行,还关系到很多铁路职能部门的正常工作。牵引供电系统的主要特点是运输能力大,可节约大量能源,爬坡能力强。

一、电气化铁路的发展

(一)世界电气化铁路的发展

1879年5月,在德国柏林举办的世界博览会上,由德国人维尔纳·冯·西门子和哈尔斯克公司展出了世界上第一台电力机车和第一条电气化铁路,成为电气化铁路的先驱。最初的电气化铁路大都是采用低压直流和三相交流供电,而且都是修建在工矿线路和一些大城市的近郊线路上。后来,随着工业的发展,电气化铁路逐渐发展到城市之间和运输繁忙的铁路干线上来了。

20世纪70年代初,在工业发达的西欧、日本等国家,运输繁忙的主要铁路干线基本实现了电气化。1973 年～1974 年爆发石油危机之后,各国对铁路电力和内燃牵引重新进行了经济评价,电力牵引更加受到青睐。截至 2012 年年底,中国电气化铁路总里程突破 4.8 万公里,世界上 68 个国家和地区拥有电气化铁路,电气化铁路总里程排在中国之后的几个国家分别是:俄罗斯 43,300km、德国 21,013km、印度 18,810km、日本 16,965km、法国 15,217km。

(二)我国电气化铁路的发展

1958 年,我国开始修建电气化铁路,从一开始便直接采用了最先进的电压等级为 25kV 的单相工频交流电,为我国大规模发展电气化铁路奠定了良好的基础。1961 年 8 月 15 日,我国第一条干线电气化铁路试验区段宝鸡至凤州段建成通车,揭开了我国电气化铁路发展的序幕。1975 年 7 月 1 日宝成电气化铁路全线建成通车,在我国铁路建设史上产生了重大影响。

20 世纪 80 年代,我国的电气化铁路飞速发展,电气化改造和建设除了在运煤通道上进行外,又开始在客货运输繁忙的陇海和京广两大干线及通往沿海经济特区的鹰厦线上进行;同时还修建了我国第一条以运煤为主开行万吨重载单元列车的大秦双线电气化铁路。

20 世纪 90 年代,是我国铁路发展的重要时期,共有鹰厦线鹰潭至来舟段、漳平至厦门段等 10 条电气化铁路建成。20 世纪的最后五年,我国建设电气化铁路的步伐加快,建成开通了干武线、京郑线等 10 条电气化铁路。

从 1958 年第一条电气化铁路开始修建,到 2012 年 12 月 1 日哈大高铁正式开通,中国电气化铁路总里程在 54 年突破 4.8 万公里,超越了原电气化铁路世界第一的俄罗斯,跃升为世界第一位。根据“十二五”规划,到 2020 年,全国铁路营业里程将达到 12 万公里以上,主要繁忙干线实现客货分线,双线率和电气化率分别达到 60% 和 70% 以上,运输能力满足国民经济和社会发展需要,主要技术装备达到或接近国际先进水平。电力牵引将成为干线运输的主要动力方式。

（三）电气化铁道的优势

电力牵引是铁路运输的最佳方式，这对于轮轨系铁路和磁悬浮列车的现代化铁路运输来说都是如此，其优点主要有以下几点：

1. 电力牵引可大大提高运能

电力牵引可满足高速、重载、大运量铁路干线和陡坡、长大隧道的山区铁路运输的需要，可缩短列车走行时间，增加列车对数，大大提高线路的通过能力和输送能力。

2. 电力牵引可以节约和综合利用能源

在铁路不同的动力牵引方式中，电力牵引的热效率和总功效最高。交流电力牵引的总功效为30%，内燃牵引为20%，蒸汽牵引为6%；电力牵引可以充分利用水力、煤、石油、天然气、原子能及地热等能源。

3. 电力牵引运营费用低，生产率高

由于电力机车功率大、效率高、速度快，因此提高了列车的牵引重量，缩短了机车周转时间，减少了机车整备检修作业时间，提高了劳动生产率。

4. 电力牵引有利于改善劳动条件，减少环境污染

电力机车使用的是清洁的电力能源，可改善乘务人员及旅客的工作、旅行条件，减小环境污染。

5. 电力牵引易于实现自动化

随着电子、计算机技术和自动化控制理论的发展，电力机车新技术、供电远动、故障检测与诊断技术被广泛采用，电力牵引的优越性更加显著。

当然，电力牵引也存在某些缺点，主要是电气化铁道一次投资费用高，对沿线通信线路的电磁会产生干扰，对三相电力系统会造成不对称影响，负荷功率因数低等。

二、电气化铁道供电系统

将电能从电力系统传送给电力机车的电力装置的总称叫电气化铁路的供电系统（图5－8），又称牵引供电系统，主要由牵引变电所和

接触网两大部分组成。牵引变电所将电力系统输电线路电压从110kV(或220kV)降到27.5kV,经馈电线将电能送至接触网;接触网沿铁路上空架设,电力机车升弓后便可从其取得电能,用以牵引列车。牵引变电所所在地的接触网设有分相绝缘装置,两相邻牵引变电所之间设有分区所,接触网在此也相应设有分相绝缘装置。牵引变电所至分区所之间的接触网(含馈电线)称为供电臂。

牵引供电回路是由牵引变电所—馈电线—接触网—电力机车—钢轨—回流连接—(牵引变电所)接地网组成的闭合回路,其中流通的电流称为牵引电流,闭合或断开牵引供电回路会产生强烈的电弧,处理不当会造成严重的后果。通常将接触网、钢轨回路(包括大地)、馈电线和回流线统称为牵引网。

牵引供电设备的检修运行由供电段负责,牵引供电系统的运行调度则由供电调度负责。供电调度通常设在铁路局调度所。

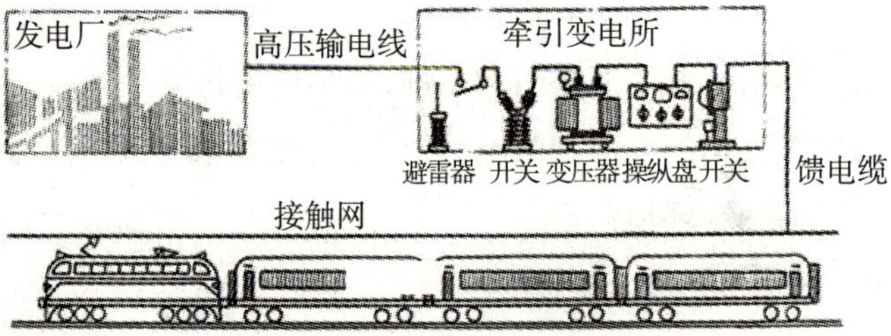

电力机车供电系统示意图

图5-8 电气化铁道供电系统示意

(一)牵引变电所

牵引变电所是电气化铁路的心脏,它的功能是将电力系统输送来的110kV或220kV等级的工频交流高压电,通过一定接线形式的牵引变压器变成适合电力机车使用的27.5kV等级的单相工频交流电,再通过不同的馈电线将电能送到相应方向的电气化铁路(接触网)上,满足来自不同方向电力机车的供电需要。牵引变电所一般设在车站的一端,在车站和区间分界处与另一端不同相位的供电臂通过分相绝缘器或电分段锚段关节相连。同一方向馈出回路的高压开关具备一旁路备用开关,可满足不间断可靠供电要求和检修的需要。

牵引变电所的任务是将电力系统三相电压降低,同时以单相方式馈出。降低电压是由牵引变压器来实现的,将三相变为单相是通过变电所的电气接线来达到的。

随着技术水平的提高,我国干线电气化铁路已推广使用集中监视及控制的远动系统,牵引变电所将逐步实现无人值班,直接由供电调度实行遥控运行。

1. 牵引变电所外部电源

牵引供电系统一般又由铁路以外的容量较大的电力系统供电。电力系统有许多种电等级网络和设备,其中 110KV 及以上电压等级的输电线路,用区域变电所中的变压器联系起来,主要用于输送强大电力,利用它们向电气化铁路的牵引变电所输送电力,供电牵引用力。电力牵引为一级负荷,牵引变电所应由二路电源供电。为了保证供电的可靠性,由电力系统送到牵引变电所高压输电线路无一例外地为双回线,两条双回线互为备用,平时均处于带电状态。一旦一条回路发生供电故障,另一条回路自动投入,从而保证不间断供电。

2. 牵引变电所供电方式

交流电气化铁路是以接触网—钢轨—大地为回路的单相不对称供电系统,因此牵引供电所产生的电场和磁场会对通信线路产生电磁干扰。为了减少电气化铁路对通信线路的电磁干扰,在电气化铁路改造中必须采取防干扰措施。

经过多年的努力我国已有了直接供电(简称 TR 供电)、自耦变压供电(简称 AT 供电)、吸流变压器供电(简称 BT 供电)和直供 + 回流供电(简称 DN 供电)方式。

3. 牵引变电所设备

(1)牵引变压器

牵引变压器(主变)是一种特殊电压等级的电力变压器,应满足牵引负荷变化剧烈、外部短路频繁的要求，是牵引变电所的“心脏”。主变压器是牵引变电所内的核心设备，担负着将电力系统供给的110KV或220KV的三相电源变换成适合电力机车使用的27.5KV的单相电。由于牵引负荷具有极度不稳定、短路故障多、谐波含量大等特点，运行环境比一般电力负荷恶劣的多，因此要求牵引变压器过负荷和抗短路冲击的能力要强，这也是牵引变压器区别于一般电力变压器的特点。

牵引变电所内的变压器，根据用途不同，分为主变压器（牵引变压器）、动力变压器、自耦变压器（AT）、所用变压器几种；根据接线方式不同，又有单相变压器、三相变压器、三相—二相变压器等。尽管变压器的类型、容量、电压等级千差万别，但其基本原理都是一样的，其作用都是变换电压，传输电能，以供给不同的电负荷。

（2）断路器

断路器是牵引变电所内最为重要的电气设备之一，其工作最为繁重，地位最为关键，结构最为复杂。它依靠本身所具有的强大的灭弧能力，不但可以带负荷切断各种电气设备和牵引网线路，更可与保护装置配合，快速、可带负荷地切断各种短路故障。

（3）电压互感器和电流互感器

电压互感器和电流互感器的工作原理和变压器相似，都是把高电压设备和母线的运行电压、大电流、设备和母线的负荷或短路电流，按规定比例变成测量仪表、继电保护及控制设备的低电压和小电流。在额定运行情况下电压互感器二次电压为100V，电流互感器二次电流为5A或1A。电流互感器的二次绕组经常与负荷相连近于短路，请注意：绝不能让其开路，否则将因高电压而危及设备和人身安全或使电流互感器烧毁。

（4）开关设备

开关设备包括断路器、隔离开关、负荷开关、高压熔断器等都是断开和合上电路的设备。断路器在电力系统正常运行情况下用来合上和断开电路故障时，在继电保护装置控制下自动把故障设备和线路断开,还可以有自动重合闸功能。在我国,220kV 以上的变电站使用较多的是空气断路器和六氟化硫断路器。

(5)防雷设备

防雷设备主要有避雷针和避雷器。避雷针是为了防止变电站遭受直接雷击,将雷电对其自身放电从而把雷电流引入大地的设备。在变电站附近的线路上落雷时雷电波会沿导线进入变电站,产生过电压;另外,断路器操作等也会引起过电压。避雷器的作用是当过电压超过一定限值时,自动对地放电降低电压保护设备,放电后又迅速自动灭弧,保证系统正常运行。目前,使用最多的是氧化锌避雷器。

4. 牵引变电所接地

牵引变电所接地装置是确保电气设备正常工作和人身、设备安全的重要技术措施,也是构成电气保护的重要电气设施。日常巡视和维护是保证牵引变电所的接地装置状态良好的有力保证,必须加以高度重视。牵引变电所接地主要有以下几种:

(1)工作接地;

(2)保护接地;

(3)防雷接地;

(4)牵引供电回流系统的接地;

(5)牵引变电所低压供电系统的接地;

(6)牵引变电所监控设备的接地。

(二)接触网

接触网是电气化铁路上的主要供电装置,它通过钢筋混凝土方柱或等径圆支柱及软横跨、硬横梁,以一定的悬挂形式将接触线直接架设在铁路线路的上方。它的功能是通过与电力机车顶部受电弓的滑动接触将电能供给电力机车(或电动车组)。

从结构形式上看,接触网(图 5 -9)由接触悬挂部分、支持装置、定位装置、支柱和基础组成。

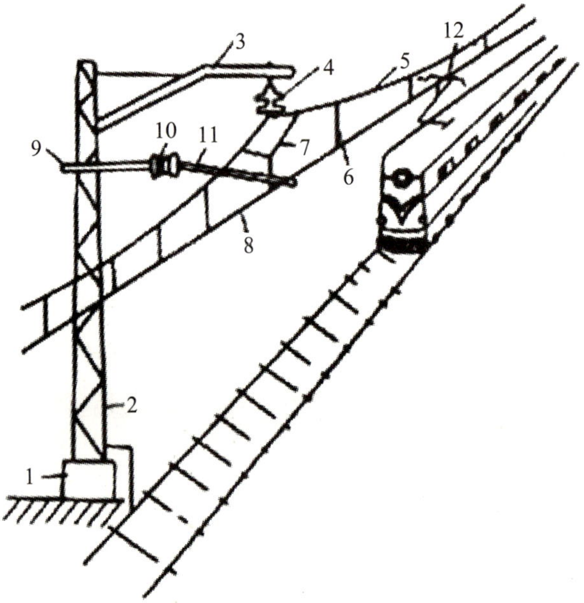

铁道干线悬挂式接触网示意图

1、2. 基础、支柱;3. 腕臂支持装置;4. 绝缘子;5. 承力索;
6. 吊弦;7. 弹性吊弦;8. 接触导线;9. 定位肩架;
10. 棒式绝缘子;11. 定位管;12. 受电弓

图 5－9　接触网

1. 接触悬挂部分

接触悬挂包括承力索、整体吊弦、接触线、中心锚结绳及各种线夹、全补偿下锚装置等。承力索承受接触线的重力,并将整个接触悬挂的重力和拉力(或压力)传给支持装置,并通过吊弦悬挂使接触线保持在规定的高度,电力机车受电弓滑板同接触线相接触取得机车所需电能。

2. 支持装置

支持装置包括腕臂、棒式绝缘子、固定底座、腕臂支撑、斜拉线、承力索座等,用于支持接触悬挂,并将其负荷传给支柱。

3. 定位装置

定位装置包括定位管、定位器、定位线夹、定位支撑等,用于固定接触线的水平位置。定位器处于受拉状态,使接触线沿铁路线路均匀分布在机车受电弓中心运行轨迹两侧,保证受电弓不脱离接触线而发生弓网事故,并将接触线的水平负荷传给支持装置。

4. 支柱和基础

支柱和基础包括钢筋混凝土方支柱和等径圆支柱、钢柱,软横跨、硬横梁、杯形基础、拉线基础、横卧板和底板等。它用于承受接触网的全部负荷,包括上部结构的重力、垂直线路方向的拉力(或压力)、顺线路方向的拉力。其施工质量的好坏直接影响到接触网能否长期稳定运行。

第四节 电力机车

电力机车是靠其顶部升起的受电弓从接触网上取得电能后转换成机械能牵引列车运行的,由牵引电动机驱动车轮。电力机车因为所需电能由电气化铁路供电系统的接触网或第三轨供运行中的电力机车,所以是一种非自带能源的机车。电力机车具有功率大、过载能力强、牵引力大、速度快、整备作业时间短、维修量少、运营费用低、便于实现多机牵引、能采用再生制动以及节约能量等优点。使用电力机车牵引车列,可以提高列车运行速度和承载重量,从而大幅度地提高铁路的运输能力和通过能力。

一、电力机车分类

电力机车是从接触网上获取电能的,接触网供给电力机车的电流有直流和交流两种。由于电流制不同,所用的电力机车也不一样,基本上可以分为直—直流电力机车、交—直流电力机车、交—直—交流电力机车三类。

直—直流电力机车采用直流制供电,牵引变电所内设有整流装置,它将三相交流电变成直流电后,再送到接触网上。因此,电力机车可直接从接触网上取得直流电供给直流串励牵引电动机使用,简化了机车上的设备。直流制的缺点是接触网的电压低,一般为 1500V 或 3000V,接触导线要求很粗,要消耗大量的有色金属,加大了建设投资。

在交流制中,目前世界上大多数国家都采用工频(50Hz)交流制,或 25Hz 低频交流制。在这种供电制下,牵引变电所将三相交流电改变成 25KV 工业频率单相交流串励电动机,把交流电变成直流电的任务在机车上完成。由于接触网电压比直流制时提高了很多,接触导线的直径可以相对减小,减少了有色金属的消耗和建设投资,因此工频交流制得到了广泛采用,世界上绝大多数电力机车也是交—直流电力机车。

交—直—交电力机车采用直流串励电动机,其最大优点是调速简单,只要改变电动机的端电压,就能很方便地在较大范围内实现对机车的调速。但是这种电机由于带有整流子,制造和维修很复杂,体积也较大。而交流无整流子牵引电动机(即三相异步电动机)在制造、性能、功能、体积、重量、成本及可靠性等方面远比整流子电机优越得多。它之所以迟迟不能在电力机车上应用,主要原因是调速比较困难。改变端电压不能使这种电机在较大范围内改变速度,而只有改变电流的频率才能达到目的。因此,只有当电子技术和大功率晶闸管变流装置得到迅速发展的今天,才能生产出采用三相交流电机的先进电力机车。交—直—交电力机车从接触网上引入的仍然是单相交流电,它首先把单相交流电整流成直流电,然后再把直流电逆变成可以使频率变化的三相交流电供三相异步电动机使用。

二、电力机车的发展

1866 年,德国工程师西门子与技师哈卢施卡联营创立电机公司,发明强力发电机,制成世界上第一列电力机车。1881 年,柏林郊外铺设了规模虽小,但是世界最初营业用的电车路线。同时德国又试验成功驾空接触导线供电系统,使电力机车的供电线路由地面转向空中,机车的电压和功率都大大提高。1895 年,在美国的巴尔的摩—俄亥铁路线上首次出现了长途电力机车,机车重 96 吨,1080 马力,采用 550V 直流供电。1901 年,西门子、哈卢施卡电机公司制造的电力机车在柏林附近创造了时速 160 公里的纪录。与此同时,在 1880 年,美国爱迪生也进行了电车的实验。

我国电力机车的研制和生产从 1958 年开始,其发展可分为三个阶段:

1. 起步阶段(20 世纪 50 年代末至 70 年代末):在仿制国外机车的基础上,生产出韶山型客货两用交直电力机车。

2. 发展阶段(20 世纪 70 年代末至 80 年代末):我国研制成功自己的相控电力机车,机车功率进一步提高,代表车型 SS3、SS4 型。其中,SS3 型电力机车采用级间调压方式,SS4 型电力机车则是我国自行研制的第一代全相控大功率电力机车。

3. 提高阶段(20 世纪 80 年代末至今):在消化吸收引进机车技术的基础上,对已开发的机车进行了技术改造,并结合我国传统的牵引电机并联的主电路形式,相继开发 SS5、SS8、SS6B、SS7 等型号的电力机车。我国在运主要干线电力机车有:韶山 SS3、SS4(G)、SS6、SS6B、SS7、SS7C/D/E、SS8、SS9(G)及和谐 HXD1、HXD3 等。

中国制造的电力机车自 1958 年第一台电力机车诞生到今天的发展历程中,经历了由韶山型系列直流传动电力机车到和谐型系列交流传动电力机车的发展,经历了由技术引进到消化吸收再到自主创新的历程,走出了具有中国铁路特色的技术创新道路。2003 年以来,为适应中国国民经济高速发展,中国铁路制造业在"引进先进技术、联合设计生产、打造中国品牌"的基本原则指导下,坚持"先进、成熟、经济、适用、可靠"的技术方针,遵循"引进、消化吸收、再创新"的技术路线,卓有成效地实施了铁路技术装备现代化的跨越式发展。以中国南车株机公司、中国南车戚机公司、中国北车连车公司、中国北车同车公司为代表的四家中国电力机车制造企业，在铁道部总体部署下，锁定世界铁路最先进技术，分别与德国西门子公司、美国 GE 公司、美国 EMD 公司、法国阿尔斯通公司、日本东芝公司进行技术合作，通过技术转让，联合设计等方式先后研制成功了 HXD1、HXD2、HXD3、HXD1B、HXD2B、HXD3B、HXD1C、HXN3、HXN5 等和谐系列交流传动机车。通过技术引进，中国电力机车制造企业成功掌握了机车总成、车体、转向架、牵引变压器、牵引变流器、网络控制系统、牵引电机、驱动装置、制动系统九大关键技术，以及受电弓、真空主短路器、高压（电压/电流）互感器、司机控制器、辅助设备/牵引电机通风机、空压机、机车空调、复合冷却塔、车钩缓冲器、车载卫生装置十项主要配套技术。开创了我国自主研制牵引变流器、网络控制系统、大功率牵引变压器、大功率牵引电机等重要零部件的先河；构建了与国际接轨的技术标准体系。中国铁路牵引技术，实现了从直流传动到交流传动的根本转换，由采用直流传动技术的韶山系列机车上升到和谐系列交流传动机车。通过技术引进工作，和谐型机车制造企业在短短的几年时间里，完成了 2642 台机车的生产任务，极大地缩短了机车设计制造周期，满足了铁路运输高速增长的需求。

三、电力机车组成及原理

从外部看，电力机车的车体是一个厢形的壳体，由上部的车体和下部的走行部组成（图 5－10）。它的大部分机械、电机设备、电器和电力电子装置都是安装在车体内的。走行部位于车体之下，主要是引导机车沿轨道运行，并把车体和载荷的重量传给钢轨。电力机车的走行部通常又称为转向架。

（一）车体

电力机车的车体通常为长方体，它由底架、侧墙、端墙和车顶组成。车体是通过中心销支承在转向架上，或者通过牵引杆装置、支承装置与转向架相连用来传递牵引力或制动力的。车体下部装有制动装置，顶部装有受电弓和其他电器。底架位于车体下部,是主要的承载构架。在底架的两端还分别装有车钩及其缓冲装置,用以实现相互连接。司机室一般设在车体的两端,由走廊相连。司机室内安装有控制设备,如司机控制器、制动阀、按钮开关、监测仪器和各种信号指示灯等。

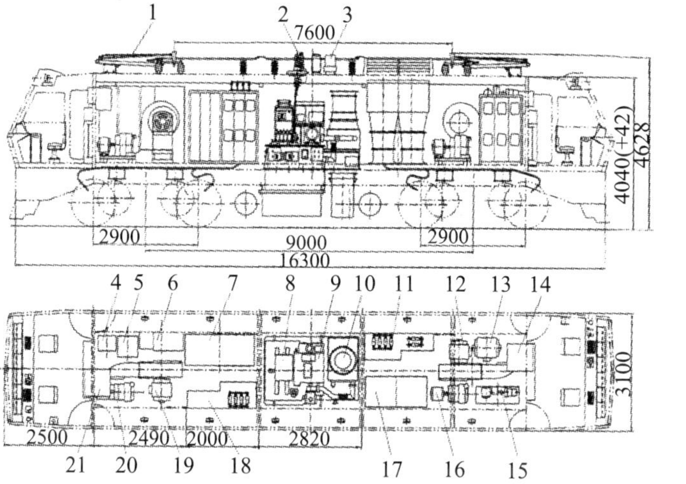

SS8型电力机车总体布置

1—受电弓;2—主断路器;3—高压互感器;4—信号柜;5—工具柜;6—电源微机柜;7—硅整流装置;8—阻容柜;9—主变压器;10—变压器风机;11—2号电器柜;12—2端牵引通风机;13—劈相机;14—2端空调机;15—空气管路柜;16—压缩机;17—制动电阻柜;18—1号电器柜;19—1端牵引通风机;20—1端压缩机组;21—1墙空调机

图 5-10 SS8 型电力机车总体布置

(二)转向架

转向架起支撑车体、转向和制动的作用。目前我国电力机车采用的转向架有两种:一种是二轴转向架;另一种是三轴转向架。每台机车可以有两个转向架,也可采用三个转向架。

(三)电机部分

牵引电机采用抱轴式半悬挂或空心轴传动全悬挂结构,安装在转向架上,当牵引电机受电旋转时,通过电枢轴轴端的齿轮带动轮轴上的大齿轮使轮轴转动。牵引电机转速不同,机车运行速度就不同;电枢的转向改变,机车运行的方向也改变。

（四）电器部分

电器部分包括硅整流机组、制动电阻、司机控制器、接触器、继电器、转换开关、按钮开关、电空阀等。通过这些电器的开闭和转换，完成机车的启动、调速、反向等的转换工作，这些控制电器，均由稳压电源和蓄电池组成的 110V 直流电源供电，完成电控动作。

为保护机车的电气设备在使用中免受（或少受）损害，还装有监视各机组工作、显示各电气设备工作状态的保护设备和仪表等。司机可以通过它们的显示，了解机车工作状态，以便进行正确驾驶。

（五）空气管路系统

空气管路系统直接影响机车的工作可靠性和运行的安全性，是机车的重要系统之一。与其他类型机车相比，电力机车空气管路系统更有其重要性，这是因为电力机车除了启动和制动都离不开空气管路系统外，受电弓的升降、主断路器的分闸和合闸等都要用压缩空气。

（六）电力机车的电气设备及其电路

电力机车上设有各种复杂的电气设备，而所有电气设备分别装设在主电路、辅助电路和控制电路这三大电路中。

1. 主电路

主电路是将牵引电动机及其相关的各种电气设备连接而成的一个系统，具有电压高、电流大的特点。主电路中包括的电气设备主要有受电弓、主断路器、主变压器（即牵引变压器）、整流调压装置、电抗器、牵引电动机和制动电阻等。

（1）受电弓

机车顶部一般装有两套单臂受电弓（图 5 - 11），受电弓紧压接触网导线滑行，从电网上取得电流。机车运行时只需升起一套受电弓，另一套受电弓作为备用。接触网上送来的 25kV 工频单相交流电就由此引入机车。

（2）主断路器

主断路器是机车的总电源开关和保护开关，用来接通或断开电力机

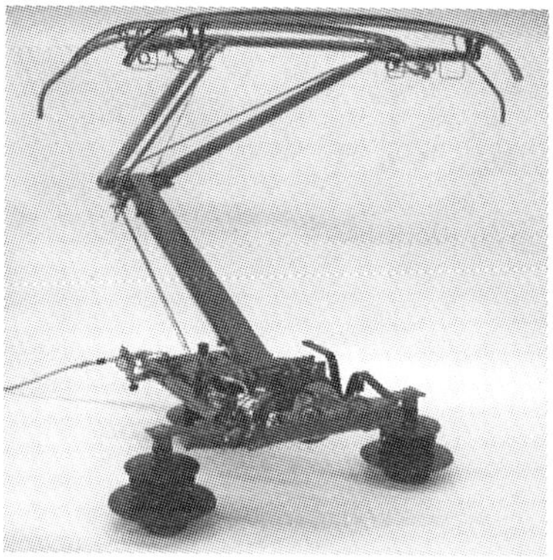

图 5－11　受电弓

车高压电路。当主电路发生短路、接地或整流调压电路、牵引电动机等设备故障时，它能自动切断机车电源，实现对机车上设备的保护。

(3)主变压器

主变压器又称牵引变压器，它把从接触网上取得的 25kV 产 K 电降低为牵引电动机所适用的电压。变压器一般有 4 个绕组，1 个一次侧绕组接 25kV 高压电，3 个二次侧绕组。其产牵引绕组用来向牵引电动机供电，励磁绕组用在电阻制动时给电动Ⅲ提供励磁电流；辅助绕组用来给机车的辅助电机供电。

(4)硅整流装置

硅整流装置用来把牵引变压器二次侧牵引绕组的交流电整流成Ⅵ调节的直流输出电压，从而可以改变牵引电动机的端电压，达到调节机车速度的目的。

2. 辅助电路

辅助电路是将辅助电机(如劈相机、压缩机电机、通风机、油泵等)、辅助设备(如取暖设备、电热玻璃等)及其相关的电气设备连接而成的一个系统。它的电源来自主变压器的辅助绕组，通过劈相机将单相交流电转变成三相交流电后，供给牵引通风机、油泵机组和空气压缩机等辅助电机使用。其工作电压一般为交流 380V、220V 或直流几百伏。

3. 控制电路

控制电路将主电路和辅助电路中各电气设备的控制电器（包括各种控制开关、接触器、电空阀等）同电源、照明、信号等66个控制装置连成一个电系统，一般采用低压直流电源，电压值为50～110V，所以又叫低压线路。

以上三个电路系统在电气方面一般是相互隔离的，但三者通过电磁、电空或机械传动等方式相互联系，配合动作，用低压电控制高压电，以保证操作的安全和实现机车的运行。

（七）电力机车的基本工作原理

交—直型电力机车通过受电弓将接触网供给的单相工频交流电引入机车内部，经牵引变压器降压，再经整流装置将交流电转换为直流电，然后向直流（脉流）牵引电动机供电，从而产生牵引力牵引列车运行。电力机车的速度控制，主要是由司机通过控制牵引电动机转速来实现的，如图5－12所示。

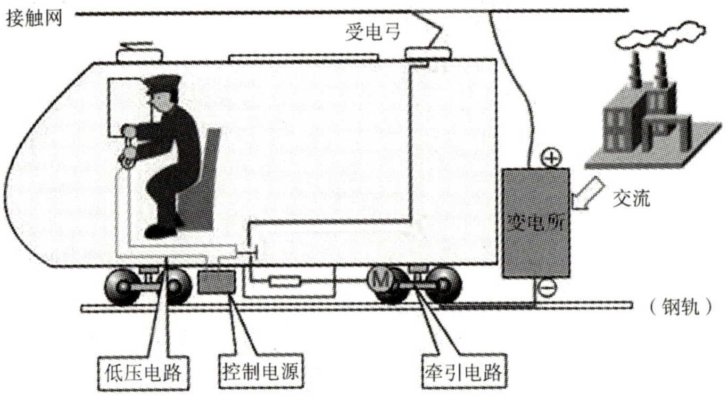

图5－12　电力机车工作原理

当机车需要制动时，除使用空气制动装置外，还可以采用电气制动。当司机把控制手柄从牵引位转到制动位时，牵引电动机就改成发电机运行，产生一个与速度成比例的阻力阻止列车运行。如果发出的电能被制动电阻变成热能散掉,就称之为电阻制动;如果将电能重新送回电网中再加以利用,就称之为再生制动。目前在电力机车上得到广泛使用的,是电阻制动。

四、几种干线电力机车介绍

1. 韶山8型电力机车(图5-13)

图5-13 韶山8型电力机车

SS8型电力机车是用于准高速干线客运的交直传动相控电力机车。它是“八五”期间国家重点科技攻关项目,由株机厂和株洲所共同研制。原设计用于广深线准高速铁路,现已用于我国主要干线电气化铁路快速客运。SS8型电力机车于1998年6月24日,在京广线的许昌至小商桥区间创造了240km/h的中国铁路高速纪录。SS8型电力机车对推动我国客运准高速及高速机车的发展具有重要意义。

2. 韶山9型电力机车(图5-14)

韶山9型干线客运电力机车,代号SS9,以成熟的韶山型系列电力机车技术为基础,采用了许多国际客运机车先进技术,是我国干线铁路牵引旅客列车功率最大的机车。机车具有向列车供电能力,供电电压为DC600V、容量为2×400kW。该机车结构设计合理,能满足

图 5－14　韶山 9 型电力机车

170km/h 运用的要求，可牵引 18 节客车在 16‰、14‰、12‰、10‰的长大坡道上，分别以 84km/h、92km/h、96km/h、105km/h 的速度匀速上坡，大大地提高了平均运营速度。机车功率持续 4800kW，最大速度为 170km/h，车长为 22, 216mm，轴式为 Co－Co，电流制为单相工频交流。

3. HXD1（和谐电）型电力机车（图 5－15）

图 5－15　HXD1 型电力机车

HXD1 型电力机车是由两节完全相同的 4 轴电力机车通过内重联环节连接组成的 8 轴重载货运电力机车。每节车设有一个司机室，为一个完整系统。

第五节　机车业务

机车的检修和运用是铁路运输工作的重要组成部分，也是机务部门的基本任务。质量良好地检修机车、确保机车的完好状态，经济、合理地运用机车，对完成铁路运输任务具有十分重要的意义。

机车运用上的一个特点是，机车只要离开机务段，就要受行车有关人员的调度和指挥。所以机务部门和行车部门的关系特别密切，两者必须联动协作才能安全、高效、优质地完成运输任务。

一、机车检修

机务段是设在铁路沿线负责机车检修和运用工作的基层生产单位，一般设在编组站或区段站上。在机车交路的折返点，还应设有机务折返段。机务段和机务折返段设置的基本原则是满足牵引列车的最大需要，并能充分发挥各项设备的能力和机车运用效率；段间距离的长短，应考虑乘务员的连续工作时间，并结合编组站、区段站的位置尽可能长距离地设置。

（一）机务段的任务和设备

统一原则：根据各机务段所承担任务量的大小，为其配属一定数量的机车。

机务段的任务主要有：机车运用方面，负责计划和组织本段机车和乘务组完成邻接区段的列车牵引，或固定在某个车站上担任调车工作并对日常运用机车进行整备和日常保养；机车检修方面，进行段修范围内的机车定期检修和日常维修工作，保证运用机车的良好状态。

机务段设有管理部门和生产车间。生产车间包括运用车间、检修车间、整备车间和设备车间。

运用车间主要负责机车的运用与保养;检修车间主要负责机车段修范围内的定期修理及机车的日常维修;整备车间主要负责机车用的燃料、润滑油、水、砂等物资供应和机车的各种整备作业;设备车间主要负责机务段内的各种机械设备、水电动力设施的管理与维修。

机车在出段牵引列车或担任调车工作以前,需要供应机车必需的物资和做好各项准备工作,这种物资供应和准备工作总称为机车整备作业。机车类型不同,整备作业的内容也不一样。

为了完成以上整备作业,机务段内必须修建相应的整备设备,如机车整备线、加油站上水管、上砂管以及储存和发放油脂、化验、排水、照明设备。

整备设备的布置,应保证各项整备作业能平行或流水式地进行,并应具备足够的能力,以压缩整备作业时间,提高机车的运用效率。

(二)机车的检修

机车经过一定时期的运用后,各部件都会发生磨耗、变形或损坏。为了保证机车的正常运用,延长使用期限,除了机车乘务员的日常检查和保养外,还必须进行各种定期检修。

机车的定期检修除大修在机车工厂进行以外,其余的检修一般都在机务段内进行。因此,机务段除了机车整备设备以外,还必须具有机车的检修设备,如各种检修库及辅助车间。

各种修程所包括的内容,在有关的规程中都有具体规定。一般来说,机车的大修是一种全面恢复性修理,大修后的机车,基本上需达到新车的水平;中修的主要目的是修理走行部。内燃、电力机车的小修主要是为了对有关设备进行测试和维修等;辅修是属于临时性的维修和养护。认真做好检修工作,对保证机车的正常运用和延长使用寿命,具有十分重要的意义。

设在机车交路折返点的机务折返段,一般没有配属机车,也不作检修工作，只供机车进行整备作业和折返前乘务人员临时休息之用。因此，在机务折返段上，只设机车整备设备，而不设检修设备。

二、机车运用

（一）机车交路

机车运用上的一个特点是，机车只要离开机务段，就要受车站负责运输有关人员的调度和指挥。所以机务部门和行车部门的关系特别密切，必须协调配合才能安全、优质地完成运输任务。

机车固定担当运输任务的周转区段，叫作机车交路（也叫牵引区段）。

目前，我国铁路机车的运用主要有肩回运转制和循环运转制两种。

1. 肩回运转制

机车由机务段出发，从机务段所在站牵引列车到折返段所在站，进入折返段进行整备及检查，然后牵引列车返回机务段所在站，再进入机务段进行整备及检查。这种每往返一次，就要进入机务段一次的运用方式叫肩回运转制。采用这种运转制时，机车一般在 1 ~ 2 个牵引区段上往返运行。

2. 循环运转制

机车从机务段出发，在一个牵引区段（如乙—甲间）往返牵引列车后回到机务段所在站（乙站）、机车不入段，只在到发线上进行整合作业，然后仍继续牵引同一车列或换挂另一个已经准备好了的车列，运行到另一个牵引区段（如乙—丙间）的折返段所在站（丙站），再从丙站牵引列车返回甲站。这种机车在两个区段上牵引列车循环运转，平时不进机务段，直到定期检修到期时才入段检修的运用方式叫作循环运转制。

采用肩回运转制时，机车要在段内进行整备，在车站不需另设整备设备。采用循环运转制时，由于机车很少进机务段，节省了整备时间，机车交路可以延长，使内燃、电力机车的牵引性能充分发挥，从而提高机车运用效率,加速机车周转。但是,循环运转制一般只有在上下行都有大量不需要改编的中转列车经过机务段所在站时才能采用。

(二)乘务制度和乘务方式

机务段在为邻接区段提供机车的同时,还要负责计划和组织机车乘务员的工作。加强对乘务员的政治思想教育和业务培训,不断提高全体乘务员的思想和业务水平,是保证完成和超额完成国家运输任务的关键。

现行的机车乘务制度基本上可以归纳为两类:

1. 包乘制:每台机车配备2~3个固定的乘务组值乘;

2. 轮乘制:机车由各个乘务组轮流值乘。

包乘制由三班乘务员固定使用一台机车,轮流值乘。包乘制的主要优点是机车乘务员对自己驾驶的机车非常熟悉,有利于机车的操纵和维修保养。但是,机车运用和乘务员的组织工作比较复杂,常会因为安排不当或运行秩序被打乱而影响机车的运用效率。

采用轮乘制时,机车乘务组值乘的机车是不固定的,这样可以有效地使用机车和合理安排乘务员的作息时间,以较少的机车或乘务组,完成较多的运输任务。当然,这种制度对乘务员的驾驶技术要求更高,对机车的质量和保养也要求更严。

机车乘务员的换班方式,即乘务方式,主要有外段驻班制、立即折返制和随乘制三种。

第六节　动车组

一、动车组概述

动车组是国外铁路客运大量采用的车型,它是由动力车和拖车或全部由动力车长期固定地连挂在一起组成的车组,其中带有动力的车辆称为动车(用M表示,以下同),不带动力的车辆称为拖车(用T表示,以下同)。动力车上也可以乘坐旅客,列车两端都带有司机室,可在线路上往复运行。动车组具有安全、高速、高效、快捷、舒适、环保以及编组灵活等特点,因此,备受世界各国铁路运输和城市轨道交通运输的青睐。近年来,我国也在引进国外先进动车组技术的基础上大力开展自主创新,目前,已有蓝箭、中华之星、中原之星、CRH1、CRH2、CRH3、CRH5 等多种国产化动车组投入运营。尤其是"和谐号"高速动车组的投入使用,标志着我国铁路已经基本掌握时速 200km 及以上高速动车组的核心技术。

(一)动车组的类型

1. 按动力源分

动车组按动力源不同可分为两种:内燃动车组和电力动车组。其中内燃动车组按传动装置型式不同可分为液力传动和电力传动,而电力动车组又有交—直电传动、交—直—交电传动和交—交电传动等型式。目前国内外所采用的动车组多数都是电力动车组。

2. 按动力配置形式分

动车组按动力配置形式不同可分为两种:动力集中式和动力分散式。动力集中式动车组列车只有两端为动车,其余均为拖车,可以采用前挽后推的推挽方式运行,如法国的 TGV - PSE 动车组即为动力集中式动车组,它由两辆动车和八辆拖车编组而成,两辆动车位于车组的两端,即 2 动 + 8 拖(M + 8T + M)形式。我国浦镇车辆厂生产制造的"新曙光"号动车组(M + 9T + M)也为动力集中型动车组。这种类型的动车组一般所有控制指令均由驾驶端动车发出,另一动车通过列车总线接受控制指令。由于动力装置安装比较集中,动力集中式动车组具有检查维修比较方便,以及电气设备的总重量相对较小等优点。但其缺点也比较突出,即动车的轴重较大,对线路不利。

动力分散式动车组有完全分散和相对分散两种模式。完全分散模式是指高速列车编组中的车辆全部为动力车,如日本的 0 系高速列车,16 辆编组中全部是动力车,这种模式采用较少,目前在我国没有采用。相对分散模式为动车组采用的主要模式,是指高速列车编组中一部分是动力车,其余部分为无动力的拖车,如日本的700系高速列车,16辆编组中有12辆动力车,4辆是拖车,即“12动+4拖”;我国的CRH2型动车组8辆编组中有4辆是动车,4辆是拖车,即“4动+4拖”。目前,我国的高速动车组均为此种模式。

动力分散型动车组虽然有牵引力设备的数量多、总重量大的缺点,但其优点较多,如最大轴重小,对线路的影响小,列车总体利用率高,列车的牵引及制动性能好,可靠性高,运用成本低等。因此,动力分散动车组是当今世界铁路动车组,特别是高速动车组技术发展的方向。

(二)动车组的特点

相对于传统的机车车辆模式,动车组在旅客运输方面有着很多突出的优点。由于列车在运行中固定编组,车站折返或换向时无须摘挂机车,节约停站时间,提高列车使用效率,减少车站咽喉压力。在保证安全的前提下,可明显提高行车密度,提高整个铁路网的运输能力。

动车组的主要技术特点如下:

1. 头型流线化

随着列车运行速度的提高,周围空气的动力作用一方面对列车和列车运行性能产生影响;另一方面列车高速运行引起的气动现象对周围环境也产生影响。

对于高速动车组来说,列车头型设计非常重要,好的头型设计可以有效地减少运行空气阻力,列车交会压力波和解决好运行稳定性等问题。

2. 车体结构轻量化

为了节省牵引功率,降低列车高速引起的动力作用对线路结构、机车车辆结构产生的损伤,以及提高旅客乘坐舒适度,需要最大限度地降低高速动车组的轴重。因此,国外各国高速列车车体的主要材料是铝合金和不锈钢,从发展趋势来看,铝合金将成为动车组车体的主导材料。

3. 高性能转向架技术

提高列车运行速度首先遇到的问题是转向架运行平稳性和安全性，所以，提高列车运行速度应具有高性能的转向架。高速转向架应具有高速运行的稳定性，良好的曲线通过性能，并能够满足乘客乘坐舒适度的要求。

4. 复合制动技术

高速列车的制动能量与速度的平方成正比，因此，传统的纯空气制动能力已不能满足需要。因此高速列车必须采用能提供强大制动力并更好利用黏着的复合制动系统。该复合制动系统通常由制动控制系统、动力制动、空气制动（包括盘形制动和踏面制动）系统、微机控制的防滑器和非黏着制动装置等组成。

5. 密接式车钩缓冲装置

目前世界各国高速列车（如日本、德国）普遍采用密接式车钩连接装置，该装置两车钩连接面的纵向间隙一般都小于2mm，上下、左右偏移也很小，为提高列车的运行平稳性和电气线路、风管的自动对接提供了保证。

6. 交流传动技术

早期的电力牵引传动系统均采用交—直传动，用直流电动机驱动。由于直流电动机的单位功率重量较大，使高速列车既要大功率驱动又要求减轻轴重，形成难以克服的矛盾。在交流转动系统中，交流牵引电动机较传统的直流牵引电动机具有结构简单、运行可靠、体积小、重量轻及造价低等一系列优点。交流牵引电动机没有整流子结构对电动机功率的限制，牵引功率可以得到进一步提高。

7. 列车自动控制及故障诊断技术

列车自动控制系统对高速列车安全运行具有重要作用，世界各国在发展高速铁路时都十分重视列车自动控制系统的研究和开发，许多国家为先进列车控制系统（Advanced Train Control Systems）研制了多种基础技术设备,如列车超速防护系统、卫星定位系统、车载智能控制系统、车载微机自动监测和诊断系统等。

目前在世界高速铁路上的自动控制方式主要分为两类:一类是以设备为主,人控为辅的控制方式,以日本新干线采用的ATC(列车自动控制)方式为代表。另一类是人机共用、人控为主的方式,以法国TGV高速列车为代表,主要采用有TVM300型安全防护系统及改进的TVM430型安全防护系统,还有德国ICE高速列车采用的FRS速差式机车信号和LZB型双轨条交叉电缆传输式列车控制设备等。

相对于传统的机车车辆模式,动车组在运营上有许多优点,尤其是动力分散型电动车组,优点更为明显,主要有以下几点:

1. 由于动车组在两端都有司机室,因此,转换运行方向较为方便,可以加快运转速度。在保证安全的前提下,可明显提高行车密度,从而提高整个铁路网的运输能力,同时也能减少车务人员的工作及提高安全。

2. 动车组甩挂方便,比较容易组合成长短不同的列车。可以根据客流的大小,加挂或少挂动车组,由于动车组中每组都是既有动力车,又有拖车,因此,加挂动车组不影响速度,少挂动车组也不影响动力的发挥。

3. 动力效率较高,启动加速快。动力分散的动车组驱动轴较多,黏着性能比较稳定,容易实现高速运转。

4. 最大轴重小,同时对线路的影响小。由于动车组的牵引设备分散布置在各动力车上,所以能够降低列车的轴重,减小运行阻力,减少对铁路线路的影响,降低基本建设投资,同时,也减少维修保养费。

5. 动车组的制动效果好。电力动车组因为有较多的电动机,所以再生制动能力良好。另外,动车组一般都采用两种或两种以上制动方式,制动效果更为显著。

6. 动车组更加注重环保。高速动车组的内部装饰和化工材料全部符合国际环保规定的要求,卫生间均采用集便式便器,集中收集排放污物，不会对列车行经路段沿线造成污染，车外噪音也非常小，将噪音污染降到最低。

（三）动车组在国内外的发展

1. 国外动车组的发展历程

世界上高速铁路旅客运输多数都采用动车组，国际上常见的动车组有日本的新干线，德国的 ICE，法国的 TGV、欧洲之星，意大利的 ETR，瑞典的 X2000 等。日本川崎重工、法国阿尔斯通、德国西门子、加拿大庞巴迪和意大利菲亚特公司是掌握时速 200km 及以上动车组集成和关键部件技术，并具有批量生产能力的主要制造商。

2. 我国动车组的发展

我国动车组的发展起步较晚，直到 20 世纪末，各铁路机车车辆厂才开始进行动车组的研究与开发，但在原铁道部的引导和支持下，通过引进和消化国际先进技术，以及大力开展自主创新，我国的动车组发展迅速。

自 1998 年我国第一列商用动车组“春光号”在南昌铁路局运营以来，后来又有“春城号”“新曙光”“蓝箭”“神州号”“普天号”“先锋号”“中原之星”“中华之星”“和谐号”等十余种内燃和电力动车组投入商业运营，目前前述有关动车组已相继停止使用，而 CRH 系列动车组正在蓬勃发展并陆续投入使用。

3. CRH 系列动车组简介

原铁道部结合我国铁路的线路、通信信号、牵引供电和旅客运输的特点，2004 年起全面系统地引进国外先进成熟的动车组设计制造技术，并对系统进行了优化，形成了中国铁路高速动车组的技术体系、知识产权和中国 CRH 品牌，实现了成套技术的消化吸收和动车组中国制造，首次验证了动车组对我国既有线路提速的适用性。

“和谐号”，原名 CRH 系列，CRH 是 ChinaRailwayHigh－speed（中国铁路高速）的缩写，基本型号有 CRH1～CRH5 几种型号。其中：CRH1 型动车组主要用于城际间的中短途运输；CRH2 型动车组主要配属在北京以南地区;CRH5 型动车组主要配属在北方地区;CRH3 型动车组主要配属在时速 300 公里的高速铁路。

国产 CRH 系列动车组每列为 8 辆编组,并可实现两列车联挂运行。列车具有运行性能安全监测,对重要部件和系统进行实时监测、报警和记录,提前向动车段传输信息功能。

(1)CRH1“和谐号”动车组(图 5－16)

CRH1“和谐号”动车组,由我国南车集团四方机车车辆股份有限公司与加拿大庞巴迪的合资公司——青岛四方—庞巴迪铁路运输设备有限公司生产,运营时速 200 公里,8 辆编组,5 动 3 拖,定员 668 人。

图 5－16　CRH1 型动车组

(2)CRH2“和谐号”动车组(图 5－17)

我国南车集团四方机车车辆股份有限公司联合日本川崎重工,引进川崎重工的新干线 E2－1000 型动车组技术,南车四方机车车辆股份有限公司负责国内生产,运营时速 200～250 公里,8 辆编组,4 动 4 拖,定员 610 人。2006 年 9 月 28 日,四方机车车辆股份有限公司生产制造的首列 CHR2“和谐号”动车组下线。通过速度升级研发的 CRH2—300 运营时速 300～350 公里,在这基础上还开发了时速 250 公里的长编组座车和卧铺车。

图 5 – 17　**CRH2 型动车组**

（3）CRH3“和谐号”动车组

我国北车集团唐山轨道客车有限责任公司联合德国西门子，引进西门子 ICE3 技术，由北车唐山轨道客车有限责任公司负责国内生产，运营时速 300 ~ 350 公里，8 辆编组，4 动 4 拖，定员 556 人。2008 年 4 月 11 日，国产首列时速 350 公里动车组在唐山轨道客车有限责任公司竣工下线。

图 5 – 18　**CRH3 型动车组**

(4)CRH5“和谐号”动车组

我国北车集团长春轨道客车股份有限公司联合法国阿尔斯通,引进法国阿尔斯通的 Pendolino 宽体摆式列车技术,取消了装设的摆式功能,车体以法国阿尔斯通为芬兰国铁提供的 SM3 动车组为原型。该动车组由北车长春轨道客车股份有限公司负责国内生产,运营时速 200~250 公里,8 辆编组,5 动 3 拖,定员 622 人,特别适合于高寒地区使用。

图 5-19　CRH5 型动车组

(5)CRH380A“和谐号”动车组

南车四方机车车辆股份有限公司的 CRH380A 是青岛四方的设计人员在吸收 200 公里动车组的经验上,实现的完全自主设计研发的新一代高速动车组,它的诞生标志着中国高速列车设计制造实现国产化所迈出的重要的一步。运营速度 380 公里/小时,8 辆编组,6 动 2 拖,定员 490 人。2010 年 12 月 3 日,在京沪高速铁路枣庄至蚌埠间的先导段联调联试和综合试验中,国产列车“和谐号”CRH380A 新一代高速动车组最高运行时速达到 486.1 公里,再次刷新世界铁路运营试验最高速度。

图 5－20　CRH380A 型动车组

截至 2013 年年底，我国动车组保有量为 1050 列。2013 年铁路总公司公开招标动车组 417 列，其中时速 350 公里的动车组 248 列，时速 250 公里的动车组 169 列；2014 年公开招标动车组 307 列，其中时速 350 公里的动车组 215 列，时速 250 公里的动车组 92 列。

【小知识】

货运动车组

2014 年下半年，中国铁路总公司联合中国中车启动货运动车组项目，货运动车组样车目前正在唐山轨道客车有限责任公司装配组装，预计 2016 年上半年下线。

鉴于当前铁路黑货（指煤炭类货物）运输长期低迷，而针对白货（指非煤炭类货物）的快捷货运增长强劲，中铁总公司已经不满足仅开行电商班列和区域经济圈货运列车，下定决心要在白货运输上取得更大突破，在高铁线路上开行货运列车将是铁总白货运输上的终极目标。

目前中铁总公司启动的货运动车组项目将时速定在 200 公里/小时至 250 公里/小时区间，稍低于客运动车组最高时速 300 公里/小时至 350 公里/小时。列车将直接使用高铁线路，也就是说当前已开行的客运专线有可能再次成为客货混用。将来在高铁线路上运行货运列车与当前既有线的客货混用不同，高铁货运动车组只运送高附加值、小包裹且易于搬运的白货，普通低速货运列车不会进入高铁客运专线。

在世界铁路货运中，快捷运输一直是附加值最高的货运品种。1984年法国开行时速160公里的城际间货运列车，2012年法国、德国又开行了时速300公里的高铁货运专列。

据交通运输部统计，近年来，中国快递业发展迅速，截至2014年上半年，快递业务量连续36个月增幅在50%以上，2013年全年达91.9亿件，约3000万吨，同比增长61.6%。2014年预计将完成130亿件，中国将超过美国成为世界快递业务量最大的国家。目前中国的快递运输主要依赖公路和航空，铁路快递业务量仅占其中两成左右。

二、动车组组成

动车组通常由以下七个部分组成。

（一）车体（图5－21）

动车组车体分为带司机室车体和不带带司机室车体两种。它是容纳乘客和司机驾驶的地方，同时又是安装与连接其他设备和部件的基础。为使车体轻量化，高速动车组车体通常采用铝合金和不锈钢材料制造。

图5－21　动车组车体

（二）转向架

动车组转向架分动力转向架和非动力转向架。动力转向架的车轴可以是全动轴，也可以是部分动轴。转向架置于车体和轨道之间，用来牵引和引导车辆沿轨道行驶和承受与传递来自车体及线路的各种载荷，并缓和其动作用力。转向架是保证列车运行品质和安全的关键部件。

（三）连接、缓冲装置

车辆编组成列车运行必须借助于连接装置，即车钩。为了改善列车纵向平稳性，在车钩的后部设有缓冲装置，以缓和列车冲动。同时还应该连接车辆之间的电气和空气的管路。连接缓冲装置可以实现机械连接、高压电器连接、辅助系统和列车供电连接以及控制系统连接。

（四）制动装置

制动装置是保证列车安全运行所必需的装置。动车组常采用电气制动与空气制动的复合制动。动车组制动系统包括动力制动系统（再生制动）、空气制动系统（包括风源）、电子防滑器及基础制动装置等。

（五）车辆内部设备

车辆内部设备是指服务于乘客的车内固定附属装置，如车内电气、供水、通风、取暖、空调、座席、车窗、车门、行李架、旅客信息服务系统等。

（六）牵引传动系统

牵引传动系统包括：主电路、高压设备、受电弓、主断路器、其他高压设备、主变压器（图 5－22）、牵引变流器、牵引电机及电传动系统的保护等。

图 5－22　主变压器

(七)辅助供电系统

辅助供电系统所供电的设备包括:空气压缩机、冷却通风机、油泵/水泵电机、空气调节系统、采暖设备、照明设备、旅客服务设备、应急通风装置、维修用电等。

三、动车组运用

CRH 系列动车组作为铁路客车装备的重要组成部分,属于动力分散型的电动车组,具有安全、高速、高效、便捷、环保等显著特点,动车组的运用、维修和管理也有自身的特点。

(一)动车组管理与检修

1. 动车组管理

动车组由铁路总公司统一管理、统一配属、统一调配。

动车组配属单位对配属动车组的安全、质量负责。

动车车辆段负责动车组的定期检修(三级、四级、五级检修)工作,动车运用所负责动车组的运用检修(一级、二级检修)工作。

2. 动车组检修

(1)检修制度

动车组施行计划性的预防检修。检修分为五个等级,一级和二级检修为运用检修,三级、四级、五级检修为定期检修。运用检修在动车组运用所内进行,定期检修在动车段内进行。

运用检修可在任一运用所内进行,执行统一的检修标准,运用所承担检修后动车组的运用安全和质量责任。

(2)检修周期

①CRH1 型动车组

一级检修周期:运行里程 4000km 或 48 小时。

二级检修周期:15 天。

三级检修周期:120 万公里。

四级检修周期:240 万公里。

五级检修周期:480 万公里。

②CRH2 型动车组

一级检修周期:运行里程 4000km 或 48 小时。

二级检修周期:3 万公里或 30 天。

三级检修周期:45 万公里或 1 年。

四级检修周期:90 万公里或 3 年。

五级检修周期:180 万公里或 6 年。

③CRH3 型动车组

一级检修周期:运行里程 4000km 或 48 小时。

二级检修周期:暂定 2 万公里。

三级检修周期:120 万公里。

四级检修周期:240 万公里。

五级检修周期:480 万公里。

④CRH5 型动车组

一级检修周期:运行里程 4000km 或 48 小时。

二级检修周期:6 万公里。

三级检修周期:120 万公里。

四级检修周期:240 万公里。

五级检修周期:480 万公里。

(二)动车组运用管理

1. 动车组运行

(1)运行要求

①单列动车组为固定编组,运用状态下不得解编;两列同型动车组可重联运行。

②CRH 系列动车组可在既有线路的指定区段及新建的客运专线上以 200km/h 及以上速度级正常运行。

③超过检修周期的动车组严禁上线运行。

④动车组禁止与其他列车混编,禁止加挂各型机车车辆(无动力回送时除外)。

⑤动车组禁止通过驼峰,调车时禁止溜放。

⑥严格控制动车组超员。

⑦动车组 1 号和 0 号车均设有驾驶室,可在两端操纵驾驶。

⑧动车组在始发、终到、通过站不安排客列检进行技术作业。

⑨动车组司机需转换司机室操纵时,应通知车站,在 15 分钟内完成转换作业。

(2)限速运行条件

①当动车组牵引系统故障,切除 20% ~25% 牵引动力时,可保持 200km/h 速度运行;切除 40% ~50% 牵引动力时,限速 160km/h 运行。

②当动车组制动系统故障,切除 25% 制动力时,限速 160km/h 运行;切除 50% 制动力时,限速 120km/h 运行。

③轴承温度超过规定值时,立即停车请求处理。

④当空气弹簧故障时,限速 160km/h 运行。

⑤车窗玻璃破损导致车厢密封失效时，限速 160km/h 运行。

⑥动车组发生其他故障不能保证运行安全时，立即停车请求处理。

⑦CRH2 型动车组停靠或通过高度大于 1. 1m 的站台时，其轨道中心线距站台边缘距离须≥1750mm，限速 70km/h 运行。

2. 动车组重联与摘解

（1）动车组重联与摘解通过智能化控制，在司机室内操作完成。

（2）动车组重联与摘解作业由司机与随车机械师共同完成，不需安排驻站列检参加作业。

（3）CRH2 型动车组重联必须以 0 号车与 1 号车联挂，不允许两个 1 号车之间或两个 0 号车之间联挂。其他形式动车组无此要求。

（4）两列动车组重联作业时间一般不超过 16 分钟。两列动车组摘解作业时间一般不超过 10 分钟。

（5）两列动车组重联时各升一架受电弓运行，但不得采用前车升后弓后车升前弓的模式。

（6）按《动车组重联和摘解作业办法》作业。

3. 动车组无动力回送

（1）动车组无动力回送采用机车牵引，通过过渡车钩和列车管与动车组连接，机车列车管风压 600kPa。列车牵引制动操纵方式和要求与既有车一致。

（2）回送途中不得通过半径小于 180m 的曲线，不得侧向通过小于 9 号的道岔。

（3）无动力回送时限速 120km/h，调车作业时按现行限速要求执行。

（4）CRH2 型动车组无外部电源供电时，回送时间不超过 2 小时，超过时限速 5km/h。

（5）按《无动力回送作业办法》作业。

4. 动车组试运行

新造动车组或动车组经过四级、五级检修上线运行前需安排试运行,试运行距离原则上不少于500km;时速200公里的动车组试运行时速为160～200km,时速300公里的动车组试运行时速为250～300km。

(三)动车组运用维修

动车组运用检修在动车组运用所内进行,动车组运用所职责有以下两点:

1. 动车组运用所是动车组运用检修的主体,承担着动车组一级、二级检修,专项检修,外皮清洗,吸污作业,检修设备与信息化系统维护等工作。

2. 经检修的动车组必须达到《动车组一级检修质量标准》和《动车组二级检修质量标准》,并保证动车组在一个检修周期内不发生责任事故。

(四)动车组乘务

每组动车组配随车机械师1名出乘。

1. 随车机械师职责

(1)随车机械师是监控动车组运行安全的重要岗位,承担着妥善处理动车组运行途中发生的故障和为旅客提供良好服务设施的工作。

(2)随车机械师负责监控动车组运行技术状态,管理和操作动车组车内设备,应急处理突发故障,并承担部分行车组织职能。

2. 随车机械师作业标准

(1)岗位职责

①监控运行技术状态

- 运行中在乘务室通过车载信息系统显示器,监控动车组运行及设备工作状态。
- 在运行中巡视检查车辆,发现问题正确判断、果断处理。
- 在始发和折返站按规定进行技术作业检查。

• 负责与司机进行交接。

②管理和操作动车组设备

• 按规定操作动车组设备设施。

• 控制车内空调换气装置,设置调节空调及换气装置运行模式。

• 控制车内客室照明,设置调节照明情况。

• 控制车内旅客信息系统显示。

• 指导客运服务人员正确使用车内设备。

• 在司机指挥下,对侧门开关不设在司机操作台上的动车组实施侧门集控开、关操作。

③应急处理途中突发故障

• 运行中发生突发故障时,积极进行应急处理。

• 车载信息系统提示报警的动车组突发故障分为三类。属司机独立处置的,需加强与司机联系,了解故障处理情况;属与司机协作处置的,在司机指挥下,共同处理;属随车机械师独立处理的,处理完成后及时将情况通报司机。

• 记录突发故障处置情况,及时向运用所调度室汇报。

④承担部分行车组织职能

• 运行途中因动车组故障或其他原因在区间被迫停车时,加强与司机联系,掌握情况,及时报告运用所调度室,并在司机指挥下,做好有关行车及安全防护。

• 动车组故障需要救援时,配合司机做好救援准备工作,在司机的指挥下,做好防护和引导救援机车联挂等事宜,负责安装过渡车钩、连接风管。

(2)随车工具与备品

①工具

GSM－R 移动电话 2 部(与司机频率相同的手持机 1 部);钳型电流表 1 只;红外线测温仪 1 只;第四种检查器 1 个;38 件套工具 1 套;9 件套梅花扳手 1 套,活扣扳手 1 把;便携工具箱 1 套;充电电钻 1 台;应急照明灯1台；管子钳12、18英寸各1把；圆锉、半圆锉各1把；组套螺丝刀1套；手锤、撬棍、扁铲各1把。

②材料

过渡车钩1个；救援风管1个；铁丝20米。

③行车备品

响墩6个；火炬2支；短路铜线2副；红黄绿色手信号灯2盏；红黄绿信号旗2副；防护信号灯2盏。

【本章小结】

铁路机车是铁路运输的牵引动力，用于完成客、货列车的牵引和车站的调车工作。中国的铁路牵引动力经历了从蒸汽机车、内燃机车、电力机车到磁悬浮列车、动车组等几个阶段。内燃机车和电力机车是我国动力集中型列车的主要牵引动力，电力牵引是铁路运输的发展方向。我国动车组经历了引进、消化、吸收、创新的发展之路，目前已经掌握了动车组的核心技术，在世界高速铁路领域处于领先地位。我国动车组主要采用动力分散方式，动车组的运用、维修和管理有其自身的特点。

【思考题】

1. 铁路机车是如何分类的？
2. 我国内燃机车和电力机车的主要型号有哪些？
3. 牵引供电系统的组成有哪些？各部分的作用是什么？
4. 接触网的组成有哪些？
5. 什么是机车交路？
6. 机车乘务制度主要有哪些？
7. 何为动车组？它由哪几部分组成？
8. 动车组的特点有哪些？
9. 目前我国动车组的主要型号有哪些？

10. 动车组的检修制度是什么?

11. 动车组运行的要求是什么?

12. 动车组运用所职责是什么?

【推荐参考书目】

1. 李晓村主编:《内燃机车总体》,中国铁道出版社 2011 年版。

2. 王勋主编:《电气化铁道概论》,中国铁道出版社 2009 年版。

3. 张效融、朱喜锋主编:《电力机车总体及走行部》,中国铁道出版社 2011 年版。

4. 丁莉芬主编:《动车组工程》,中国铁道出版社 2013 年版。

5. 李晓村、侯梅英主编:《动车组构造》,西南交通大学出版社 2009 年版。

6. 王伯铭主编:《动车组运用与检修》,中国铁道出版社 2011 年版。

第六章　列车制动系统

【教学重点与难点】

1. 空气制动系统构造及原理；
2. 紧急制动阀的使用条件、使用对象和使用方法；
3. 列车制动安全设备和措施；
4. 典型安全问题。

制动不仅是列车应具备的停车和减速功能，也是列车进行紧急避险的主要安全措施。铁路是有轨运输，有轨运输的主要特点就是极端的秩序性，秩序混乱就会撞车。列车在运行中躲避风险的能力极差，制动停车几乎成为列车回避前方障碍和危险的唯一方法。列车制动系统技术复杂、设备暴露易于接近、抗破坏性薄弱、维系列车安全，是铁路生产部门必须保证、铁路公安部门重点保护，防止列车失控和防止对列车破坏的要害设备。

保证列车安全是铁路生产安全工作和铁路公安工作的首要任务。铁路警察是行业警察，掌握列车制动技术对于做好铁路安全保卫工作、掌握好执法力度、有效准确地防止和打击违法犯罪十分重要，对做好反恐怖、反破坏工作就更为重要。

《中华人民共和国刑法》规定：

第116条　破坏火车、汽车、电车、船只、航空器，足以使火车、汽车、电车、船只、航空器发生倾覆、毁坏危险，尚未造成严重后果的，处三年以上十年以下有期徒刑。

第117条　破坏轨道、桥梁、隧道、公路、机场、航道、灯塔、标志或者进行其他破坏活动，足以使火车、汽车、电车、船只、航空器发生倾覆、毁坏危险，尚未造成严重后果的，处三年以上十年以下有期徒刑。

第119条　破坏交通工具、交通设施、电力设备、燃气设备、易燃易爆设备，造成严重后果的，处十年以上有期徒刑、无期徒刑或者死刑。

过失犯前款罪的，处三年以上七年以下有期徒刑；情节较轻的，处三年以下有期徒刑或者拘役。

由此可见，《中华人民共和国刑法》不仅对已造成严重后果的行为人要依法追究刑事责任，对于虽未造成严重后果，但足以可能造成严重后果的行为人，也要依法追究刑事责任。

“关闭折角塞门、提车钩、拔闸瓦钎子、摆放障碍、拆盗铁路器材”（简称“关、提、拔、摆、拆”）五类案件，被公安部门列为铁路五类典型案件，发案率高、危险性大，甚至直接危及列车安全。五类案件几乎都与列车制动系统相关，对铁路列车安全均有不同程度危害。

由于我国铁路生产安全制度严格，生产安全措施比较完善，因此，铁路典型五类案件对列车安全构成的威胁大，直接造成火车倾覆、毁坏等严重后果的少，大多在未造成严重后果前被发现和阻止。

在执法过程中，对于已造成严重后果的铁路典型五类案件，铁路执法部门在办案中比较容易把握执法分寸；但在尚未造成严重后果就被发现和阻止的情况下，行为人的行为是否足以使火车发生倾覆、毁坏危险，则是铁路公安部门在执法中必须认定清楚、定性准确的一个重要问题，也是判明行为人是否涉罪的最重要的依据。同时，这类问题也具有相当的普遍性和技术的复杂性。

长期以来,由于人们对于铁路五类案件的认识不同和定性不清,在执法理念上存在很大差别,在执法办案实践中存在很大差异,甚至是罪与非罪性质上的差异。有些铁路公安部门已习惯于把其称为铁路五类典型治安案件,从名称上就已将其列为治安处罚类案件范畴,排除了其涉罪的可能性,显然这不利于准确执法和有力打击犯罪。当然,把铁路典型五类案件均列为涉罪案件范畴,与实际也不相符。因此了解铁路生产技术和铁路运作过程,对于判明铁路典型五类案件中具体案件罪与非罪的性质,提高铁路公安部门的执法质量和安全防范水准等多方面都极为重要。

第一节　列车制动系统构成

一、列车制动系统基本构成

我国铁路机车车辆上的制动机,主要由手制动机、空气制动机、基础制动装置三大部分组成。(具体见图 6－1)

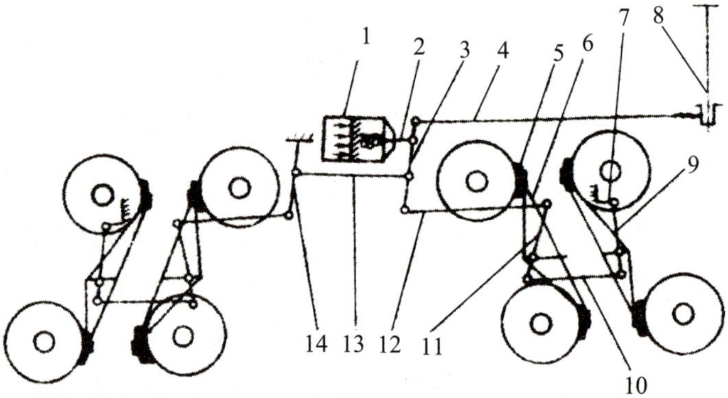

1. 制动缸;2. 制动缸活塞杆;3. 前杠杆;4. 手制动机杆;5. 闸瓦;6. 制动梁;7. 固定杠杆支点;8. 手制动机;9. 固定杠杆;10. 下拉杆;11. 移动杠杆;12. 上拉杆;13. 中拉杆;14. 固定拉杆

图 6－1　手制动机及基础制动装置示意

手制动机装设在每节车辆上，主要用于辅助制动。当拧紧或缓解某节车辆上的手制动机手柄时，只能控制每个车辆下的闸瓦实现制动与缓解，一般用于调车时对个别车辆或车组实行制动，只有在列车的主制动系统失灵的非常情况下才用于列车的紧急制动。（具体见图6－2）

图6－2 装设在货车车辆外部端头的手制动机手柄

空气制动机能够控制整个列车各机车车辆下的闸瓦，实现同步的制动与缓解，是能够控制整个列车减速和停车的主制动系统。在空气制动系统正常的情况下，列车制动均采用空气制动系统进行制动。

基础制动装置，装设在车底架上，是利用杠杆原理将空气制动机或手制动机产生的力量扩大适当倍数，再均衡地向各个闸瓦传力的装置。

列车的制动按使用条件和性质，划分为常用制动和紧急制动（又称非常制动）两种。常用制动由司机控制；紧急制动则是出现危及列车及人身安全等非常情况，按规定需要紧急停车时，司机、其他列车乘务人员（甚至是其他乘车人员）都可以采取的紧急避险措施。

二、空气制动机构成及原理

最早的空气制动机是1868年由美国工程师威斯汀豪斯发明的。他的这项发明对铁路列车的安全起到了很大作用。世界铁路发展至今，尽管各种常规列车的主制动系统在性能、构造、型号、系列等方面都发生了很大变化,但仍都采用空气制动这种方式,其工作原理也都是基本一致的。

(一)空气制动机的主要组成及作用

空气制动机的部件,一部分装在机车上,另一部分装在车辆上。装在机车上的有空气压缩机、总风缸、制动阀等,由空气压缩机产生的压缩空气贮存在总风缸内。装在车辆上的主要有制动主管和制动支管路部分。我国铁路上习惯于把压缩空气简称为“风”,把空气制动机简称为“风闸”,把压缩空气与大气的相对压强即压差简称为“风压”。依此类推,“风缸”“风泵”“风管”“风表”等均由此来。空气制动机的主要部件及作用如下:

1. 制动主管

制动主管由安装在每个机车、车辆车底架下面的钢制管路和安装在钢制管路两端的折角塞门、制动软管、软管连接器构成。通过各机车车辆间的软管连接器连接后,制动主管路贯通全车,成为传输全列车压缩空气的主通道。

2. 制动支管

制动支管安装在各机车车辆下面,主要由截断塞门、三通阀(或配气机构)、副风缸、制动缸、空重转换阀、降压风缸、缓解阀等构成。

3. 折角塞门

折角塞门安装在机车车辆两端的制动主管上,用以开放和遮断制动主管的空气通路。组成列车时,整列车的最前位、最后位两个折角塞门必须关闭,中间的所有折角塞门必须打开,以保证制动主管路在整体密封前提下的中间畅通。折角塞门采用了自锁设计,其手把须先向上提起,才能水平转动,落下后会自动锁闭,以使其不能直接水平转动。(具体见图 6-3)

4. 截断塞门

截断塞门安装在制动支管上,用以开放或遮断制动支管的空气通路。当其手把与制动支管平行时,处于开放位置;当其与制动支管垂

图 6－3　折角塞门及制动软管示意

直时，处于遮断关闭位置。截断塞门平时总在开放位置，只有当车辆上装有易燃、易爆等货物，为防止制动机在制动时该车辆下制动闸瓦压在车轮踏面上产生火星，导致引燃引爆，方按规定关闭该车辆下的截断塞门；或当制动机发生故障时，才将它关闭，以便停止该辆车的制动机作用。通常把关闭截断塞门、停止制动机作用的车辆叫作"关门车"。"关门车"是铁路公安部门重点检查和保卫的车辆。

5. 三通阀

三通阀连接制动支管、副风缸和制动缸，用来控制压缩空气的通路，使制动机起制动或缓解作用。由于三通阀动作不够准确，新型空气制动机都使用新型配气机构，其控制空气通道的作用与三通阀是一样的。

6. 副风缸

副风缸是安装在各机车、车辆下面，用于预先贮存压缩空气的地方。制动时，利用三通阀的作用将预先贮存好的压缩空气送入制动缸起制动作用。

7. 制动缸

制动缸是推动闸瓦的装置。当压缩空气进入制动缸时，会推动制动缸活塞，将空气的压力转变为机械推力，然后通过制动杠杆使闸瓦紧抱车轮而起制动作用。

8. 降压风缸

降压风缸与制动缸相连，两者之间设有空重车转换阀，可满足空、重车不同，制动压力也不同的要求。

9. 空重车转换阀

空重车转换阀安装在货车车辆上。如果不论空重状态都施加同样大小的制动力，对空车来说就嫌太大，容易损坏车辆，对于空重混编的列车，会出现制动的不同步。用空重转换阀来控制降压风缸与制动缸的通路，以达到调整制动力的目的。（具体见图 6 –4）

10. 缓解阀

缓解阀安装在副风缸上。拉动缓解阀，可以打通副风缸与大气的通路，将副风缸及制动缸中的压缩空气排出，制动缸活塞在弹簧的推动下，拉动闸瓦，使闸瓦离开车轮而缓解。（具体见图 6 –4）

图 6 –4 安装在货车车厢外部的缓解阀、空重转换阀

11. 紧急制动阀

紧急制动阀与风表连在一起，安装在制动主管上，一端与制动主管相连，另一端可以通过拉下紧急制动阀实现制动主管与大气相通。

在每节客车车厢内都装有紧急制动阀。在非常情况下拉动紧急制动阀，可将列车制动主管中的压缩空气急剧排出大气，施行急剧减压，使列车紧急制动。货车车厢一般情况下不载人，所以不予安装，只有个别需要有值乘人员值乘的货车才装设紧急制动阀。（具体见图6－5）

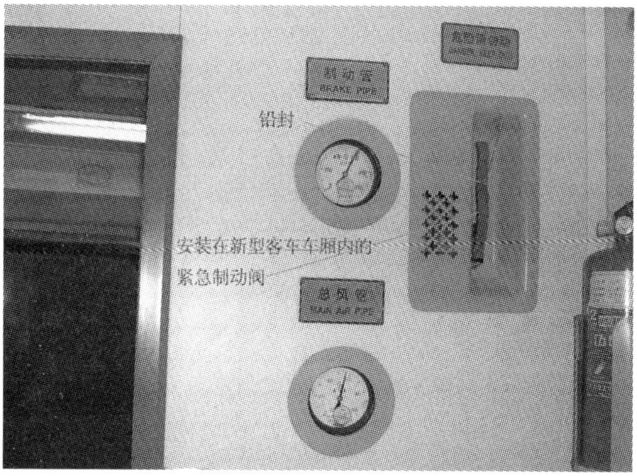

图6－5 安装在新型客车车厢内走道边的紧急制动阀

12. 制动阀

制动阀安装在机车上的驾驶室里，由司机操纵。制动阀的操纵手柄，又称车闸，通常有两个手柄，一个称为小闸，一个称为大闸。小闸只单独控制机车本身的制动，而大闸则用于整个列车的制动控制。大闸有紧急制动、常用制动、中立、保压、运转、缓解多个阀位。

（二）空气制动机工作原理

空气制动机的工作原理，总体可以用“充风缓解、排风制动”八个字来概括，也有人用“增压缓解、减压制动”八个字来概括，意思是一样的。

根据铁路民警的需要，在这里仅详细列举和描述制动阀在排风制动位和充风缓解位下的工作情况。

1. 充风缓解位

当司机将制动阀放在缓解位置时，总风缸的压缩空气进入制动主管,经制动支管进入三通阀,推动其主活塞向右移动,打开充气沟使压缩空气经充气沟进入副风缸,直到副风缸内的空气压力和制动主管内的空气压力相等时为止。在三通阀主活塞移动的同时,和它连在一起的滑阀也跟着向右移动,使得制动缸内的压缩空气经过滑阀下的排气口排出,于是制动缸活塞被弹簧的弹力推回原位,使闸瓦离开车轮而缓解。

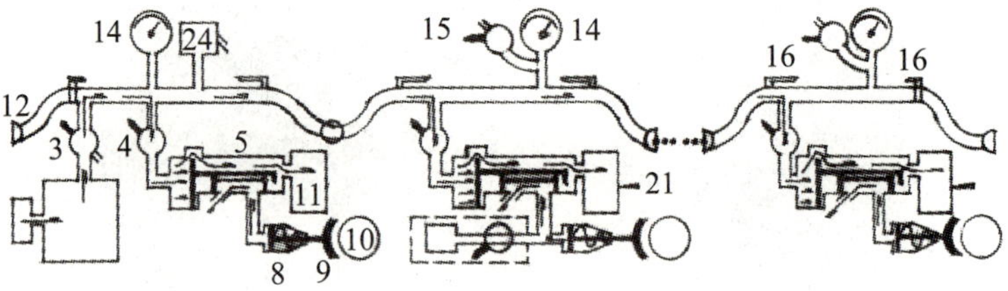

图 6－6－1　列车空气制动系统原理图—充风缓解位

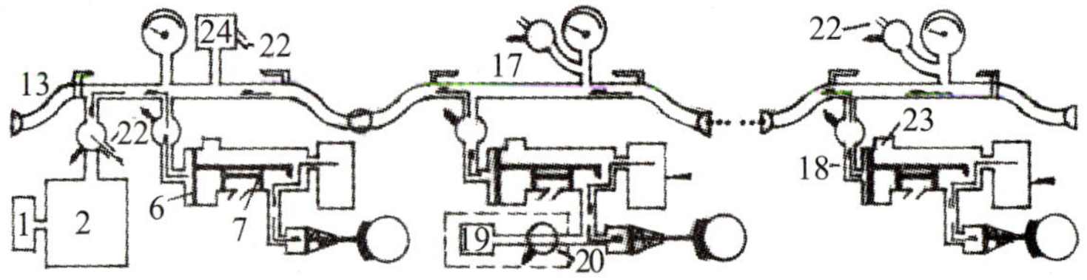

图 6－6－2　列车空气制动系统原理图——排风制动位

1. 空气压缩机;2. 总风缸;3. 制动阀;4. 截断塞门;5. 三通阀;6. 三通阀活塞;7. 滑阀;8. 制动缸;9. 闸瓦;10. 车轮;11. 副风缸;12. 软管连接器;13. 制动软管;14. 风表;15. 车长阀(紧急制动阀);16. 折角塞门;17. 制动主管;18. 制动支管;19. 货车减压风缸;20. 货车空重转换阀;21. 缓解阀(放风阀);22. 排风口;23. 充气沟;24. 自动停车装置

2. 排风制动位

当司机将制动阀移到制动位时,制动主管内的压缩空气向大气排出,这时副风缸内的空气压力相对大于制动主管内的空气压力,因而推动三通阀的主活塞向左移动,截断充气沟的通路,使副风缸内的压缩空气不能回流。在三通阀主活塞移动的同时,带动滑阀也向左移动，截断了通向大气的出口，使副风缸内的压缩空气进入制动缸，推动制动缸活塞向右移动，通过制动杆的传动，使闸瓦紧抱车轮而制动。

（三）空气制动机特点

空气制动机具有以下主要特点：

1. 充风缓解、排风制动

向制动主管充气（增压）时，制动缸活塞拉动闸瓦离开车轮形成缓解；将制动主管内的压缩空气排出（减压）时，制动缸活塞推动闸瓦紧抱车轮形成制动，所以其工作原理称为"充风缓解，排风制动"。

2. 防止列车脱钩

当列车发生脱钩分离，拉动紧急制动阀，或以其他方式使制动主管路发生大量漏气时，由于制动主管内的压缩空气向大气排出，压力突然降低，就可以自动地产生紧急制动作用，使列车立即停车，以防事故的发生或扩大。

3. 间接制动、同步安全

这种制动装置在制动过程中不是直接将总风缸的压缩空气送入制动缸，而是用预先贮存在副风缸内的压缩空气送入制动缸起制动作用，因此称为"间接制动"。这种"间接制动"，一方面根据设置在各机车车辆下的副风缸的大小，预先设置匹配了制动时各机车车辆制动力的大小；另一方面由于高压空气在主风管内减压时的表现是一种涌动，减压传递速度迅速，前后时间差很小，所以使列车前后车辆的制动作用不致差别过大，从而保证了列车制动时在制动力大小和制动速度方面的同步安全。

4. 柔性制动，减小制动硬性损失

由于空气制动机的制动力源——高压空气本身具有弹性，在推动闸瓦闸住车轮时，具有柔性作用，可以避免或减小机械动力硬性制动所造成的硬性损失和抱死闸的可能性。

第二节　列车紧急制动

列车的常用制动由司机控制掌握。列车的紧急制动除由司机搬动制动阀手柄至紧急制动位进行紧急制动停车外,也可由运转车长及其他乘务人员(甚至其他乘车人员)拉下紧急制动阀,或自动停车装置启动后自动打开排风口以及采用其他措施来实现或形成。铁路民警特别是铁路乘警要胜任列车乘务工作或在列车上执行任务,必须了解和掌握列车紧急制动技术。

一、《铁路技术管理规程》(以下简称《技规》)相关规定

(一)《技规》对司机在列车运行中的相关规定

第 335 条　动车组以外的列车司机在列车运行中,应做到:

1. 列车在出发前输入监控装置有关数据;按规定对列车自动制动机进行试验,在制动保压状态下列车制动主管的压力 1min 内漏泄不得超过 20kPa,确认列尾装置作用良好。

装备机车综合无线通信设备的机车,开车前司机要选定机车综合无线通信设备通信模式和运行线路。在 GSM－R 区段运行时,机车综合无线通信设备、GSM－R 手持终端按规定注册列车车次,并确认正确。

2. 遵守列车运行图规定的运行时刻和各项允许及限制速度。彻底瞭望,确认信号,认真执行呼唤应答制度,严格按信号显示要求行车,确保列车安全正点。遇有信号显示不明或危及行车和人身安全时,应立即采取减速或停车措施。

3. 机车信号、列车无线调度通信设备、列车运行监控记录装置(轨道车运行控制设备)和列尾装置必须全程运转,严禁擅自关机。

运行途中,遇列尾装置、机车信号、列车运行监控记录装置(轨道

车运行控制设备）发生故障时，司机应立即使用列车无线调度通信设备报告车站值班员、列车调度员，并根据实际情况掌握速度运行；遇机车信号、列车运行监控记录装置（轨道车运行控制设备）发生故障时，司机应控制列车运行至前方站停车处理或请求更换机车，在自动闭塞区间，列车运行速度不超过20km/h；遇列车无线调度通信设备发生故障时，司机应在前方站停车报告。

4. 启动稳，加速快，精心操纵，停车准确，按规定鸣笛，防止列车冲动和断钩。

5. 随时检查机车总风缸、制动主管的压力。检查内燃机车柴油机的润滑油压力、冷却水的温度及其转数等情况。注意电力机车的各种仪表的显示及接触网状态。

6. 在区间内列车停车进行防护、分部运行、装卸作业或使用紧急制动阀停车后再开车时，司机必须检查试验列车制动主管的贯通状态，确认列车完整，具备开车条件后，方可启动列车。

7. 单机、自轮运转特种设备在自动闭塞区间紧急制动停车或被迫停在调谐区内时，司机须立即通知后续列车司机、向两端站车站值班员（列车调度员）报告停车位置（具备移动条件时司机须先将机车移动不少于15m），并在轨道电路调谐区外使用短路铜线短接轨道电路。

8. 等会列车时，不准关闭空气压缩机，按规定显示列车标志。

9. 负责货运票据的交接与保管。

10. 将列车运行中发生的问题及使用紧急制动阀的情况，及时报告列车调度员。

（二）《技规》对列车乘务人员的相关规定

第337条 车辆乘务员、客运乘务组等列车乘务人员发现下列危及行车和人身安全情形时，应使用紧急制动阀（紧急制动装置）停车：

1. 车辆燃轴或重要部件损坏；

2. 列车发生火灾；

3. 有人从列车上坠落或线路内有人死伤；

4. 其他危及行车和人身安全必须紧急停车时。

使用车辆紧急制动阀时，不必先行破封，立即将阀手把向全开位置拉动，直到全开为止，不得停顿和关闭。遇弹簧手把时，在列车完全停车以前，不得松手。在长大下坡道上，必须先看制动主管压力表，如压力表指针已由定压下降 100kPa 时，不得再行使用紧急制动阀（遇折角塞门关闭时除外）。

动车组列车遇上述情况时，随车机械师、客运乘务组等列车乘务人员应立即报告司机采取停车措施；来不及报告时，应使用客室紧急制动装置停车。

列车乘务人员应将使用紧急制动阀（紧急制动装置）的情况报告司机。

一般情况下，我国铁路旅客列车的定压（规定压力）为 600kPa，货物列车的定压为 500kPa。

由于紧急制动条件严格，使用方法专业，为防止误用和滥用紧急制动阀造成附带危害，《技规》对旅客等其他乘车人员能否使用紧急制动阀未做规定。当符合《技规》规定使用条件时，其他人员也可以使用紧急制动阀停车，但对不符合规定的应追究相关责任。

（三）《技规》对车辆乘务人员的相关规定

第 340 条 车辆乘务人员应按技术作业过程的规定检查车辆，并参加制动试验。在列车运行途中，应监控车辆运用状态，及时处理车辆故障，并将本身不能完成的不摘车检修工作，预报前方站列检。前方站列检应积极组织人力修复车辆故障，保持原编组运用。是否摘车检修，由当地列检决定并处理。

车辆乘务员应配备列车无线调度通信设备及响墩、火炬、短路铜线、信号旗（灯）等防护用品，在值乘中还应做到：

1. 列尾装置故障时，列车出发前、停车站进站前和出站后，应按规定与司机核对列车尾部风压；

2. 列车发生紧急制动停车后，联系司机，检查车辆技术状态，可继续运行时通知司机开车；

3. 向司机通报使用紧急制动阀的情况，并协助司机处理有关行车事宜。

（四）启用自动停车装置紧急停车

1. 相关设备

自动停车装置、机车信号、列车无线电话均安装在机车上，三者既可结合联动使用，也可单独使用，被统称为“机车三大件”。

2. 具体启用

当机车前方地面接近信号为红色信号，或机车已冒进闯过红色信号机以及机车进入无码区段时，与机车信号联动的自动停车装置会及时发出音响警报。当单独使用自动停车装置时，在预告信号机至进站信号机和进站信号机至出站信号机之间，应发出周期音响警报。司机听到音响警报后，如在规定时间内（一般为 7 秒）不按压警惕手柄（或按钮），与制动主管联通的自动停车装置的电空阀，将自动打开制动主管与大气相通的排风口排风，施行强制性紧急停车。列车自动停车后，司机必须办理解锁，方能继续运行。

3. 启用规定及重要作用

机车自动停车装置是在机车上装设的能够进行自动防护的安全措施，司机在乘务中必须按规定开启，不能随意关闭。自动停车装置的启用，对防止司机睡觉、酗酒、注意力不集中、粗心大意、误认信号等违章行为及生理意外和其他意外，避免行车、调车事故，保障安全等方面起到至关重要的保护作用，大大提高了列车的安全性和可靠性。

但不管多先进的技术，人都是决定安全的最重要的因素。有章不循、违章作业是造成事故、危害安全的大敌。

日本等先进国家还利用卫星技术，把地震、洪水、泥石流、山体滑坡、飓风等自然灾害的监测与自动停车装置联系起来，在避免和减轻自然灾害破坏、保障列车安全方面发挥着重要作用。

（五）其他列车紧急制动停车措施

1. 货物列车

货物列车在运行中，如列车发生火灾等危及行车和人身安全的紧急情况，具备紧急制动阀的使用条件，需要紧急制动停车时，押运人员在无法通知司机或运转车长的情况下，可设法拧紧车厢上的手制动机进行制动。拧紧手制动机后列车运行会发生异常，司机感知后会立刻采取紧急制动措施停车。如车上装有易爆等危险货物，情况特别紧急，或拧紧手制动机后司机仍没有采取紧急制动措施，或无法靠近手制动机时，可设法打开车钩分离列车，列车分离、拉断或断开制动软管后即会产生紧急制动。紧急制动停车后，列车的进一步处理由司机确定。

2. 旅客列车

旅客列车在运行中需要紧急制动停车时，如遇空气制动系统失灵或在长大下坡道上风表压力低于定压 100kPa 时，可拧紧手制动机进行制动。司机发现空气制动机失灵，又不能即刻恢复时，会重复发出三短声机车鸣笛信号，要求全体列车乘务人员迅速拧紧各车厢的手制动机进行紧急制动停车。（具体见图 6－7）

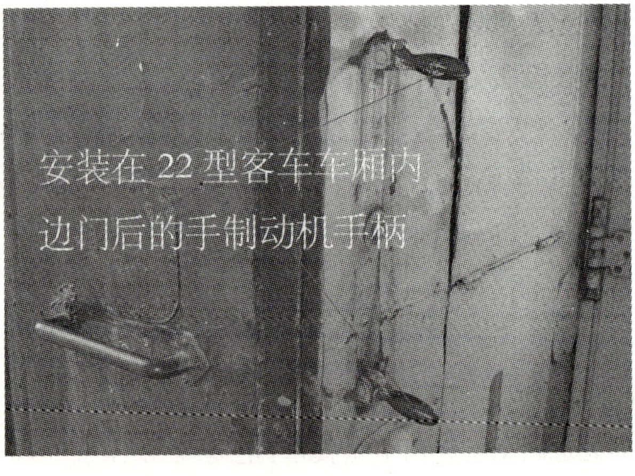

图 6－7　安装在 22 型客车车厢内边门后的手制动手柄

二、紧急制动注意事项

(一)紧急制动距离限值

铁路列车速度高、重量大,在制动时有巨大惯性。为保证列车安全、确保列车制动性能,各国铁路对列车紧急制动距离限值(即最大允许值),又称有效紧急制动距离,都进行了严格限定。2014 版《技规》(普速铁路部分)规定:

第 263 条　列车在任何线路上的紧急制动距离限值按第 27 表规定。

第 27 表　列车紧急制动距离限值

列车类型	最高运行速度(km/h)	紧急制动距离限值(m)
旅客列车(动车组列车除外)	120	800
	140	1100
	160	1400
特快货物班列	160	1400
快速货物班列	120	1100
货物列车(货车轴重<25t,快速货物班列除外)	90	800
	120	1400
货物列车(货车轴重≥25t)	100	1400

(二)紧急制动可能产生附带危害

由于铁路进行了一系列的安全设计,紧急制动本身不会造成脱轨、翻车等列车事故。但由于列车在紧急制动时的制动速度急剧,车上的旅客由于站立不稳,或货物、行李放置不当和固定不牢等,紧急制动时在惯性的作用下,人、行李、货物可能会发生冲撞、移位、破损、伤害等意外,从而产生附带危害。紧急制动还会加剧机车、车辆、线路等铁路设备的磨损。因而不具备使用条件不得使用车长阀(如乘警在上卫生间时不慎将手枪掉入便池落至线路上等)。在施行紧急制动停车后,列车长、车乘列检和其他乘务人员都要各负其责对列车进行安全检查,乘警要对列车进行巡视,一是确保安全,二是防止有人趁机作乱。

(三)禁止误用和滥用紧急制动

对在不符合使用规定情况下使用了车长阀的,应视情节定性为误用车长阀或滥用车长阀,根据后果对使用人按有关规定处理,对动机不纯的应依法惩治。

(四)防止发生连锁灾害

当列车位于桥梁、隧道、车站、货场、建筑群附近、人群密集的地方发生火灾等灾害时,若可能造成更大连锁灾害,则不能就地制动,应将列车迅速拉出危险地段至区间或指定线路制动后处理。

第三节　其他制动安全设备和措施

根据铁路规定,在机车上还装设有列车运行记录装置、列尾装置控制盒、撒砂装置、列车超速防护系统、客运机车轴温报警装置等与制动安全相关的其他设备,并制定有一系列安全保证措施。

一、列车运行监控记录装置

列车运行监控记录装置相当于飞机上用来记录飞机飞行数据的"黑匣子"。它利用电子记录技术,不间断地如实记录着列车运行全过程的各种数据及操作情况,具有数据存储、转存储功能和很高的稳定性及极强的抗破坏性,是事故后分析事故原因的重要依据和第一手资料。

二、撒砂装置

撒砂装置主要是由撒砂阀、撒砂器、砂管和砂箱组成。撒砂管装设在机车两端两个轮对车轮踏面上方位置,当遇紧急制动、雨雪天制动、列车上下长大坡道等情况,需要增加轮轨接触面的粗糙程度提高轮轨黏着力,防止车轮在钢轨上空转时,可由司机根据情况和规定,操作撒砂阀向钢轨顶面撒砂。检查撒砂起点,是判断列车制动起始点的重要依据之一。

三、列车尾部装置

(一)基本构成和作用

列车尾部装置简称列尾装置,是一种具有计算机编码、无线遥控、语音合成、计算机信息处理等高新技术的新型列车安全装置,重量不足10公斤,于1996年试制成功,主要用于替代货物列车中的守车。

列尾装置主要由列车尾部主机和司机控制盒两部分组成。列车尾部主机挂在列车尾部车辆车钩处,与列车风管相连,由厂家指定五位数编号,并在出厂时输入主机中;司机控制盒安装在机车司机室内,与列车无线调度电话相连,便于司机操纵。将四位机车号码输入尾部主机中,该机车就与相应的尾部主机建立了一对一的无线遥控联系,司机即可操纵司机控制盒上的相应按钮,对尾部主机发出各种指令,尾部主机接收并执行,同时将结果回示司机。

(二)列尾装置主要功能

列尾装置的主要功能有以下几点:

1. 机车司机可随时按压风压检查键(绿键)检查列车尾部风压,以便观察车头与车尾风压是否同步升降,从而判断列车风管是否贯通。

2. 主机随时监测列车尾部风压变化,出现异常,自动报警,告知司机。

3. 兼作列车尾部标识。列尾装置显示红白相间的反射标志,夜间或光线偏暗时,自动显示一个红色闪光灯光,显示距离达400米以上。

4. 遇有折角塞门关闭时,按压排风键(红键+黄键),即可迅速从列车尾部进行排风制动。

四、列车超速防护系统

列车超速防护系统是一种由机车车载设备和铁路线路地面信息设施联动组成的、技术先进的列车运行安全防护体系，其主要功能是对列车运行速度进行即时记录、显示和监督，当列车出现超速行驶时自动报警，以防止列车在各种限速地段超速行驶。

五、空气制动机安全试验

铁路上组成列车的机车和车辆一般情况下都不是固定的，往往是根据实际需要和运转程序进行经常性组合成一长列。为了保证列车制动系统的安全可靠性，除了确保列车技术连接和加强列车车辆检查外，2014 版《技规》(普速铁路部分)还对列车制动机的全部试验、简略试验、持续一定时间的全部试验做了专门规定。

第 274 条 动车组以外的列车自动制动机应按下列规定进行试验。

1. 全部试验(略)

2. 简略试验

(1)货车列检对始发列车、中转作业列车连挂机车后；

(2)客列检作业后和旅客列车始发前；

(3)更换机车或更换机车乘务组时；

(4)无列检作业的始发列车发车前；

(5)列车软管有分离情况时；

(6)列车停留超过 20 分钟时；

(7)列车摘挂补机，或第一机车的自动制动机损坏交由第二机车操纵时；

(8)机车改变司机室操纵时；

(9)单机附挂车辆时；

(10)列车进行摘、挂作业开车前。

在站简略试验：有列检作业的由列检人员负责，无列检作业的由车辆乘务员负责，无车辆乘务员的由车站人员负责。挂有列尾装置的列车由司机负责（挂有列尾装置的旅客列车，始发前、摘挂作业开车前及在途中换挂机车站、客列检作业站，有列检作业的由列检人员负责，无列检作业的由车辆乘务员负责）。

3. 持续一定时间的全部试验

有列检作业场的车站发出的货物列车运行前方途经长大下坡道区间的，在始发、中转作业时应进行持续一定时间的全部试验，列检应填发制动效能证明书交给司机；在有列检作业场车站至长大下坡道区间的各站始发或进行摘挂作业的列车，是否进行持续一定时间的全部试验并填发制动效能证明书交给司机，由铁路局规定。具体试验和凉闸的地点、办法，由铁路局规定。

旅客列车出库前应进行持续一定时间的全部试验，在接近长大下坡道区间的车站，是否进行持续一定时间的全部试验，由铁路局规定。

长大下坡道为：线路坡度超过 6‰，长度为 8km 及以上；线路坡度超过 12‰，长度为 5km 及以上；线路坡度超过 20‰，长度为 2km 及以上。

六、车辆安全检测

详见本书第四章第三节中的“车辆检修”部分。

第四节　新型列车制动技术

列车速度不断提高，动能加大，对列车制动技术不断提出新要求。因为列车的动能随运行速度的平方而增大，在一定的制动条件下，列车制动功能功率与速度的三次方成正比。高速列车要在不太长的时间里和距离内将列车动能转化、消散或转移，仅靠传统的闸瓦制动方式和自动空气制动机操纵控制是无法达到的。因此,高速列车制动必须采用综合方式,即多种制动协调使用,方能获得较好效果。例如,我国铁路1998年从瑞典引进并投入在广深线上运行的、最高时速可达210km/h的“新时速”摆式列车,其制动系统就采用了再生制动、盘形制动、磁轨制动相组合的综合制动方式。

一、新型空气制动技术

(一)盘形制动

盘形制动利用制动夹钳使闸片夹紧固定装置在车轴上的制动圆盘而产生制动力。世界各国在高速旅客列车上基本均采用盘形制动装置。我国目前在地铁车辆、双层客车和新型客车使用这种制动装置。(具体见图6-8)

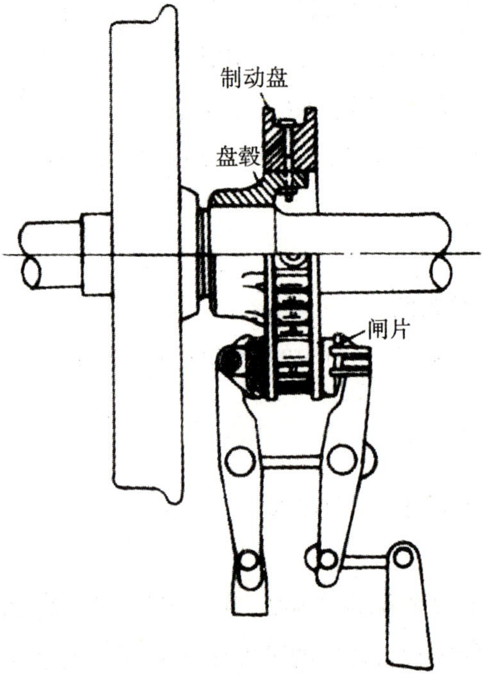

图6-8 盘形制动装置示意

采用盘形制动的主要优点包括：动能转变成热能后散发快；闸片和制动圆盘材质间相互摩擦性能好；制动时减速均匀、平稳、无噪声，尤其在高速运行制动时更为明显，提高了旅客的舒适度；使车轮的磨耗减轻，消除车轮热裂纹，减轻维修工作量等。

闸瓦制动和盘形制动都属于黏着制动。黏着制动受轮轨黏着力限制，其制动力不能超过轮轨黏着力。

随着列车速度不断提高，为提高轮轨黏着力，采用盘形与踏面混合制动方式，对于提高列车制动能力具有明显效果。这时，踏面制动闸瓦还起着清扫踏面、增加轮轨黏着力的作用。

（二）新型空气制动机

随着车辆向大吨位、高速度方向发展，空气制动机中的三通阀已不能适应铁路运输事业发展的需要。为此，我国铁路已大量生产、装用新型空气制动机。新型空气制动机除增设一个工作风缸，用空气分配阀代替三通阀外，其余部分和上述空气制动机基本相同。（具体见图6－9）

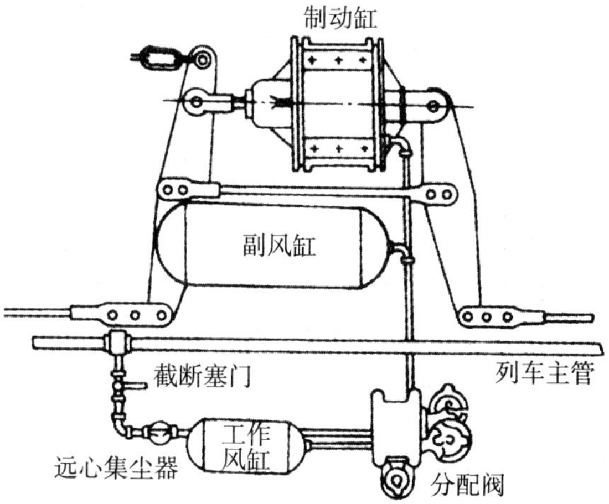

图6－9　新型空气制动机示意

空气分配阀由中间体、主阀和紧急阀三个部分组成。中间体一面接制动管、工作风缸；另一面接副风缸、制动缸。主阀是分配阀中最主要的部分,具有控制充气、缓解、制动等作用。紧急阀能在紧急制动时加快制动管的排风速度,提高制动波速和紧急制动灵敏度,使制动作用可靠。

工作风缸用来贮存压缩空气。在紧急制动时,工作风缸和副风缸一起向制动缸输送压缩空气,使制动缸压力更快上升,紧急制动作用更加迅速。

新型空气制动机制动作用迅速、灵敏度高、制动力强,无论在常用制动和紧急制动时都能缩短制动距离,有利于提高列车运行速度。新型空气制动机可以令列车前后车辆制动力比较一致,并且制动平稳、操纵方便、确保行车安全、便于检修。装有新型制动机的车辆能与装有普通制动机的车辆混合使用。(具体见图 6－10)

图 6－10　安装在新型 25K 型空调车厢乘务员室内的防滑器监视器

(三)防滑器

防滑器又称防抱死系统,是在列车制动时防止因制动力过大或者因某种原因使轮轨黏着系数降低,造成抱死车轮而发生滑行的装置。它的基本原理是:在制动过程中,当某一轮对被抱死而滑行的瞬间,抱死滑行的车轮与未抱死滚动的车轮有一个很大的速度差,防抱死系统的车轮检测传感器会即时检测出此速度差,并把检测信号传给控制装置,控制装置将使抱死滑行的车轮快速缓解,待滑行停止,车轮恢复正常旋转后,制动力又自动恢复。

防滑器技术主要应用在高速列车和新型车辆上,在公路运输中的汽车上已得到较广泛应用。

(四)电空制动机

电空制动机是用电流控制,以压缩空气作为产生制动力能源的一种制动机,设有利用电磁作用的电空阀及电空制动控制器。控制器安装在机车的制动阀上,起操纵列车制动的作用。电空阀分别安装在机车车辆上,根据控制器给出的信号,分别接通或切断列车主管与副风缸、副风缸与制动缸、制动缸与大气的通路,从而产生制动、保压、缓解作用。电空制动需要在机车车辆之间装设一条贯穿列车首尾的专用控制电缆。这种电空结合的制动机,具有更快的制动反应速度和更好的制动同步性,多运用于运行速度较高的列车上,如国产机车"韶山3型"电力机车就装设了电空制动机。为确保行车安全可靠,目前电空制动机一般仍附有空气制动机装置,当电路发生故障时,电空制动机会立即转为空气操纵,同时发出故障警报。

二、电制动技术

(一)电磁轨道制动

电磁轨道制动又称磁轨摩擦制动。它是利用装在转向架上的制动电磁铁,经通电励磁后吸压到钢轨上,制动电磁铁在轨面上滑行,利用其与钢轨之间的机械摩擦来消耗列车的动能,从而产生制动作用的一种制动方式。电磁轨道制动的制动力不受轮轨黏着力的限制,是一种非黏着制动方式,不仅可以显著地缩短制动距离,还可以在制动时清扫轨面,改善轮轨黏着关系。但电磁轨道制动装置重量大而使轴重增大,制动时钢轨发热、磨损加剧,不宜用于运行中的调速制动,目前仅作为一种附加辅助制动方式,应用于高速列车的紧急制动。

(二)电磁涡流制动

电磁涡流制动与电磁轨道制动相似,也有一个较大的电磁铁,通过电磁铁和电磁感应体相对运动,将列车的动能转换成电磁涡流并产生热能,达到制动的目的。根据电磁铁和电磁感应体的形式,电磁涡流制动分为电磁涡流轨道制动和电磁涡流转子制动。电磁涡流轨道制动是一种非轮轨黏着制动方式,电磁涡流转子制动则为轮轨黏着制动,两者各有千秋,目前在国外的高速列车上都已有应用。

(三)电阻制动

电阻制动是基于牵引电动机可逆转为发电机运行,在制动时利用动力车车轮的转动,带动牵引电动机使之转为发电机工况运行,将列车的动能与位能转变为电能,并将其消耗在制动电阻上转变为热能散发,从而产生制动作用的一种方式。这种技术适用于电力机车和电传动内燃机车及其动车组上。

(四)再生制动

再生制动的制动原理与电阻制动雷同,也是利用动力车车轮的转动,带动牵引电动机作为发电机运行,其产生的电能不是消耗在制动电阻上,而是将电能反馈到供电系统,从而产生制动作用。这种方式不仅具有制动列车的作用,而且能将列车的动能与位能转变为有用的电能,实现能量的综合利用。这种制动方式也适用于电力机车和电传动内燃机车及其动车组上。

第五节 列车制动典型安全问题

一、主要突出问题

(一)关闭折角塞门

列车中间的折角塞门被关闭,轻则造成列车不能启动,重则可致使运行中的列车制动失控,造成重大行车事故。

（二）盗拆三通阀

三通阀主要用铜材制作，是空气制动机的精密核心部件。一些不法分子利欲熏心，盗拆三通阀，可导致列车不能缓解启动，甚至造成更严重的事故。

（三）提车钩

提车钩大多发生在列车停车状态。一些违章钻车的人，钻车时无意或有意拉动车钩的钩提杆，使车钩开锁，当列车启动时会自动拉开车钩至使列车分离，从而拉断制动软管产生急剧排风，使列车产生紧急制动，造成事故。

（四）拔闸钎

制动闸瓦用闸瓦穿销（常称为闸瓦钎子或闸钎）固定在车辆基础制动装置的瓦托上，一些盗窃分子常从被盗车辆下拔下闸钎用来撬车门、捌车窗。闸钎被拔下时可能致使闸瓦立即脱落至线路上并影响列车的整体制动能力。若闸钎被拔下时闸瓦卡在瓦托上不能当时脱落，列车走行产生震动时闸瓦会落在钢轨顶面，进而被压在车轮下，致使车轮轮缘高出钢轨顶面，导致列车脱轨。

（五）拽缓解阀

一些闲散人员违章进入车站股道，沿停站列车或停放车辆走行时，出于好奇或故意挨个拽动车辆缓解阀放风，致使各车辆制动缸缓解。无其他制动措施的列车或车辆在风力或坡道作用下，可能会自动溜走（又称溜车放飏），甚至造成撞车事故。

（六）盗拆列尾装置

一些不法分子出于好奇或故意，进入车站后盗拆停靠在车站站场内的货物列车的列尾装置，不仅给铁路带来直接的经济损失，还严重危及列车制动安全。

显而易见，以上情况的发生既危害列车安全，又干扰列车行车秩序，对铁路安全运输危害极大。铁路各部门密切协同、认真清站、细致查车、严禁钻车，对保证列车安全极为重要。

二、提车钩对列车安全危害分析

(一)自动车钩构造

世界上最早的自动车钩是美国工程师詹尼于1868年发明的,以后得到不断改良,出现了许多不同型号和构造的自动车钩,但其基本原理至今仍然没有发生多大变化。詹尼车钩提高了机车车辆连接和解体的效率和安全性,对铁路发展做出了巨大贡献。目前铁路列车机车车辆上安装的车钩均为自动车钩。

1. 车钩构造

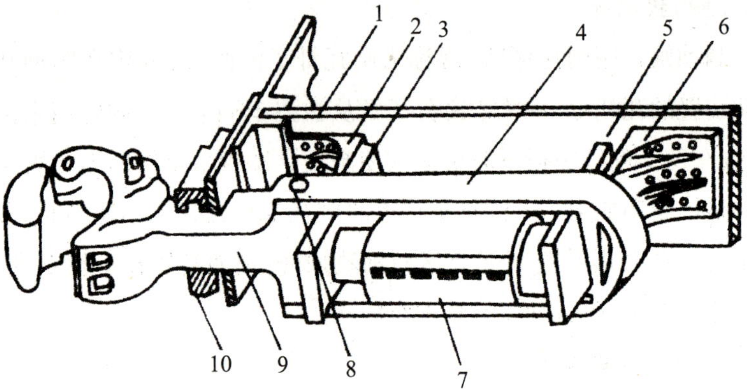

1. 中梁;2. 前从板座;3. 前从板;4. 车钩尾框;5. 后从板;
6. 后从板座;7. 缓冲器;8. 钩尾销;9. 车钩;10. 车钩托板

图6-11　车钩缓冲装置构造

车钩分为钩头、钩身、钩尾三部分。钩尾用钩尾销连接钩尾框。钩头部分装有钩舌、钩舌销、钩锁铁、钩舌推铁、钩提销等配件。通过这些配件的相互作用,使车钩具有锁闭、开锁、全开三个作用位置,起到完成车辆连挂、分离的作用。

2. 车钩操纵装置

车钩拉杆,又称钩提杆,是控制车钩开闭的操纵装置。铁路为了编组解体列车作业的方便,将钩提杆设置在机车车辆两端外部。

客车车辆编组基本固定,操纵钩提杆作业较货车少。为了提高旅客列车安全程度,客车钩提杆设有自锁装置,无法直接拉动,对于防止闲散人员无意拉动具有保险作用。旅客列车车厢间车钩以上部分是封闭的,减少了闲散人员从车厢连接处横跨列车的机会,无形中也减少了闲散人员从车厢连接处横跨列车时无意拉动钩提杆的机会。

货物列车一般都不固定编组,货物车辆需要进行经常性编组解体作业,钩提杆操作频繁。为提高作业效率,货物车辆的钩提杆不设自锁装置,更容易被拉动。货物列车机车车辆连接处是敞开的,许多闲散人员从车厢连接处横跨列车,增加了拉动钩提杆的机会。总之,"提车钩"案件货车发案率较客车要大。

图6-12　客、货车辆车钩拉杆示意

(二)"提车钩"案件危害性分析

所谓"提车钩",是指通过拉动安装在每个机车车辆两端的车钩拉杆(或称钩提杆),将连接好并处于锁闭状态的车钩的钩锁铁提起,使原连接好的车钩处于开锁状态的行为。

"提车钩"这种行为,可导致原连接好的车钩在牵引力作用下自动

图 6－13　新型 25K 型空调客车车辆间连接情况

分离，进而造成列车强行解体和紧急制动，甚至导致因强行解体和紧急制动造成更大附带危害。

对于因“提车钩”造成严重后果的，应依据已发生后果的实际情况考虑是否涉罪和处罚。

对于已发生“提车钩”事实，但还未发生列车强行解体后果，就被发现和处理的，一般情况下，因“提车钩”不会给列车运行安全造成撞车、失控、脱轨、颠覆等严重危害，从“可能足以造成的后果”角度分析，其行为一般不存在足以造成危及列车运行安全严重事实的可能性，因而一般不应构成犯罪。

但“提车钩”这种行为导致车钩分离后，设置在机车车辆连接处的软连接体，包括制动软管和通信、电力、广播电缆等，在牵引力作用下会被破坏性拉断；一方面造成财产损失；另一方面破坏行车和生产作业秩序；再一方面会造成全列车的紧急制动停车。因而“提车钩”这种行为在未造成严重后果之前，也应根据实际情况给予行为人治安等方面的处罚和教育。

由于各种车辆间的软连接体不尽相同，造成的财产损失和耽误的行车时间、需要修复的时间等也不尽相同，因而对具体行为人的非罪性的处罚尺度（如治安处罚），还需要与生产一线进一步结合，作出详细的调查研究和量化。

"提车钩"这类案件多发生在停车状态下。在停车状态下，列车各机车车辆间车钩可能在压紧状态，也可能在拉紧状态，还可能处于压紧和拉紧都并存在的混合状态。当列车各机车车辆间的车钩均处于拉紧状态时，司机直接操纵列车向前启动需要克服的阻力，是整个列车机车车辆的静摩擦阻力，这时启动阻力最大。为了减少列车启动阻力，有经验的司机往往是采用先退后进的方法来启动列车。

其具体做法如下：在启动时，司机先使机车向后做小动作倒退，这样可使一部分机后机车车辆或全列的车钩之间呈压紧状态；然后司机再操纵机车向前牵引启动，这时机车是逐个克服机车后各个车辆的静摩擦阻力，化整为零，依次带动列车向前启动的。

这种先退后进操纵列车启动的方法，一方面可以减少列车启动时牵引全列机车车辆一起启动的阻力；另一方面也可以在一定程度上防止因"提车钩"引起的车列分离，是防止脱钩或连接不良的一种方法和手段。

三、关闭折角塞门对列车安全危害分析

铁路典型五类案件中的"关闭折角塞门"，实际上是指"关闭列车中部的折角塞门"。列车中部折角塞门被关闭，根据关闭时列车状态不同、关闭位置不同、关闭时机不同，对列车安全危害程度也不同：轻则造成列车不能启动，重则可致使运行中的列车制动失控，进而造成重大行车事故。

对于因"关闭折角塞门"造成严重后果和危害的，应按已造成的损失、实际后果和危害，考虑是否涉罪和处罚。

对于已发生"关闭折角塞门"事实，但还未发生列车失控就被及时发现和处理的，则应区别不同情况，分析其对列车的危害性，然后考虑

其是否涉罪,并依法进行处罚。

(一)从关闭折角塞门时的列车状态,分析其对列车运行安全的危害性

通过列车空气制动系统的工作原理及列车运行程序和规定,可以得出在不同的列车状态下,关闭折角塞门的时机不同,对列车运行安全造成的不同危害。

1. 列车在运行状态下,制动系统处于缓解状态时

在运行状态下的列车,若中部折角塞门处于关闭状态,当列车需要制动时,被关闭折角塞门以前的制动主管路会产生降压,导致其以前的机车车辆可以产生制动;被关闭折角塞门以后的制动主管路则不会产生降压,导致其以后的机车车辆不会产生制动,如此则会造成列车制动系统达不到有效制动力,从而导致列车制动失控,进而导致更严重的行车事故。

2. 在停车状态下,列车处于制动位时

在停车状态下,列车制动系统除在试风或开车时需要充风缓解外,其余时候,为防止列车自动溜走,均处于排风制动位。在这种情况下,若列车中部折角塞门处于关闭状态,当列车进行充风缓解时,被关闭的折角塞门以前的制动主管路会产生增压,导致其以前的机车车辆产生缓解;而被关闭的折角塞门以后的制动主管路则不会产生增压,导致其以后的机车车辆不能产生缓解,进而导致列车带闸启动,甚至不能启动。这种情况司机一般都会及时地采取就地制动,因而一般不会导致列车运行后制动失控,更不会导致严重的行车事故。

3. 在停车状态下,在列车运行前已完成充风缓解时

在停车状态下,列车在启动前须先进行充风缓解。当列车在启动前进行充风缓解后,若列车中部折角塞门出现被关闭情况,则不会影响列车启动,也不容易被发现,一旦列车启动进入运行状态,就会给列车的运行埋下制动失控的隐患,进而造成更大的行车事故。

【小知识】

案例:“1·17”列车相撞事故

1988年1月17日,从三棵树开往吉林的438次旅客列车停在车站充风缓解后准备开车时,中间折角塞门被人关闭,未能被发现,列车开出车站。待列车开出车站行至下一车站,按进站信号机指示需站外停车时制动失控,冲过车站与另一端正在进站的1615次货物列车发生正面相撞,司机当场死亡1名,旅客死亡16名、伤68名。事故发生后,经铁路公安部门侦破,这次事故是一起典型的由关闭折角塞门引起的破坏事故。

(二)从关闭列车中部折角塞门的原因、时机,分析其对列车运行安全的危害性

归纳起来,关闭折角塞门的原因、时机及危害性主要有以下几个方面:

1. 列车始发前的技术作业人员,未按规定将列车中部的折角塞门全部设置在打开位置。

这种情况在列车始发前的试风中会被检测出来,因而它不会造成列车在运行中的制动失控,也不会对列车的运行安全造成严重危害,但会影响列车的正点发车,会对列车的作业秩序和运行秩序带来一定的影响,也会造成作业成本的增加。

2. 列车始发前的技术作业人员,已按规定将列车中部的折角塞门全部设置在打开位置,在试风前,折角塞门被人为或非人为关闭。

这种情况在始发前的试风中会被检测出来,因而它不会造成列车在运行中的制动失控,也不会对列车的运行安全造成严重危害,但会影响列车的正点发车,会对列车作业秩序和运行秩序带来一定的影响,也会造成作业成本的增加。

3. 列车始发前的技术作业人员,已按规定将列车中部的折角塞门全部设置在打开位置,在试风完成后,折角塞门被人为或非人为关闭。

这种情况则不会影响列车地启动运行,但反而会导致列车在运行中的制动失控,严重危及列车运行安全,应考虑涉罪。

4. 列车在中途停车,在未进行充风缓解前,折角塞门被人为或非人为因素造成关闭。

这种情况会被司机和运转车长在充风缓解时检测出来。即使未能检测出来,也会造成列车地启动受阻,司机会采取就地制动。这种情况一般不会导致列车在运行中的制动失控,也不会对列车的运行安全造成严重危害,但会影响列车地启动开车,会对列车的作业秩序和运行秩序带来一定的影响,也会造成作业成本的增加。

5. 列车在中途停车,在完成开车前的充风缓解之后,折角塞门被人为或非人为因素造成关闭。

这种情况不会影响列车的启动,反而会导致列车在运行中的制动失控,严重危及列车运行安全,应考虑涉罪。

6. 列车在运行中,折角塞门被人为或非人为因素造成的关闭,可导致列车在运行中的制动失控,严重危及列车运行安全,应考虑涉罪。

(三)从关闭折角塞门的位置,分析其对列车运行安全的危害

根据列车空气制动系统的工作原理可以得知,关闭折角塞门的位置越靠前,其关闭位置以后的制动系统失控车辆就越多,对列车制动系统的制动能力和列车运行安全的危害就越大。根据《技规》相关规定可知,无论是旅客列车还是货物列车,列车最后一节车辆的制动功能,都是不允许关闭的。

由列车空气制动系统工作原理可知,被关闭折角塞门以后的车辆都将失去正常制动功能。因此被关闭的中间折角塞门无论是靠前还是靠后,都会使列车达不到编组规定要求,对列车的安全运行都是有隐患的。

(四)在制动时发现"关闭折角塞门",可采取的补救措施对列车运行安全的作用性分析

1. 装有列尾装置的列车

司机在进行制动时,若发现列车制动力不足可能有折角塞门关闭时,可操纵列尾装置检测列车尾部风压,并打开列尾装置的排风口,被关闭折角塞门以后的车辆也会产生制动,从而对整个列车的有效制动产生一定的补救。

由于目前我国只在少数新型旅客列车上才采用双管供风和电空联合制动,一般情况下,列车均采用单管供风,司机无法从列车尾部对被关闭的折角塞门以后的车辆进行补风。因此,在打开列车尾部装置进行尾部制动时,被关闭折角塞门以后的车辆风压可能会不足,在进行制动补救时,仍无法达到规定的制动能力,仍无法使整列列车摆脱制动失控。

在采用双管供风和电空联合制动的新型旅客列车上,需要进行充风后再制动补救时,在判断和操作时间上也会存在延误,仍存在较大的达不到"有效制动"的风险,也不足以避免列车发生倾覆、毁坏的危险。

因此采用列尾装置进行制动补救的方式,对列车的实际制动安全,存在有效和无效两种可能性,且实际完全达到"有效制动"的可能性极小,是不足以避免列车发生倾覆、毁坏危险的。

2. 有运转车长的列车

目前我国在旅客列车上还实行着运转车长乘务制度。有运转车长的列车,司机在进行制动时,若发现列车制动力不足可能有折角塞门关闭时,可设法通知列车尾部的运转车长或其他乘务人员,让其打开车箱上的紧急制动阀,使被关闭的折角塞门以后的车辆产生制动,从而对整个列车的有效制动产生一定的补救。

采用这种补救方式,需要极高的反应能力和反应条件,在判断和操作时间上会存在各种合理和不合理的延误,仍存在较大的达不到

“有效制动”的风险，也不足以避免列车发生倾覆、毁坏的危险。

四、拔闸瓦钎子对列车安全危害分析

（一）闸瓦钎子的构造与安装位置

闸瓦钎子是固定闸瓦与瓦托的联结零件，物质成分为优质钢材，正式构造名称叫闸瓦穿销，其本身价值很低。但由于“拔闸瓦钎子”案件具有发案率高，闸瓦在列车中分布广、数量多、装设在外部拔出来容易，闸瓦本身目标小、漏装不易察觉，在列车检查时容易漏检，对列车的危害性大等特点，所以铁路公安部门将这类案件列为铁路典型五类案件中的第二类典型案件。

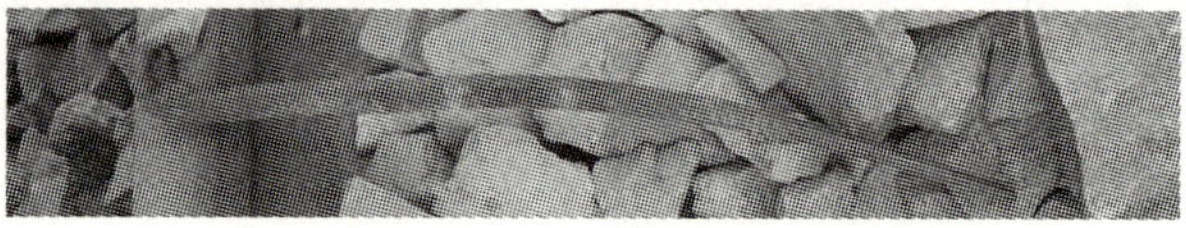

图 6－14　闸瓦钎子形状

我国货物车辆和“22”型及以前型号的客车车辆采用闸瓦制动，每个车轮至少安装一套闸瓦制动装置。大多货物车辆一个车轮处只安装一套，客车车辆和个别货车车辆每个车轮安装两套闸瓦制动装置。

图 6－15　货车车辆转向架装设闸瓦装置情况

由于闸瓦制动系统中闸瓦在制动时与车轮摩擦，其本身是一种消耗件，使用消耗到一定程度时需要调整和更换，为提高更换效率，闸瓦与瓦托之间才采用这种外露式的闸瓦钎子固定。当然这种方式在方便铁路作业的同时，也给违法分子拔闸瓦钎子带来方便。

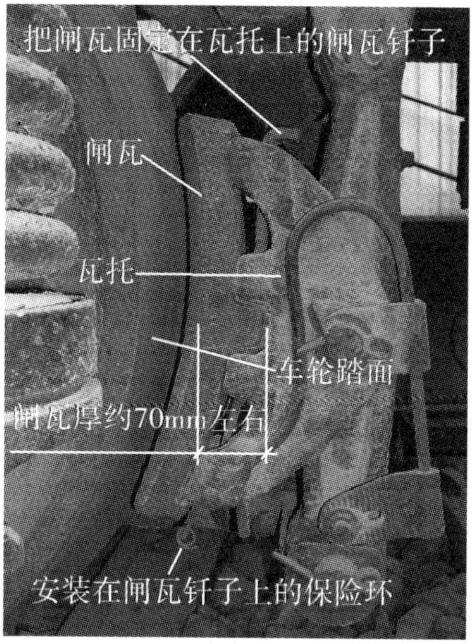

图6－16　闸瓦钎子安装位置

闸瓦钎子的安装位置见闸瓦钎子安装位置图，其中保险环是为了防止闸瓦钎子在列车走行震动时脱落。

图6－17　客车车辆转向架装设闸瓦装置情况

新型客车车辆主要采用盘形制动装置制动，装设闸瓦仅作为辅助制动装置。

(二)“拔闸瓦钎子”案件行为人分析

实施“拔闸瓦钎子”行为的人,多见于进入车站靠近列车的儿童、精神病患者、盲流、闲杂人员或盗窃分子。其行为的目的性一部分是出于好奇;另一部分是盗窃铁路器材获取经济利益;还有一部分则是把闸瓦钎子当做撬车门、捌车窗、盗窃车内铁路运输物资的工具。

特别是在铁路上,盗窃分子以闸瓦钎子做工具,针对列车运输物质行窃的现象比较普通,发案率较高。往往盗窃分子就地取材,从列车中拔出闸瓦钎子,行窃后随手就地处置,给铁路公安部门办案时的取证工作造成困难。

(三)“拔闸瓦钎子”案件危害性分析

对因“拔闸瓦钎子”造成严重后果的,应根据已造成实际危害和经济损失等具体情况,依法考虑是否涉罪和处罚。

对“拔闸瓦钎子”案件未造成严重后果就被发现和及时处理的,应根据“拔闸瓦钎子”案件对列车运行安全的危害程度,具体考虑是否涉罪和处罚。

“拔闸瓦钎子”案件拔下的闸瓦数量、位置和拔下后闸瓦所处状态不同,从“行为人行为是否足以导致严重后果”的角度分析,其违法性质在罪与非罪之间也有天壤之别。

“拔闸瓦钎子”案件对列车运行安全的影响主要有三个方面:一是减少了列车制动力,影响制动效果和制动的有效性;二是造成列车在制动时两侧制动力不均产生偏刹,严重的偏刹车会导致列车脱轨;三是脱落的闸瓦形成行车障碍,导致脱轨颠覆。

1. 拔下闸瓦钎子后,未将闸瓦拆除时

铁路列车属于有轨运输方式,其运动形态呈“蛇”形状,车轮在钢轨上转动运行全靠钢轨和凸起的轮缘做导向。我国机车车辆车轮凸起的轮缘高度约在 25 毫米至 32 毫米之间,一旦轮缘高出钢轨顶面,车轮就会失去横向约束导致脱轨。

厚度尺寸约在 70 毫米的闸瓦,一旦脱落于钢轨顶面即形成障碍,车轮压上后，足以造成车轮轮缘高出轨面，导致列车发生脱轨、颠覆，因此应考虑涉罪。

摆放在列车运行前方的障碍，有被设在机车前面的排障器排掉的可能，而这种闸瓦障碍则直接阻碍车轮，在不考虑列车运行速度的前提下，相比较而言，这种闸瓦障碍形成的危害性更大。

图6－18　震动脱落的闸瓦形成障碍情况

拔下闸瓦钎子后不将闸瓦拆除的情况，在"拔闸瓦钎子"案件中占相当大的比例，对列车运行安全危害性最大。当拔下闸瓦钎子后，闸瓦与瓦托之间即失去了固定关系。由于闸瓦在一列列车中数量多达几百个，列检在检车时对这种情况也容易漏检。列检在检车时一旦漏检，列车就会带着这种失去固定关系的闸瓦运行。这种闸瓦在列车运行的震动中脱落于钢轨顶面的可能性非常的大，从而造成列车脱轨、颠覆的可能性就非常的大，其脱轨作用几乎相当于脱轨器。因此对于这种情况应考虑涉罪。

这类案件如出于破坏动机，则具有相当的作案隐蔽性和作案技术性特征，更应加重处罚和量刑。

一些有经验的铁路盗窃惯犯，为了逃避因拔闸瓦钎子被追究刑事责任，常在拔下闸瓦钎子后，将闸瓦拆除扔到不影响列车运行安全的地方。这也被铁路公安部门侦破的大量相关案件所证实。

2. 拔下一根闸瓦钎子,拆除后的闸瓦无法形成行车障碍时

一列列车在编组成列时,应根据机车车辆类型、重量、速度及制动机类型、列车长度等许多不同条件,按《技规》等铁路规范规定,计算列车制动能力,满足规范要求,以确保制动有效和安全。如《技规》第187条,对机车和车辆的换算闸瓦压力作出了具体规定。

事实和经验都证明,拔下一根闸瓦钎子,拆除后的闸瓦无法形成行车障碍。这种情况虽减小了整列车的制动能力,也有偏刹现象产生,但造成的影响很小,尚不能达到足以导致列车脱轨、颠覆、制动失控等严重危害的程度。因而不应涉罪,应列为治安案件。这种情况对列车运行安全的影响也最小。

3. 拔下多根闸瓦钎子,拆除后的闸瓦无法形成行车障碍时

当拔下多根闸瓦钎子,拆除后的闸瓦无法形成行车障碍时,是否达到足以导致列车制动失控、偏刹脱轨、颠覆等严重危害的程度,是否考虑涉罪,应按规范规定进行计算后确定。

在计算和定性时主要考虑两个方面:一是拔下的闸瓦钎子及拆除的闸瓦数量,是否已严重影响列车整体制动能力,是否足以造成列车制动失控;二是拔下的闸瓦钎子多在一边,是否足以导致列车在制动时因严重偏刹而脱轨。

4. 拔下闸瓦钎子,将闸瓦拆除后放置在钢轨上影响列车运行安全时

拔下闸瓦钎子,将闸瓦拆除后放置在钢轨上影响列车运行安全时,实际上已构成了置放铁路障碍,会严重影响列车运行安全。对这种情况应考虑涉罪。

五、作案主观性和可能后果性分析

《中华人民共和国刑法》第116条规定的是行为人的行为未造成严重后果,但实施的具体行为可以足以导致严重后果时,应给予的刑

罚。在具体执行中进行违法犯罪分子作案主观性和可能后果性分析，对于量刑和定性十分重要，具体有以下七种类型：

1. 明知其真实危害和作用，为达到一定目的，破坏手段准确，主观上出于真实性危害上的故意，其行为具有可能足以造成危及列车安全的后果，而实施的故意破坏行为；或其行为不具有可能足以造成危及列车安全的后果，而实施的故意破坏行为。

2. 明知其真实危害和作用，为达到一定目的，破坏手段不准确，主观上出于真实性危害上的故意，客观上其行为具有足以造成危及列车安全的后果，而实施的故意破坏行为；或客观上其行为不具有足以造成危及列车安全的后果，而实施的故意破坏行为。

3. 虽知其危害和作用，但不知其真实危害，主观上出于非真实危害上的故意，且其主观危害性超出真实危害性，客观上其行为具有可能足以造成危及列车安全的后果，而实施的破坏行为；或客观上其行为不具有可能足以造成危及列车安全的后果，而实施的破坏行为。

4. 虽知其危害和作用，但不知其真实危害，主观上出于非真实危害上的故意，且其主观危害性低于真实危害性，客观上其行为不具有可能足以造成危及列车安全的后果，而实施的破坏行为；或客观上其行为具有可能足以造成危及列车安全的后果，而实施的破坏行为。

5. 不知其危害和作用，也无一定目的，主观上仅出于好奇而客观上已实施的行为；或在无意识状态下，主观上非故意而客观上已实施的行为。

6. 不知其危害和作用，却有破坏的主观性，客观上其行为具有可能足以造成危及列车安全的后果，而实施的盲目破坏行为。或客观上其行为不具有可能足以造成危及列车安全的后果，而实施的盲目破坏行为。

7. 知其危害，主观上没有造成危及列车安全的破坏的目的，却有故意制造事端，来达到邀功请赏的目的，客观上其行为不具有可能足以造成危及列车安全的后果，而实施的故意行为；或客观上其行为具有可能足以造成危及列车安全的后果，而实施的故意行为。

第六节　高速列车制动

列车制动的一般概念是指将行进中列车的动能转化成其他形式的能量，使列车实行减速，或使列车在规定的距离内减速。制动的重要性，不仅在于它直接关系到运输安全，还在于它是进一步提高列车运行速度的决定因素。列车速度越高，对制动的要求也就越高。因此，高速列车的制动技术就成为高速运行的关键技术之一。

一、高速列车制动方式

从能量的观点来看，制动的实质就是将列车的动能转变成其他能量或转移走；从作用力的观点来讲，制动就是让制动装置产生与列车运行相反的外力，使列车产生较大的减速度，尽快减速或停车。

根据列车动能消耗方式的不同，现有的制动方式可以分为摩擦制动和动力制动两类。

（一）摩擦制动

摩擦制动是通过机械摩擦来消耗列车动能的制动方式。其优点是制动力与列车速度无关，无论列车是在高速还是在低速，都有制动能力，特别是在低速时摩擦制动能使列车实施制动直至停车。可以说，摩擦制动是列车最基本的制动方式，高速列车最终停车，也必须依靠这种制动方式。摩擦制动的缺点是制动力有限，主要是热能散发直接影响制动功率增大。摩擦制动包括闸瓦制动、盘形制动和磁轨制动等。

盘形制动属于黏着制动，制动力由车轮来传递，其大小受车轮黏着力的限制。因此，一般情况下，当制动初速度达到160km/h时，必须使用不取决于轮轨黏着系数的附加制动方式，以缩短高速时的制动距离。

磁轨制动靠滑动摩擦产生制动力，滑动摩擦力必定小于轮轨黏着力。且磁轨制动耗电量大，带来的摩擦升温会对钢轨造成损坏并干扰轨道电路，故一般只作为辅助制动方式在紧急制动时使用。

（二）动力制动

动力制动是指利用能量转化装置，将运行中列车动能转化为其他形式的能量（热能或电能），并予以消耗的制动方式。其特点是制动力与列车速度有很大关系：列车速度越高，制动力越大，随着列车速度的降低，制动力也随之下降。动力制动的基本原理是牵引电机作为发电机，所产生的电能可以在制动电阻上转变为热能散发（电阻制动）或反馈到供电系统（再生制动），在高速列车中的应用以后者居多。动力制动包括电阻制动、再生制动（电能）、电磁旋涡轨道制动等。

二、高速列车制动及其控制

（一）高速列车制动系统基本要求

高速列车必须装备高效率和高安全性的制动系统，为列车正常运行提供调速和停车制动的手段，使列车在意外故障或其他必要情况下具有尽可能短的紧急制动距离。由于列车制动能量和速度的平方成正比，时速 200km 至 300km 高速列车的制动能量是普通列车的 4 ~ 9 倍，因此传统列车的纯空气制动能力不能满足高速列车的需求。高速列车制动系统的性能要求和组成方面完全不同于目前的普通列车，必须采用能提供强大制动力并更好利用黏着力的复合制动方式。

1. 制动能力的要求

高速列车的制动作用包括调速制动和停车制动，其制动能力首先表现为停车制动对制动距离的控制。根据研究，停车制动的制动距离基本上与列车初始速度的平方成正比。随着列车速度的提高，必须改进其制动装置和制动控制方式才能满足缩短制动距离的要求。在各种不同的制动方式中，又以紧急制动距离为最短。所谓紧急制动距离，就是在紧急情况下，列车必须在事先规定的距离内可以停住的距离。例如，我国时速 350km 的"CRH_3"型动车组的紧急制动距离为 6500m；以时速 300km 运行时的紧急制动距离为 3700m。紧急制动距离是检验列车制动能力和运行安全性的基本技术条件，也是通信信号系统设计和运输组织的重要依据。

国外 300km/h 高速列车紧急制动距离均在 3000～4000 米之间，我国高速列车在初速 300km/h 条件下的复合制动紧急制动距离可保证在 3700m 以内，按最不利条件考虑，即在动力制动完全失效的不良状态下，纯空气制动紧急制动距离应在 4500m 以内。影响制动距离的因素还有很多，例如列车组成和线路条件。因此在实际应用中，动力制动完全失效时的制动距离，应容许适当延长。

2. 舒适性的要求

从列车动力学的观点出发，旅客的乘坐舒适性包括横向、垂向和纵向三方面的指标。高速列车纵向运动的特点除启动加速度较快外，主要是制动作用的时间和减速度远大于普通旅客列车。制动时旅客的舒适度主要体现在列车减速度和减速度变化率等指标上。根据经验，列车制动时的瞬时速度在 1.8～2.0m/s^2 以下时，旅客是能承受的。而目前高速列车的制动设计减速度基本不会超过这个值。因此，在制动情况下，列车减速度不会对旅客舒适度产生严重影响。需要注意的是减速度的变化率，研究发现，当减速度的变化率不超过 0.6m/s^2 时，旅客不会产生明显的不适感；当减速度的变化率大于 0.6m/s^2 但不超过 0.75m/s^2 时，旅客基本还是可以接受的；当减速度的变化率超过 1.0m/s^2 时，对没有准备且处于无倚靠站立的乘客来说，存在摔倒的危险。因此必须要有相应措施来控制旅客纵向舒适度的指标。

3. 可靠性的要求

制动系统作用的可靠性是列车行驶安全的基本保证，特别是列车高速运行时制动系统失灵引起的后果将不堪设想。它包含两方面的内容：首先是组成制动系统的零部件和软件必须具备一定的可靠性，这是整个系统可靠的基础;其次是系统的可靠性。

要设计一个可靠的制动系统,除了选择尽量可靠的零部件、精心编制软件外,更为重要的是运用可靠理论,进行可靠性设计、可靠性试验和可靠性计算,以此贯穿制动系统的研制过程,并在制动系统的运用过程中加以验证。

(二)复合制动系统

由于列车的制动能量和速度的平方成正比,传统的纯空气制动能力已不能满足高速列车的需要。高速列车制动不仅受到制动热容量和机械制动部件磨耗寿命的限制,还受摩擦材料性能对黏着利用局限性和对旅客乘坐舒适性不利影响的限制。即使在考虑故障情况的纯空气作用紧急制动条件下,其制动距离也不免有所延长。因此,高速列车必须采用能提供强大制动力并更好利用黏着的复合制动系统。

复合制动系统由制动控制、动力制动、摩擦制动、电子防滑器和非黏着制动装置等组成。复合制动力的产生分别来自电气(动力制动)、机械(盘形制动或踏面制动)和非黏着力(磁轨制动或涡流制动)。

为了满足制动能力强、响应速度快的要求,复合制动一般采用电气与空气联合制动的模式。

电气制动与空气制动相结合可保证列车从低速到高速的整个速度范围内都有充足的制动力。电气制动由于操纵控制方便,且可以大大减少空气制动系统零部件的磨损,因而得以优先使用。空气制动只作为电气制动的后备和补充。在列车调速、低速行驶和紧急情况下要求迅速停车时,使用空气制动以确保可靠的制动。

(三)制动控制系统

制动系统中,在司机或其他控制装置的控制下,产生、传递制动信号,并对各种制动方式进行制动力分配、协调的部分称为制动控制系统。

制动控制系统主要有空气制动控制系统和电控制动控制系统两大类。以压力空气作为制动信号传递和制动力控制介质的控制系统称为空气制动控制系统。以电气信号来传递制动信号的控制系统称为电气指令式制动控制系统。

高速列车制动控制系统采用电气指令式制动控制系统，与传统的由列车管减压控制相比，不仅缩短了列车制动空走时间，还包括有复合制动控制、空重车调整、制动模式控制、监控信息处理和显示等功能。

【本章小结】

列车制动是指人为制止列车正在运行的运动，既包括列车的减速和停止，又包括列车不加速。列车制动装置主要由空气制动机、基础制动装置和手制动机构成。本章主要介绍列车制动系统的构成，空气制动系统构造及原理，列车紧急制动的《技规》规定，紧急制动阀的使用条件、使用对象、使用方法，列车制动安全设备和措施，典型安全问题等内容，并对高速列车制动及控制进行了简要介绍。

【思考题】

1. 我国机车车辆上安装的制动机主要由哪几部分组成？各安装在什么地方？

2. 列车制动按使用条件分为哪两种？分别由谁来操纵控制？

3. 简述空气制动机的主要部件及作用。

4. 绘制列车空气制动系统原理图，简述“充风缓解、排风制动”的原理。

5. 简述紧急制动阀的使用对象、使用条件和使用方法。

6. 实施列车紧急制动可能产生哪些附带危害？

7. 简述在什么情况下不能或不宜实施紧急制动？

8. 什么叫紧急制动距离限值？具体是怎样规定的？

9. 高速列车常用的制动方式包括哪些？

【推荐参考书目】

1. 饶忠:《列车制动》,中国铁道出版社 2012 年版。

2. 胡准庆:《动车组制动系统》,北京交通大学出版社 2012 年版。

3. 王亦军:《动车组制动系统维护与检修》,西南交通大学出版社 2014 年版。

4. 陈春俊:《高速列车主动与半主动控制》,西南交通大学出版社 2015 年版。

第七章　铁路通信信号

【教学重点与难点】

1. 铁路信号基本概念；
2. 信号机设置及其作用；
3. 区间闭塞设备；
4. 铁路紧急防护；
5. 铁路通信设备。

铁路信号设备与通信设备均是铁路运输必不可少的重要技术设备。

铁路信号设备是铁路信号、联锁、闭塞设备的总称。铁路信号是指向有关行车和调车人员发出的指示和命令,有关行车人员必须严格执行;联锁设备是在车站范围内,用于保证站内行车和调车工作安全以及提高车站通过能力的专用设备;闭塞设备则是用以保证区间行车安全的专用设备。

铁路信号设备的主要作用,是保证列车运行与调车工作的安全和提高铁路通过能力。同时铁路信号设备在降低运输成本、增加铁路运输经济效益、改善铁路职工劳动条件等方面,发挥重要作用。

通信设备是保证及时、准确、安全、迅速、可靠地组织运输和指挥列车运行,以及确保各单位、各部门互相之间进行公务联络,使全国铁路保持密切联系的重要设备。

2014版《铁路技术管理规程》(以下简称《技规》)(普速铁路部分)规定:

第62条 为保证信号、通信设备的质量,应设电务段、通信段等电务维修机构。

电务段、通信段管辖范围应根据信号、通信设备等条件确定。

第63条 电务维修机构应具备设备检修、修配、测试场所,配置相应的仪器仪表、工装机具以及交通工具、应急通信设备等。

在动车组、机车和轨道车的检修地点应设列控车载设备、机车信号、列车运行监控装置(LKJ)、轨道车运行控制设备(GYK)及车载无线通信设备等的检修与测试场所。设有车辆减速器的驼峰调车场应设驼峰机械修配场所。

铁路电务设备维护工作应按设备技术状态进行维修,并按周期进行中修和大修。电务车载设备结合动车组、机车和轨道车各级检修修程,同步进行检修。

第64条 对设有加锁加封的信号设备,应加锁加封,必要时可设置计数器,使用人员应负责其完整。对加封设备启封使用或对设有计数器的设备每计数一次时,使用人员均须在《行车设备检查登记簿》内登记,写明启封或计数原因。加封设备启封使用后,应及时通知信号部门加封。

使用计算机技术控制的信号设备实现加锁加封功能时,应使用密码方式操作。

第65条 集中联锁车站和自动闭塞区段应装设信号集中监测系统,对信号设备运用状态进行实时监测,实现故障及超限告警。

第66条 信号、通信设备及机房,应采取综合防雷措施,设置机房专用空调。信号及通信设备,应装有防止强电及雷电危害的浪涌保护器等保安设备,电子设备应符合电磁兼容有关规定。

第67条 机车信号设备、列车运行监控装置(LKJ)、轨道车运行控制设备(GYK)和车载无线通信设备等的电源,均应取自车上直流控制电源系统,直流输出电压为110V时,电压波动允许范围为-20%～+5%。

第一节 铁路信号

一、信号基本要求

2014版《技规》(普速铁路部分)规定:

第408条 信号是指示列车运行及调车作业的命令,有关行车人员必须严格执行。

信号显示方式及使用方法,应按本规程规定执行。本规程以外的信号显示方式,须经铁路总公司批准,方可采用。

各种信号机和表示器的灯光排列、颜色和外形尺寸,必须符合国家标准、铁道行业标准及铁路总公司规定的标准。

地区性联系用的手信号,由铁路局批准。

第409条 铁路信号分为视觉信号和听觉信号。

视觉信号的基本颜色:

红色——停车;

黄色——注意或减低速度;

绿色——按规定速度运行。

听觉信号:号角、口笛、响墩发出的音响和机车、自轮运转特种设备的鸣笛声。

第410条 视觉信号分为昼间、夜间及昼夜通用信号。在昼间遇降雾、暴风雨雪及其他情况,致使停车信号显示距离不足1000m,注意或减速信号显示距离不足400m,调车信号及调车手信号显示距离不足200m时,应使用夜间信号。

隧道内只采用夜间或昼夜通用信号。

铁路沿线及站内,禁止设置妨碍确认信号的红、黄、绿色的装饰彩布、标语和灯光。如已装有妨碍确认信号灯光的设备时，应拆除或采取遮光措施。

在规定的信号显示距离内，不得种植影响信号显示的树木。对影响信号显示的树木，其处理办法由铁路局规定。

第411条 进站、出站、进路、调车、驼峰、驼峰辅助信号机均以显示停车信号为定位；线路所的通过信号机以显示停车信号为定位，其他通过信号机以显示进行信号为定位。

接近信号机、进站预告信号机、非自动闭塞区段通过信号机的预告信号机及通过臂板，以显示注意信号为定位。

遮断、遮断预告、复示信号机以无显示为定位。

在自动闭塞区段内的车站（线路所），如将进站、正线出站信号机及其直向进路内的进路信号机转为自动动作时，以显示进行信号为定位。

第412条 信号机的关闭时机规定如下：

1. 集中联锁车站的进站、进路、出站信号机，通过信号机，当机车或车辆第一轮对越过该信号机后自动关闭。

2. 调车信号机在调车车列全部越过调车信号机后自动关闭；当调车信号机外方不设轨道占用检查装置或虽设轨道占用检查装置而占用时，应在调车车列全部出清调车信号机内方第一轨道区段后自动关闭，根据需要也可在调车车列第一轮对进入调车信号机内方第一轨道区段后自动关闭。

3. 引导信号应在列车头部越过信号机后及时关闭。

4. 非集中联锁车站的进站信号机及线路所通过信号机，在列车进入接车线轨道区段后自动关闭，出站信号机应在列车进入出站方面轨道区段后自动关闭。

5. 非集中联锁车站，由手柄操纵的信号机：进站信号机在确认列车全部进入接车线警冲标内方，出站信号机在列车全部越过最外方道岔并确认列车全部进入出站方面轨道区段后，恢复手柄，关闭信号。

特殊站（场）执行上述规定有困难时，由铁路局规定。

第 413 条 进站、出站、进路和通过信号机的灯光熄灭、显示不明或显示不正确时,均视为停车信号。

进站预告信号机或接近信号机的灯光熄灭、显示不明或显示不正确时,均视为进站信号机为关闭状态;非自动闭塞区段通过信号机的预告信号机的灯光熄灭、显示不明或显示不正确时,视为通过信号机为关闭状态。

第 414 条 新设尚未开始使用及应撤除尚未撤掉的信号机,均应装设信号机无效标,并应熄灭灯光;如为臂板信号机,并须将臂板置于水平位置。

信号机无效标为白色的十字交叉板。高柱色灯信号机的无效标装在机柱上,矮型色灯信号机的无效标装在信号机构上,臂板信号机的无效标装在臂板上(如第 25 图所示)。

在新建铁路线上,新设尚未开始使用的信号机(进站信号机暂用作防护车站时除外),可撤下臂板或将色灯机构向线路外侧扭转 90°,并熄灭灯光,作为无效。

第 25 图

二、铁路信号分类

(一)按人生理感觉分类

铁路信号按人的生理感觉,可分为视觉信号和听觉信号两大类。

1. 视觉信号是以物体或灯光的颜色、形状、位置、数目或数码显示等特征表示的信号。例如,用信号机、信号牌、机车信号、信号旗、灯光、火炬等表示的信号都是视觉信号。

2. 听觉信号是以不同声响设备发出音响的强度、频率、音响长短和数目等特征表示的信号。例如，特殊情况下用枪声、呼喊声、鞭炮声发出的声响也都是听觉信号。

（二）按信号固定形式分类

铁路信号按其固定形式，可分为固定信号、移动信号、手信号三个种类。

1. 固定信号

根据规定在固定地点安装设置的铁路信号叫固定信号。固定信号是我国铁路的主要信号。我国规定用红色、黄色和绿色作为信号的基本颜色，以月白色、蓝色、紫色、白色等作为信号的辅助颜色。

固定信号装置根据其表达信号意义性质的不同，一般又可分为信号机、信号表示器和信号标志三种。2014 版《技规》（普速铁路部分）规定：

第 68 条　信号装置一般分为信号机和信号表示器两类。

信号机按类型分为色灯信号机、臂板信号机和机车信号机。信号机按用途分为进站、出站、通过、进路、预告、接近、遮断、驼峰、驼峰辅助、复示、调车信号机。

信号表示器分为道岔、脱轨、进路、发车、发车线路、调车及车挡表示器。

第 69 条　各种信号机及表示器，在正常情况下的显示距离：

1. 进站、通过、接近、遮断信号机，不得小于 1000m；

2. 高柱出站、高柱进路信号机，不得小于 800m；

3. 预告、驼峰、驼峰辅助信号机，不得小于 400m；

4. 调车、矮型出站、矮型进路、复示信号机，容许、引导信号及各种表示器，不得小于 200m。

在地形、地物影响视线的地方，进路、通过、接近、预告、遮断信号机的显示距离，在最坏的条件下，不得小于 200m。

（1）信号机

是发出行车和调车指令，并且发出的指令信息具有一定防护意义的信号装置。

(2)信号表示器

是用来表示与行车有关设备的位置和状态,或表示信号显示的某种附加含义的信号装置。信号表示器没有防护意义。

(3)信号标志

是设在铁路沿线,用来表明线路所在地点的某种情况或状态,以便引起司机和其他有关行车人员的注意,并能够据此及时、正确地进行作业的信号装置。信号标志也没有防护意义。

2. 移动信号

在铁路线路旁临时设置的信号牌、信号灯、信号旗、火炬信号、响墩信号等均为移动信号。

3. 手信号

用手持信号灯、手持信号旗、口笛、号角或徒手显示的信号等均称为手信号。

三、信号机设置及作用

《技规》对信号机的位置作了具体规定:

第71条 信号机设在列车运行方向的左侧或其所属线路的中心线上空。反方向运行进站信号机可设在列车运行方向的右侧;其他特殊地段因条件限制,需设于右侧时,须经铁路局批准。

在确定设置信号机地点时,除满足信号显示距离的要求外,还应考虑到该信号机不致被误认为邻线的信号机。

(一)进站信号机

进站信号机的作用是防护车站安全,指示列车可否由区间进入车站以及进入车站的有关条件。2014版《技规》(普速铁路部分)规定:

第72条 车站必须设进站信号机。进站信号机应设在距进站最外方道岔尖轨尖端(顺向为警冲标)不少于50m的地点,因调车作业或制动距离需要延长时,一般不超过400m。

双线自动闭塞区间反方向进站信号机前方应设置预告标。

（二）出站信号机

出站信号机的作用是防护区间，指示列车可否由车站开往区间。《技规》规定：

第73条　在车站的正线和到发线上，应设出站信号机。出站信号机应设在每一发车线的警冲标内方（对向道岔为尖轨尖端外方）适当地点。

在调车场的编发线上，必要时可设线群出站信号机。

（三）预告信号机

预告信号机的作用是将主体信号机的显示状态提前告诉司机。《技规》规定：

第76条　半自动闭塞、自动站间闭塞区段，进站信号机为色灯信号机时，设色灯预告信号机或接近信号机。

遮断信号机和半自动闭塞、自动站间闭塞区段线路所通过信号机，设预告信号机。

列车运行速度不超过120km/h的区段，预告信号机与其主体信号机的安装距离不得小于800m，当预告信号机的显示距离不足400m时，其安装距离不得小于1000m。

列车运行速度超过120km/h的区段，应设置两段接近区段，在第一接近区段和第二区段的分界处，设接近信号机，在第一接近区段入口内100m处，设置机车信号接通标。

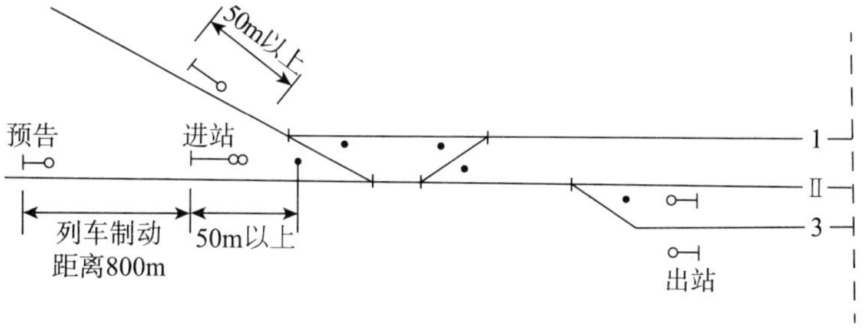

图7－1　进站、出站、预告信号机设置位置示意

（四）通过信号机

通过信号机的作用是防护自动闭塞区段的闭塞分区或非自动闭塞区段的所间区间，指示列车可否进入它所防护的闭塞分区或所间区间。2014 版《技规》（普速铁路部分）规定：

第 74 条 通过信号机应设在闭塞分区或所间区间的分界处。自动闭塞区段的通过信号机，不应设在停车后可能脱钩、牵引供电分相的处所，也不宜设在启动困难的地点。

自动闭塞区段信号机设置位置和显示关系应根据列车牵引计算确定，并应满足列车运行速度规定的制动距离和线路通过能力的要求。

在自动闭塞区段内，当货物列车在设于上坡道上的通过信号机前停车后启动困难时，在该信号机上应装设容许信号。在进站信号机前方第一架通过信号机上，不得装设容许信号。

在三显示自动闭塞区段的进站信号机前方第一架通过信号机柱上，应涂三条黑斜线；四显示自动闭塞区段的进站信号机前方第一、第二架通过信号机的机柱上，应分别涂三条、一条黑斜线。

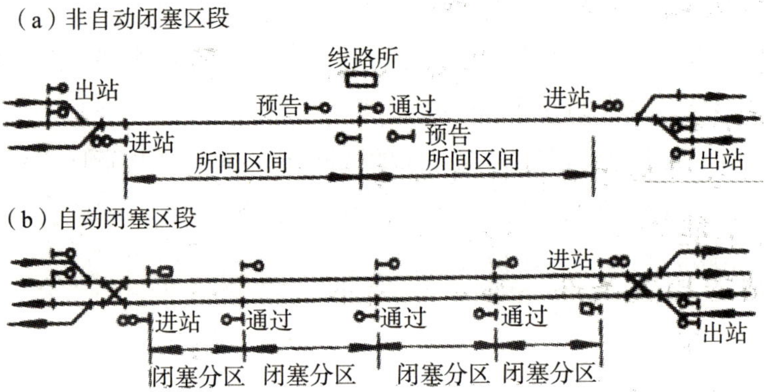

图 7－2 通过信号机的设置位置示意

（五）调车信号机

调车信号机的作用是指示调车机车进行调车作业。《技规》规定：

第 80 条 为满足调车作业的需要，应设调车色灯信号机。

在作业繁忙的调车场上,因受地形、地物影响,调车机车司机看不清调车指挥人的手信号时,设调车表示器。

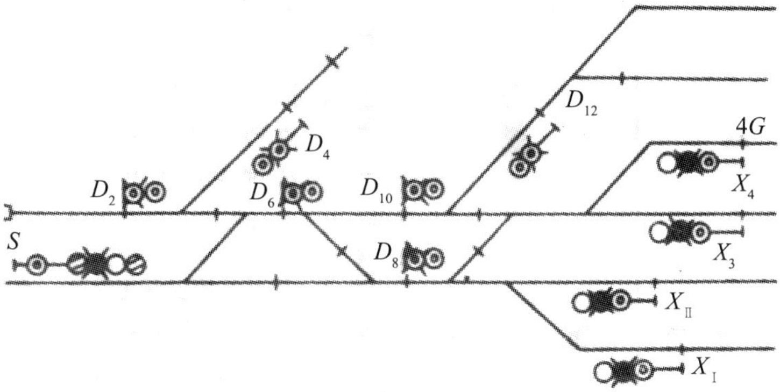

图 7－3 调车信号机设置位置示意

（六）驼峰信号机

驼峰调车信号机装设在驼峰调车场的峰顶上,用来指示调车车列能否向峰顶推送和用多大速度推送。2014 版《技规》(普速铁路部分)规定:

第 84 条 驼峰应装设驼峰色灯信号机。驼峰色灯信号机可装设驼峰色灯辅助信号机。驼峰色灯信号机或辅助信号机的显示距离不能满足推峰作业要求时,根据需要可再装设驼峰色灯复示信号机。

驼峰色灯辅助信号机,可兼作出站或发车进路信号机,并根据需要装设进路表示器。

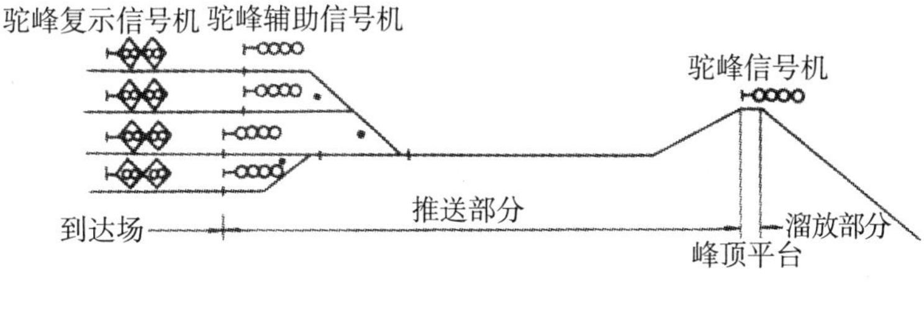

图 7－4 驼峰信号机设置位置示意

（七）遮断信号机

遮断信号机是为防护道口、桥梁、隧道以及坍方落石等危险地点而专门设置的信号机。2014 版《技规》（普速铁路部分）规定：

第 423 条 遮断信号机的预告信号机显示一个黄色灯光——表示遮断信号机显示红色灯光；不点灯时，不起信号作用（如第 62 图所示）。

其他预告色灯信号机显示下列信号：

1. 一个绿色灯光——表示主体信号机在开放状态（如第 63 图 A 所示）；

2. 一个黄色灯光——表示主体信号机在关闭状态（如第 63 图 B 所示）。

第 62 图

第 63 图 A

第 63 图 B

四、信号机显示意义

信号机按类型和昼夜显示方式的不同，分为色灯信号机、臂板信号机和机车信号机三种类型。

(一)色灯信号机分类

色灯信号机昼间和夜间都用不同颜色的灯光显示信号，按照结构、高低、用途的不同有着不同的分类。

1. 按结构不同分类：分为透镜式和探照式两大类。

透镜式信号机是一组透镜给出一个颜色的灯光，如果要显示多种颜色信号灯光时，就要有多组透镜，所以又称它为多灯式。这种信号机的优点主要是结构简单，便于生产，比较安全可靠。其主要缺点是显示距离有限，特别是安装在曲线上时，不能保证连续显示。

探照式色灯信号机是一组透镜能显示出多个颜色灯光，所以又称它为单灯式。这种信号机的主要优点是节省电能，显示距离远等。其主要缺点是结构复杂，制造工艺要求严格，维修困难等。

图 7－5　透镜式高柱、矮型色灯信号机示意

2. 按照高低不同分类：分为高柱信号机和矮型信号机两种。

矮柱信号机直接安装在信号基础上，没有机柱，一般用作调车信号机和站内到发线上的出站信号机。

高柱信号机一般由机柱、梯子、背板、遮檐和信号机构等组成，进站、正线出站、通过、预告等信号机采用高柱信号机。

3. 按照用途不同分类主要分为进站、出站、进路、通过、遮断、预告、调车、驼峰色灯信号机和驼峰色灯辅助信号机及驼峰色灯复示信号机等。

（二）色灯信号机显示意义

2014 版《技规》（普速铁路部分）规定：

第 415 条 进站色灯信号机显示下列信号：

1. 三显示自动闭塞、半自动闭塞、自动站间闭塞区段进站色灯信号机

（1）一个绿色灯光——准许列车按规定速度经正线通过车站，表示出站及进路信号机在开放状态，进路上的道岔均开通直向位置（如第 26 图所示）；

（2）一个绿色灯光和一个黄色灯光——准许列车经道岔直向位置，进入站内越过次一架已经开放的信号机准备停车（如第 27 图所示）；

第 26 图

第 27 图

（3）一个黄色灯光——准许列车经道岔直向位置，进入站内正线

准备停车(如第 28 图所示)；

(4)一个黄色闪光和一个黄色灯光——准许列车经 18 号及以上道岔侧向位置,进入站内越过次一架已经开放的信号机且该信号机防护的进路经道岔直向位置或 18 号及以上道岔侧向位置(如第 29 图所示)；

第 28 图

第 29 图

(5)两个黄色灯光——准许列车经道岔侧向位置[但不满足上述第(4)项条件]进入站内准备停车(如第 30 图所示)；

(6)一个红色灯光——不准列车越过该信号机(如第 31 图所示)。

第 30 图

第 31 图

2. 四显示自动闭塞区段进站色灯信号机

(1) 一个绿色灯光——准许列车按规定速度经道岔直向位置进入或通过车站,表示运行前方至少有三个闭塞分区空闲(如第 26 图所示);

(2) 一个绿色灯光和一个黄色灯光——准许列车按规定速度经道岔直向位置进入站内,表示次一架信号机经道岔直向位置开放一个黄灯(如第 27 图所示);

(3) 一个黄色灯光——准许列车按限速要求经道岔直向位置进入站内正线准备停车(如第 28 图所示);

(4) 一个黄色闪光和一个黄色灯光——准许列车经 18 号及以上道岔侧向位置,进入站内越过次一架已经开放的信号机且该信号机防护的进路经道岔直向位置或 18 号及以上道岔侧向位置(如第 29 图所示);

(5) 两个黄色灯光——准许列车按限速要求越过该信号机,经道岔侧向位置[但不满足上述第(4)项条件]进入站内准备停车(如第 30 图所示);

(6) 一个红色灯光——不准列车越过该信号机(如第 31 图所示)。

第 416 条 进站及接车进路、接发车进路色灯信号机的引导信号显示一个红色灯光及一个月白色灯光——准许列车在该信号机前方不停车,以不超过 20km/h 速度进站或通过接车进路,并须准备随时停车(如第 32 图所示)。

第 32 图

第417条　出站色灯信号机显示下列信号：

1. 半自动闭塞或自动站间闭塞区段

（1）一个绿色灯光——准许列车由车站出发（如第33图所示）；

（2）两个绿色灯光——准许列车由车站出发，开往次要线路（如第34图所示）；

（3）一个红色灯光——不准列车越过该信号机（如第35图所示）；

（4）在兼作调车信号机时，一个月白色灯光——准许越过该信号机调车（如第36图所示）。

第33图

第34图

第 35 图

第 36 图

2. 三显示自动闭塞区段

(1)一个绿色灯光——准许列车由车站出发,表示运行前方至少有两个闭塞分区空闲(如第 37 图所示);

(2)一个黄色灯光——准许列车由车站出发,表示运行前方有一个闭塞分区空闲(如第 38 图所示);

(3)两个绿色灯光——准许列车由车站出发,开往半自动闭塞或自动站间闭塞区间(如第 39 图所示);

(4)一个红色灯光——不准列车越过该信号机(如第 40 图所示);

(5)在兼作调车信号机时,一个月白灯光——准许越过该信号机调车(如第 41 图所示)。

第 37 图

第 38 图

第 39 图

第 40 图

第 41 图

3. 四显示自动闭塞区段

(1)一个绿色灯光——准许列车由车站出发,表示运行前方至少有三个闭塞分区空闲(如第 42 图所示);

(2)一个绿色灯光和一个黄色灯光——准许列车由车站出发,表示运行前方有两个闭塞分区空闲(如第 43 图所示);

(3)一个黄色灯光——准许列车由车站出发,表示运行前方有一个闭塞分区空闲(如第 44 图所示);

(4)两个绿色灯光——准许列车由车站出发,开往半自动闭塞或自动站间闭塞区间(如第 45 图所示);

(5)一个红色灯光——不准列车越过该信号机(如第 46 图所示);

(6)在兼作调车信号机时,一个月白色灯光——准许越过该信号机调车(如第47图所示)。

第42图

第43图

第44图

第 45 图

第 46 图

第 47 图

第418条　进路色灯信号机的显示：

1. 接车进路及接发车进路色灯信号机的显示与进站色灯信号机相同。

2. 三显示自动闭塞、半自动闭塞、自动站间闭塞区段的发车进路色灯信号机显示下列信号：

（1）一个绿色灯光——准许列车由车站经正线出发，表示出站和进路信号机均在开放状态（如第48图所示）；

（2）一个绿色灯光和一个黄色灯光——准许列车越过该信号机，表示该信号机列车运行前方次一架信号机在开放状态（如第49图所示）；

（3）一个黄色灯光——准许列车运行到次一架信号机之前准备停车（如第50图所示）；

（4）一个红色灯光——不准列车越过该信号机（如第51图所示）。

第48图

第49图

第 50 图

第 51 图

3. 四显示自动闭塞区段发车进路色灯信号机显示下列信号：

（1）一个绿色灯光——表示该信号机列车运行前方至少有两架信号机经道岔直向位置在开放状态（如第 48 图所示）；

（2）一个绿色灯光和一个黄色灯光——表示该信号机列车运行前方次一架信号机经道岔直向位置在开放状态（如第 49 图所示）；

（3）一个黄色灯光——准许列车运行到次一架信号机之前准备停车（如第 50 图所示）；

（4）一个红色灯光——不准列车越过该信号机（如第 51 图所示）。

4. 接车进路、发车进路及接发车进路色灯信号机兼作调车信号机时，一个月白色灯光——准许越过该信号机调车（如第 52 图所示）。

第 52 图

第 419 条　通过色灯信号机显示下列信号：

1. 半自动闭塞及自动站间闭塞区段

(1) 一个绿色灯光——准许列车按规定速度运行(显示方式参照第 53 图,但机构为二显示)；

(2) 一个红色灯光——不准列车越过该信号机(显示方式参照第 55 图,但机构为二显示)。

2. 三显示自动闭塞区段

(1) 一个绿色灯光——准许列车按规定速度运行,表示运行前方至少有两个闭塞分区空闲(如第 53 图所示)；

(2) 一个黄色灯光——要求列车注意运行,表示运行前方有一个闭塞分区空闲(如第 54 图所示)；

(3) 一个红色灯光——列车应在该信号机前停车(如第 55 图所示)。

第 53 图

第 54 图

第 55 图

3. 四显示自动闭塞区段

(1)一个绿色灯光——准许列车按规定速度运行，表示运行前方至少有三个闭塞分区空闲(如第 56 图所示)；

(2)一个绿色灯光和一个黄色灯光——准许列车按规定速度运行，要求注意准备减速，表示运行前方有两个闭塞分区空闲(如第 57 图所示)；

(3)一个黄色灯光——要求列车减速运行，按规定限速要求越过该信号机，表示运行前方有一个闭塞分区空闲(如第 58 图所示)；

(4)一个红色灯光——列车应在该信号机前停车(如第 59 图所示)。

第 56 图

第 57 图

第 58 图

第 59 图

第 420 条　线路所防护分歧道岔的色灯信号机开放经道岔侧向位置的进路时显示下列信号：

1. 一个黄色闪光和一个黄色灯光——表示分歧道岔为 18 号及以上，开往半自动闭塞或自动站间闭塞区间，或开往自动闭塞区间且列车运行前方次一闭塞分区空闲(如第 29 图所示)。

2. 不满足上述第 1 款条件时，显示两个黄色灯光(如第 30 图所示)。

防护分歧道岔的线路所通过信号机，其机构外形和显示方式，应与进站信号机相同，引导灯光应予封闭。该信号机显示红色灯光时，不准列车越过。

第 421 条　容许信号显示一个蓝色灯光——准许列车在通过色灯信号机显示红色灯光的情况下不停车，以不超过 20km/h 的速度通过，运行到次一架通过信号机，并随时准备停车(如第 60 图所示)。

第 422 条　遮断色灯信号机显示一个红色灯光——不准列车越过该信号机；不点灯时，不起信号作用(如第 61 图所示)。

第 60 图

第 61 图

第 423 条　遮断信号机的预告信号机显示一个黄色灯光——表示遮断信号机显示红色灯光；不点灯时，不起信号作用(如第 62 图所示)。

其他预告色灯信号机显示下列信号：

1. 一个绿色灯光——表示主体信号机在开放状态（如第 63 图 A 所示）；

2. 一个黄色灯光——表示主体信号机在关闭状态（如第 63 图 B 所示）。

第 62 图

第 63 图 A

第 63 图 B

第 424 条 接近色灯信号机显示下列信号：

1. 一个绿色灯光——表示进站信号机开放一个绿色灯光或一个绿色灯光和一个黄色灯光（如第 64 图所示）；

2. 一个绿色灯光和一个黄色灯光——表示进站信号机开放一个黄色灯光(如第 65 图所示);

3. 一个黄色灯光——表示进站信号机在关闭状态,或表示进站信号机显示两个黄色灯光或一个黄色闪光和一个黄色灯光(如第 66 图所示)。

第 64 图

第 65 图

第 66 图

第 425 条　遮断及其预告信号机采用方形背板,并在机柱上涂有黑白相间的斜线,以区别于一般信号机(如第 61 图、第 62 图所示)。

第 426 条　调车色灯信号机显示下列信号:

1. 一个月白色灯光——准许越过该信号机调车(如第 67 图所示);

2. 一个月白色闪光灯光——装有平面溜放调车区集中联锁设备时,准许溜放调车(如第 68 图所示);

3. 一个蓝色灯光——不准越过该信号机调车(如第 69 图所示)。

不办理闭塞的站内岔线,在岔线入口处设置的调车信号机,可用红色灯光代替蓝色灯光(如第 70 图 A 所示)。

起阻挡列车运行作用的调车信号机,应采用矮型三显示机构,增加红色灯光或用红色灯光代替蓝色灯光(如第 70 图 B、第 70 图 C 所示)。当该信号机的红色灯光熄灭、显示不明或显示不正确时,应视为列车的停车信号。

第 67 图

第 68 图

第 69 图

第 70 图 A

第 70 图 B

第 70 图 C

第 427 条　驼峰色灯信号机及其复示信号机显示下列信号：

1. 一个绿色灯光——准许机车车辆按规定速度向驼峰推进（驼峰色灯信号机如第 71 图所示）；

2. 一个绿色闪光灯光——指示机车车辆加速向驼峰推进（驼峰色灯信号机如第 72 图所示）；

3. 一个黄色闪光灯光——指示机车车辆减速向驼峰推进（驼峰色灯信号机如第 73 图所示）；

4. 一个红色灯光——不准机车车辆越过该信号机或指示机车车辆停止作业（驼峰色灯信号机如第 74 图所示）；

5. 一个红色闪光灯光——指示机车车辆自驼峰退回（驼峰色灯信号机如第 75 图所示）；

6. 一个月白色灯光——指示机车到峰下（驼峰色灯信号机如第 76 图所示）；

7. 一个月白色闪光灯光——指示机车车辆去禁溜线或迂回线（驼峰色灯信号机如第 77 图所示）。

驼峰色灯信号机的复示信号机平时无显示（如第 78 图所示）；当办理驼峰推送进路后，其显示方式与驼峰色灯信号机相同。

第 71 图

第 72 图

第 73 图

第 74 图

第 75 图

第 76 图

第 77 图

第 78 图

第 428 条　驼峰色灯辅助信号机及其复示信号机显示一个黄色灯光——指示机车车辆向驼峰预先推送(驼峰色灯辅助信号机如第 79 图所示);当办理驼峰推送进路后,其灯光显示均与驼峰色灯信号机显示相同。

驼峰色灯辅助信号机平时显示红色灯光,对列车起停车信号作用。

驼峰色灯辅助信号机的复示信号机平时无显示(如第 78 图所示);当办理驼峰推送进路或驼峰预先推送进路后,其显示方式与驼峰色灯辅助信号机相同。

第 79 图

第 429 条　色灯复示信号机分下列几种:

1. 进站、接车进路、接发车进路信号机的色灯复示信号机采用灯列式机构，显示下列信号：

(1)两个月白色灯光与水平线构成60°角显示——表示主体信号机显示经道岔直向位置向正线接车的信号(如第80图所示)；

(2)两个月白色灯光水平位置显示——表示主体信号机显示经道岔侧向位置接车的信号(如第81图所示)；

(3)无显示——表示主体信号机在关闭状态(如第82图所示)。

第 80 图

第 81 图

第 82 图

2. 出站及发车进路信号机的色灯复示信号机显示下列信号：

(1)一个绿色灯光——表示主体信号机在开放状态(如第83图所示)；

第 83 图

（2）无显示——表示主体信号机在关闭状态。

3. 调车色灯复示信号机显示下列信号：

（1）一个月白色灯光——表示调车信号机在开放状态（如第84图所示）；

（2）无显示——表示调车信号机在关闭状态。

第84图

进站、出站、进路、驼峰及调车色灯复示信号机均采用方形背板，以区别于一般信号机。

（三）臂板信号机

按每一信号机上装设臂板的数目来分，有单臂板、双臂板和三臂板信号机三种主要型式。臂板信号机昼间用臂板的不同位置，夜间用不同颜色的灯光来显示信号。

1. 单臂板信号机：分为红色长方形臂板（通常用作出站、通过、防护信号机）和黄色鱼尾形臂板（用作预告信号机）两种。

2. 双臂板信号机：用作有两个运行方向的出站信号机，有上、下两个臂板。

（1）主臂板：上面的一块叫主臂板，它的形状和颜色与红色方形单臂板出站信号机的臂板相同。

（2）辅助臂板：下面的一块叫辅助臂板，它的形状与主臂板相同，但比主臂板短。

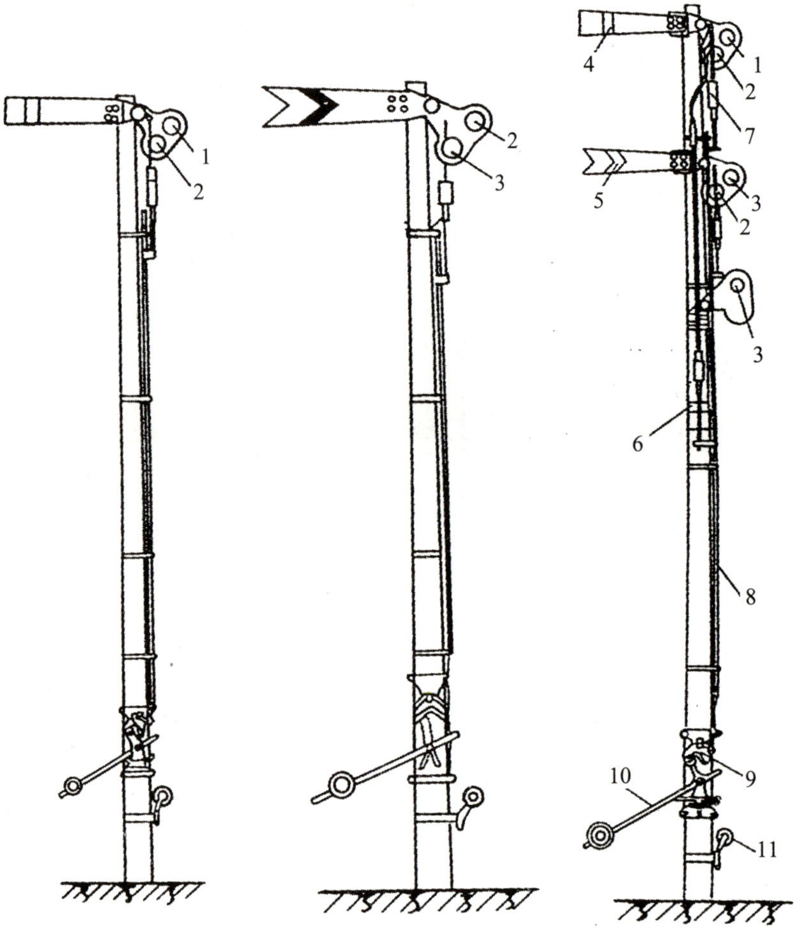

(a)单臂板出站信号机　(b)单臂板预告信号机　(c)三臂板进站信号机

1. 红玻璃;2. 绿玻璃;3. 黄玻璃;4. 主臂板;5. 通过臂板;6. 辅助臂板;

7. 垂直选别器;8. 直立杆;9. 牵纵拐肘;10. 重锤杆;11. 回转轮

图 7-6　臂板信号机示意

3. 三臂板信号机:用作进站信号机,有上、中下三块臂板。三块臂板的名称及显示意义如下:

(1)主臂板:最上面的一块叫主臂板,它的形状和颜色与红色方形单臂板出站信号机的臂板相同。

(2)通过臂板:中间的一块叫通过臂板,它的形状和颜色与黄色鱼尾形单臂板预告信号机相同,平时处于水平位置,在指示列车通过车站时,才同主臂板一起下斜45°角。

(3)辅助臂板:最下面的一块叫辅助臂板,它的形状与主臂板相同,但比主臂板短。

4.《技规》规定:

第430条　进站臂板信号机显示下列信号:

1. 昼间红色主臂板及黄色通过臂板下斜45°角,红色辅助臂板与机柱重叠;夜间两个绿色灯光——准许列车按规定速度经正线通过车站,表示出站信号机在开放状态,进路上的道岔均开通直向位置(如第85图所示)。

第85图

2. 昼间红色主臂板下斜45°角,黄色通过臂板在水平位置,红色辅助臂板与机柱重叠;夜间一个绿色灯光和一个黄色灯光——准许列车经道岔直向位置,进入站内正线准备停车(如第86图所示)。

3. 昼间红色主臂板及辅助臂板下斜45°角,黄色通过臂板在水平位置;夜间一个绿色灯光和两个黄色灯光——准许列车经道岔侧向位置,进入站内准备停车(如第87图所示)。

第 86 图

第 87 图

4. 昼间红色主臂板及黄色通过臂板均在水平位置，红色辅助臂板与机柱重叠；夜间一个红色灯光和一个黄色灯光——不准列车越过该信号机（如第 88 图所示）。

第 88 图

第431条　出站臂板信号机显示下列信号：

1. 昼间红色臂板下斜45°角，夜间一个绿色灯光——准许列车由车站出发（如第89图所示）；

第89图

2. 昼间红色臂板在水平位置，夜间一个红色灯光——不准列车越过该信号机（如第90图所示）；

第90图

3. 昼间红色主臂板及辅助臂板下斜45°角，夜间一个绿色灯光和一个黄色灯光——准许列车由车站出发，开往次要线路（如第91图所示）。

（四）机车信号

1. 机车信号、列车超速防护装置的设置与应用

2014版《技规》（普速铁路部分）规定：

第 102 条 机车信号分为连续式和接近连续式。自动闭塞区段应装设连续式机车信号,半自动闭塞和自动站间闭塞区段应装设接近连续式机车信号。

车站正线、到发线应实现电码化或采用与区间同制式轨道电路。

机车信号的显示,应与线路上列车接近的地面信号机的显示含义相符。机车停车位置,应以地面信号机或有关停车标志为依据。

第 103 条 机车信号作为行车凭证时,由车载信号和地面信号设备共同构成,必须符合故障导向安全原则。车载信号设备应具有运行数据记录的功能;地面信号设备应具有闭环检查功能,提供正确信息。

第 104 条 列车超速防护系统由车载和地面信号设备构成,必须符合故障导向安全的原则。车载设备采用速度方式显示,应具有运行数据记录功能,不干扰司机正常操纵,超速时自动实施常用制动或紧急制动进行安全防护。

第 105 条 最高运行速度不超过 160km/h 的列车,机车信号设备与列车运行监控记录装置结合使用,或采用列车超速防护系统。最高运行速度超过 160km/h 的列车,应采用列车超速防护系统。

2. 机车信号的显示意义

除司机外,执行特殊任务的跟机人员,不仅要掌握地面信号的显示意义,也要掌握机车信号的显示意义及其应用。

2014 版《技规》(普速铁路部分)规定:

第 435 条 机车信号机显示下列信号:

1. 三显示自动闭塞区段连续式机车信号机

(1)一个绿色灯光——准许列车按规定速度运行,表示列车接近的地面信号机显示绿色灯光(如第 96 图所示);

(2)一个半绿半黄色灯光——准许列车按规定速度注意运行,表示列车接近的地面信号机显示一个绿色灯光和一个黄色灯光(如第 97 图所示);

第 96 图

第 97 图

(3)一个黄色灯光——要求列车注意运行，表示列车接近的地面信号机显示一个黄色灯光，或相应的其他显示(如第 98 图所示)；

(4)一个带“2”字的黄色闪光——要求列车注意运行，表示接近的地面信号机显示一个黄色灯光，预告次一架地面信号机开放经 18 号及以上道岔侧向位置进路，显示一个黄色闪光和一个黄色灯光(如第 99 图所示)；

第 98 图

第 99 图

(5)一个带“2”字的黄色灯光——要求列车注意运行，表示接近的地面信号机显示一个黄色灯光，预告次一架地面信号机开放经道岔侧向位置的信号显示(如第 100 图所示)；

(6)一个双半黄色闪光——要求列车限速运行，表示列车接近的地面信号机开放经 18 号及以上道岔侧向位置进路，且次一架信号机开放经道岔直向或 18 号及以上道岔侧向位置进路，或表示列车接近设有分歧道岔线路所的地面信号机开放经 18 号及以上道岔侧同位置进路，显示一个黄色闪光和一个黄色灯光，或其他相应显示（如第 101 图所示）；

第 100 图

第 101 图

（7）一个双半黄色灯光——要求列车限速运行，表示列车接近的地面信号机开放经道岔侧向位置的进路，显示两个黄色灯光，或其他相应显示（如第 102 图所示）；

第 102 图

（8）一个半黄半红色闪光——表示列车接近的进站或接车进路信号机开放引导信号或通过信号机显示容许信号（如第 103 图所示）；

第 103 图

(9)一个半黄半红色灯光——要求及时采取停车措施,表示列车接近的地面信号机显示红色灯光(如第 104 图所示);

(10)一个红色灯光——表示列车已越过地面上显示红色灯光的信号机(如第 105 图所示);

第 104 图

第 105 图

(11)一个白色灯光——不复示地面上的信号显示,机车乘务人员应按地面信号机的显示运行(如第 106 图所示)。

无显示时,表示机车信号机在停止工作状态。

2. 四显示自动闭塞区段连续式机车信号机

(1)一个绿色灯光——同三显示(如第 107 图所示);

第 106 图

第 107 图

(2)一个半绿半黄色灯光——同三显示(如第 108 图所示);

(3)一个黄色灯光——要求列车减速到规定的速度等级越过接近的显示一个黄色灯光的地面信号机,或其他相应显示(如第 109 图所示);

第 108 图

第 109 图

(4)一个带"2"字的黄色闪光——要求列车减速到规定的速度等级越过接近的显示一个黄色灯光的地面信号机,并预告次一架地面信号机显示一个黄色闪光和一个黄色灯光(如第 110 图所示);

(5)一个带"2"字的黄色灯光——要求列车减速到规定的速度等级越过接近的显示一个黄色灯光的地面信号机,并预告次一架地面信号机开放经道岔侧向位置的信号显示(如第 111 图所示);

第 110 图

第 111 图

(6)一个双半黄色闪光——同三显示(如第 112 图所示);

(7)一个双半黄色灯光——同三显示(如第 113 图所示);

第 112 图

第 113 图

(8)一个半黄半红色闪光——同三显示(如第 114 图所示);

第 114 图

(9)一个半黄半红色灯光——同三显示(如第 115 图所示);

(10)一个红色灯光——同三显示(如第 116 图所示);

第 115 图

第 116 图

(11)一个白色灯光——同三显示(如第 117 图所示)。

第 117 图

无显示时,表示机车信号机在停止工作状态。

3. 接近连续式机车信号机的显示方式与连续式机车信号机相同。

4. LKJ 屏幕显示器的机车信号显示应与机车信号机的显示含义相同。

五、信号表示器

(一)信号表示器分类

2014 版《技规》(普速铁路部分)规定:

第 68 条 信号表示器分为道岔、脱轨、进路、发车、发车线路、调车及车挡表示器。

(二)信号表示器显示意义

2014 版《技规》(普速铁路部分)规定:

第 446 条　道岔表示器的显示方式如下:

1. 昼间无显示;夜间为紫色灯光——表示道岔位置开通直向(如第 163 图所示)。

第 163 图

2. 昼间为中央划有一条鱼尾形黑线的黄色鱼尾形牌;夜间为黄色灯光——表示道岔位置开通侧向(如第 164 图所示)。

第 164 图

3. 在调车区为集中联锁时,进行连续溜放作业的分歧道岔应有道岔表示器,平时无显示,当进行溜放作业时,其显示方式如下:

(1)紫色灯光——表示道岔开通直向(如第 165 图 A 所示);

(2)黄色灯光——表示道岔开通侧向(如第 165 图 B 所示)。

第 165 图 A

第 165 图 B

第 447 条 脱轨表示器的显示方式如下:

1. 带白边的红色长方牌及红色灯光——表示线路在遮断状态(如第 166 图所示)。

2. 带白边的绿色圆牌及月白色灯光——表示线路在开通状态(如第 167 图所示)。

第 166 图

第 167 图

第 448 条 进路表示器在其主体信号机开放时点亮,用于区别进路开通方向或双线区段反方向发车,不能独立构成信号显示。

1. 两个发车方向,当信号机在开放的条件下,分别按左、右两个白色灯光,区别进路开通方向(如第 168 图所示)。

第 168 图

2. 三个发车方向，其显示方式如下：

（1）信号机在开放状态及表示器左方显示一个白色灯光——表示进路开通，准许列车向左侧线路发车（如第 169 图所示）；

（2）信号机在开放状态及表示器中间显示一个白色灯光——表示进路开通，准许列车向中间线路发车（如第 170 图所示）；

（3）信号机在开放状态及表示器右方显示一个白色灯光——表示进路开通，准许列车向右侧线路发车（如第 171 图所示）。

第 169 图

第 170 图

第 171 图

3. 四个及其以上发车方向，进路表示器按灯光排列表示。

四个发车方向（A、B、C、D 方向）显示方式如下：

（1）信号机在开放状态及表示器左方横向显示两个白色灯光——表示进路开通，准许列车向左侧 A 方向线路发车（如第 172 图所示）；

（2）信号机在开放状态及表示器左方斜向显示两个白色灯光——表示进路开通，准许列车向左侧 B 方向线路发车（如第 173 图所示）；

（3）信号机在开放状态及表示器右方斜向显示两个白色灯光——表示进路开通，准许列车向右侧 C 方向线路发车（如第 174 图所示）；

（4）信号机在开放状态及表示器右方横向显示两个白色灯光——表示进路开通，准许列车向右侧 D 方向线路发车（如第 175 图所示）。

五个发车方向（A、B、C、D、E 方向）显示方式如下：

（1）同四个发车方向的第（1）项——表示进路开通，准许列车向左侧 A 方向线路发车（如第 172 图所示）；

（2）同四个发车方向的第（2）项——表示进路开通，准许列车向左侧 B 方向线路发车（如第 173 图所示）；

（3）信号机在开放状态及表示器中间竖向显示两个白色灯光——表示进路开通，准许列车向中间 C 方向线路发车（如第 176 图所示）；

（4）同四个发车方向的第（3）项——表示进路开通，准许列车向右侧 D 方向线路发车（如第 174 图所示）；

（5）同四个发车方向的第（4）项——表示进路开通，准许列车向右侧 E 方向线路发车（如第 175 图所示）。

第 172 图

第 173 图

第 174 图

第 175 图

第 176 图

六个发车方向(A、B、C、D、E、F 方向)显示方式如下：

(1)信号机在开放状态及表示器左方竖向显示两个白色灯光——表示进路开通,准许列车向左侧 A 方向线路发车(如第 177 图所示)；

(2)信号机在开放状态及表示器左方横向显示两个白色灯光——表示进路开通,准许列车向左侧 B 方向线路发车(如第 178 图所示)；

(3)信号机在开放状态及表示器左方斜向显示两个白色灯光——表示进路开通,准许列车向左侧 C 方向线路发车(如第 179 图所示)；

(4)信号机在开放状态及表示器右方斜向显示两个白色灯光——表示进路开通,准许列车向右侧 D 方向线路发车(如第 180 图所示)；

(5)信号机在开放状态及表示器右方横向显示两个白色灯光——表示进路开通,准许列车向右侧 E 方向线路发车(如第 181 图所示)；

(6)信号机在开放状态及表示器右方竖向显示两个白色灯光——表示进路开通,准许列车向右侧 F 方向线路发车(如第 182 图所示)。

七个发车方向(A、B、C、D、E、F、G 方向)显示方式如下：

(1)同六个发车方向的第(1)项——表示进路开通,准许列车向左侧 A 方向线路发车(如第 177 图所示)；

(2)同六个发车方向的第(2)项——表示进路开通,准许列车向左侧 B 方向线路发车(如第 178 图所示)；

(3)同六个发车方向的第(3)项——表示进路开通,准许列车向左侧 C 方向线路发车(如第 179 图所示);

(4)信号机在开放状态及表示器中间竖向显示两个白色灯光——表示进路开通,准许列车向中间 D 方向线路发车(如第 183 图所示);

(5)同六个发车方向的第(4)项——表示进路开通,准许列车向右侧 E 方向线路发车(如第 180 图所示);

(6)同六个发车方向的第(5)项——表示进路开通,准许列车向右侧 F 方向线路发车(如第 181 图所示);

(7)同六个发车方向的第(6)项——表示进路开通,准许列车向右侧 G 方向线路发车(如第 182 图所示)。

第 177 图

第 178 图

第 179 图

第 180 图

第 181 图

第 182 图

第 183 图

4. 在双线区段仅用于区分反方向发车时，其显示方式如下：

（1）信号机在开放状态且表示器不点亮——准许列车正方向发车（如第 184 图所示）。

（2）信号机在开放状态且表示器显示一个白色灯光——准许列车反方向发车（如第 185 图所示）。

第 184 图

第 185 图

第 449 条　发车线路表示器在线群出站信号机开放后显示一个白色灯光——准许该线路上的列车发车（如第 186 图所示）。

不许发车的线路，所属该线路的发车线路表示器不能点亮。

发车线路表示器可用于驼峰调车场，作为调车线路表示器，显示一个白色灯光——准许调车。

第 186 图

第 450 条 发车表示器常态不显示；显示一个白色灯光——表示车站人员准许发车（如第 187 图所示）。

第 187 图

第 451 条 调车表示器的显示方式如下：

1. 向调车区方向显示一个白色灯光——准许机车车辆自调车区向牵出线运行（如第 188 图所示）；

2. 向牵出线方向显示一个白色灯光——准许机车车辆自牵出线向调车区运行（如第 189 图所示）；

3. 向牵出线方向显示两个白色灯光——准许机车车辆自牵出线向调车区溜放（如第 190 图所示）。

第 188 图

第 189 图

第 190 图

第 452 条　车挡表示器设置在线路终端的车挡上，昼间一个红色方牌；夜间显示一个红色灯光（如第 191 图所示）。

安全线及避难线可不设置车挡表示器。

第 191 图

六、信号标志

详见第二章第六节。

七、移动信号

（一）移动信号

2014 版《技规》（普速铁路部分）规定：

第 436 条 移动信号显示方式如下：

1. 停车信号

昼间——表面有反光材料的红色方牌；夜间——柱上红色灯光（如第 118 图所示）。

第 118 图

2. 减速信号

（1）表面有反光材料的黄底黑字圆牌，标明列车限制速度（如第 119 图所示）。

（2）施工及其限速区段，在减速信号牌外方增设的特殊减速信号牌为表面有反光材料的黄底黑“T”字圆牌（如第 120 图所示）。

第 119 图

第 120 图

3. 减速防护地段终端信号

表面有反光材料的绿色圆牌(如第121图所示)。在单线区段,司机应看线路右侧减速信号牌背面的绿色圆牌。

在有1万t或2万t(含1.5万t)货物列车运行的线路增设的1万t、2万t(含1.5万t)减速防护地段终端信号牌为表面有反光材料的绿底黑“W”字(1万t)或黑“L”字(1.5万t和2万t)圆牌(如第122图所示)。

第121图

第122图

第437条 在站内线路上检查、修理、整备车辆或进行装卸作业时,应在两端来车方向的左侧钢轨设置带有脱轨器的固定或移动信号牌(灯)进行防护,前后两端的防护距离均应不小于 20m(如第 123 图所示);不足 20m 时,应将道岔锁闭在不能通往该线的位置。

旅客列车在到发线上进行车辆技术作业时,用红色信号旗(灯)进行防护,可不设脱轨器。红色信号旗(灯)的设置:

1. 机车摘挂相关作业时,在机次一位客车非站台侧设置。

2. 技术检查作业时,在机次一位客车前端非站台侧和尾部客车后端站台侧设置。车辆乘务员单班单人值乘列车,在无客列检车站进行站折技术检查作业时,仅在来车端一位客车前端站台侧设置。

3. 处理车辆故障时,在故障车辆站台侧设置。

第 123 图

(二)响墩及火炬信号

2014 版《技规》(普速铁路部分)规定:

第 438 条 响墩爆炸声及火炬信号的火光(如第 124 图、第 125 图所示),均要求紧急停车。停车后如无防护人员,机车乘务人员应立即检查前方线路,如无异状,列车以在瞭望距离内能随时停车的速度继续运行,但最高不得超过 20km/h。在自动闭塞区间,运行至前方第一架通过(进站)信号机前,如无异状,即可按该信号机显示的要求执行;在半自动或自动站间闭塞区间,经过 1km 后,如无异状,可恢复正常速度运行。

第 **124** 图

第 **125** 图

八、手信号

手持信号器械或用徒手发出的信号称手信号。

2014 版《技规》(普速铁路部分)规定：

第 440 条　列车运行时,有关人员应遵守下列手信号的显示：

1. 停车信号：要求列车停车。

昼间——展开的红色信号旗;夜间——红色灯光(如第 127 图所示)。

昼间无红色信号旗时,两臂高举头上向两侧急剧摇动;夜间无红色灯光时,用白色灯光上下急剧摇动(如第 128 图所示)。

第 **127** 图

第 128 图

2. 减速信号:要求列车降低到要求的速度。

昼间——展开的黄色信号旗;夜间——黄色灯光(如第 129 图所示)。

第 129 图

昼间无黄色信号旗时,用绿色信号旗下压数次;夜间无黄色灯光时,用白色或绿色灯光下压数次(如第 130 图所示)。

第 130 图

3. 发车信号:要求司机发车。

昼间——展开的绿色信号旗上弧线向列车方面做圆形转动;夜间——绿色灯光上弧线向列车方面做圆形转动(如第 131 图所示)。

在设有发车表示器的车站,按发车表示器显示发车。

第 131 图

4. 通过手信号:准许列车由车站(场)通过。

昼间——展开的绿色信号旗;夜间——绿色灯光(如第 132 图所示)。

第 132 图

5. 引导手信号：准许列车进入车场或车站。

昼间——展开的黄色信号旗高举头上左右摇动；夜间——黄色灯光高举头上左右摇动（如第 133 图所示）。

第 133 图

6. 特定引导手信号显示方式：昼间为展开绿色信号旗高举头上左右摇动，夜间为绿色灯光高举头上左右摇动（如第 134 图所示）。

第 **134** 图

第 441 条 调车手信号的显示方式如下：

1. 停车信号

显示方式如第 440 条第 1 款第 127 图所示。

2. 减速信号

昼间——展开的绿色信号旗下压数次；夜间——绿色灯光下压数次（显示方式如第 130 图所示）。

3. 指挥机车向显示人方向来的信号

昼间——展开的绿色信号旗在下部左右摇动；夜间——绿色灯光在下部左右摇动（如第 135 图所示）。

第 **135** 图

4. 指挥机车向显示人方向稍行移动的信号

昼间——拢起的红色信号旗直立平举，再用展开的绿色信号旗左右小动；夜间——绿色灯光下压数次后，再左右小动（如第 136 图所示）。

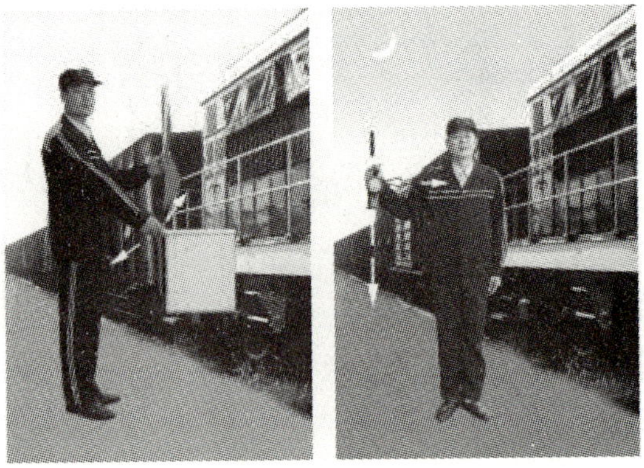

第 136 图

5. 指挥机车向显示人反方向去的信号

昼间——展开的绿色信号旗上下摇动；夜间——绿色灯光上下摇动（如第 137 图所示）。

第 137 图

6. 指挥机车向显示人反方向稍行移动的信号

昼间——拢起的红色信号旗直立平举，再用展开的绿色信号旗上下小动；夜间——绿色灯光上下小动(如第138图所示)。

第138图

对显示本条第2、3、4、5、6款中转信号时，昼间可用单臂，夜间可用白色灯光依式中转。

第442条　联系用的手信号的显示方式如下：

1. 道岔开通信号：表示进路道岔准备妥当。

昼间——拢起的黄色信号旗高举头上左右摇动；夜间——白色灯光高举头上(如第139图所示)。

第139图

机车出入段进路道岔准备妥当后，显示如下道岔开通信号：

昼间——展开的黄色信号旗高举头上左右摇动；夜间——黄色灯光高举头上左右摇动(如第140图所示)。

第 140 图

2. 股道号码信号:要道或回示股道开通号码。

一道:昼间——两臂左右平伸;夜间——白色灯光左右摇动(如第 141 图所示)。

二道:昼间——右臂向上直伸,左臂下垂;夜间——白色灯光左右摇动后,从左下方向右上方高举(如第 142 图所示)。

三道:昼间——两臂向上直伸;夜间——白色灯光上下摇动(如第 143 图所示)。

四道:昼间——右臂向右上方,左臂向左下方各斜伸 45°角;夜间——白色灯光高举头上左右小动(如第 144 图所示)。

五道:昼间——两臂交叉于头上;夜间——白色灯光做圆形转动(如第 145 图所示)。

六道:昼间——左臂向左下方,右臂向右下方各斜伸 45°角;夜间——白色灯光做圆形转动后,再左右摇动(如第 146 图所示)。

七道:昼间——右臂向上直伸,左臂向左平伸;夜间——白色灯光做圆形转动后,左右摇动,然后再从左下方向右上方高举(如第 147 图所示)。

八道:昼间——右臂向右平伸,左臂下垂;夜间——白色灯光做圆形转动后,再上下摇动(如第 148 图所示)。

九道:昼间——右臂向右平伸,左臂向右下斜 45°角;夜间——白色灯光做圆形转动后,再高举头上左右小动(如第 149 图所示)。

十道:昼间——左臂向左上方,右臂向右上方各斜伸 45°角;夜间——白色灯光左右摇动后,再上下摇动作呈十字形(如第150图所示)。

十一至十九道,须先显示十道股道号码,再显示所要股道号码的个位数信号。

二十道及其以上的股道号码,各站根据需要自行规定,并纳入《站细》。

第141图

第142图

第 **143** 图

第 **144** 图

第 **145** 图

第 **146** 图

第 **147** 图

第 **148** 图

第 149 图

第 150 图

3. 连结信号:表示连挂作业。

昼间——两臂高举头上,使拢起的手信号旗杆呈水平末端相接;夜间——红、绿色灯光(无绿色灯光的人员,用白色灯光)交互显示数次(如第 151 图所示)。

4. 溜放信号:表示溜放作业。

昼间——拢起的手信号旗两臂高举头上交叉后,急向左右摇动数次;夜间——红色灯光做圆形转动(如第 152 图所示)。

5. 停留车位置信号:表示车辆停留地点。

夜间——白色灯光左右小摇动(如第 153 图所示)。

第 151 图

第 152 图

第 153 图

6. 十、五、三车距离信号:表示推进车辆的前端距被连挂车辆的距离。

昼间——展开的绿色信号旗单臂平伸,夜间——绿色灯光,在距离停留车十车(约 110m)时连续下压三次,五车(约 55m)时连续下压两次,三车(约 33m)时下压一次(如第 154 图所示)。

第 154 图

7. 取消信号:通知将前发信号取消。

昼间——拢起的手信号旗,两臂于前下方交叉后,急向左右摇动数次;夜间——红色灯光做圆形转动后,上下摇动(如第 155 图所示)。

第 155 图

8. 要求再度显示信号:前发信号不明,要求重新显示。

昼间——拢起的手信号旗右臂向右方上下摇动;夜间——红色灯光上下摇动(如第156图所示)。

第156图

9. 告知显示错误的信号:告知对方信号显示错误。

昼间——拢起的手信号旗两臂左右平伸同时上下摇动数次;夜间——红色灯光左右摇动(如第157图所示)。

第157图

第443条　在显示手信号时,凡昼间持有手信号旗的人员,应将信号旗拢起,左手持红旗,右手持绿旗(扳道员右手持黄旗),不持信号旗的人员徒手按各该条规定方式显示信号。

第 444 条 试验列车自动制动机的手信号显示方式如下：

1. 制动

昼间——用检查锤高举头上；夜间——白色灯光高举（如第 158 图所示）。

第 158 图

2. 缓解

昼间——用检查锤在下部左右摇动；夜间——白色灯光在下部左右摇动（如第 159 图所示）。

第 159 图

3. 试验结束

昼间——用检查锤做圆形转动；夜间——白色灯光做圆形转动

(如第 160 图所示)。

车站人员显示上述信号时,昼间可用拢起的信号旗代替。司机应注意瞭望试验信号,并按规定回答。

如列车制动主管未达到规定压力,试验人员要求司机继续充风时,按照缓解的信号同样显示。

第 160 图

九、听觉信号

2014 版《技规》(普速铁路部分)规定:

第 460 条　听觉信号,长声为 3s,短声为 1s,音响间隔为 1s。重复鸣示时,须间隔 5s 以上。

《技规》第 461 条规定了机车、轨道车鸣笛鸣示方式,分类摘要如下:

1. 启动注意信号——一长声。

(1)列车启动或机车车辆前进时(双机牵引或使用补机时,本务机车鸣笛后,补机应回答,本务机车再鸣笛一长声后启动)。

(2)接近车站、鸣笛标、曲线、道口、桥梁、隧道、行人、施工地点、黄色信号、引导信号、容许信号或天气不良时。

(3)自动闭塞区间,通过信号机前停车后,能继续运行,通知运转车长时。

(4)电力机车在检修及整备中,准备降下或升起受电弓时。

2. 退行信号——二长声。

列车、机车车辆、单机开始退行时。

3. 召集信号——三长声。

要求防护人员撤回时。

4. 警报信号——一长三短声。

(1)发现线路有危及行车安全的不良处所时。

(2)列车发生重大、大事故及其他需要救援情况时。

(3)列车在区间内停车后,不能立即运行,通知运转车长时。

5. 拧紧手制动机信号——三短声。

(1)要求列车乘务组拧紧手制动机时。

(2)要求就地制动时。

6. 紧急停车信号——连续短声。

司机发现(或接到通知)邻线发生障碍,向邻线上运行的列车发出紧急停车信号时。邻线列车司机听到此种信号后,应紧急停车。

《技规》第461条规定了口笛、号角鸣示方式。口笛、号角的鸣示与机车、轨道车鸣、笛鸣示是两种不同的听觉信号,相同的鸣示,其意义并不一定相同。例如,口笛、号角鸣示三长声的用途与时机是溜放,与机车鸣示三长声的用途与时机就截然不同。

1. 停车信号——连续短声。

用口笛、号角发出的连续短声是要求停车的信号。一般情况下,对于调车,这个信号是要求正常停车;对于运行列车,这个信号则是要求紧急停车。

2. 下行列车接近通报信号——一长声。

3. 上行列车接近通报信号——二长声。

第二节　车站联锁设备

一、车站联锁设备概述

(一)联锁及进路的基本概念

1. 进路:在车站上,由线路与道岔组成的,列车和调车车列运行的路径,称为进路。

与某一进路相互交叉、相互重叠、相互影响、有可能发生列车或机车车辆冲突的所有进路均称为该进路的敌对进路。

进路按其运转作业性质的不同,分为列车进路和调车进路两种。

(1)列车进路:凡是为列车进站、出站、通过所开通的进路,均称为列车进路。

(2)调车进路:凡是为各种调车作业所开通的进路,均称为调车进路。

2. 联锁:为保证车站内列车运行和调车作业的安全,在有关道岔、进路、信号机之间建立的,既相互联系又相互制约的关系,叫联锁。

3. 联锁设备:为了保证车站内列车运行和调车作业的安全,提高工作效率和车站通过能力,实现和完成车站内有关道岔、进路和信号机之间的联锁关系,而专门安装设置的技术设备,叫联锁设备。

为了保证车站内列车运行和调车作业的安全,一般每条进路的始端都设一架信号机进行防护。列车和调车的进路要靠道岔开通不同的位置来排列。列车的进站、出站和站内的调车工作通常是根据防护每一条进路的信号机的显示状态进行的。

(二)对联锁设备的基本要求

为了实现和完成联锁,保证车站内列车运行和调车作业的安全,联锁设备应满足下列要求。

1. 当开放某一进路时,必须先将进路上的所有道岔扳到正确的位置,然后防护这一进路的信号机才能开放。否则,防护这一进路的信号机就不能开放。

2. 当防护某一进路的信号机开放以后,这一进路上的全部道岔均应被锁定,不能够再扳动。

3. 当某一进路的信号机开放以后,与之敌对进路的信号机均应全部被关闭,不能开放。

4. 主体信号机开放以前,预告信号机不能开放;在正线出站信号机开放前,进站信号机不能显示正线通过信号。

5. 应能及时、迅速地排列进路,并实现信号机和道岔之间的相互制约关系;同时,还应能迅速及时地使进路解锁。

提高联锁设备的自动化能力,加速建立和解锁的过程,是提高车站通过能力,降低劳动强度的重要措施。

(三)车站联锁设备分类

我国铁路目前采用的联锁设备,共有电锁器联锁、电气集中联锁和计算机联锁三种联锁类型。

1. 电器联锁:扳道员就地扳动道岔握柄,使道岔转换;信号机由扳道员分散操纵,或由车站值班员集中操纵,靠加在道岔握柄上的电锁器,来完成道岔和信号机之间的联锁关系的联锁设备,叫电锁器联锁。

电锁器联锁是一种非集中联锁。

当电锁器与臂板信号机配套使用时,称为臂板电锁器联锁;当电锁器和色灯信号机配套使用时,称为色灯电锁器联锁。

由于电锁器联锁的车站道岔要就地操纵,办理进路时要求值班员向扳道员下达命令,由扳道员转换道岔排列进路,效率很低并且繁琐。因此,这种联锁方式只是在条件尚不具备采用电气集中联锁的少数车站上采用。

2. 电气集中联锁:用电动转辙机转动道岔,采用色灯信号机和轨道电路,通过继电器组的作用,来控制和完成车站内道岔、信号、进路的集中联锁控制的集中式联锁设备,叫电气集中联锁,又简称电气集中。

由于在电气集中联锁设备中，实现联锁的原件是继电器，所以又称其为继电器集中联锁。

在实现电气集中的车站上，操作人员只需在控制台上按压按钮，就能办理或解锁进路。

3. 计算机联锁：运用微型计算机对车站值班员的操作命令及现场表示信息进行逻辑运算，从而实现对信号机、道岔、进路进行集中控制的车站联锁设备，叫计算机联锁，也称微机联锁。（具体见图 7－7）

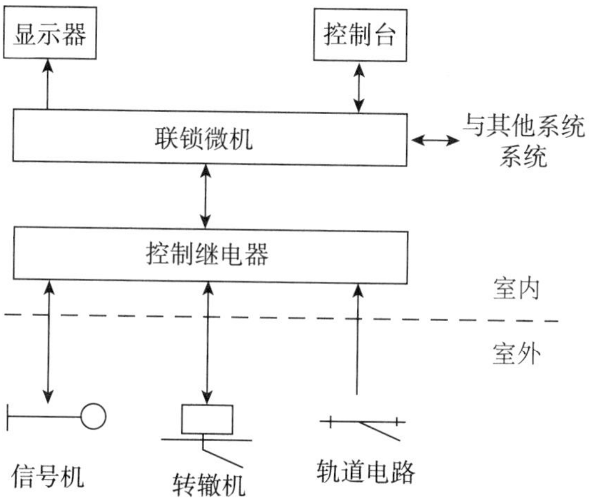

图 7－7 微机联锁系统示意

计算机机联锁用集成电路取代了继电器电路，减少了对继电器的维护工作，降低了成本，进一步提高了稳定性、安全性和可靠性；在功能方面，除了能完成既有继电器联锁的功能外，还可利用计算机强有力的处理能力和快速运算等特点，进一步充实和开发新的功能。因此，微机联锁是车站信号设备的发展方向。

微机联锁的操作方法与电气集中联锁相仿，车站值班员办理进路时，只需先按压进路的始端按钮，再按压终端按钮即可完成。

早在 20 世纪 80 年代，我国就对计算机联锁进行了研制和使用，随着微机联锁技术的不断发展和完善，微机联锁设备正在我国铁路上得到更加广泛的推广和应用。

二、电气集中联锁

(一)电气集中联锁的主要设备

1. 继电器:继电器是一种电磁开关,它既是铁路信号设备中使用极多的一种电气元件,也是电气集中联锁设备中的主要元件。通过继电器可以控制道岔的转换、信号机的开放和关闭以及进路的锁闭与解锁等。

最简单的一种继电器叫直流无极继电器,如图 7-8 所示。

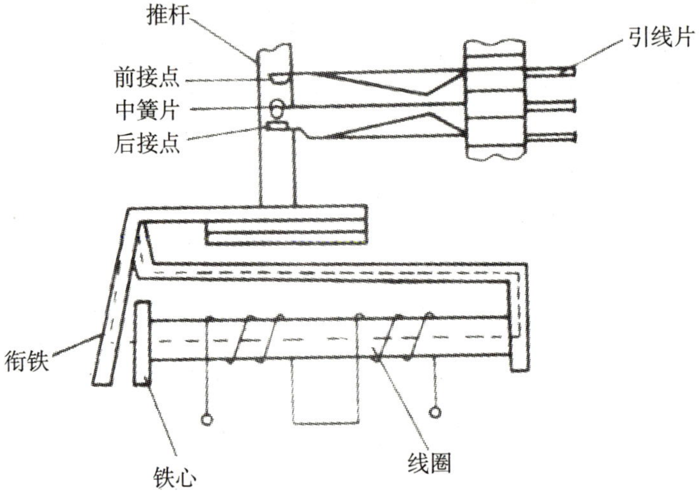

图 7-8　直流无极继电器原理示意

图 7-8 中,当电流通过线圈时,铁芯吸动衔铁,带动中簧片断开后接点而与前接点闭合;当电源切断后,铁芯失磁,衔铁因此自行释放,使中簧片断开前接点并与后接点闭合。

继电器的前、后接点及中簧片都接有引线片,当引线片用导线连接在一个外部电路时,由于继电器的衔铁被吸动或复原,就可以达到控制这个外部电路的目的。

2. 电动转辙机:道岔尖轨转换位置是由转辙装置带动的。电动转辙机是以电动机带动的转辙装置,它可以实现正转或反转,从而使道岔具有两种不同的开通位置(开通直股和侧股)。

采用电动转辙机的优点是道岔转换时间短、安全程度高,并且便于实现自动控制和远程控制。

3. 轨道电路:轨道电路是利用铁路的两条钢轨作为导线,所构成的电气回路。它可以反映线路和道岔区段是否有车占用,以及钢轨是否完整。

实际采用的轨道电路有多种制式。这里以直流轨道电路为例,来说明轨道电路的工作原理。

采用直流电源的轨道电路叫直流轨道电路。

在车站线路上,按照道岔和股道段的不同,轨道电路分为直线轨道电路和道岔轨道电路。

(1)直线轨道电路:在股道直线段上,轨道电路主要由分界绝缘节、轨道电源、限流电阻、轨道继电器等组成。

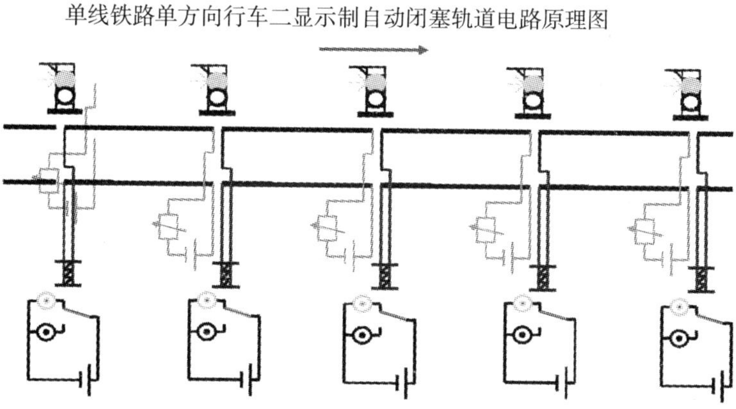

图7-9 直流轨道电路——无车状态原理示意

当轨道电路区段空闲时,电流从轨道电路电源正极经过钢轨进入轨道继电器,再经另一股钢轨回到电源负极。这时因轨道继电器衔铁吸起,使其后接点断开,前接点闭合。信号机的电路就通过前接点闭合绿灯电路,使信号机点亮绿灯。

当轨道电路区段有车占用时，由于轮对的电阻很低，轨道电路被短路，轨道继电器衔铁被释放，用它的后接点闭合信号机的红灯电路，信号机点亮红灯，表示轨道有车占用。

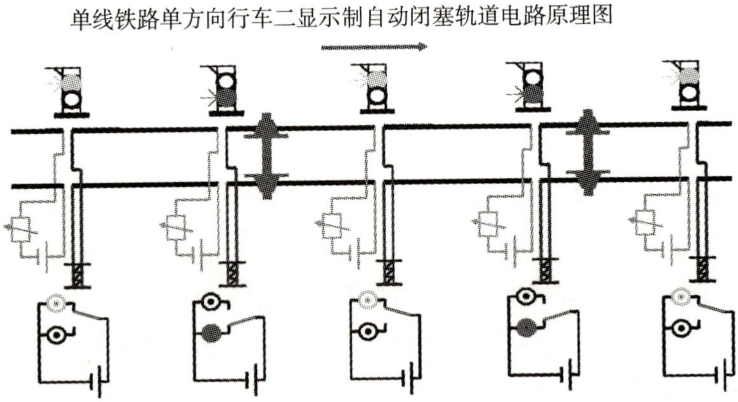

图 7 – 10　直流轨道电路——有车状态原理示意

钢轨折断并将轨道电路断开时信号显示情况与有车占用时相同。

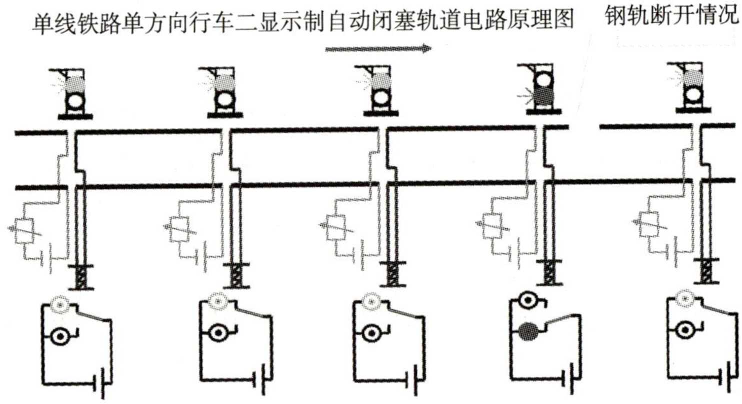

图 7 – 11　直流轨道电路——轨道断开状态原理示意

当线路两股钢轨有良导体相联时，信号显示情况与有车占用时相同，信号机点亮红灯。一些不法分子就用这种方法拦截列车。

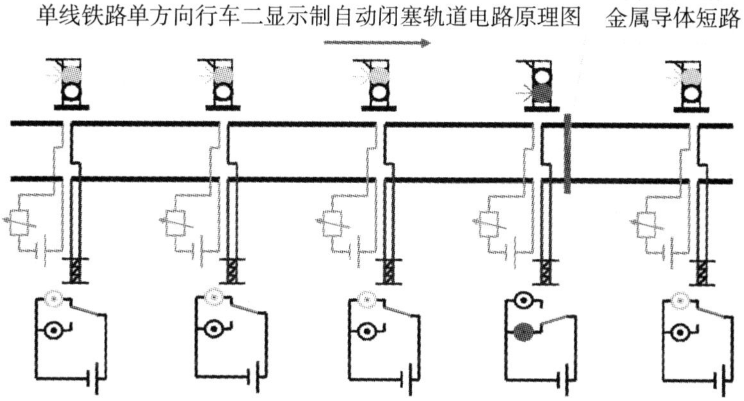

图 7－12　直流轨道电路——金属导体短路状态原理示意

由此可以看出，采用这种轨道电路，当轨道电路的任何一部分发生故障时，均能导致轨道继电器失磁落下，使信号机点亮红灯，从而保证安全。

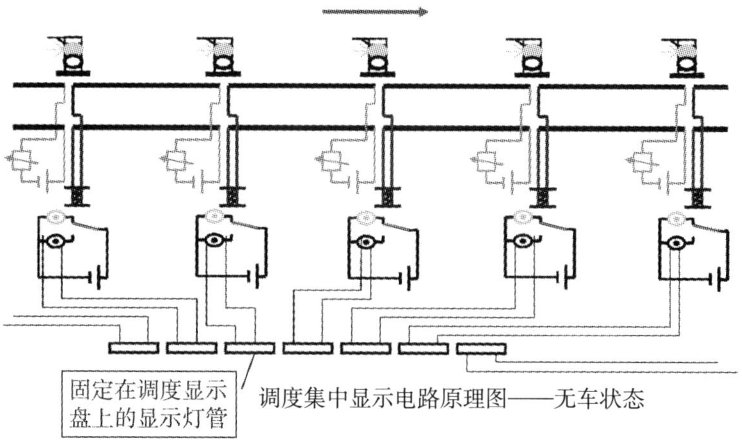

图 7－13　调度监视系统原理——无车状态

若在这种轨道电路中，将一个灯管与红色信号并联（或串联），并通过导线将灯管安装在调度或车站值班员室控制台的照明显示盘上，则可以通过灯管的亮和灭，来监视该段线路是否有车，或是否有故障等。

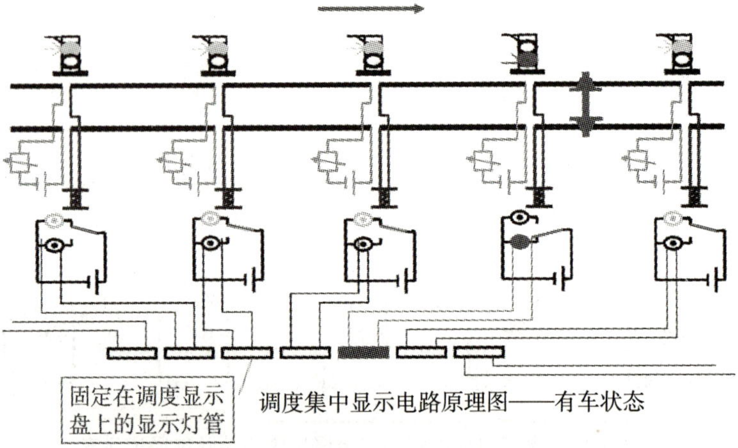

图 7－14　调度监视系统原理——有车状态

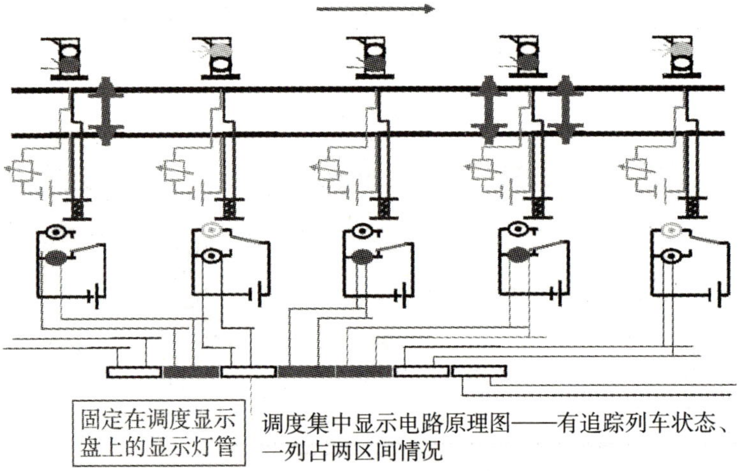

图 7－15　调度监视系统——有两列车追踪状态

(2)道岔轨道电路:在道岔区段的轨道电路,较直线段的轨道电路,看起来要复杂一些,但基本原理是相同的,如图 7－16 所示。

当道岔区段无车时,轨道继电器(GJ)有电励磁,以其前接点闭合道岔操纵机构电路,道岔可以转换;当直股或弯股有车时,轨道电路被短路,轨道继电器失磁,衔铁释放,切断了道岔操纵机构的电路,道岔也就不能转换位置了。

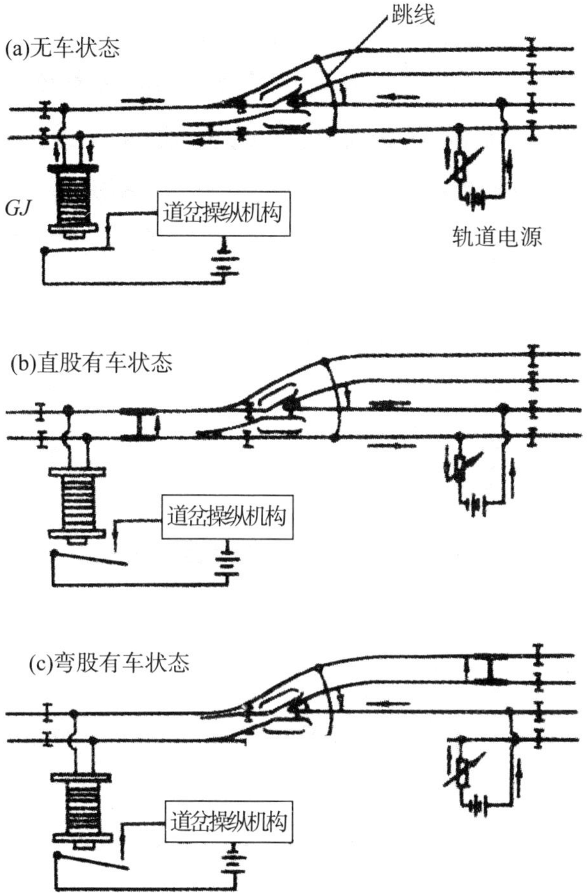

图 7-16　道岔区段的轨道电路示意

(3)无绝缘轨道电路:普通铁路线路和普通无缝线路中轨道电路的分界绝缘节,又称钢轨绝缘接头,是在钢轨接头处设置和填充绝缘橡胶等绝缘体来实现的。这种断开分界绝缘方法在几十公里甚至几百公里无接头的超长无缝线路上就行不通了。

在超长无缝线路上的轨道电路中,实现电路分界的办法主要有两种:一种是采用长寿命胶接绝缘接头,即在超长无缝线路中需要设置分界绝缘节的地方，先将钢轨断开，在断开接头处插入绝缘垫层以消除接头轨缝，再用夹板并使用高强度连接螺栓将两钢轨固定，最后再用胶粘剂将夹板与钢轨紧紧粘在一起；另一种方法就是采用无绝缘轨道电路，用电气分隔的办法，将铁路线路实现无绝缘分隔。

无绝缘轨道电路的关键技术，是用不需要将钢轨断开的电气分隔接头，代替需要将钢轨断开的普通钢轨绝缘接头。

无绝缘轨道电路要求相邻的轨道电路要采用不同的载频。电气分隔接头的主要作用，是对相邻轨道电路的频率进行电气隔离，其基本工作原理如图 7－17 所示：

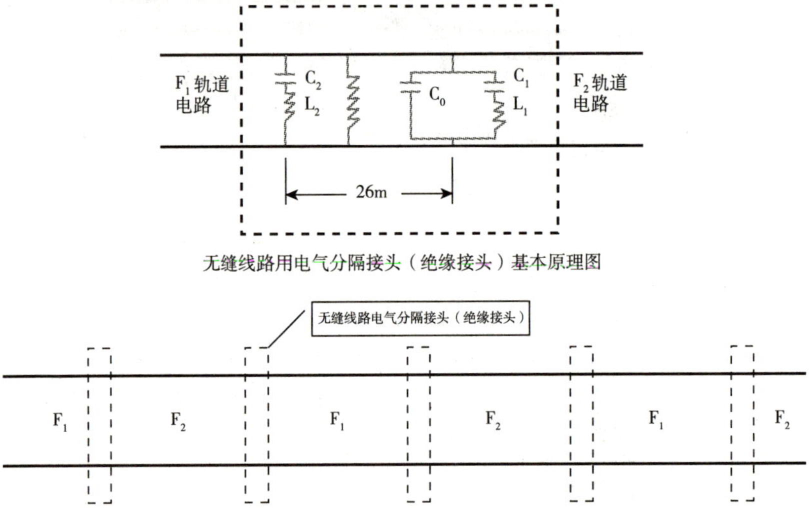

图 7－17　无缝线路有电气分隔接头原理图

图 7－17 中 L_2、C_2 为谐振频率为 F_2 的串联谐振回路，其相当于对 F_2 频率信号跨接一根短路线，因此 F_2 频率不能向左侧传输。L_1、C_1、C_0 是三元二端网络，对 F_2 而言呈容性阻抗，故 F_2 频率信号可以向右侧传输。

同理，由于 L_1、C_1 对 F_1 频率信号谐振，相当跨接一个短路线，终止了 F_2 频率信号向右传输，但 L_2、C_2 对 F_1 呈现容性阻抗，它与钢轨电感构成并联谐振，因而对 F_2 呈现高阻抗，故可以接收左侧输入的 F_1 信号，F_1信号再向左侧传输。

这样，电气分隔接头对相邻两轨道电路的信号传输，就起到了电气绝缘的作用。

4. 控制台：控制台设在车站值班员室内，它的正面装有照明盘，盘面上有全站股道平面图及各种进路按钮、道岔按钮和其他按钮等。需要办理进路时，按压控制台的模拟站场图上进路的始端按钮和终结按钮，就能将进路中有关道岔转换到规定的位置，且防护该进路的信号机也自动开放。

控制台上的主要表示器是光带和表示灯。它们的用途是正确反映室外监控对象的状态及线路运用情况、表示操作手续是否完成，并反映继电器电路的工作状态，若发生故障可及时发现故障发生地点。

（二）电气集中联锁的基本原理

电气集中联锁基本原理示意图（图 7－18）说明了利用继电器、轨道电路、电动转辙机（M），实现道岔（9 号）、进路和调车信号机（D_4）之间的电气联锁的基本原理。

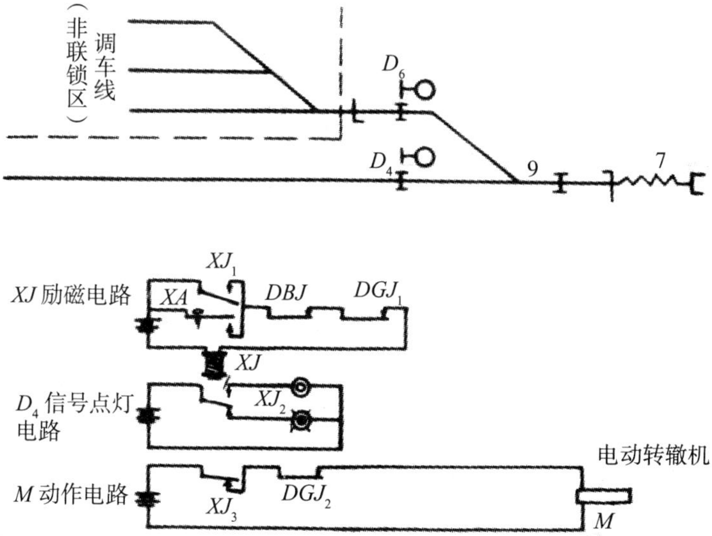

图 7－18　电气集中联锁基本原理示意图

在图7－18中,9号道岔以开通牵出线7道为定位,调车信号机D_4由信号继电器(XJ)控制,XJ_1、XJ_2、XJ_3分别为XJ的三组接点,连接在三个不同的电路中。平时,XJ中无电流通过,以它的第二组接点XJ_2断开月白灯电路,闭合蓝灯电路,D_4在关闭状态。车站值班员按压信号按钮(XA)时能否使D_4开放,取决于9号道岔的定位表示继电器(DBJ)和道岔区段轨道表示继电器(DGJ)的前接点是否闭合。当道岔在定位而且尖轨密贴时DBJ吸起,在道岔区段无车占用时DGJ亦为吸起状态,即只有当道岔的位置正确、道岔区段上无车这两个条件同时具备,按压信号按钮时信号继电器XJ才能吸起,调车信号机D_4才可以开放。

信号机D_4开放后,9号道岔的动作电路则因XJ励磁吸起而被切断(通过XJ_3),于是9号道岔被锁闭在定位,不能转动,从而保证了"当防护某一进路的信号机开放后,进路上的所有道岔不得扳动"的联锁原则。当调车车列进入这一道岔区段时DGJ失磁落下,切断了XJ的电路,因而调车信号机D_4自动关闭(一般情况下,是在调车车列全部进入调车信号机内方后,才自动关闭信号)。但是还应注意,这时9号道岔仍处于锁闭状态(因这时电动转辙机M的动作电路仍被DGJ_2所切断)。只有当调车车列全部驶离道岔区段轨道电路,DGJ恢复吸起状态后,9号道岔才能解除锁闭状态。

(三)电气集中办理手续

1. 办理进路:办理进路包括办理接发车进路和办理引导接车两个方面。

(1)办理接发车进路:当办理接发车进路或调车进路时,只需先按压进路的始端按钮后再按压终端按钮,就能将与进路有关的道岔转换到符合进路要求的位置,防护该进路的信号机也根据这种操作而自动开放。

(2)办理引导接车:当需要办理引导接车时,车站值班员在检查了有关道岔的实际位置后,可进行单独操纵,使它们转换到所要求的位置，然后切断电源，防止中途转换而造成事故，接着就可以开放引导信号，盘面上的复示器亮白灯。

2. 进路解锁：进路解锁一般包括正常解锁、取消进路、非常解锁（又称人工解锁）、进路故障解锁等。

（1）正常解锁：当列车或调车车列驶过进路中的道岔区段后，进路中的道岔和经由该道岔的敌对进路即可自动解锁的过程，叫正常解锁。

（2）取消解锁：在进路已经排好以后，若需要取消进路时，如果这时列车或调车车列还没有到达信号机的接近区段，只要拔出始端按钮，信号机即自动关闭，进路也随之解锁；如果这时列车或调车车列已经接近，拔出始端按钮后信号机即自动关闭，但进路还不能立即解锁，要达到规定的延续时间才能自动解锁，以防列车或调车车列来不及停车而发生事故。

在进路还没排好以前，比如当按下始端按钮后，需要取消时，只要按下取消进路按钮，就可以停止排列进路。

上面介绍的进路控制过程，反映了信号、道岔和进路的关系及动作顺序。车站联锁系统就是以技术手段实现进路控制过程的，而且当系统任何部分发生故障时，都不会使信号机错误开放和道岔错误解锁。

（四）电气集中联锁的主要优缺点

电气集中联锁的优缺点主要体现在以下几点：

1. 由于采用了轨道电路，严格实现进路控制过程的要求，具有较完善的安全功能，基本上能防止因违章或操作失误而造成危及行车安全的后果。

2. 采用色灯信号机和电动转辙机，操作人员仅需要在控制台上按压按钮就能办理或取消进路，而且采用了逐段解锁方式时，还可大大缩短进路的建立和解锁时间，提高了车站咽喉的通过能力。

3. 进路的排列和解锁都是自动进行的，从而改善了和行车有关人员的劳动条件。

4. 电气集中联锁的设备费用比较高,并要求车站上要有可靠的交流电源。

第三节 区间闭塞设备

一、概述

(一)相关的几个基本概念

1. 闭塞

保证列车在区间的运行安全,避免列车在区间发生冲突的方法,称为闭塞。

按照时间和空间划分,闭塞分为时间间隔法和空间间隔法(又称隔时续行法)。

(1)时间间隔法:当某一列车从车站出发并开出车站后,相隔一段时间再向这个方向发出另一列续行列车,使两列车之间保持一定的时间间隔,以此来保证行车安全的方法,叫时间间隔法。

时间间隔法不能保证列车运行的绝对安全,并且效率很低。

由于列车在行车过程中的情况复杂,前行列车的行车速度难以保证,甚至还可能出现停车,这就难以避免后续列车追上前行列车发生追尾事故。

因此,只有在空间间隔法闭塞设备无法使用的特殊情况下,才使用时间间隔法。

(2)空间间隔法:以车站、线路所、自动闭塞区间的通过信号机为分界点,将铁路线路划分成一个一个的区间,保证同一时间在同一区间内只有一列车的闭塞方法叫空间间隔法。

空间间隔法是在空间上将列车分隔的方法。遵循这一方法,可以绝对避免列车的冲突和保证列车的运行安全。因此,铁路在正常情况下采用的闭塞方法,都是空间间隔法。下面所述的闭塞,均是空间间隔法原则下的闭塞方法。

2. 区间

车站、线路所、自动闭塞区间的通过信号机将铁路线划分成一个一个的段落，这些段落统称为区间。2014 年版《技规》规定：

第 308 条　列车运行是以车站、线路所所划分的区间及自动闭塞区间的通过信号机所划分的闭塞分区作间隔。

区间及闭塞分区的界限，按下列规定划分：

1. 站间区间

(1)在单线上，车站与车站间以进站信号机柱的中心线为车站与区间的分界线；

(2)在双线或多线上，车站与车站间分别以各该线的进站信号机柱或站界标的中心线为车站与区间的分界线。

2. 所间区间

两线路所间或线路所与车站间，以该线上的通过信号机柱的中心线为所间区间的分界线。设有进站信号机的线路所，所间区间的分界方法与站间区间相同。

3. 闭塞分区

自动闭塞区间同方向相邻的两架色灯信号机间，以该线上的通过信号机柱的中心线为闭塞分区的分界线。

4. 闭塞设备

用于办理行车闭塞的设备叫闭塞设备。

5. 行车闭塞手续

为了避免列车在区间行车时发生冲突，铁路上规定区间两端车站值班员在向区间发车前必须办理的行车联络手续，叫做行车闭塞手续。办理行车闭塞手续的过程，叫办理闭塞。

(二)基本闭塞方法

2014 版《技规》规定：

第 309 条　各站均须装设基本闭塞设备。行车基本闭塞法采用下列三种：

1. 自动闭塞；

2. 自动站间闭塞；

3. 半自动闭塞。

电话闭塞法是当基本闭塞设备不能使用时所采用的代用闭塞法。

原则上不使用隔时续行办法，如必须使用时，由铁路局规定。

第 310 条 当基本闭塞设备不能使用时，应根据列车调度员的命令采用电话闭塞法行车。遇列车调度电话不通时，闭塞法的变更或恢复，应由该区间两端站的车站值班员确认区间空闲后，直接以电话记录办理。列车调度电话恢复正常时，两端站车站值班员应及时向列车调度员报告。

第 311 条 遇下列情况，应停止使用基本闭塞法，改用电话闭塞法行车：

1. 基本闭塞设备发生故障（包括自动闭塞区间内两架及以上通过信号机故障或灯光熄灭）时；

2. 发出挂有由区间返回后部补机的列车时，或自动闭塞区间发出由区间返回的列车时；

3. 无双向闭塞设备的双线区间反方向发车或改按单线行车时；

4. 半自动闭塞区间，发出须由区间返回的列车，由未设出站信号机的线路上发车，或超长列车头部越过出站信号机并压上出站方面轨道电路发车时；

5. 在夜间或遇降雾、暴风雨雪，为消除线路故障或执行特殊任务，开行轻型车辆时。

第 312 条 设有双向闭塞设备的自动闭塞区间，遇轨道电路发生故障等情况，需使用总辅助按钮改变闭塞方向时，车站值班员必须确认区间空闲后，根据列车调度员命令，使用总辅助按钮改变闭塞方向，并在《行车设备检查登记簿》内登记。

在半自动闭塞区间，遇接车站轨道电路发生故障，闭塞设备停电后恢复供电，列车因故退回原发车站等情况时，车站值班员确认列车整列到达后，根据列车调度员命令，使用故障按钮，办理人工复原，并在《行车设备检查登记簿》内登记。

第 248 条　线路所和区间内设有辅助所的行车闭塞办法，由铁路局规定。

1. 自动闭塞

以出站信号机或通过信号机的开放显示作为列车占用闭塞分区的行车凭证，列车凭信号机的显示行车，其防护闭塞分区的信号显示变化受列车的通过运行自动控制，由运行列车自动完成闭塞的闭塞设备，称为自动闭塞。

随着列车速度的提高，密度的加大，其闭塞方法则采用列车运行间隔自动调整。这种制式不需要将区间划分成固定的若干闭塞分区，而是通过地面处理机提供的与前面列车的间隔距离等信息，控制列车速度，达到自动调整运行间隔，使之保持一定的距离。这种方式可以提高区间内的行车密度，大幅度提高区间通过能力，是今后发展的方向。

2. 自动站间闭塞

以出站信号机的开放显示作为列车占用站间区间的行车凭证，列车凭信号机的显示行车，其出站信号机的显示变化受列车占用站间区间的情况自动控制，由运行列车自动完成站间闭塞的闭塞设备，称为自动站间闭塞。

3. 半自动闭塞

半自动闭塞需人工办理闭塞手续，列车凭出站信号机的进行显示发车，但列车出发后，出站信号机能自动关闭，所以叫半自动闭塞。

二、半自动闭塞

半自动闭塞，是通过安装在区间两端车站行车室内的半自动闭塞机，在两站相对出站信号机之间，实现相互控制的一种闭塞设备。

半自动闭塞以出站信号机的开放(线路所为通过信号机的进行显示)作为列车占用区间的凭证,出站信号机不仅要和发生进路上的道岔互相联锁,而且要受本站闭塞机的控制。只有在发车进路正确,区间空闲,经过区间两端值班员双方办理规定的闭塞手续后,出站信号机才能开放。列车进入区间后,出站信号机就自动关闭,在列车到达对方车站以前(即区间有车占用),两站相对出站信号机都不能开放,从而保证了一个区间里的一条线路上同一时间内只能运行一个列车。

这种设备的行车闭塞作用,一部分是由人工操纵(办理闭塞及开放出站信号机),另一部分是靠运行列车自动完成的(出站信号机在列车进入闭塞轨道电路时自动关闭),因而叫半自动闭塞。

(一)半自动闭塞设备

1. 闭塞机

采用半自动闭塞的区间两端车站上各设一台闭塞机,一段轨道电路和出站信号机,它们之间用通信线路相连接,用来控制出站信号机并实现相邻车站之间办理闭塞。

闭塞机包括电源、继电器、操纵按钮、表示灯和电铃等。其中:

(1)JBD——接车表示灯;

(2)FBD——发车表示灯;

(3)BSA——闭塞按钮;

(4)JSQ——计数器;

(5)SGA——事故按钮。

2. 出站信号机

出站信号机是指示列车能否由车站开往区间的信号机,它受到闭塞机和车站联锁设备的双重控制。

3. 轨道电路

轨道电路应设在车站进站信号机内方适当地点,用以监督列车的出发和到达,并使双方闭塞机的接发车表示灯有相应的表示。专用轨

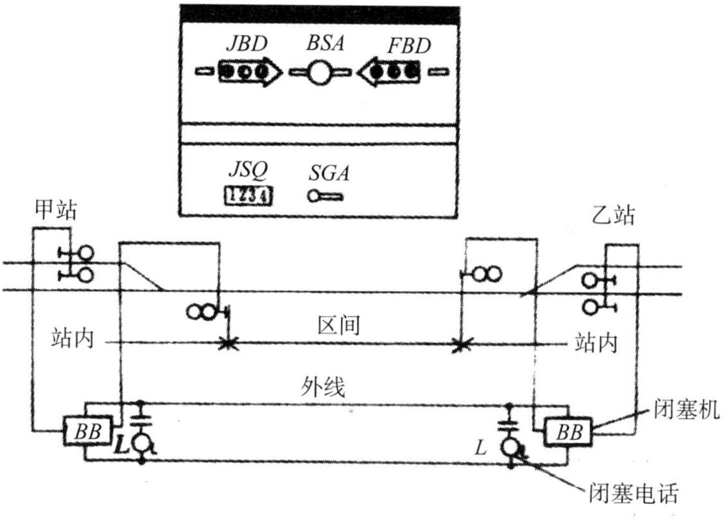

图 7－19　半自动闭塞设备构成框

道电路的长度一般不少于 25m。

(二)办理半自动闭塞的基本工作程序

下面就以图 7－19 为例,来说明在甲、乙区间空闲的前提下,办理由甲站向乙站发车的半自动闭塞的基本工作程序。

1. 甲站值班员用接在通信线路中的专线电话 L,向乙站联系请求发车,乙站值班员接受请求后,甲站值班员可按下闭塞按钮,此时,甲站发车表示灯亮黄灯,乙站的接车表示灯也亮黄灯。

2. 乙站值班员按压闭塞按钮,此时乙站接车表示灯由黄灯变为绿灯,甲站发车表示灯也由黄灯变为绿灯。

3. 甲站即可办理发车进路,开放出站信号机,列车从甲站出发。

4. 当列车驶入轨道电路区段后,甲站发车表示灯由绿灯变为红灯,出站信号机自动关闭。乙站接车表示灯也由绿灯变为红灯。此时,甲站出站信号机不能再次开放,当然甲站就不能再向乙站发车了。由于此时区间处于闭塞,乙站也不能向甲站发车。如此,就保证了该区间只准许有一列列车运行。

5. 乙站为接车站,接到甲站已发车电话后,可将接车进路办妥并开放进站信号机。

6. 当列车接近乙站驶入轨道电路区段时,乙站发车表示灯与接车表示灯均亮红灯,表示列车到达。

7. 乙站值班员确认列车完整到达停妥后,将接车手柄恢复定位(进站信号机恢复定位),拔出闭塞按钮,表示灯即熄灭,乙站闭塞设备复原。同时,甲站铃响,闭塞设备复原。至此,甲、乙两站就可以重新办理发车了。

(三)半自动闭塞的主要优缺点

采用半自动闭塞时,由于出站信号机受到对方站闭塞机的控制,因而在保证行车安全方面有一定的优越性。但当铁路的运量不断增大,要求进一步提高区间通过能力时,半自动闭塞也有它自己的局限性。另外,当区间线路发生故障,钢轨折断时,半自动闭塞设备也不能做出反映,并无法实现故障导向安全。因此,在有条件的情况下,应采用自动闭塞来代替半自动闭塞。

三、自动闭塞

自动闭塞是由运行中的列车自动完成闭塞任务的一种设备。采用自动闭塞设备时,要将两个相邻车站之间的区间正线划分成若干个小段落,每个小段落(其长度一般为 1200 ~ 1300m)叫做一个闭塞分区,在每个分区的起点,设置一架通过色灯信号机,对这个分区进行防护。由于闭塞分区内钢轨上装设有轨道电路,因而能够自动正确地反映列车的运行情况和钢轨是否完整,并自动及时地传递给通过色灯信号机,以向接近它的列车指示运行条件,从而为行车提供了安全保证。正是因为这种闭塞的通过色灯信号机的显示,是随着列车的运行通过列车自动控制的,其实现和完成闭塞的过程不需要人式操纵,所以人们把它称为自动闭塞。

(一)自动闭塞的分类

1. 按通过色灯信号机的显示分类:自动闭塞按通过色灯信号机的

显示划分,有三显示制自动闭塞和四显示制自动闭塞。

(1)三显示制自动闭塞:目前,我国铁路上广泛采用的是三显示制自动闭塞,它有三种灯光显示,即红灯、黄灯和绿灯。

红灯显示说明其防护的闭塞分区被占用,也可能是该分区设备或线路发生故障,列车应在该信号机前停车;黄灯显示则说明它防护的闭塞分区空闲,其防护闭塞分区的下一个闭塞分区被占用,或设备及线路发生故障,并要求列车注意运行;绿灯显示则表示其运行前方,至少有两个闭塞分区空闲,列车可以按规定速度运行。

(2)四显示制自动闭塞:四显示制自动闭塞是在三显示制自动闭塞基础上增加一种黄绿显示,它有四种灯光显示,即红灯、黄灯、黄绿灯和绿灯。

红灯显示说明其防护的闭塞分区被占用,也可能是该分区设备或线路发生故障,列车应在该信号机前停车;黄灯显示则说明它防护的闭塞分区空闲,其防护闭塞分区的下一个闭塞分区被占用,或设备及线路发生故障,并要求列车减速,按规定限速要求越过该信号机;黄绿灯显示则说明其运行前方有两个闭塞分区空闲,要求列车注意准备减速;绿灯显示则说明其前方有至少三个以上的闭塞分区空闲,准许列车按规定速度运行。

随着我国铁路的高速化、重载化的发展,四显示制自动闭塞的发展势在必行。目前,我国已有多条铁路的提速地段已经采用了四显示制自动闭塞。

2. 按传递信息的特征分类:根据轨道电路传递信息的特征不同,自动闭塞主要分为交流计数电码自动闭塞、极频自动闭塞和移频自动闭塞。

(1)交流计数电码自动闭塞:这种闭塞在轨道电路中传输的是交流脉冲电流,它用一个周期内交流脉冲的个数不同和时间长短不同,来传输不同的信息。

(2)极频自动闭塞:这种闭塞在轨道电路中,通以一定极性固定频率的脉冲信号,根据脉冲信号的性质,来控制通过信号机的显示。

(3)移频自动闭塞:这种闭塞是以轨道作为通道,利用移频信号传递低频控制信息,来实现自动控制通过信号机的显示,以指示列车运行。

以上三种自动闭塞在轨道电路中传输的都是具有信息的电流,而非普通电流。因而,不管是哪种自动闭塞,在轨道电路的始端都要安装信息发送装置,在轨道电路的终端都要安装信息接收装置。

随着铁路技术的发展,轨道电路能够传输的信息越来越多,当然技术也越来越复杂,对提高铁路通过能力和保证列车运行安全也越来越有利。

我国目前采用较多的是移频自动闭塞,此种闭塞方式发展也较快,现在已在多条线路上实现了能够传递多达 18 种及以上信息的移频自动闭塞。例如,我国铁路在京九线上,就采用了带超速防护系统的多信息四显示制自动闭塞。

(二)自动闭塞的基本原理

下面用双线单方向三显示制自动闭塞的基本原理图,来说明自动闭塞的基本原理。

如图 7-20 所示,每一闭塞分区构成一个独立的轨道电路,当分区内无列车占用时,轨道继电器有电吸起。当列车在闭塞分区 1G 内运行时,由于轨道继电器 1GJ 被列车的轮对分路,它的前接点断开,从而使 1 号通过信号机亮红灯,表示该分区有列车占用,续行列车应在该信号机前停车。

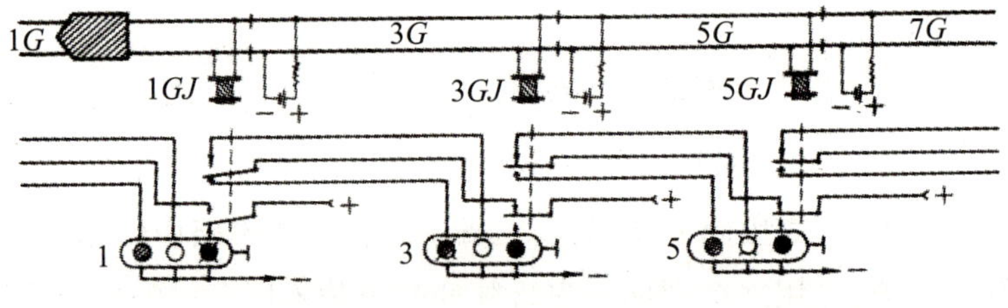

图 7-20　双线单方向三显示制自动闭塞工作原理示意图

这时在它前方的 3 号通过信号机因闭塞分区 3G 空闲,轨道继电器 3GJ 有电吸起,前接点闭合而接通 3 号信号机的黄灯电路,使 3 号信号机亮黄灯，表示它所防护的闭塞分区空闲，要求续行列车注意运行，前方只有一个闭塞分区空闲。

5号通过信号机由于轨道继电器5GJ、3GJ都在吸起状态，通过5GJ和3GJ的前接点闭合绿灯电路而点亮绿灯，准许续行列车按规定速度运行，表明前方有两个闭塞分区空闲，指示列车可按规定速度运行。其余依次类推。

双线铁路单方向行车三显示制自动闭塞轨道电路原理图——无车情况

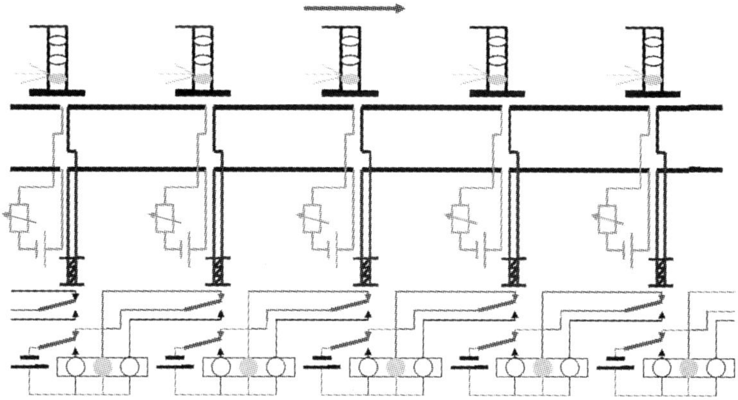

双线铁路单方向行车三显示制自动闭塞轨道电路原理图——有车情况

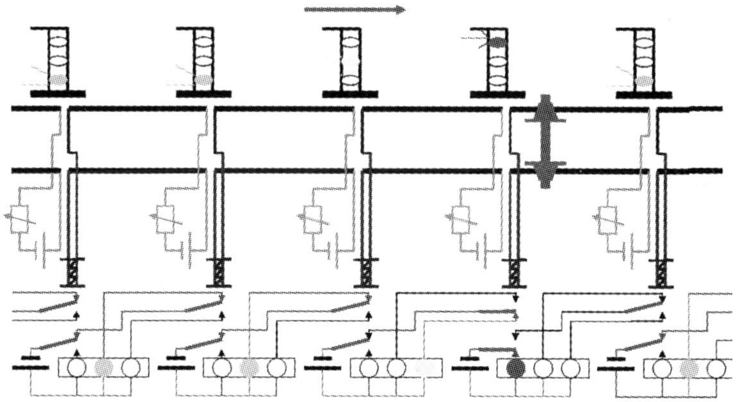

双线铁路单方向行车三显示制自动闭塞轨道电路原理图——有追踪列车情况

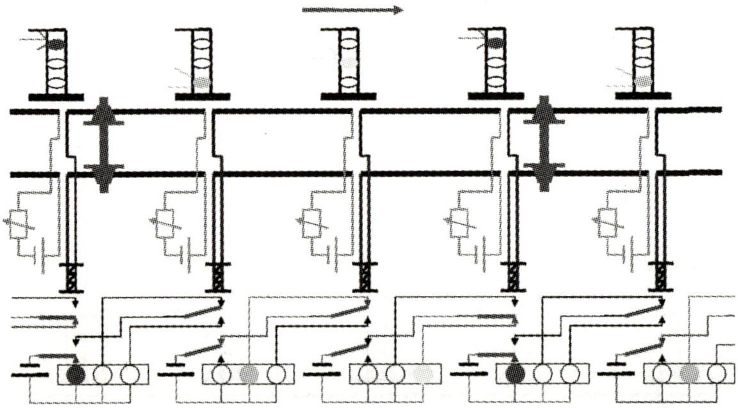

（三）自动闭塞的主要优缺点

在自动闭塞区段中，相邻两个车站之间的正线被划分成许多闭塞分区，可以同时有两个以上的同向列车占用，比其他闭塞制度提高了区间通过能力。同时，由于轨道上全部装设了轨道电路，当区间有列车占用或钢轨折断时，都可以自动地使信号机显示停车信号，能够更好地保证列车在区间内运行的安全。

另外，自动闭塞设备虽然比较先进，但比其他闭塞设备的初期投资大得多，因此，应根据具体情况选用。在我国铁路上，复线区段多采用自动闭塞，单线区段多采用半自动闭塞。

四、道口防护

铁路与公路平面交叉的地点称为道口。设置专人看守的道口称为有人看守道口，不设人看守的道口称为无人看守道口。为保证铁路行车和公路交通安全，在道口处应安装道口安全防护设备。

道口安全防护设备主要包括以下三种：

1. 道口自动通知：该种设备用于有人看守道口，当列车接近道口时，自动发出报警通知，由道口看守员关闭手动栏木，并自动地发出音响报警信号。

2. 道口自动信号：该种设备用于无人看守道口，当列车接近道口时，自动地控制设在公路上的道口自动信号机和室外音响设备，自动地使栏木关闭；在列车全部通过道口前，道口信号应始终保持停止通行状态，自动栏木应始终保持关闭；列车通过道口后，自动地使设备恢复原状，开放道口。

3. 道口自动通知 + 道口自动信号：该种设备用于有人看守道口，由于其设备完善，多用于铁路运输和公路运输都比较繁忙的道口。

道口关闭、禁止通行信号采用两个红色灯光交替闪烁方式，并伴有模拟钟声的音响警示信号。道口开放、允许通行信号用一个月白灯光来表示。道口信号机灭灯时，表示设备故障，自动信号停用。

第四节　行车调度及列车运行控制系统

一、概述

（一）行车调度控制系统

行车调度控制系统，是行车调度员（或车站值班员）用来对其管辖范围内区段和车站联锁道岔及信号状态进行控制监督，并指挥列车运行的设备。它总体包括调度集中和调度监督两个方面。

1. 调度集中：调度集中系统，是将调度区段内各中间站（或大站上的部分区域）的电气集中（或微机联锁）及区间的自动闭塞结合起来，建立起来的一个由列车调度员直接操纵的信号遥信与遥控的综合系统。

该系统不仅具有调度监督的功能，而且可以通过遥控技术对管内各车站的列车进路进行控制，使调度员能机动灵活地调整列车的运行，缩短中间站办理列车到达、出发及通过作业时间，提高区段的通过能力；还可以防止命令传达上的错误，进一步提高行车的安全性；有利于改善劳动条件和提高劳动生产率。

2. 调度监督：调度监督系统，是远动系统中属于分散目标的遥信系统。它是铁路行车调度工作中的一种辅助设备，在自动闭塞区段安装使用。

这种设备在调度室内只设反映区间和车站线路情况的表示盘，调度员利用它可以及时了解区段内列车运行和车站到发线使用情况，为调度工作提供方便，但它只监督现场设备的状况而不能进行直接控制。

（二）列车运行控制系统

列车运行控制系统，是一种利用地面发送设备向运行中的列车传送各种信息，用以保证行车安全，并可提高行车效率的设备。它主要包括列车自动停车装置、机车报警、机车信号、列车速度自动控制等系统。

二、调度集中系统

调度集中系统要求其调度区段内的每一个车站均采用进路式电气集中；区间一般应采用自动闭塞或半自动闭塞。

调度集中系统的结构组成框图如图7－21所示：

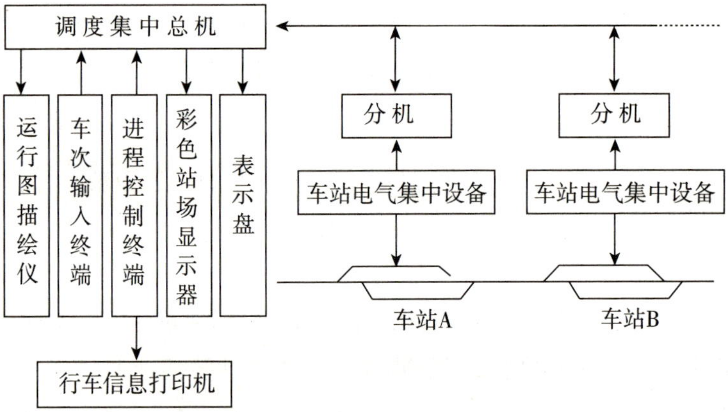

图7－21　调度集中结构组成框图

在调度中心机房，设有供列车调度员发送各种控制命令的进路控制终端或控制台，供调度员监督各站电气集中及闭塞设备的表示盘或微机显示屏，用以控制命令的发送及表示信息接收的调度集中总机等设备。在各电气集中车站设有接收控制命令和发送表示信息的调度集中分机。总机和分机之间由电缆连接。

如果需要在区段内的中间站上进行调车作业时，调度员可将该站的控制权下放，改由车站控制，由该站值班员自行操纵本站的电气集中设备。调车作业完毕，车站应及时交回现场操纵权。

调度集中控制的实质，是把车站值班人员办理列车进路的操作交由调度员集中实现，也就是由调度总机输出控制命令，车站分机收到控制命令后，再控制车站电气集中或微机联锁系统实现对进路的控制。

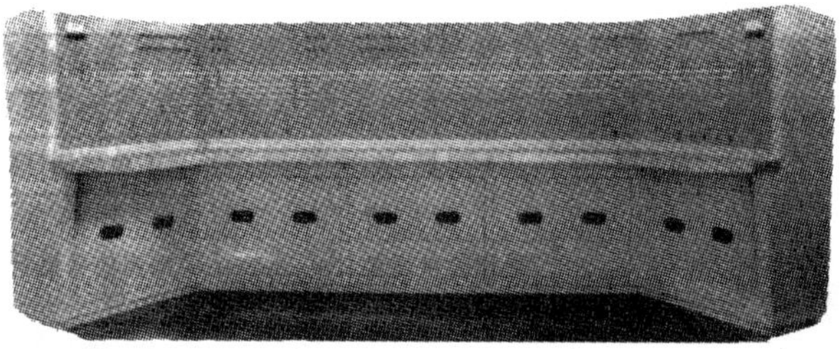

图 7－22　调度集中控制台示意

调度集中应具有以下主要功能：

1. 控制功能：调度人员或预先存储有运行命令的计算机，可以控制系统管理范围内各车站的信号机、道岔以及排列进路、取消进路等。

2. 表示功能：利用发光二极管组成的表示盘或彩色站场显示器，直观地显示出各种信号机开放、关闭、进路排列，股道、道岔区段、闭塞分区的占用以及列车运行方向的情况等。

3. 车次追踪：通过操纵车次终端键盘输入列车车次，将预先排好的车次输入系统内存储，列车车次便可以根据列车运行的实际位置，跟踪显示在表示盘和彩色站场显示器屏幕的相应位置上。

三、列车运行控制系统

列车运行控制系统主要包括机车信号、自动停车装置、列车速度监督和控制三大部分。

(一)机车信号

机车信号固定安装在机车司机室内,其系统构成框图如图 7 - 23 所示。

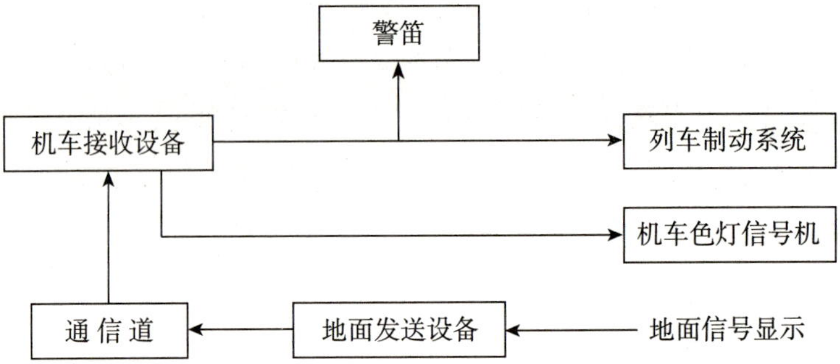

图 7 - 23　机车信号系统构成框图

按照从地面向机车传递信息方式的不同,机车信号分为点式、接近连续式和连续式三种类型。

(二)自动停车装置

列车自动停车装置的主要部件有信息接收设备、电空阀、动力切除装置、音响报警设备、警惕手柄和控制电路等。

自动停车装置的关键部件是由电磁控制的紧急制动放风阀,其被统称电空阀。电空阀的输入端接收来自机车信号设备停车信息的电信号;输出端控制列车风管的放风阀门。

列车自动停车装置一般与机车信号结合使用。当电空阀收到机车信号传来的停车信息的电信号后,音响报警设备即发出音响警报;司机听到音响警报后,如果在规定时间内(一般为 7 秒)不按压警惕手柄,电空阀就会自动打开放风阀,使列车制动主管迅速排风减压,施行强迫紧急停车。

列车自动停车装置也可单独安装使用。此时，当机车在预告信号机至进站信号机，或在进站信号机至出站信号机之间时，音响报警设备即会发出音响警报；司机听到音响警报后，如果在规定时间内（一般为7秒）不按压警惕手柄，电空阀就会自动打开放风阀，使列车制动主管迅速排风减压，施行强迫紧急停车。

（三）列车速度控制系统

列车速度控制系统主要包括列车超速防护系统、列车自动减速系统和列车自动运行系统。

1. 列车超速防护系统：该系统一般是人机共用、人控为主。也就是司机在驾驶过程中起主导作用，在列车正常运行时，系统不干预司机的操作，但对列车的运行速度进行分级的或连续的监督，一旦列车实际速度超过允许值时，则以音响提醒司机注意，若在规定时间内司机未采取制动操作，系统以常用制动或紧急制动方式强制列车减速，使列车不再超速，或者使列车停在显示红灯的信号机或停车标之前。

2. 列车自动减速系统：该系统一般是人机共用、机控为主。当列车实际运行速度超过限制速度时，设备自动实施常用制动，使列车运行速度自动降低；当列车运行速度降低到低于限制速度一定值后，制动机自动缓解，列车继续运行。

3. 列车自动运行系统：当列车不能按列车运行图正点到达时，在自动减速系统允许速度的前提下，对列车运行速度进行自动加速或减速调整，使列车在保证安全的前提下，按最佳运行状态行驶。该系统在列车运行过程中，是以设备为主的控制系统。

四、行车指挥自动化

行车指挥自动化是用计算机控制调度集中设备，并代替调度员完成列车运行指挥工作，实现调度工作自动化的调度指挥系统。其主要内容包括：

1. 自动排列列车进路；

2. 运行信息的自动收集与表示；

3. 列车车次的自动追踪与显示；

4. 自动描绘列车实迹运行图并进行自动统计和对比；

5. 自动监视和调整列车运行；

6. 自动进行信息传递和通信管理；

7. 列车运行模拟；

8. 自动编制计划运行图并进行运行预测。

行车指挥自动化，由电子计算机根据列车运行的实际信息和列车运行图的要求，按照预先编制的程序，完成行车调整方案的编制工作，经调度员确认或修改后给计算机下达执行命令。接发车进路的办理，根据行车调整方案和对列车的追踪，利用电子计算机通过调度集中来实现，在发出控制进路的命令时，计算机均应执行进路检查的任务，以保证行车安全。

实行行车指挥自动化是铁路行车指挥发展的方向。

第五节　铁路紧急防护

对铁路线路进行经常武装巡逻，是铁路公安车站派出所的一项日常工作任务。伴随铁路提速、线路等级提高、高速免维修线路的铺设等，在夜间以铁路公安部门对线路进行武装巡逻取代工务部门对线路进行工务巡道的模式，已在许多铁路局得到具体实践和推广，无疑增加了铁路公安部门对保障铁路安全所担负的责任，对铁路民警也提出了更高的掌握铁路安全生产技术的要求。

在武装巡逻中若发现危及列车运行安全的障碍，应当采取何种紧急措施，才能对铁路线路进行有效的紧急防护，才能有效地防止和避免列车事故的发生，以保障列车安全，应是铁路民警必须掌握的一项重要的铁路安全技能。铁路公安工作的现状和发展，需要铁路民警掌握铁路紧急防护技术。

一、铁路线路防护基本理念

(一)铁路线路故障及其分类

1. 线路故障

线路故障是指禁止列车进入和经过,或要求列车按规定减速后才能进入通过的所有故障的总称。可能产生或已经产生线路故障的地段称故障地点。如不能及时对故障地点进行有效防护,线路故障均会危及列车运行安全,直至造成列车脱轨、颠覆、相撞等灾难性事故。

2. 故障分类

线路故障可简称故障,按对列车运行安全影响程度分为禁行故障和减速故障,按发生时间顺序分为先发性故障和后发性故障。

(1)禁行故障

禁行故障是指危及列车运行安全,不允许列车进入和经过的故障。对禁行故障地点进行的防护称禁行防护。

(2)减速故障

减速故障是指影响列车运行安全,但按规定减速后允许列车进入和通过的故障。对减速故障地点进行的防护称减速防护。

(3)先发性故障

先发性故障是指在进行和完成防护之前已经产生的故障。对先发性故障地点均应采取紧急防护。

(4)后发性故障

后发性故障是指在进行和完成防护之后才会产生的故障。对后发性故障地点均应按规范规定进行施工防护。

(二)铁路线路防护及分类

1. 铁路线路防护

(1)概念

铁路线路防护是指禁止列车进入,或要求列车按规定减速进入施工及故障地点线路，所采取的所有安全保护措施的总称。

(2)工作目标及目的

防止列车进入或要求列车按规定减速进入、经过故障地点是铁路线路防护的工作目标。防止列车发生事故、保证列车和人身安全是铁路线路防护的工作目的。

掌握铁路线路防护规范规定，明确其工作目标和工作目的，对于成功防护十分重要。

(3)基本分类

铁路线路防护从不同角度有诸多分类。按施工与否分为施工防护与紧急防护；按行为主动性分为主动防护和被动防护；按实施规范性分为常规防护和非常规防护；按时间顺序分为预先防护和事后防护(又称应急防护)；按限制程度分为禁行防护和减速防护等。

(4)主要依据

铁路线路防护的主要依据是《铁路技术管理规程》《铁路工务安全规则》(以下简称《安规》)等相关铁路规范。《技规》规定：

第407条 铁路职工或其他人员发现设备故障危及行车和人身安全时，应立即向开来列车发出停车信号，并迅速通知就近车站、工务、供电或电务人员。

2. 防护人员

防护人员是指可以或能够对铁路线路实施防护的人员的总称。按性质可分为专业防护人员和非专业防护人员。

(1)专业防护人员：是指由铁路部门指定、经过专门培训、通过专门考核达到合格、按照规定配备有专用防护备品的人员。

(2)非专业防护人员：是指未经铁路部门专门指定，未受过专门培训，未通过专门考核，不需要按规定配备和携带专门防护备品的其他铁路职工和人员。

（三）施工防护及特点

1. 施工防护及分类

（1）概念

施工防护是指因施工需要，在施工开工以前，根据因施工可能对列车产生的危害和影响，预先由专业防护人员按规范规定实施的，禁止列车进入和经过后发性禁行故障地点，或要求列车按规定减速后才能进入和通过后发性减速故障地点，所采取的所有安全保护措施。

（2）分类

按照将要产生的故障性质，施工防护分为施工禁行防护和施工减速防护。这两种防护的失败均会危及列车运行安全，直至造成列车的脱轨、颠覆、相撞等灾难性事故。

2. 施工防护特点

施工防护相对紧急防护，主要具有常规性、主动性、保障性、安全性等特点。

（1）常规性

施工防护措施具有完整严密的规范依据，属于常规防护。

（2）主动性

施工防护具有行为上的绝对主动性，属于预先防护。它必须预先实施完成在故障地点产生之前，也就是必须预先实施完成在施工开工之前。

（3）保障性

施工防护具有人员和物质上的保障，它必须由指定的专业防护人员采用专用防护备品实施和完成。

（4）安全性

施工防护具有绝对安全性，事前必须依据规范规定进行精密设计、精心组织，不得采用其他方式和非专业防护人员，在施工开始之前必须实施完成，不按规定防护好，不能开始施工，防护时间充分，措施严密，只要按章办事，就能够保证绝对安全。

（四）紧急防护及特点

1. 紧急防护

（1）概念

铁路线路故障紧急防护，简称紧急防护，是特指在危害和影响列车运行安全的故障发生后，为禁止列车进入和经过先发性禁行故障地点，或要求列车在按规定减速后才能进入和通过先发性减速故障地点，所采取的所有紧急安全保护措施。

（2）分类

按照已产生故障性质，紧急防护分为紧急禁行防护和紧急减速防护。这两种防护的失败均会危及列车运行安全，直至造成列车脱轨、颠覆、相撞等灾难事故。

2. 紧急防护特点

相对施工防护，紧急防护具有强制避险性、附带危害性、极端被动性、失败风险性、实施非限制性等特点。

（1）紧急防护具有强制避险性

紧急防护具有强制避险性，只有在发现故障后，又确认无法在来车前能否立即排除故障时，才能实施紧急防护，而且必须实施，否则就会造成灾难。

（2）紧急防护可能造成附带危害

紧急防护可能造成附带危害。当遇到紧急防护时，运行开来的列车司机应尽一切努力控制列车，达到防护要求，直到实施列车极限制动，即列车的紧急制动，来阻止和避免列车进入或经过故障地点。

列车在实施紧急制动时，在铁路线路状况良好、列车制动系统正常的情况下，不会导致脱轨、颠覆等直接灾害；但由于制动急剧，列车紧急制动会因列车内货物、人员惯性擀动，造成人员伤亡、货物毁损等附带危害。

正确判断是否已发生和存在故障，至关重要。存在故障、需要紧急防护时，不得不防，否则会造成灾害；不存在故障、不需要紧急防护时,又不能误防、错防、滥防,否则会影响列车正常运行秩序、造成不必要的附带危害。

(3)紧急防护具有极端的被动性

紧急防护具有极端的被动性和应急性。紧急防护发生在故障地点产生之后,具有行为上的被动性,时间上的紧迫性,防护环境条件的局限性,属于事后应急性防护。

(4)紧急防护具有可能失败的风险性

紧急防护具有可能失败的风险性。紧急防护可能受到各方面的限制,具体采取的措施也因当时情况千变万化、难以照搬硬套,客观上存在失败风险。当需要防护时,若能抓住时机、防护措施得当,就可避灾避难。否则,就是车毁人亡。

(5)紧急防护在实施上具有非限制性

紧急防护在实施上具有的非限制性,主要表现在人员不限、方法不限两个方面。

①人员不限

按照规范规定,施工防护必须由专业防护人员实施,紧急防护则不受任何人员限制,所有人员在必要时均可以实施紧急防护。

专业防护人员实施紧急防护的办法在《技规》《安规》等铁路规范中做了规定。考虑误防、错防、滥防可能带来的危害,各类铁路规范对非专业防护人员实施紧急防护的具体办法均未做具体规定。

②方法不限

由于紧急防护情况复杂,《技规》《安规》等规范均只对紧急防护做了原则性规定,对可采取的具体措施均未做明确限制。当需要紧急防护时,只要能最大限度地减少或降低危害和损失,只要能达到紧急防护的工作目的,无论采用何种规范以外的其他措施和方式,都是允许、可行和正确的,也就是所谓的"法无定式"。

二、常用紧急防护信号及工具

紧急防护信号实际上均是要求停车或减速的信号,应设在线路中间或列车运行方向线路的左侧。常用紧急防护信号和工具主要有以下方式。

(一)常用视觉紧急防护信号

1. 停车手信号

(1)徒手信号,要求停车。发出方式为昼间无红色信号旗时,两臂高举头上向两侧急剧摇动;

(2)红色信号旗,要求停车。发出方式为昼间展开红色信号旗;

(3)红色灯光,要求停车。发出方式为夜间用红色灯光;

(4)白色灯光,要求停车。发出方式为夜间无红色灯光时,用白色灯光上下急剧摇动;

(5)红色布状物(规范未做具体规定,但实际可以采用),要求停车。红色信号旗的代用品,用法同红色信号旗;

(6)火炬或火光,要求紧急停车。专业防护人员配备的火炬是专用信号工具备品,昼夜均可使用,点燃后具有防雨防风能力,司机发现火炬火光后应立即紧急停车。

2. 减速手信号

(1)黄色信号旗,要求减速,发出方式为昼间展开黄色信号旗;

(2)黄色灯光,要求减速,发出方式为夜间用黄色灯光;

(3)绿色信号旗,要求减速,发出方式为昼间无黄色信号旗时,用绿色信号旗下压数次;

(4)白色灯光,要求减速,发出方式为夜间无黄色灯光时,用白色灯光下压数次;

(5)绿色灯光,要求减速,发出方式为夜间无黄色灯光时,用绿色灯光下压数次;

(6)黄色布状物(规范未做具体规定,但实际可以采用),要求减速。黄色信号旗的代用品,用法同黄色信号旗;

(7)绿色布状物(规范未做具体规定,但实际可以采用),要求减速。绿色信号旗的代用品,用法同绿色信号旗。

（二）常用听觉紧急防护信号

1. 号角、口笛停车信号

（1）连续短声，要求停车。

（2）连续二短声，要求减速。

2. 机车鸣笛停车信号（民警应知，但不常用）

（1）连续短声，发出鸣笛的机车要求邻线列车紧急停车。

（2）三短声，发出鸣笛的机车要求乘务人员拧紧本列车手制动机就地制动。

3. 响墩、枪声紧急停车信号

（1）响墩，要求紧急停车。司机听到响墩爆炸后应立即紧急停车。

（2）枪声（规范未做具体规定，但实际可以采用），要求紧急停车。枪声为响墩的替代模拟声，需用时民警应面向来车，站在来车运行方向的线路左侧举枪示意，在列车司机能看到听到的距离内朝天鸣放第一枪，若列车仍不采取紧急制动措施，在列车接近时再朝天鸣放第二枪、第三枪，进一步引起列车注意和确认。

只有在采用其他措施不能使列车及时停车的紧急情况下，为保证列车避险，不得已才能采用朝天鸣枪这种紧急停车信号。用枪后，应按枪支使用管理规定将使用情况上报。

（三）其他防护工具

1. 短路铜线

短路铜线是专用防护备品，具有良好、稳定的导电性，可在自动闭塞地段进行禁行防护时使用。需要时放置在防护地点线路的两股钢轨上，就会将该段轨道电路短路，造成自动闭塞信号机立即显示红灯。司机看到前方红灯后会采取停车措施，即使司机没注意观察前方信号机显示情况，列车自动停车装置也会自动启动实施紧急停车。在自动闭塞地段进行紧急防护，有条件应首选这种方式。由于我国铁路机车均安装有机车三大件，在自动闭塞地段，这种防护不受气候等条件的影响，是最简单、最便捷、最快速、最安全、最有效的防护方法。

2. 其他短路金属导体

其他短路金属导体是短路铜线的替代工具(如钢管、钢筋等),用法同短路铜线。由于轨道电路短路对于短路导线导电性能有一定要求,使用其他金属导体将两股钢轨连接后,一定要确认该段的自动闭塞信号机是否显示红灯,以验证其短路作用,确保防护安全。

3. 电话等通信工具

利用对讲机、手机、区间电话或其他通信方式,向车站值班室报告情况,由车站值班员或调度员,通过列车无线调度电话,通知区间运行列车停车或封锁区间,可以达到防护避险的目的。

在铁路不断提速,列车有效紧急制动距离越来越长的情况下,进行有效紧急防护的难度越来越大,使用电话防护就显得越来越实用、越来越重要。铁路线路民警、车站民警更要熟记车站值班室和车站派出所值班室电话,以备急需之用。

三、紧急防护方法及注意问题

(一)紧急防护方法

1. 规范规定方法

《技规》《安规》等铁路规范对紧急防护办法均做了具体规定,内容基本相同。《安规》规定内容更具可操作性,具体内容如下:

第 2.2.12 条 线路发生故障时的防护办法如下:

1. 立即通知运行列车和车站,并在故障地点设置停车信号,如瞭望困难,遇降雾、暴风雨雪或夜间,还应点燃火炬。

2. 当确知一端先来车时,应先向该端,再向另一端放置响墩(如图 2.2.12 所示),然后返回故障地点。

3. 如不知来车方向,应在故障地点注意倾听和瞭望,发现来车,应急速奔向列车,用手信号旗(灯)或徒手显示停车信号,并将响墩放置在能赶到的地点,使列车在故障地点前停车。如瞭望困难,遇降雾、暴风雨雪或夜间,发现来车奔向列车前,应在故障地点点燃第

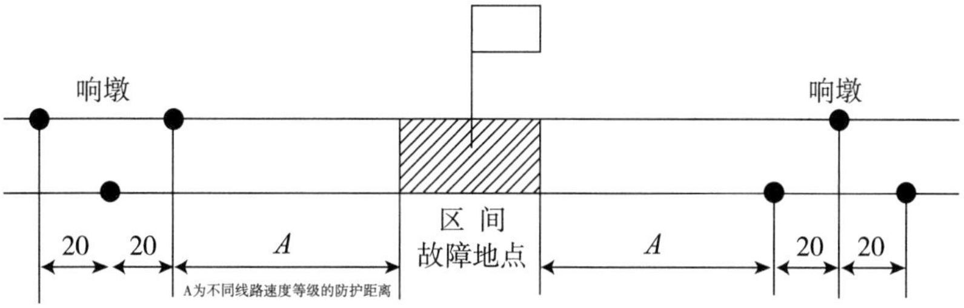

图2.2.12　　　　（长度单位：m）

二支火炬。

设有固定信号机时,应先使其显示停车信号。

站内线路、道岔发生故障时,应立即通知车站值班员采取措施,使机车、车辆不能通往故障地点,并按本规则第 2.2.8 条规定设置停车信号防护。

2. 其他防护方法

规范规定方法主要是针对专业防护人员。非专业防护人员在遇到故障时,可参照上述办法进行紧急防护。在不具备采用规范规定的方法时,也可以采用规范规定以外的其他方式进行防护。无论具体采用什么方式(如敲锣、呼喊、放鞭炮、拦截列车等),只要不会造成新的危及列车安全的危险,只要能够最大限度地避险,确保列车安全和减少损失,都是有效的。

(二)紧急防护应注意问题

1. 准确判断故障地点和故障性质。

发现故障后,首先要迅速判断已发生的故障是禁行故障还是减速故障,判断能否在来车之前立即排除故障,以确定是否需要进行禁行防护或减速防护。

由于禁行故障和减速故障的性质,对于铁路民警来讲,难以准确判断和区别,当在两者之间判断不清时,为安全起见,铁路民警在具体实施防护时,可采用紧急禁行防护。

由于故障判断内容较多,具有较强的专业性和原则性,需全面论述,本文暂略,以后另文专题论述。

2. 判断故障影响范围。

当故障只影响单线行车时，只对单线实施防护；当故障影响双线或多线时，则需要对多线进行防护，绝不能漏防漏报。

3. 判断来车方向。

一般情况下，单线铁路采用双方向行车，多线铁路每线均按规定采用单方向行车。双线或多线防护时应优先防护平常规定行车方向，然后有条件再进行另一个方向的防护。

在特殊情况下，多线铁路的某一线也可能进行双方向行车。例如，双线铁路在一线中断不能行车的情况下，则可能将另一线作为单线使用，采用双方向行车。

因此，在发现故障地点后，要首先根据以下不同情况判断来车方向，然后再实施有效的紧急防护。

（1）单线故障地点，在现场的人数不同，应采取的紧急防护措施不同。

①在故障地点现场有三人以上时，可一人留在故障地点用导体短接轨道电路或布设相应的视觉防护信号，其他人立即分头向两端急速奔跑进行防护。

②在故障地点现场有二人时，应分头向两端急速奔跑进行防护；具备条件时，其中一人可先在故障地点立即用导体短接轨道电路或安设视觉防护信号，然后再向一端急速奔跑进行防护。

③在故障地点现场只有一人时，则要留在故障地点，有条件首先应用导体短接轨道电路或安设视觉防护信号，然后一边想方设法向车站报告故障地点情况，一边迅速判断来车方向，在判断出来车方向后，应立即向着来车一端急速奔跑进行防护。

（2）多线故障地点，在未见来车之前，首先要用通信设备向车站报告故障情况，有条件要用导体短接各线轨道电路，然后根据经常来车方向进行分线、分头防护；在经常来车方向一端防护完成之后，还应在另一端设置防护。当成功拦截一方来车后，停车司机应加入防护行列，通过列车无线电话、机车鸣笛等进行其他线的防护。

①当故障地点现场只有一人，发现一方已经来车时，应立即迎向来车疾速奔跑进行防护。

②当故障地点现场只有一人，发现多方来车时，民警应站在故障地点原地朝天鸣枪，并同时尽可能地向各方来车发出视觉紧急停车信号。

③当故障地点有多人，发现多方来车时，应原地鸣枪，并立即分线分头迎向来车急速奔跑进行防护。

(3)观察铁路沿线闭塞信号机的设置、显示情况，准确判断来车方向。

①单线铁路，若一方向显示开放允许行车，另一方向则肯定显示为红灯禁止行车。

②多线铁路，只在一个方向设置闭塞信号机的线路，常规下遵循单方向行车规则，通过闭塞信号机的设置位置和显示方向，即可判断出该线的常规行车方向。

(4)倾听钢轨声音判断来车。倾听钢轨传来的车轮声，是判断远处来车的一种重要方法，但这种方法不容易判断来车方向。

4. 坚持尽早设防、多重设防、尽力避险原则。

(1)尽早设防。其最终原则是让来车尽早感知防护信号。它包括两个方面，一是在时间上尽早发出防护信号，二是优先发出可感知距离远的信号。

(2)多重设防。多重设防的目的是增加列车感知紧急防护的机会，减少防护失败的可能。

(3)尽力避险。一旦需要紧急防护，在列车进入故障地点以前，无论在何种情况下，都不要放弃防护，要在不造成新的危害的前提下，尽一切努力、采取一切措施，尽一切可能地去发出防护信号，去增加避灾避险、减少损失的机会。

5. 考虑防护的有效距离。

(1) 防护的有效距离

防护的有效距离是指列车能够感知到发出的防护信号时，距故障地点的实际距离，由实际防护距离和信号可感知距离两部分构成。

Lx(防护的有效距离) = Ls(实际防护距离) + Lg(信号可感知距离)

实际防护距离是指发出防护信号的地点至故障地点的距离；信号可感知距离是指列车能够感知防护信号时，距发出防护信号地点的距离。

(2) 信号显示的主动性

铁路采用的信号，绝大部分都具有一定的可感知距离，这种信号也可称为主动式信号；只有个别信号没有可感知距离，这种信号也可称为被动式信号。

视觉信号均为主动式信号；响墩是被动式信号。

大部分主动式信号的实际可感知距离都受环境条件的影响，如视觉信号的实际可感知距离就因当时天气能见程度不同而变化。

也有个别主动式信号的实际可感知距离不受环境条件影响，如在自动闭塞地段，机车信号设备通过轨道电路感知前方自动闭塞通过色灯信号机的显示状态，就不受天气可见程度的影响。

在紧急防护时应优先发出可感知距离较大的主动信号。

(3) 防护距离

防护距离是指发出信号的地点达到本地段最高速列车的紧急制动距离限值的距离。不同等级线路不同速度地段，最高速列车允许运行速度不同，最高速列车的紧急制动距离限值也就不同。《技规》第203条对紧急制动距离限值规定。

Lf(防护距离) = Lz(本地段最高速列车紧急制动距离限值)

(4) 有效防护距离

有效防护距离是指列车能够感知防护信号时，采取紧急制动后，能够在到达故障地点之前停住列车的，距离故障地点的最小规定距离。

$$Ly(\text{有效防护距离}) = Lz$$

在进行紧急防护时,要尽力达到有效防护距离,即尽力达到 Lx≥Ly。当时间来不及时,要尽可能地延长防护有效距离 Lx,使列车尽早感知到防护信号,增加避险机会或减小列车事故能量。

(5)有效防护

有效防护是指在能够达到有效防护距离的情况下,发出有效防护信号所进行的防护。按规定进行的施工防护均属于有效防护。

在进行紧急防护时,在有条件的情况下,要尽可能地达到或接近施工防护的标准,提高紧急防护的有效程度。

6. 必要时昼间、夜间信号可以混用。

7. 注意发出信号位置和自身安全。

(1)紧急防护信号应设在线路中间或列车运行方向线路的左侧。

(2)要及时下道避车。在区间列车靠近 800m 时要及时下道,并面向列车,站在列车运行方向左侧,距外侧钢轨 2m 以外的路肩上,继续向列车发出防护信号。《安规》第 3.2.3 条对线路作业人员在各种情况下,距列车的下道距离等作了明确规定,具体内容暂略。

(3)在双线、单线并行线、多线地段,禁止站在两线间或邻线上避车。

(4)禁止在铁路既有线上做防护试验、滥发各种信号,禁止发生扰乱信号行为。

8. 掌握轨道电路工作基本原理。

轨道电路是利用铁路的两股钢轨作导线所构成的电气回路,是实现自动闭塞和集中联锁的最基本的电路。它可以反映线路区段内是否有车占用、钢轨是否完整等。实际采用的轨道电路制式有多种方式,我国铁路目前采用的先进的轨道电路已可传递多达 18 种信息,但无论多先进多复杂,其基本工作原理都是一样的。

当线路的两股钢轨有良导体相连时,信号显示情况与有车占用时相同,信号机点亮红灯,一些不法分子用这种方法拦截列车,铁路专业防护人员常用这种方法进行线路防护。

9. 要禁止在铁路既有线上开展防护演练。

(1)切忌在既有铁路线上做轨道电路的短路实验。

(2)未经调度部门允许,绝不准在既有铁路线上自行开展紧急防护演练。

(3)绝不允许在铁路既有线上滥发各种防护信号。

(4)禁止发生可能扰乱铁路信号的其他行为。

10. 紧急防护一旦失败,若进入故障地点的列车已经发生事故,就要立即对新的故障地点实施紧急防护,先防止避免连锁车祸,然后再开展救援,坚持先防护后救援原则,防止继发性连锁事故。

(三)平时应做好应急准备工作

平时做好应急准备工作主要做到以下几点:

1. 加强《技规》《安规》等铁路规范的学习和培训,提高铁路民警综合业务素质,要求铁路民警熟练掌握紧急防护的各项规范规定,具备实施紧急防护的技术和能力,能接近和达到专业防护人员水平。

2. 了解施工防护的运作程序和技术要求,能以施工防护为参考,拓宽实施紧急防护的思路等。

3. 加强对所辖铁路地段情况的了解,如掌握所管铁路列车的运行方向、重点列车运行时刻、闭塞制度、闭塞信号机设置显示情况、列车最高运行速度、列车紧急制动距离限值、车站值班室外线电话、车站派出所值班电话、沿线病害不良地段、沿线事故多发地段、沿线有人看守情况、沿线电话通信条件、沿线线路标志情况、沿线居民居住情况等。

4. 加强简易防护备品的研制配发,做好紧急防护思想准备和技术准备。

5. 加强与车站值班员、车站调度人员、工务部门的沟通,拓宽紧急防护渠道。

6. 加强紧急防护预案制订和综合模拟演练。

第六节　铁路通信设备

铁路运输业的各部门、各单位分布在全国各地,实行高度集中、统一指挥的管理体制。为有效指挥列车运行,发布有关命令,以及实现路内各业务部门、单位职工密切配合与协同作业,须将铁路各级机构联系成一个整体,从而保证行车安全,提高运输能力和工作效率。为此铁路必须设置一整套完善、先进的铁路通信设备,才能实现"全国一盘棋"。

铁路通信按传输方式可分为有线通信和无线通信两大类;按服务区城可分为长途通信、地区通信、区段通信和站内通信等;按业务性质不同可分为公用通信、专用通信及数据传输等。

铁路专用通信一般是指专门用于组织、指挥铁路运输及生产的专用通信设备。这些设备专门用于某一目的,接通一些指定用户,一般不与公务通信的电报,电话网连接。

一、《技规》相关规定

第 121 条　铁路通信应根据下列主要通信业务,配置相应通信设备:

1. 普通电话(固定、移动);

2. 专用电话(固定、移动),包括调度电话、车站(场)通信、站间行车电话、各工种专用电话等;

3. 会议电话;

4. 广播;

5. 数据承载;

6. 数据终端(铁路电报,列车调度命令无线传送,列车进路预告,无线车次号校核,列车尾部风压信息反馈,列车接近通知,列车防护报

警,道口报警,调车数据传送等);

7. 图像通信(电视会议、监视图像传送等);

8. 客运综合信息(列车到发通告、引导显示、查询、广播、时钟、监视、视讯等);

9. 应急通信;

10. 安全预警等。

第124条 铁路各调度区段应设置调度通信系统,提供调度电话、车站(场)电话、站间行车电话等专用电话业务,满足铁路运输组织和生产指挥的需要。调度通信网络应保持相对独立和专用。

第125条 列车(有线)调度电话准许列车调度员、机车(动车组)调度员、车辆调度员、机务段(客运段)调度员(值班员)、客运调度员、车站值班员(车站调度员)、供电(电力)调度员、电力牵引变电所值班人员、道口看守员加入通话,根据需要允许动车组随车机械师(简称随车机械师)、车辆乘务员、机车(动车组)司机、列车长、自轮运转特种设备司机、救援列车主任和施工负责人及巡守人员利用区间通信设施加入通话。

站间行车电话及扳道电话,禁止其他电话接入。

第126条 在无线列调区段,列车无线调度电话系统准许列车调度员、机车(动车组)调度员、车站值班员、助理值班员、机车(动车组)司机、自轮运转特种设备司机、列车长、纳入联控的道口看守人员、随车机械师(车辆乘务员)加入通话;允许救援列车主任在执行救援任务时,临时加入通话;未纳入联控的道口看守、防护人员、车站客运值班员和巡守人员在紧急情况下,可临时加入通话。

第127条 在GSM－R移动通信区段,根据调度指挥的需要设置组呼。列车GSM－R无线调度电话系统准许列车调度员、车站值班员、助理值班员、信号员、机车(动车组)司机、自轮运转特种设备司机、纳入联控的道口看守人员加入组呼通话,根据需要允许列车长、随车机械师(车辆乘务员)、客运值班员、救援列车主任加入组呼通话;未纳入联控的道口看守、防护人员和巡守人员在紧急情况下，可加入组呼通话。

第128条　调度所、车站和机车、动车组装备的列车调度通信设备应连接语音记录装置，对列车调度、站间行车的通话进行录音。

第129条　机车、动车组及自轮运转特种设备，根据运行区段装备相应的车载无线通信设备。

第130条　司机、随车机械师（车辆乘务员）、列车长、乘警均应配备无线对讲设备，在GSM－R区段运行时还应配备GSM－R手持终端。动车组列车停靠的车站，车站客运值班员应配备与司机通信联络用的无线对讲设备。

第131条　在编组站、区段站，应装设平面调车、驼峰调车等站场无线通信设备。

第132条　列车无线调度通信系统的场强覆盖、服务质量应符合铁路相关技术标准、规范的规定，并满足车载无线通信设备检修、维护的需要。

第133条　在铁路运输生产中，凡设置使用无线电设备的单位，都必须遵守国家和铁路无线电管理的有关规定。

对铁路专用无线电频率，应采取必要的监测和保护措施。

第134条　铁路自动电话网的本地网设置应与铁路局设置相适应。

第135条　根据需要，设置综合视频监控系统。综合视频监控系统结构和质量应符合铁路相关技术标准、规范的规定。

第136条　铁路应急通信由铁路总公司、铁路局应急通信中心设备和现场设备组成。应急通信应充分利用既有各种通信资源和手段，在处理突发事件时，提供事件现场与指挥中心的话音、数据、图像通信。

第137条　区间通信柱（通话柱）的设置，由铁路局根据运用需要和实际情况确定。

区间通信柱(通话柱)应尽量靠近线路,并安装在防护网内,与线路中心的水平距离应能保证使用人员的人身安全和养路机械的施工作业要求,每隔1.5km左右安装一个;在自动闭塞区段,其安装位置尽量与通过信号机的位置相对应。

二、几种主要专用通信设备

(一)列车调度电话

列车调度电话供列车调度员与其管辖区段内所有的分机进行有关列车运行通话。在列车调度回线上,只允许接入与列车运行直接有关的车站值班员、车站调度员、机车调度员等的电话。列车调度电话的显著特点是调度员可以对个别车站呼叫,简称单呼;也可以对成组车站呼叫,简称组呼;或者对全部车站集中呼叫,简称全呼。列车调度员可以与车站互相通话,任何车站也可以方便地对列车调度员呼叫并通话。

(二)无线调度电话

1. 列车无线调度电话

列车有线调度电话仅供列车调度员和车站值班员之间进行通信联系,而列车无线调度电话则可供列车调度员、机车调度员、车站值班员等调度指挥人员和列车司机相互通话。这对于提高运输效率,缩短运行时间,及时掌握和调整列车运行都有重大作用。

同时列车在运行过程中,发生临时故障,或区间线路、桥梁出现不正常现象时,司机可以及时报告调度员或邻近的车站值班员,也可直接通知邻近区段的司机,以便及时采取措施,更好地确保行车安全。

2. 站内无线调度电话

站内无线通信是为车站调度员、驼峰值班员等站内编组和解体作业的指挥人员和车站调车机车司机相互通话而设置的。

采用站内无线调度通信时,在车站调度员室和驼峰值班员室装有固定无线电台,在调车机车和驼峰机车司机室内装有机车电台。

通过站内无线通信，车站调度员可以直接和调车机车司机取得联系，及时了解现场作业情况及存在问题，并向有关人员提出解决问题的措施。特别是在天气不良，辨认信号比较困难的条件下，依靠无线通信可以更好地防止事故的发生，确保调车安全。因此，采用无线通信后，站内的调车工作更加方便、灵活、能够更充分地发挥调车机车的效率，缩短车辆停留时间，加速货车周转。

(三)专用电话系统

铁路专用电话系统是为铁路沿线各基层单位如车站、工区、领工区等相互间以及与基层系统的上级机构相互间联系使用的电话系统，如车务专用电话、电务专用电话、工务专用电话、会议电话等。

(四)地区电话

地区电话是为同一城市中各铁路单位相互之间公务联系用的电话，即铁路部门的市内电话。

(五)局线和干线长途电话、电报

局线长途电话、电报是为铁路局范围内各单位相互之间公务联系用的通信设备。干线长途电话、电报是为铁道部和铁路局及铁路局相互之间进行公务联系用的通信设备。

(六)列车确报电报、电话

列车确报电报、电话用于相邻编组站及编组站与区段站之间，及时传递有关列车编组顺序资料等，以便对方站能正确、及时地掌握车流情况。

确报设备采用电传打字电报机、有条件时采用话路传真机。

(七)铁路站场通信系统

铁路站场通信也是铁路专用通信的一部分，它主要是解决站场工作人员相互联系通信的设备。它包括站场电话系统、站场扩音对讲系统、站场无线电话系统和客运广播系统。

1. 站场电话

站场电话供站内运输人员指挥站内行车和调车作业，以及联系车站日常运输组织工作之用。

2. 站场扩音对讲装置

站场扩音对讲装置包括行车作业使用的对讲设备和供调车作业使用的对讲设备,并且可向室外扩音。

3. 站场无线电话

站场无线电话是站场流动作业人员之间和流动人员与固定作业人员之间互相联系使用的设备,以便保证作业的安全和提高作业的效率。

4. 客运广播系统

客运广播系统供客运作业人员使用。为了便于客运服务,客运扩音设备常采用分路输出,分别向候车室、各站台、站前广场等处进行广播,成为客运站不可缺少的设备之一。

三、几种常用通信设备

(一)自动电话

自动电话是用户通过拨号盘直接控制自动电话交换机完成接线工作的电话设备。在用户较多的电话网中,为了用户之间相互通话,要采用电话交换机,现在广泛采用数字程控交换机。

(二)载波电话

载波电话是通过调制的方法,把每对讲话人频率几乎相同的话音电流,分别提高到不同的频率高度,然后把这些不同频率的话音电流同时送到一对导线上发送;在同一对导线上安装能够接收不同频率波段的电话机,当话音电流到达通话的对方电话机时,对方电话机接收相应频率高度的话音电流,通过解调的方法再把它还原成话音频率电流的通信方式。载波技术能够使一对导线同时传输多路通话。

长途通信距离很远,架设线路费用很大,而铁路不同单位之间联系频繁,通话次数多。因此,必须设法使一对线路能容纳好多对人同时通话而互不影响,因而载波电话技术广泛应用于局线干线长途电话、调度电话、会议电话。

（三）电报

随着计算机和通信技术的发展，电报通信设备更新换代，终端由机械式、电子式电传机发展为智能电报终端，交换方式由人工交换过渡为程控交换。

铁路自动电报交换机和传真业务交换机通过报路和各种接口与智能电报终端、传真机和微机终端连接，构成了各种电报通信网。其中的普报网由自动电报交换机、报路、智能电报终端组成，具有自动转报、交换、查询、打印等功能。智能终端采用全屏幕光标控制，除编辑发报、自动接收打印外，具有统计、查询目录和清单功能。

铁路电报业务主要有公用电报、列车确报、普报传真和用户传真几种。

（四）光缆通信

光缆通信是一种利用光在光导纤维中传输的通信技术。它包括光发射机、光接收机和光导纤维，光发射机把电信号变成光信号，使调制的激光进入像头发丝那样细的透明玻璃丝中（光导纤维）传到对方的光接收机，光接收机再把电信号转换为光信号，从而实现通信功能。

采用光缆可使通信容量大大增加（理论上可传输 1010 个话路），并且光纤的主要原料是石英，取材容易，节省有色金属。光信号传输损耗小，光波频率远高于干扰信号的电磁波频率，光信号对电磁波的抗干扰能力强、传输质量好，此外光导纤维具有面积小、重量轻、保密性好等许多优点。目前，我国铁路已普遍推广发展和广泛使用光缆数据传输新技术。

（五）微波通信

微波是指波长为 1 毫米至 1 米波段范围内的很短的电磁波，或相当于频率 300 兆赫（3 ×108 赫）至 3004 兆赫（3 ×1011 赫）频率范围内的电磁波。

微波的特性和一般中波、长波、短波的特性不同。它的波段覆盖范围很宽,可以容纳较多的话路。由于它的波长很短,只要用几何尺寸较小的天线设备就能把无线电波集中在一个方向发射出去。微波碰到导体、水等有强烈的反射作用,它受电气干扰或自然界的雷电干扰较小,这些都是微波通信的优越性。

微波是直线传播的,因此,为了保持一定的通信距离,在平地两点建立这种通信时,就需要把天线架在铁塔上。为了实现长途通信,还要在两个终端电台中间加设一些微波中继站,用不太高的天线把从前一个中继站接收来的信号放大后,再送到下一个中继站去,这样逐一下传,最后送到终端站被接收,这种通信方式叫作微波中继通信。

微波中继通信可以长达几千公里,如果把天线架在 50 ~ 80 米高的铁塔顶上,一般平地时两个中继站的距离可达 50 ~ 60 公里。如果在山区利用高地架设电台,则不需要修建铁塔,而且中继站的距离可以长达 100 ~ 150 公里。

微波通信可以传送几千个话路,同时可以传送无线电广播及电视节目。数字微波系统容量更大,可以与光纤通信相媲美。它具有频带宽、容量大、抗干扰强、抗灾能力强、可维护性强、建设速度快、造价低、易加密等特点,是铁路干线长途通信网的重要组成部分。

现在,世界上又普遍发展起卫星通信。卫星通信是指利用人造地球卫星作为中继站转发或反射无线电波,在两个或多个地球站之间进行的通信。它实际也是微波通信,由于它具有通信距离远、覆盖面积大、通信质量高等优点,所以人类发射卫星并利用卫星通信。

卫星通信系统灵活性强、可靠性高、成本低、使用方便、可以直接安装在用户端,可实现远距离计算机联网,具有很大的实用价值。

第七节　高速铁路的信号与通信

高速铁路的服务宗旨是“安全、正点、快速、舒适”,发展高速铁路不可能也不应只突出快速,更需要建立全新的运输模式,要在安全、正点、舒适上做文章。高速铁路信号系统是保障列车运行安全、提高运输效率的关键技术装备,对全面实现高速铁路的服务宗旨举足轻重。

当今信息产业正以超出人们预料的速度迅速发展,通信和控制领域正发生一系列深刻变化,这必会对铁路信号、通信产品和服务产生积极影响。这种影响主要表现在两方面:第一方面是产品的硬件和软件不断升级换代,产品安全性、可靠性、可用性和可维护性逐步提高,追求更高的性能价格比。第二方面是向综合自动化方向发展,向更便利的人机对话方向发展,向全面提高运输质量和路网运输能力的方向发展,以满足运营的要求。

高速铁路信号系统是完成行车控制、运营管理的综合自动化系统,主要是由用于指挥行车的综合调度系统、用于控制列车行车间隔的列车运行控制系统(简称列控系统)、用于控制进路的联锁系统以及代用信号设备和专用通信设备组成。这是一套完整的信号安全制式,如图 7 – 24 所示。高速铁路信号系统的设备主要布置在调度中心、车站、区间信号室、车辆段、维修基地、线路旁和列车上。

一、高速铁路的信号技术

铁路信号技术是随着百年铁路的发展以及继电器、半导体、电子信息技术的变化而不断演进的。随着运行速度的提高,列控系统、超速防护系统以及综合调度系统等成为高速铁路必不可少的信号技术。

高速铁路与普通铁路不同之处主要有:①高速铁路设置综合调度系统,对列车运营指挥实行集中控制方式;②取消传统的地面信号机,采用列控系统;③采用计算机网络传输和交换与行车、旅客服务相关的信息。

高速铁路信号系统由综合调度系统、列控系统、计算机联锁系统等几个部分组成,各部分之间通过具有保护功能的广域网联接,并传输信息。传统的话音、信号凭证指挥方式不再适用于高速铁路。以下简要介绍一下综合调度系统、列控系统、计算机联锁系统。

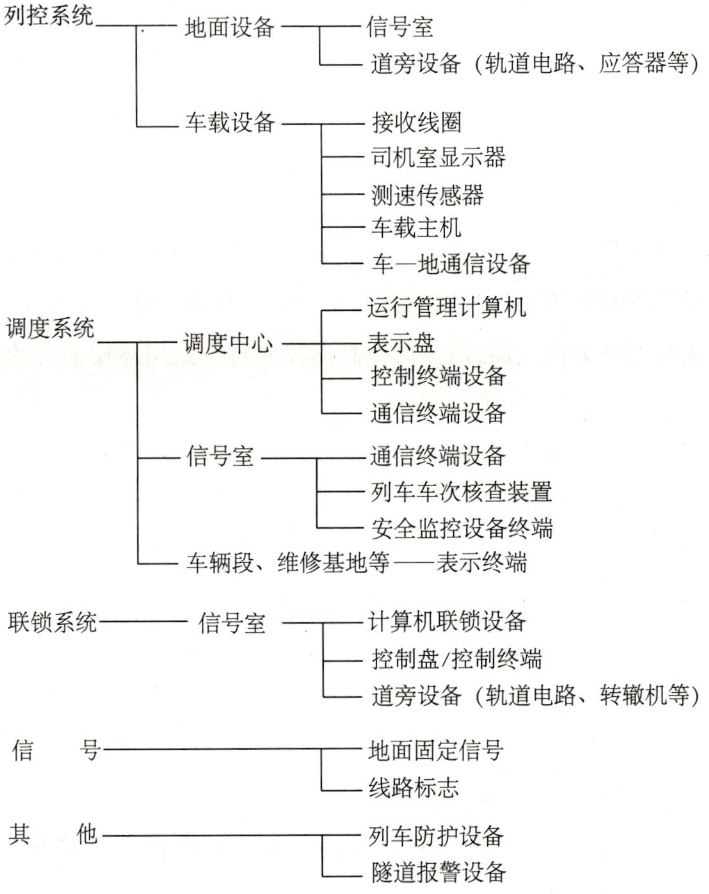

图 7－24　高速铁路信号系统组成

（一）高速铁路综合调度系统

世界各国高速铁路的行车调度系统基本可以分为两类：一类集多种业务组织和管理功能于一体，全线建设一个以行车指挥为中心的综合调度系统，适用于列车在本线到发的高速客运专线；另一类则采用按区域设置行车调度中心的方式，适用于列车类别多、与既有线行车组织和管理的关系密切的线路。

京沪高速铁路是一条与既有京沪线平行修建的高速客运专线。

高速线建成以后,运输组织模式采用本线旅客列车和跨线旅客列车共线运行的客运专线模式,既有线将主要为货物运输使用。设置综合调度指挥中心是保证高速列车运营的基本需求,而中速列车跨越高速线与既有线运行,又要求调度系统必须解决跨线运行列车调度指挥的衔接问题。

综合调度系统是高速铁路运营管理指挥中枢,其业务有以下几个方面:

(1)根据运输的需要,编制行车、车辆运用、乘务值班计划,制成运营计划;

(2)当行车次序出现混乱时,制成临时运行图,调整运营计划;

(3)监视沿线列车运行状况并对各车站进路实行集中控制;

(4)统计各站旅客集散情况,调整行车计划,并向旅客提供有关信息服务。

随着计算机、通信和远程控制技术的发展,综合调度中心的系统技术也已经由传统的集中控制模式发展到网络化、智能化的集中管理、分散控制型,主要有运输管理系统、运行调度系统、牵引供电调度系统、动车组调度管理系统、基础设施调度管理系统、客运调度系统、安全监督系统等。

随着高速铁路技术在整个铁路网中的普及和推广,高速线与既有线之间开行跨线运行列车,已成为近年来日本和欧洲普遍的发展趋势。跨线运输中,因与既有线行车组织和管理的关系密切,列车运行秩序易受引入线、相邻既有线列车运行不正常情况的影响。

(二)高速铁路列控系统

铁路沿线设置的闭塞分区长 1.5 ~ 2km,当列车时速超过 200km 时,司机每二十几秒就要辨认一次信号显示,这超出了人正常的承受能力,识别信号的错误率会显著增加。因此,传统的地面信号机显示作为指挥列车运行的凭证已不能适用,必须以列控系统车载设备的输出作为指挥高速列车司机安全运行的凭证,保障高速列车安全运行。

欧洲铁路行车速度超过 160km/h 时，均以列控系统作为行车指挥凭证，这是高速列车运行必须满足的基本要求。

列控系统直接控制列车运行，主要由车载设备和地面设备两大部分组成。地面设备与车载设备一起才能完成列车运行控制的功能。

列控系统在车站设有控制中心，如果车站距离过大，则每 15 ~ 20km 还要在区间设立控制中心。图 7 - 25 是列控系统地面设备框图。控制中心通过电缆与铁路线上的轨道电路、信号机等设备相连，主要完成列车位置检测，形成速度信号，并将此信号传递给列车。车载设备将按照速度信号控制列车制动。

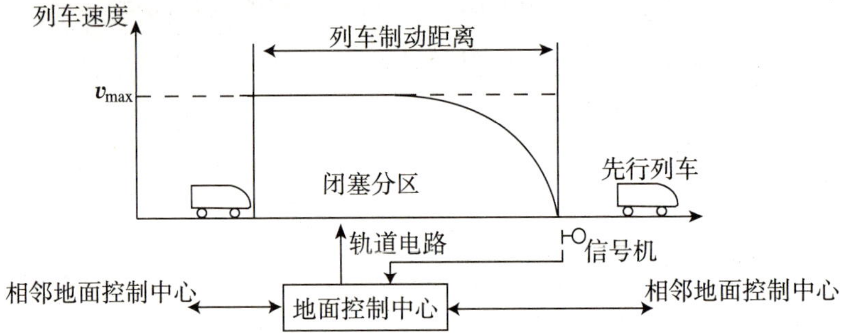

图 7 - 25　列控系统地面设备框图

车载设备主要由天线、信号接收单元、制动控制单元、司机显示器、速度传感器等组成，设备框图见图 7 - 26。机车头部的天线接收到地面的速度命令信号，经过信号接收单元放大、滤波、解调后，将此命令的数据送到司机显示器和制动控制单元。制动控制单元收到速度传感器传来的信号，测量出列车的实际速度，将实际速度与信号命令比较，如果判断列车需要制动则产生制动信号，直接启动列车制动系统。列车就会自动减速或停车。

列控系统主要功能是：

(1) 防止列车冒进关闭的信号机；

(2) 防止列车错误出发；

(3) 防止列车退行；

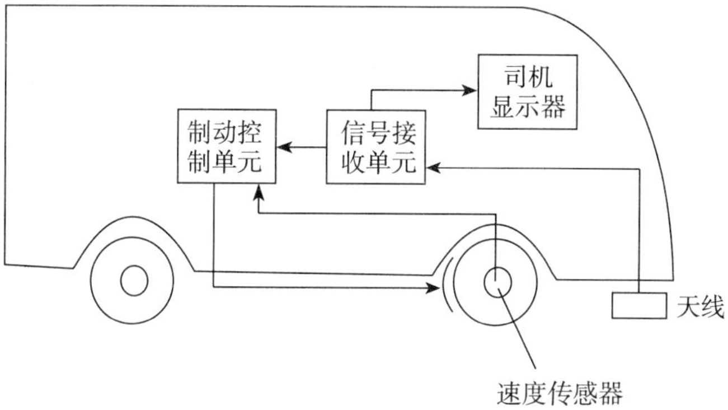

图 7－26　列控系统车载设备框图

(4)防止列车超速通过道岔;

(5)防止列车超过线路允许的最大速度;

(6)监督列车通过临时限速区段;

(7)在出入库无信号区段限制列车速度。

为保证列控系统不间断地工作和加强设备的维修与管理,在列控系统的地面和车上都安装有监视设备。地面监视系统可以检测信号机、轨道电路、地面控制中心的接收和发送设备等。检测结果可以在维修工区显示及储存,也可以通过通信网送往维修基地和调度中心。设备异常前数小时内,信号设备动作情况可以保存下来,供故障分析用。车上监视设备可以将列车运行过程中速度信号、制动装置动作、列车实际速度和司机操作等状态保存下来,一般可保存 12 ~ 72h。出现重大事故,这些资料可用于事故分析。

目前,国外高速铁路采用的列控系统主要有日本新干线 ATC 系统、法国 TGV 铁路的 TVM300 及 TVM430 系统、德国及西班牙铁路采用的 LZB 系统、瑞典铁路的 EBICAB900 系统等。各国的列控系统都有自己的特点,有不同的技术条件和适应范围。

列控系统按照地面向机车传送信号的连续性来分类,可分为点式和连续式两大类。瑞典 EBICAB900 系统属于点式列控系统。德国 LZB 系统、法国 TVM 系统、日本数字 ATC 系统均为连续式列控系统。

点式信号系统自从 20 世纪 70 年代采用应答器方式后,走上了数字化、集成化的道路,发展十分迅速。目前适应 500km/h 高速列车可传递千比特信息的应答器已商品化。点式列控系统造价低、维修工作少。点式列控系统尽管接收地面信息不连续,但对列车运行与司机操纵的监督并不间断,因此也有很好的安全效能。点式系统的主要弱点是信号追踪性不佳。它只能在指定的信号点接收信息,如果列车经过某信号点之后,先行列车位置移动,地面信号发生了变化,车上控制系统不能立即知道,而必须等列车到达下一个信号点才能接收到。因此,点式列控系统限制了列车追踪间隔的进一步减少。在高速铁路中连续式列控系统是主流。例如,采用连续式列车速度控制的法国 TGV 北方线列车追踪间隔为 3 分钟。

列控系统按照人机关系来分类,主要分为两类:一种是以日本新干线 ATC 为代表的设备优先控制的方式;另一种是以法国 TVM300/430 系统为代表的司机优先控制的方式。德国的 LZB 系统也是司机优先控制方式。设备优先的列控系统在列车速度高于目标速度后立即进行制动控制,当列车速度低于目标速度后自动缓解,不必司机参与。其优点是能最大限度减轻司机负担,有利于缩短列车追踪间隔。这种控制方式对设备本身的自动化程度及列车的制动缓解性能要求较高。人控优先的方式只有在列车速度超过安全运行所允许的速度时,设备才进行惩罚性的强迫制动。列车正常运行时设备不干预司机操作。人控优先的系统有助于加强司机的责任感,发挥其驾驶技巧。

连续式列控系统按照超速判定方式可以分为阶梯控制方式和曲线控制方式。

阶梯控制方式时,每个闭塞分区设计为一个目标速度。在一个闭塞分区中无论列车在何处都只按照固定的速度判定列车是否超速。图 7 - 26 给出列车控制方式的示意图。阶梯控制方式又细分为出口检查和入口检查两种方式。其中细线阶梯为出口检查方式(法国 TVM300 方式),这种方式要求司机在闭塞分区内将列车速度降低到目标速度,设备在闭塞分区出口进行检查。如果列车实际速度未达到目标速度以下,则设备自动进行制动。这种方式要在列车到达停车信号处(目标速度为零)才检查列车速度是否为零,如果列车速度不是零,设备才进行制动。由于制动后列车要走行一段距离才能停车,因此停车信号后方要有一段防护区。

图7-27中的较粗阶梯线为入口检查方式。列车在闭塞分区入口处接收到目标速度信号后,立即以此速度进行检查,一旦列车超速,则进行制动使列车速度降低到目标速度以下。日本新干线ATC就是采用这种方式。这种方式在遇上停车信号时,列车在闭塞分区入口处立即制动,对许多列车来说会过早地停车,因此日本新干线采用了停车信号前再装P点的方式,轨道电路发送30信号,只在列车收到30信号且又经过P点时车上才会形成停车信号。

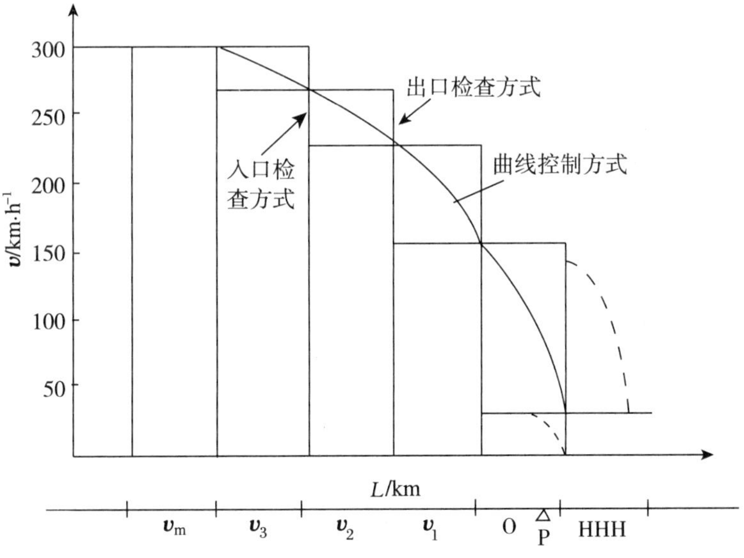

图7-27 列车控制方式示意

阶梯控制方式完全不需要距离信息,只要在停车信号与最高速度间增加若干中间速度信号即可,因此轨道信息量较少,设备相对比较简单。这种传统的控制方式是目前高速铁路最普遍采用的控制方式。

第二种方式是曲线控制方式,法国 TVM430 系统,就是这种方式。每个闭塞分区入口速度(上一个闭塞分区的目标速度)和出口速度(本闭塞分区目标速度)用曲线连接起。在这种控制方式下,列车在一个闭塞分区中运行时,列控设备判定列车超速的目标速度不再是一个常数,而是随着列车行驶不断变化,即是距离的函数。因此列控设备除了需要接收目标速度信息外,还要接收到闭塞分区长度及换算坡度的信息。TVM430 系统的轨道电路可以传递 27bit 信息,其中目标速度信息 6bit,距离信息 8bit,坡度信息 4bit。

曲线控制方式和阶梯控制方式一样,每一个闭塞分区只给定一个目标速度,控制曲线把闭塞分区允许速度的变化连续地接起来。因此,这种制式不需要像入口阶梯控制那样要在停车信号前设置 P 点,也可以不设置出口阶梯控制所必需的保护区段。

德国 LZB 系统和日本数字 ATC 系统不再对每一个闭塞分区规定一个目标速度,而是向列车传送目标速度、列车距目标的距离(与 TVM430 不一样,它可以包括多个闭塞分区的长度)等信息。列车实行一次制动控制方式。列车追踪间隔可以根据列车制动性能、车速、线路条件调整,可以提高混跑线路的通过能力。这种方式称为目标速度—目标距离方式,是一种更理想的运行控制模式。

(三)高速铁路计算机联锁系统

联锁系统是铁路信号的重要组成部分,主要是用于车站进路的控制和保证列车运行和作业的安全。随着列车速度的不断提高和科学技术的发展,特别是微电子技术及计算机科学的迅猛发展,计算机联锁系统取代继电联锁是铁路信号发展的必然趋势。计算机联锁系统与继电联锁相比的优越性主要有以下几方面:

(1)计算机联锁系统功能更加完善。

(2)计算机联锁系统的信息量大,利用当前的各种网络手段,可与行车调度指挥系统、列控系统联网,交换各种信息,以使整个信号系统协调工作。

(3)计算机联锁系统易于实现系统自诊断和自检测功能,并通过联网实现远距离诊断,有利于信号维修管理及维修体制改革。

(4)体积小,功耗低,使信号室投资减少。随着大规模集成电路的发展,计算机联锁系统的设备造价将会越来越低,与继电联锁相比将更占优势。

计算机联锁由于具有上述的特点,近年来在国内外得到了广泛的使用和发展。国内外均有成功的研究设计和使用维护的经验,因此计算机联锁系统应该作为高速铁路车站信号联锁的首选制式。

计算机联锁系统由信息输入电路、控制监视机、联锁逻辑处理机、控制驱动电路和现场设备等组成,如图 7－28 所示:

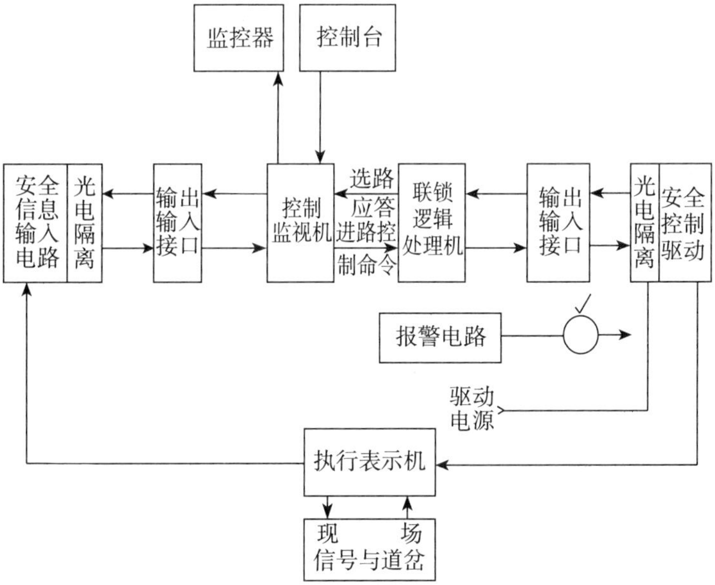

图 7－28　计算机联锁系统框图

从图中可以看出,计算机联锁是一个闭环控制系统。每一个安全控制信息输出和信息输入的局部环节,以及微机内部的逻辑处理过程本身,都是按闭环原理工作的。控制监视机与联锁处理机的联系也是遵循闭合工作原理的。只要闭环系统中的任何一部分发生故障,系统就能立即诊断出来并采取措施,进行记录报警,直至切断控制输出电源,确保安全。

为了提高计算机联锁系统的安全性、可靠性、方便性和可维性,各国广泛采用的主要措施有:

(1)采用冗余技术。硬件冗余为三中取二的三重冗余系统和二重冗余系统;软件冗余有双通道、双套软件冗余,信息冗余,时间冗余以及三者兼有。

(2)由固态元件构成故障安全电路单元作为系统输出输入接口及系统硬件比较器,以确保安全。

(3)采用各种检测、诊断容错技术,进行周期检测,及时报警;系统中设有故障切断器,切断控制输出电源或使局部系统停止工作。

(4)信息通道采用编码传输信息技术和闭环通信通道,提高电码海明距离,提高误码检出率。

(5)采用严密的组织手段,先进的检测方法和计算机辅助设计,设立集中的维护管理中心,以保证高速铁路不间断的运转。

(6)随着计算机技术发展,多媒体计算机的推出,各国均加强了人机工程的研究,提供现代化的声、像、图文显示,改善操作人员的工作环境,提高工作效率。控制方式已由传统的控制盘改为键盘、数字化仪、鼠标等。

综观各国计算机联锁发展情况,计算机联锁系统由于采用了先进的计算机技术和通信技术,其本身已不再是一个孤立的车站信号控制设备,而是综合行车指挥控制系统的一个重要组成部分,是具有多种功能和安全保证的指挥控制系统的基础设备。

二、高速铁路的通信技术

高速铁路通信网应为列车控制、综合调度、信息系统等提供安全、稳定、可靠、灵活的通信手段,应满足高速铁路语音、数据和图像等综合业务的发展需要。列车运行速度的提高,对通信提出了更高要求。

国外高速铁路中,通信系统的特点有:

(1)通信应具有高可靠性,以保证列车的高速安全运行。自有高速铁路以来,人们关心的首要问题就是安全。迄今为止,世界上高速铁路的安全记录为世人所称道,其主要原因之一就是有先进的通信信号系统,而通信系统本身的可靠性必须达到很高的水平。因此,人们总是不遗余力,采取各种方法和措施来提高通信系统的可靠性。

(2)通信应保证运营管理的高效率。建设高速铁路的目的就是要提高运输效率。通信系统保证行车调度指挥、运营管理以及旅客服务系统能够高效率地工作。通信系统本身也要求有很高的效率。因此,各国在高速铁路中都采用了各种先进通信技术,增大通信容量等,以保证信息传输、存储、处理能高效率地进行。

(3)通信与信号系统紧密结合,形成一个整体。在列车低速运行的情况下,通信系统与信号系统基本上各自独立的;但在列车高速运行的情况下,通信系统与信号系统应能形成一个高级自动化的通信、指挥、控制和信息系统。

(4)通信与计算机相结合,形成一个现代化的运营、管理、服务系统。计算机和通信系统连接成网,为各种服务提供了先进的设备条件,旅客售票系统就是一个典型的例子。这种通信与计算机的结合,也是上述系统实现的基础。

(5)通信应完成多种信息的传输和提供多种通信服务。除了电话这种语音信息的传输外,在高速铁路通信中还有大量的非话业务即数据、图像、监控信号的传输与处理,并且数据及图像业务将成为主要业务。随着近年来通信技术的飞速发展,综合业务数字通信网(ISDN)也已成为现实。

(6)多种通信方式结合形成统一的铁路通信网。除了站间和地区的有线电话和数据通信网外,与运行中的列车实现通信联系是离不开无线通信的。目前,通信新技术的发展层出不穷,例如,移动通信、卫星通信、微波中继通信、室内无线通信等将与光纤通信、程控交换等相结合，形成一个多种方式和手段的通信网。它将大大提高通信的可靠性和有效性，满足高速铁路提出的各种需求，充分发挥通信保证行车安全和提高运输效率的作用。

下面简要介绍日本新干线高速铁路通信系统的概况，以便对高速铁路通信系统的组成和特点有一个初步的、完整的了解。

1. 按照高速铁路对通信的使用要求，日本新干线的通信系统可分为三类。

(1)有关行车安全与提高效率的通信系统(见图 7－29)

①列车自动控制(ATC)用的通信。它用来传输 ATC 的控制信息，分别由轨道电路和 ATC 用的电缆构成。

②变电所遥控(CSC)用的通信。它被调度所用来遥控沿线各个变电所、各个开闭所和变频所的隔离开关。

③风速、雨量监视用的通信。高速列车在穿过复杂的地形时，需对当地的气象进行观测，以保证行车安全。在河流和峡谷的桥梁上需安装风速计，在暴风雨时向调度所报警，故需要有风速、雨量监视用的通信系统。

④沿线电话。它是供沿线轨道和架空线路检查维修人员作业时联系用的。

⑤列车运转调度电话。它是调度员与列车司机之间运转调度用的列车无线电话。

⑥列车集中控制(CTC)用的通信。它是连接调度所与沿线各处信号室的信息传输系统，用以进行调度集中控制，安排沿线各站的列车进路。

⑦传真电报。它用来传达调度所向车站、运转室、车长发布的命令信息。

⑧车站运转调度电话。它是调度员与各站值班员及运转室、车长所之间的运转调度电话和营业调度电话，是能进行全呼或个别选呼的

直通专用电话。

⑨防护无线。沿线作业人员在工作时设置防护无线,当列车接近时发出警告音响,以保证作业人员的人身安全。

⑩站内无线电话。它是正线列车与各站运转室及信号楼联系用的站内专用无线电话。

⑪站间行车专用电话。它是在 ATC 发生故障而实行代用闭塞方式行车时所使用的直通电话。

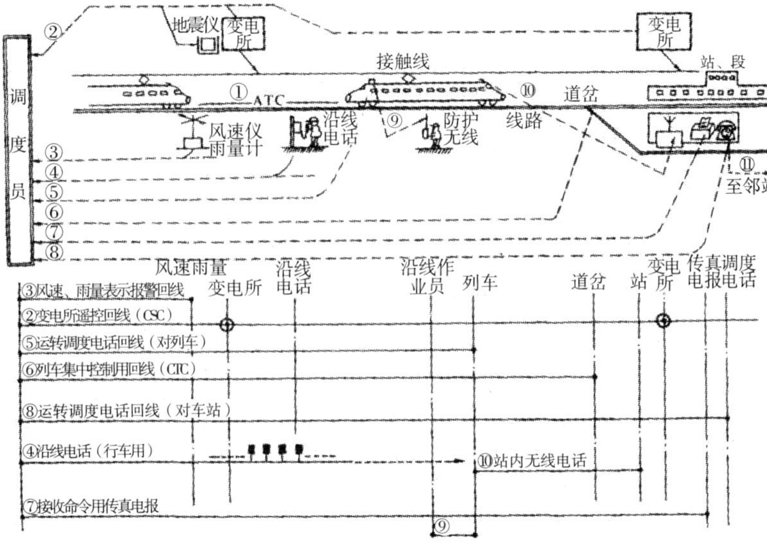

图 7－29　有关行车安全与提高效率的通信系统

(2)为旅客服务的通信系统(见图 7－30)

①客票预售通信。它是用于各站客票预售窗口所用设备之间联系的通信。

②站内旅客向导通信。它是车站所用的表示列车到发时间、停靠站台号码等的表示广播设备用的通信。

③车长列车电话。它用于列车运转车长与调度所、各站值班员之间的相互联系。

④客运调度电话。它用于调度员与车站客运值班员之间的通信。

⑤传真电报。它用来传达调度员向车站发布的客运调度命令信息。

⑥列车公用电话。它用于旅客在车上与市内电话用户之间的通信。

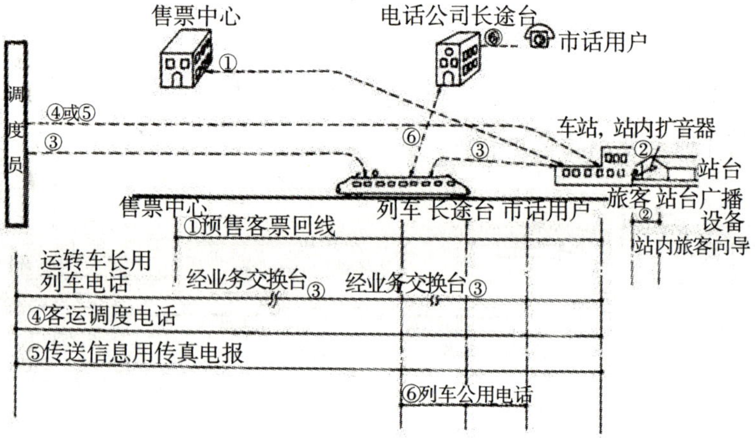

图7-30　为旅客服务的通信系统

(3)设备维修及运营管理用的通信系统(见图7-31)

①移动无线电话。它指在设备维修人员乘用的机动车上装设的无线电话,用以和有关单位联系。

②无线呼叫。它为中央综合调度所或地区调度所选叫在沿线进行设备维修的工作人员之用。

③直通专用电话。它是养路、电力、信号等业务单位相互联系用的直通电话。

④沿线电话。

⑤传真电话。

⑥交换电话。

⑦作业时间表示通信。它是指确认作业时间(即无列车运行的时间)表示的通信。

2. 按照通信的类别可分为:

(1)语音通信,主要传输人的语言信号。

①交换电话。利用交换机接续的电话通信,如地区电话、市内电话等。过去采用步进制、纵横制电话交换机,现在采用全数字式程控电话交换机。

②专用电话。调度员所用的列车运行调度电话(即一种专用电话),现在多采用频率式调度电话。

③列车电话。列车运行中进行的电话通信采用列车无线通信。它使车站与乘务员、乘务员与车长之间可进行电话通信,使列车和地面的通信成为可能。这对于保证行车安全,改善对旅客的服务具有很大作用。

④卫星通信。在铁路上利用卫星通信可传输地震信息,解决灾害及事故现场的通信。同时,卫星通信也可用来实现铁路局之间通信、会议电话和列车定位等。

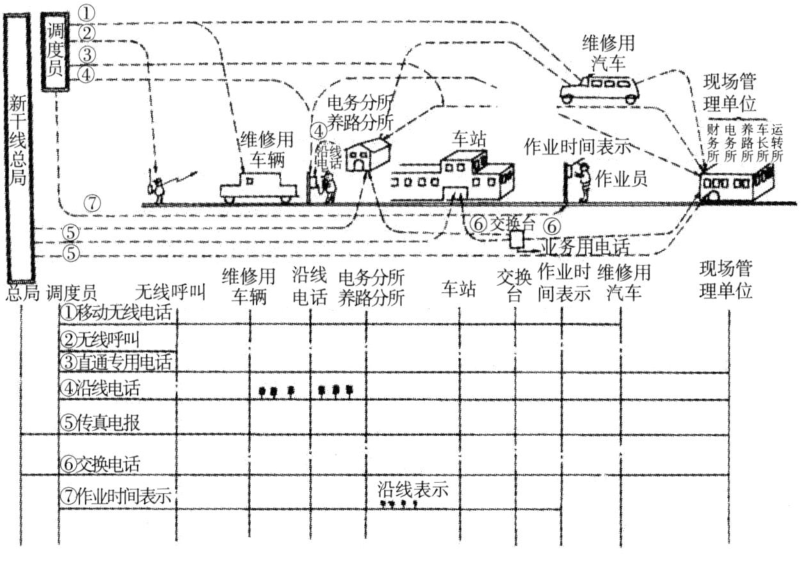

图 7-31 设备维修及运营管理用的通信系统

(2)控制信号通信,主要传送各种控制信号。这是通信技术与信号技术相结合的结果。

①电子闭塞装置、应答器等信号的传输。

②道口装置、联锁装置、信号装置信号的传输。

③行车指挥自动化系统的通信。

④编组站综合自动化系统的通信。

⑤程序进路控制系统的通信。

(3)数据通信,主要传送各种信息系统的数据信号。

①数据交换系统。从原来的电报交换机发展成现在的使用计算机的数据交换系统。

②集装箱信息系统。进行集装箱预约的信息系统。

③计算机座席预订系统。采用计算机进行座席预订的系统,以取代人工售票。

(4)图像通信,主要传送传真图像信号。

①交换传真。主要传送传真图像信号。

②专用传真。用于单一目的的传真通信,如局调度向各站和区间传送命令和信息的专用传真。

从上述日本新干线高速铁路通信系统概况可以看出,它是一个种类繁多、技术先进的系统,包含了各种通信方式和手段。没有这样一个现代化的通信系统,实现列车的高速运行是难以想象的。

高速铁路通信网的技术水平及其体系结构,均基于高速铁路运营的需求。各国在修建高速铁路时又以历史背景、国情、地域分布以及经济发展目标等众多因素为依据,因此,各国高速铁路的模式不尽相同,相应的其高速铁路通信网也不同。但是,从高速铁路的技术水平、基础设施、管理经验以及安全保障等层面上来考察,日本、法国和德国的高速铁路,具有举世公认的优势,其专用通信网也比较先进和完善,为世界各国建设高速铁路专用通信系统提供了参考和借鉴。

我国构想的高速铁路专用通信网系统框图如图 7－32 所示。由图可见,高速铁路专用通信网由光缆 SDH 光同步数字传输系统(专用长途通信网)、区段通信(ISDN)网、无线通信系统、电话交换网、分组交换(数据通信)网、帧中继(FR)网、用户接入网(包括列控信息传送局域网)以及支撑网等所组成。

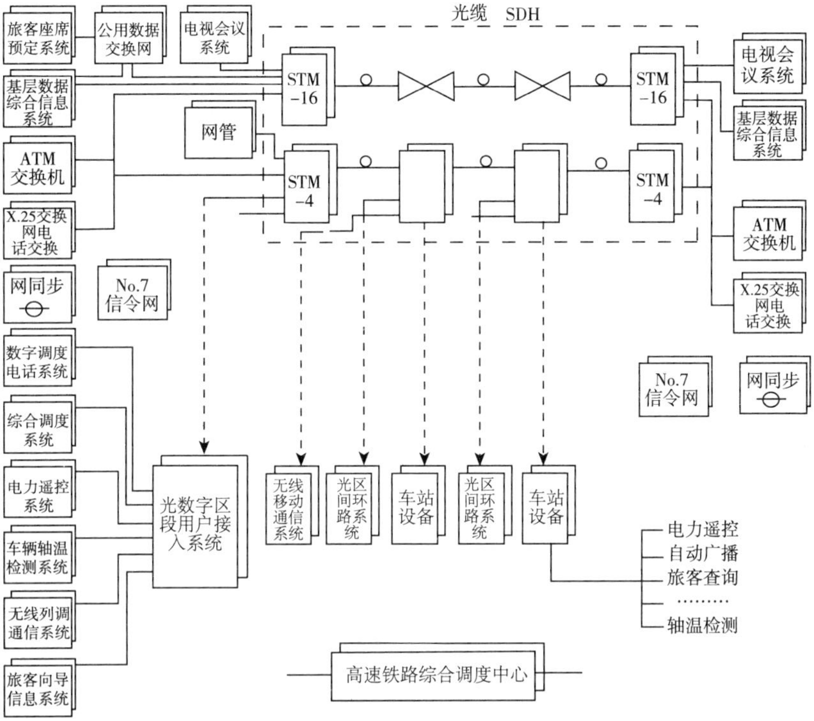

图 7－32　高速铁路专用通信网框图

应特别指出的是,为适应列车最高速度 350km/h 的要求,移动通信应采用铁路专用全球移动通信系统 GSM-R(Global System for Mobile Communication-Railway),我国铁路已将其确定为铁路移动通信的发展方向。GSM-R 系统具有的功能有:①行车调度与列车控制数据传输;②列车无线调度电话;③区间及枢纽公务移动通信;④应急抢险通信;⑤旅客服务信息传送等。GSM-R 系统始于 20 世纪 90 年代末的欧洲,图 7－33 为欧洲采用 GSM-R 的列车运行自动控制示意图。

高速铁路专用通信网络系统是高速铁路行车指挥和安全运营的神经中枢,占据极其重要的地位。然而,高速铁路的专用通信网络系统又没有固定的模式,其体系结构也依据各国的具体实情而有所变

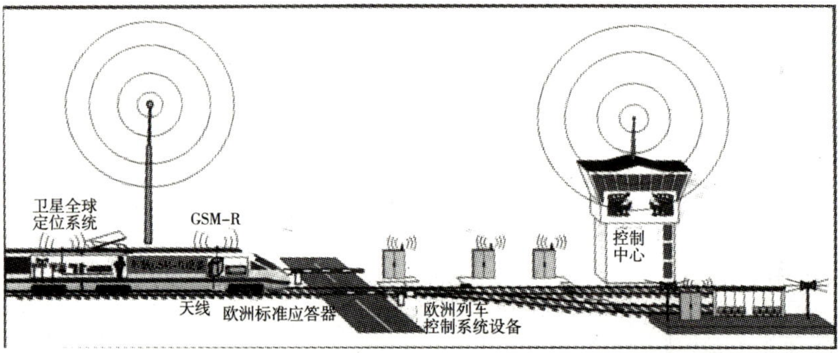

图 7－33　欧洲采用 GSM-R 的列车运行自动控制示意图

化。从技术层面上来考察，我国高速铁路专用通信网络系统，应建成具有先进性、可扩展性和可维护性，达到国际先进水平的专用通信系统，力争成为世界一流。

【本章小结】

铁路信号设备与通信设备均是铁路运输必不可少的重要技术设备。铁路信号设备是铁路信号、联锁、闭塞设备的总称。本章介绍了主要信号机的作业及用途，以及区间闭塞设备的作用，重点介绍了铁路民警应掌握的铁路紧急防护技术。

【思考题】

1. 铁路信号设备是哪三种设备的总称？其各自的基本概念是什么？

2. 简述铁路信号的分类。

3. 用手信号发出的停车信号有哪几种方式？

4. 要求紧急停车的听觉信号主要有哪些？

5. 简述当铁路区间线路发生故障时，使用临时停车信号进行防护的措施及注意事项。

6. 简述联锁和进路的基本概念及其对联锁设备的基本要求。

7. 请绘制二显示制直流轨道电路工作原理示意图。

8. 请绘制双线单方向三显示制自动闭塞的基本电路原理图。

9. 简述行车自动化的主要内容。

10.《技规》规定,哪些人员可以加入列车无线电话系统?

11.《技规》规定,哪些人员可以加入列车调度电话系统?

12. 站间行车电话及扳道电话回线上,可以连接其他设备和电话吗?

13. 简述高速铁路列车运行控制系统的组成及其主要功能。

【推荐参考书目】

1. 刘朝英、林瑜筠:《铁路信号概论》,中国铁道出版社 2011 年版。

2. 程荫杭:《铁路信号可靠性与安全性》,中国铁道出版社 2010 年版。

3. 魏宇、宫艳芳:《铁路信号与通信设备应用》,中国财富出版社 2014 年版。

4. 陈光军:《铁路信号安全与规章》,西南交通大学出版社 2013 年版。

5. 张云丽、雷定猷:《铁路通信与信号》,中南大学出版社 2013 年版。

6. 林瑜筠等:《高速铁路信号技术》,中国铁道出版社 2012 年版。

图书在版编目(CIP)数据

铁路运输设备教程/左琳主编.—北京:法律出版社,2016.9
铁道警察学院规划教材
ISBN 978-7-5118-9874-6

Ⅰ.①铁… Ⅱ.①左… Ⅲ.①铁路运输—设备—高等学校—教材 Ⅳ.①U2

中国版本图书馆CIP数据核字(2016)第196937号

铁道警察学院规划教材	**铁路运输设备教程**	左 琳 主编	责任编辑 王 晗 李峰沄 屈 瑶 装帧设计 汪奇峰

开本 720毫米×960毫米 1/16　**印张** 30.5　**字数** 387千
版本 2016年9月第1版　**印次** 2016年9月第1次印刷
出版 法律出版社　**编辑统筹** 学术·对外出版分社
总发行 中国法律图书有限公司　**经销** 新华书店
印刷 三河市龙大印装有限公司　**责任印制** 陶 松

法律出版社/北京市丰台区莲花池西里7号(100073)
电子邮件/info@lawpress.com.cn　销售热线/010-63939792/9779
网址/www.lawpress.com.cn　咨询电话/010-63939796

中国法律图书有限公司/北京市丰台区莲花池西里7号(100073)
全国各地中法图分、子公司电话:
第一法律书店/010-63939781/9782　西安分公司/029-85388843
重庆公司/023-65382816/2908　上海公司/021-62071010/1636
北京分公司/010-62534456　深圳公司/0755-83072995

书号:ISBN 978-7-5118-9874-6　**定价**:76.00元
(如有缺页或倒装,中国法律图书有限公司负责退换)